U0862359

融　　合

——解决科技与经济“两张皮”的体制机制创新

The Fusion of Technology，Economics and Finance

李善民　王彩萍 等　著

本书得到国家社会科学基金重大项目（16ZDA012）资助

科学出版社
北　京

内 容 简 介

科技与经济“两张皮”问题是长期以来困扰各国经济发展的难题。党的十八大以来，我国在各个领域尤其在科技领域进行了深入的改革，以期通过创新驱动促进经济高质量发展。本书充分借鉴国内外科技与经济深度融合研究的最新成果，并在进行深入实地调研的基础上，全面、系统地剖析科技与经济融合走在全国前列省区市的经验和遇到的障碍，提出了创新体制机制，打通科技创新产业链，促进科技与经济深度融合的政策建议。

本书理论与实践结合，可读性强，适合科技、经济部门管理人员、科技创新领域研究人员、经济管理类高年级本科生、研究生及其他对促进我国科技创新和经济高质量发展感兴趣的读者阅读。

图书在版编目（CIP）数据

融合：解决科技与经济“两张皮”的体制机制创新 / 李善民等著. —北京：科学出版社，2021.9

ISBN 978-7-03-066952-0

Ⅰ. ①融…　Ⅱ. ①李…　Ⅲ. ①技术革新-关系-经济发展-研究-中国　Ⅳ. ①F124

中国版本图书馆 CIP 数据核字（2020）第 227101 号

责任编辑：马　跃 / 责任校对：贾娜娜
责任印制：张　伟 / 封面设计：有道设计

科学出版社 出版
北京东黄城根北街 16 号
邮政编码：100717
http://www.sciencep.com
北京捷迅佳彩印刷有限公司 印刷
科学出版社发行　各地新华书店经销
*
2021 年 9 月第　一　版　开本：720 × 1000　B5
2022 年 3 月第二次印刷　印张：23 1/2
字数：470 000

定价：236.00 元

（如有印装质量问题，我社负责调换）

前　言

科技与经济“两张皮”问题是长期以来困扰各国经济发展的难题。随着我国经济新常态的显现及供给侧改革的推进，以国家“双创”战略为视角，研究深化科技与经济深度融合的体制机制具有重要意义。当前世界经济政治格局新变化及2018年上半年中美贸易摩擦的出现，进一步加深了该问题研究的紧迫性。对如何创新体制机制促进我国科技与经济深度融合发展的研究，既是我国经济适应新常态、推动经济保持中高速增长向中高端水平迈进的客观需要，更是实现中华民族伟大复兴中国梦的关键所在。本书旨在研究如何通过体制机制改革和创新，促进我国科技与经济的深度融合。具体而言，在充分借鉴国内外学术理论成果和对实践经验总结基础上，通过系统的战略洞察和制度的顶层设计，提出有针对性、可操作的对策措施，以促进科技创新在全面创新中引领作用的充分发挥，为经济社会发展提供持久动力。

本书是在对大量科技与经济融合理论、典型国家及我国主要地区促进科技与经济融合的文献资料、广泛深入的实地调研资料基础上研究而成，具体而言，所调研部门和机构包括：8个省、直辖市的35家政府机构，12个高新技术园区，17所高校、科研院所、新型研发机构和事业单位，4家行业协会和41家企业，共计109家单位，其中有3个中央部委机关。

本书第一部分以对中国现状和国际经验介绍为主，具体而言，第一章对中国促进科技与经济融合发展状况进行研究，在第二章中对以美国、德国、以色列、日本为代表的发达国家在促进科技与经济融合发展方面的经验进行梳理。后续章节除第三章从基础理论视角，对经济增长理论与技术创新理论进行梳理和剖析外，其余部分则以科技成果转移转化链条为逻辑起点，以政产学研及中介等参与主体为核心，在实地调研和理论分析的基础上对我国科技与经济融合的体制机制问题进行深入研究，主要内容可概括为以下五个方面：第一，政府如何推动职能转变，创新科技管理体制机制。第二，高校和科研机构在健全科技成果转化及定价机制方面的改革和创新做法。第三，在培育和规范新型研发机构发展，打通科技创新到产业应用的“最后一公里”过程中，相关管理政策的滞后与实践快速发展的不协调束缚。第四，如何破解困扰高科技产业和企业发展的难题如知识产权保护。第五，中介组织尤其是金融机构如何创新科技金融服务工具，搭建科技金融服务大平台。此外，本书还对科技成果转化过程中的税收、国有资产管理等问题，以及对促进科技与经济深度融合的地区经验和创新创业的典型案例进行研究。

在此基础上，本书结合政府、高校、科研机构、新型研发机构、企业等各主体在促进科技创新和科技成果转化实践中的经验和障碍，提出创新体制机制，打通科技创新产业链，促进科技与经济深度融合的政策建议。同时，通过理论研究和实地调研发现，在市场经济发达区域，科技与经济融合发展程度较高，由此进一步提出“政府引导、市场主导、企业为主体”的协调发展模式，以充分调动和协同政府与市场两种资源，促进科技与经济的深度融合。

目　　录

第一篇　科技与经济融合：时代背景与国际经验

第一章　中国科技与经济融合的时代背景

改革开放以来，我国经济发展取得举世瞩目的成就。随着经济发展进入新常态，经济发展模式需要从传统的要素驱动、投资驱动转变为创新驱动。为实施创新驱动发展战略，促进科技与经济深度融合，中国不断突破体制机制障碍，积极完善科技创新体系，加大科研经费投入，优化经费配置，大力引育科技创新人才，不断优化创新环境。经过一系列有效探索，国家的自主创新能力显著增强，企业的创新主体地位得以确立。但现阶段依然面临着科技资源要素错配、知识产权保护制度不完善等问题。为推动我国从创新大国向创新强国转变，需要不断完善科技资源要素的市场化配置机制，进一步强化知识产权保护制度。

第一节　经济发展需要创新驱动战略

得益于劳动力等资源要素的低成本优势，改革开放以来我国经济快速增长，成为世界第二大经济体，同时步入了中等收入国家行列。但要素和投资驱动的经济增长模式导致我国经济发展质量处于较低水平，大部分产品处于价值链低端，关键领域的核心技术对外依存度高，科技贡献率较低。经济发展进入新常态阶段后，人口红利逐渐消失，环境压力逐渐加大，资本回报逐渐降低，传统以要素和投资驱动的增长模式难以为继。为实现经济高质量发展，成功跨越“中等收入陷阱”，经济发展模式亟须转变。经济发展需要从传统的由要素、投资驱动模式转变为创新驱动的发展模式。

一、创新驱动战略的提出

党的十八大明确提出要“实施创新驱动发展战略。科技创新是提高社会生产力和综合国力的战略支撑，必须摆在国家发展全局的核心位置”。[①]中共中央、国务院于2016年5月印发《国家创新驱动发展战略纲要》，深入实施创新驱动发展战略。在党的十九大报告中，“创新”一词多次出现，进一步强调“创新是引领发展的第一动力，是建设现代化经济体系的战略支撑”，要推进我国建设成为新时代创新型国家，在社会主义理论、实践、制度、文化等方面全面创新，落实创新驱动发展战略的关键在于推动科技与经济的融合，以科技促进经济，以经济带动科技。科技创新可以促进供给侧结构性改革，提升全要素生产率，实现经济高质量发展，推动经济向分工精细、结构合理、形态高级的现代经济体系迈进。同时，经济基础决定上层建筑，经济发展水平的提升也为科技创新提供物质条件和资源保障，从而促进知识生产，并促进知识向技术、技术向价值的转化。

已定义的创新驱动是指经济发展主要依靠科技进步、劳动者素质提高和管理创新等高级要素，而不是主要依靠土地、资源、劳动力等初级要素规模扩张的发展模式（洪银兴，2013）。创新驱动的科技与经济深度融合，就是要以发展创新型经济为重点，而创新型经济是资源节约与环境友好型经济，是以知识和人才为依托，以创新为主要驱动力，以发展拥有自主知识产权的新技术和新产品为着力点，以创新产业为标志的经济发展形式。Porter（1990）的国家竞争优势理论将国家的竞争力分为四个阶段：要素驱动阶段、投资驱动阶段、创新驱动阶段和财富驱动阶段。从发展阶段来看，要素驱动阶段是在改革开放之初，我国依赖于低廉的土地、劳动力等要素投入，以及“三来一补”的出口加工形式，获得了较高的经济增长率。投资驱动则是在1998年以后，大量的基础设施投资和房地产投资进一步推动了我国投资驱动的经济增长模式出现。正是过度低水平的重复投资，导致当前出现产能过剩的情况。因此，我国需要逐步迈入创新驱动和财富驱动的发展阶段。

为什么要实现创新驱动？新一轮的科技革命和产业变革将会颠覆现有很多产业的形态、分工和组织形式，推动以科技创新为核心的全面创新，增强科技进步对经济增长的贡献度，形成新的增长动力源泉，从而实现经济持续、健康发展。但科学技术并不是推动创新驱动战略实施的关键，诺斯和托马斯（2009）在《西方世界的兴起》中将西方国家的崛起归结于制度，认为西方国家之所以能够崛起，就在于它发展出一种有效率的（经济）制度安排（张军，1994）。这种安排确立了

---

①《在中国科学院考察工作时的讲话》，http://theory.people.com.cn/n1/2016/0303/c402884-28168984.html[2013-07-17]。

财产所有权，把个人的经济努力不断引向一种社会性的活动。按照这个逻辑，英国爆发工业革命就有了制度的必然性①。诺斯的解读也得到了著名经济学家希克斯的印证。在希克斯看来，英国工业革命本质上不是技术革命，而是金融革命。因为工业革命时期那些技术其实早已经出现，而只是在有了股份公司、现代证券制度和专利保护制度之后，技术才成了最重要的生产力（马瑞映和杨松，2018）。

二、创新驱动的实施路径及需要解决的关键问题

怎样实现创新驱动？习近平总书记提出："我们已经具备了自主创新的物质技术基础，当务之急是要加快改革步伐、健全激励机制、完善政策环境，从物质和精神两个方面激发科技创新的积极性和主动性。"②。习近平总书记强调："要坚持以全球视野谋划和推动科技创新，全方位加强国际科技创新合作"③、"要深化科技体制改革，进一步突出企业的技术创新主体地位，变'要我创新'为'我要创新'，促进创新链、产业链、市场需求有机衔接。"④促进科技与经济深度融合，促进包括知识密集型的服务业、高新技术产业、战略性新兴产业和高端装备制造业的产业发展。要实现创新驱动，需要更好地发挥科技的作用，实现科技与经济深度的融合。

推动实施创新驱动战略，在当前形势下，需要解决以下几个关键问题。

第一，政府在促进创新驱动的科技与经济融合中的定位，以及政府如何支持企业的创新。从其他国家的发展经验来看，在创新驱动的发展战略中政府不能缺位，也不能够对企业的创新活动进行干涉，政府的合理定位就是做好科技创新的服务工作。包括对于一些基础性、长期性和战略性的研发投入；有利于科技创新的相关法律、法规的制定与修改；促进一些军工项目能够转化为民用；对于科技人才的培养等工作。而政府对于企业的支持，更多的则是提供普惠性的税收优惠政策，以及有利于科技创新的优良环境。政府不能代替企业进行决策，也不能代替企业进行投资，政府需要多提供一些公共服务，给企业创新予以支持。

第二，提高科技创新资源配置效率，破除在资源配置过程中存在的体制机制障

---

①《[个论]马光远专栏：诺斯的学术对中国经济的价值和意义》，http://epaper.oeeee.com/epaper/A/html/2015-11/26/content_14971.htm[2015-11-26]。

②《在十八届中央政治局第九次集体学习时的讲话》，http://cpc.people.com.cn/n1/2016/0229/c64094-28158985.html[2016-06-29]。

③《在中国科学院第十九次院士大会、中国工程院第十四次院士大会上的讲话》，http://www.cae.cn/cae/html/main/col1/2018-05/28/20180528213245693444792_1.html[2018-05-28]。

④《参加科协、科技界委员联组会并发表重要讲话》，http://www.qstheory.cn/2019-03/07/c_1124205817.htm[2019-03-07]。

碍。以企业为主体配置科技创新资源无疑效率最高，但当前我国科技资源向企业流动的过程中还存在体制内外的差异，包括教育资源、医疗资源、养老保险等领域，体制内仍然能够享受到特权，这是当前亟须解决的主要问题。在创新资源配置中，存在非市场因素的干预，各个地方政府争先上马芯片、人工智能等项目，重复性的研究和投入，导致大量的科技资源浪费。而新一轮科技革命的到来，需要更大规模的投入，需要集中科技资源，并且只有行业内的龙头企业才能够从这些投入中获得超额的回报，过多的无效投资是当前我国科技创新体系亟须改变的状况。

第三，破解科技成果转化当中存在的体制机制障碍，激发科技成果转化动力。当前我国的科研评价体系存在一定的问题，在科研院所中，“唯论文、唯职称、唯学历、唯奖项”问题仍较为严重，科研院所科技成果大多以论文的形式发表在国外的刊物上，同时需频繁地应付各类检查和评选排名，导致相关人员不能专注于研究和教学工作。科研的最终结果就是科技成果，而科技成果的转化则是面临的最大难题，科研院所的主要任务就是科学研究工作，简单的对科研经费、论文数量量化的评价体系，导致科研人员和科研单位都缺乏促进科研成果转化的积极性，尤其对于科研人员来讲，自身不具备商业化的能力和条件，而且需要面临各类审批等环节的困扰，因此更缺乏转化的动力。当前我国科技成果转化还面临较多的制度障碍，要促进科研成果能够简单、高效、及时地被企业利用，需要进一步加大对科技成果转化机制改革的力度。

第四，营造创新环境和创新生态系统，实现各类科技创新与实体经济的协同发展。我国的科技创新大致经历了从“进口替代”、“引进、消化、吸收”、“市场换技术”到“自主创新”的发展过程。从以往经验来看，主要是借鉴国外的先进技术和经验，当前我国要培育科技创新的“生态”环境，培育和提升本土科技创新企业研究能力，就要构建自由的要素流动机制，以及宽松、包容的制度文化、冒险精神所形成的独特创新文化氛围。对于科技创新主体企业来讲，需解决制约科技创新的“卡脖子”问题，引导国内外科技创新资源向本土企业流动，同时也向外输出科技创新成果，从而使得市场与科技投入形成良性循环。

第二节　适应创新驱动发展的中国科技体制机制改革

在实施创新驱动发展战略上，我国政府以“加强自主创新能力、健全技术创新的市场导向机制”为目标，深化了科技体制机制改革，构建了较为完备的创新政策体系。

一、改革科技管理体制机制

各级政府科技管理部门不断深化科技管理体制机制改革，实现组织创新，适应创新驱动战略对科技管理组织结构的需求。此前，在管理体制方面，我国科技管理呈现出高度的科层化特征，缺乏顶层设计，统筹协调不够，“政出多门、九龙治水”现象严重，此外科技部门与经济部门之间决策缺乏协同。在科技计划管理方面，近 40 个部门管理着约 100 个中央财政科技计划[①]，各类科技计划（专项、基金等）的管理中大量存在着重复浪费、布局分散、信息封闭、执行低效等现象，甚至还出现了多头申报项目、资源配置缺乏统筹规划、服务不专业等问题。在科研经费使用管理方面，科研经费使用条条框框过多，管得过细、过于僵化，违反了科研规律，抑制了创新活力。在科研基础设施方面，不少科研设施和仪器重复建设、购置，闲置浪费问题严重，专业化服务水平不高。在科研评价体系方面，唯论文、唯职称、唯学历、唯项目、唯奖项等“五唯问题”突出。科技管理体制机制障碍已经严重制约了新时期科技创新。2018 年，在中国科学院（以下简称中科院）第十九次院士大会、中国工程院第十四次院士大会上，习近平总书记指出，“2014 年 6 月 9 日，我在两院院士大会讲话中强调，推进自主创新，最紧迫的是要破除体制机制障碍，最大限度解放和激发科技作为第一生产力所蕴藏的巨大潜能”，“我们坚持以深化改革激发创新活力，推出一系列科技体制改革重大举措，加强创新驱动系统能力整合，打通科技和经济社会发展通道，不断释放创新潜能，加速聚集创新要素，提升国家创新体系整体效能”。[②]

在科技体制管理方面，顶层设计已初步形成。2018 年国务院成立以李克强总理为组长的国家科技领导小组，负责统筹协调国务院各部门之间及部门与地方之间涉及科技的重大事项。地方政府也积极探索科技与经济部门的协同机制，目前主要有两类举措：建立科技部门与经济部门的联席会议机制，协调科技与经济决策，如上海市科学技术委员会（以下简称上海市科委）与上海市经济和信息化委员会的联席会议机制；整合科技部门与经济部门，统筹科技与经济管理，如上海浦东合并上海市浦东新区科学技术委员会和上海市浦东新区经济和信息化委员

---

① 《关于深化中央财政科技计划（专项、基金等）管理改革的方案》诞生记，http://scitech.people.com.cn/n/2015/0109/c1007-26354762.html[2015-01-09]。

② 《在中国科学院第十九次院士大会、中国工程院第十四次院士大会上的讲话》，http://www.cae.cn/cae/html/main/col1/2018-05/28/20180528213245693444792_1.html[2018-05-28]。

会，成立上海市浦东新区科技和经济委员会。

在科技资源配置方面，2015 年国务院牵头，财政部、科学技术部（以下简称科技部）开启了中央财政科技计划和项目资金管理改革。目前已基本完成改革任务，建立了公开、统一的国家科技管理平台，政府统筹配置科技资源的能力得以提升；整合了原有的近百项科技计划，形成了布局合理、定位清晰的新五类科技计划；改革科研项目和资金管理制度，赋予科研人员更大的自主权。

在国家科技管理平台方面，搭建公开、统一的科技管理平台，构建包括决策、咨询、执行、评价与监督等各环节在内的、权责明确、配合协调的管理新体系。

在国家新科技计划体系方面，原来被中央各部门管理的近百项科技计划，被精简、分类、整合成新的科技计划，共有五类，包括：国家自然科学基金、国家科技重大专项计划、国家重点研发计划、科技创新引导专项计划及基地人才专项计划。整合形成的这五类新科技计划通过统一的国家科技管理平台，建立跨计划协调机制和评估监管机制，分别聚焦基础研究和原始创新能力、产业“卡脖子”的关键核心技术、重大社会公益性研究，以及企业技术创新与科技成果转化等方面，优化科技资源配置效率。

在科研经费方面，目前科技管理部门正在积极推进科研经费“包干制”改革。政府部门只管预算总规模，不设科目比例限制，具体各科目预算由科研团队自主决定。“包干制”建立在政府部门对科技工作者信任的基础上，明确科研经费的使用范围，由科研团队安排和使用经费，由项目承担单位负责日常监督。“包干制”的有效实施将赋予科研人员更多自主权，更加符合科学研究的高不确定性属性，同时也增加了科研人员的绩效，有助于调动其科研积极性。

二、完善科技创新体系

我国具备较强创新能力的科技人才多集中于高校和科研院所，但高校和科研院所多以基础研究和应用基础研究为主。受制于现行考评机制，研究人员的研究成果主要是学术论文，专利占比较小且缺乏市场价值，不能服务于产业技术需求。传统意义上的产业技术研究机构多为事业编制，且经费投入以财政资金为主，科技人员的研发激励不足，也不能有效解决产业技术需求问题。

企业的研发能力有待加强，虽然北京、上海等地通过各种举措鼓励国企和跨国公司建立企业研发中心，但并不能满足整体产业对技术的需求。实施创新驱动发展战略以来，各地通过多元化举措，在提升原始创新能力，解决“卡脖子”关键技术问题的同时，围绕产业链布局创新链，不断完善科技创新体系，促进科技与经济融合。特色举措包括建设科技创新中心、集聚创新要素、地方政府联合高校、科研院所建设产业技术研究机构，完善产学研合作机制，以产业需求为导向建立新型研发机构，提升产业技术研发和孵化效率等。

（一）建设科技创新中心

在创新基础好、创新能力强的区域进一步集聚各类创新要素，充分发挥集聚和扩散效应，瞄准世界科技前沿领域，开展重大基础和前沿科学研究，打造原始创新策源地，全面提升产业技术创新能力。2016 年 5 月 30 日，习近平总书记在全国科技创新大会、两院院士大会、中国科学技术协会第九次全国代表大会上指出，要“尊重科技创新的区域集聚规律，因地制宜探索差异化的创新发展路径，加快打造具有全球影响力的科技创新中心，建设若干具有强大带动力的创新型城市和区域创新中心”①。现在，国家明确支持北京、上海及粤港澳大湾区建设具有全球影响力的科技创新中心。这三个地区也正通过科技体制机制创新改革，积极推动科技创新中心建设。

（二）建立产业技术研究机构

地方政府联合高水平大学和科研机构，建设产业技术研究机构，发挥政府部门的协调组织优势，以及高校和科研院所在技术开发方面的专业优势，解决产业关键共性技术问题。高水平大学和科研院所不仅是科学与知识的创造主体，也是产业技术与人力资本的源泉。但我国高水平大学和科研院所分布不均衡，主要集中在北京、上海、南京、武汉等城市。科技资源较为稀缺的地方政府为发展当地经济，通常会结合当地产业发展规划和产业布局，与国内高水平大学或科研院所（如中国科学院）合作，设立产业技术研究机构。此类产业技术研究机构以产业技术需求为导向进行研发，专注解决产业关键共性技术难题，例如，中科院苏州纳米技术与纳米仿生研究所（以下简称中科院苏州纳米所），是在促进科技与经济融合实践中，地方政府扮演有为角色的有益探索②。

（三）建立新型研发机构

新型研发机构通过组织结构和运行机制等方面的革新，改革传统的财政资金投入模式，优化组织管理结构，建立市场导向技术研发和转化机制，进行需求拉

---

① 《为建设世界科技强国而奋斗——在全国科技创新大会、两院院士大会、中国科协第九次全国代表大会上的讲话》，http://www.xinhuanet.com/politics/2016-05/31/c_1118965169.htm[2016-05-30]。

② 具体案例请参考第十二章案例 2“中科院苏州纳米所促进科技与经济融合的经验及启示”。

动式研发，定向解决产业技术需求难题，实现科技和经济融合。典型案例有上海研发与转化功能型平台、江苏产业技术研究院及深圳清华大学研究院①，为促进当地科技创新和科技成果转化，发挥了积极作用。

（四）企业技术研发机构

技术研发机构是企业技术创新和自主技术研发的载体。建立高水平技术研发机构，汇集创新要素，提升创新能力，是落实并强化企业技术创新主体地位的重要举措。广东、浙江等是市场化程度高、企业创新能力较强的地区，积极以企业技术研发机构建设为突破口，提升企业的创新能力②。

三、建立科技与经济融合的高新区载体

高新技术产业开发区（以下简称高新区）是实施创新驱动发展战略、促进科技经济融合的载体。高新区建设充分发挥创新资源的集聚效应，促进科技创新活动集聚及创新成果扩散，实现科技向经济的高效转化。自 1988 年首个国家级高新区中关村科技园建立以来，我国先后建立了 169 个国家级高新区。高新区已成为地区高新技术产业发展的重要基地和经济发展的重要支撑（吕政和张克俊，2006）。国家高新区已经具备了从产业聚集区向产业创新区转变的条件，北京中关村、上海张江高科技园区、武汉东湖高新区等国家自主创新示范区在提高自主创新能力、创新型国家建设进程中发挥了重要作用。

《国家高新区创新能力评价报告（2018）》中数据显示，在 2017 年，中国的国家高新区创造了共 9.52 万亿元的生产总值，占国内生产总值的份额已经达到 11.5%③。

在创新投入与创新产出效率方面，国家高新区更是优势明显。我国高新区聚集了 67%以上的国家重点实验室、国家工程实验室及国家工程研究中心等高端科研机构。2017 年，国家高新区的研发投入占全国总额的 35%以上，国家高新区企业申请的发明专利获得授权数量高达 11.2 万件，约占全国企业申请授权数总数的 46.3%；不仅如此，国家高新区万人发明专利申请数、授权数和拥有数等重要的创

① 具体内容请参考第九章第三节“上海推动科技与经济融合的实践”、第十二章案例 3“深圳清华大学研究院建设科技创新孵化体系的经验与启示”。

② 具体内容请参考第九章第一节、第六节广东、浙江推动科技与经济融合的实践案例。

③ 《国家高新区创新能力评价报告（2018）》，http://www.most.gov.cn/kjbgz/201812/t20181229_144409.htm [2018-12-29]。

新指标均远远超过我国平均水平，其创新产出效率比也在全国遥遥领先[①]。

国家高新区凭借着完善的基础设施，集聚科技创新资源，形成创新集群，促进组织间的相互学习，提升企业的创新能力（Liu and Lundin，2008）。从实践来看，国家高新区的功能主要体现在：孵化创新创业企业，培育独角兽企业、创新型企业，推动科技成果向经济成果转化；培育战略性新兴产业、高端制造业和创新型集群；在境外设立分支机构以便开展技术研发，联合国外的企业、研发机构进行技术合作。高新区为科技创新及科技成果转化提供了良好载体，有效推动了一些重要产业技术的突破及一部分“卡脖子”技术问题的解决。一定程度上实现了我国战略规划中“发展高新技术产业、加快科技成果转化、深化体制机制创新、推动产业转型升级及培养有能力、有素质的现代企业家”等目标。

此外，我国还建立了一批高校科技园和企业孵化器，对科技创新项目起到积极的筛选和认证作用，政府通过为科技园和孵化器内的企业提供资金支持、税收优惠及其他形式的扶持政策，培育了一批具有较强创新能力的高科技企业。

四、健全科技成果转化的制度体系

促进科技成果高效转化是破解科技与经济“两层皮”、推动科技与经济深度融合的必由之路。而健全的科技成果转化制度，可以为科技人员、科研机构及政府相关部门积极参与科技成果转化提供制度保障。例如，美国的《拜杜法案》明确大学、科研机构可以享有政府资助科研成果的专利权，激发了技术发明人商业化科技成果的热情[②]。

为了健全科技成果转化制度，促进科技成果转化，加快实施创新驱动发展战略，我国科技成果转化“三部曲”——《中华人民共和国促进科技成果转化法》（以下简称《转化法》）[③]、《实施〈中华人民共和国促进科技成果转化法〉若干规定》（以下简称《实施规定》）[④]、《促进科技成果转移转化方案》先后于2015年、2016年颁布，标志着我国科技成果转移转化进入了新时代。为有效解决科技成果转化中存在的“沉疴旧病”，新的科技成果转化法在以下几方面进行

---

① 《国家高新区创新能力评价报告（2018）》，http://www.most.gov.cn/kjbgz/201812/t20181229_144409.htm[2018-12-29]。

② 1978年美国的科技成果转化率为5%，《拜杜法案》出台后转化率短期内翻了十倍。该法案被《经济学家》杂志评为美国过去50年最具激励性的立法，是美国由制造经济转向知识经济的标志。

③ 《中华人民共和国促进科技成果转化法》，https://www.sohu.com/a/200557040_100039929[2017-10-30]。

④ 《实施〈中华人民共和国促进科技成果转化法〉若干规定》，http://www.gov.cn/zhengce/content/2016-03/02/content_5048192.htm[2016-02-26]。

了突破[①]：①突破了科研事业单位科技成果转化和知识产权运用的主要体制障碍，将科技成果的使用权、处置权和收益权赋予高校和科研机构；②健全了科研人员和转化人员的职务科技成果奖酬制度，大幅提升了法定奖酬比例，奖励和报酬的底限设为 50%，对于单位而言，科技成果奖酬支出不受工资总额限制；③政府部门或管理机构在组织实施应用类科技项目时，应明确项目承担者的科技成果转化义务，将科技成果转化和知识产权创造、运用作为立项和验收的重要依据；④政府设立科技成果转化引导基金，鼓励创业投资机构投资科技成果转化项目，解决科技成果转化中的资金需求问题；⑤国家培育和发展技术市场，鼓励创办科技中介服务机构，以市场化方式优化科技成果转化效率，进一步强化科技人员的创新激励。

新的科技成果转化法律力图从体制的角度，通过优化知识产权结构，分离所有权及其他“三权”，以法律形式明确了科技成果的“三权”归属，提高了高校和科研机构的主动性。同时从机制的角度，为职务发明人参与转化提供高额收益，同时也将科技成果转化作为应用类科研项目的考核要求，从收益和责任的角度为科技人员提供了强激励。最后，新法律重视市场在科技成果转化中的作用，通过培育和壮大科技市场，为科技成果转化提供长效机制。

科技成果转化“三部曲”初步成效显著。《中国科技成果转化 2018 年度报告（高等院校与科研院所篇）》的统计数据显示，“三部曲”颁布后，我国研发成功的科技成果转化总量显著地增长。在 2017 年，我国共有 2766 家研究开发机构、高等院校以转让、许可、作价等投资方式转化科技成果的合同金额达到 121 亿元，同比增长 66%；合同项数为 9907 项，同比增长 34%。合同项目数量，以及涉及的合同金额总量均有显著提升，科技创收、创富效应显现。其中，科研人员所获得的现金和股权奖励金额也大幅增长，2017 年达 47 亿元，同比增长 24%，政策红利进一步释放[②]。

国家希望科技成果转化“三部曲”可以起到纲举目张的作用。各地区政府根据当地科技成果转化的具体情况，因地制宜，制定相应的配套政策和实施细则。例如，上海、广东等科技和经济发达地区出台的实施细则将职务发明人的奖酬比例设定为 70%，高于国家设定的 50%底线。

---

① 国务院关于印发实施《中华人民共和国促进科技成果转化法》若干规定的通知，http://www.gov.cn/zhengce/content/2016-03/02/content_5048192.htm[2016-02-26]。

②《中国科技成果转化 2018 年度报告（高等院校与科研院所篇）》，https://wenku.baidu.com/view/9384bdf7b94ae45c3b3567ec102de2bd9705de7a.html[2019-05-28]。

五、对科技创新企业进行财税金融政策支持

实施创新驱动战略以来，为确立企业的创新主体地位，政府通过各种财税金融政策工具，加大了对中小企业创新的支持力度。

在研发补贴方面，各级政府为支持企业的科技创新投入了大量的研发补贴。研发补贴可以降低企业的创新成本，放松企业的融资约束，发挥企业的创新能力，提升创新绩效。现有研究发现，政府直接补贴企业的创新活动对企业的研发投入作用显著（章元等，2018；马嘉楠等，2018）。此外，研发补贴多针对企业购买或更换科研设备，可以降低企业的固定成本，企业自有研发经费更多投向与科技人员相关的人力资源及上游技术引进等方面，从而进一步提升了企业的创新能力。因此，给予创新企业合理的研发补贴，放松企业融资约束，可以降低创新成本，同时也强化了企业的创新能力，提高了企业的创新绩效。

在税收优惠政策方面，高新技术企业所得税税率大大降低，对于拥有核心自主知识产权、符合高新技术条件的企业，所得税税率仅为15%；除此之外，还实施研发费用加计扣除政策，科技型中小企业研发费用税前加计扣除比例为75%；同时还享受固定资产加速折旧、相关费用税前扣除及技术转让所得税减免等优惠政策。此外，对于高新技术企业和科技型中小企业科研人员所取得的科技成果转化股权奖励收入，允许其在5年内分期缴纳个人所得税。税收优惠强化了对企业研发投入的激励，同时加快了科技成果转化的速度，推动了企业加大创新投入，以及进行技术扩散。

在科技金融方面，政府引导基金、风险投资基金、商业银行、风险贷款等金融资源的供给者依托政府搭建科技金融平台，根据各自的科技型企业在种子期、初创期、成长期、成熟期等不同发展阶段、不同特点的融资需求，通过不同的融资渠道和方式提供股权融资、债权融资、担保融资等单一或组合融资工具，推动科技企业的创新活动。科技金融的实质在于政府引导和市场参与；科技金融的表现是通过社会化的投融资解决方案解决科技企业发展所需要的资金问题（李善民等，2015）。完善科技金融体系，事实上就是构建与科技企业生命周期、风险收益动态匹配的金融体系，满足科技企业不同发展阶段的融资需求。近年来我国不断完善科技金融体系，创新财政投入方式，引导财政资金向“拨改投”“拨改贷”转变，已经初步形成了政府引导、社会参与、市场化运作的科技金融服务模式，其中科技信贷、风险投资引导基金及科技保险等模式最为成功，有效拓宽了科技型企业的融资渠道，解决了科技型企业发展早期阶段的融资难问题。

六、加大力度引进与培育高层次科技人才

我国政府历来重视高科技人才的引进与培育。高科技人才是知识的重要载体，是科技创新的根本主体，技术发展本质上取决于人才知识和技能的积累。高层次科技人才是实施创新驱动发展战略的原动力。习近平总书记强调：“创新驱动实质上是人才驱动。”[①]制约我国科技进一步发展的最大障碍是世界顶尖科技人才的严重匮乏。

为更好地实施人才强国战略，满足创新驱动发展对人才的需求，2010年，我国制定了《国家中长期人才发展规划纲要（2010—2020年）》，这是我国第一个真正意义上的中长期人才发展规划，是全国人才工作的指导性文件。现在，系统化的高层次人才引进、培育、挽留与奖励政策体系得以建立并逐步完善，吸引和培育高端人才被置于更重要的位置。在国际高端人才引进方面，实施了一系列具有国际影响力和竞争力的人才吸引政策，取得了积极效果。近几年，人才引进标准逐渐提高，不断强调高端人才应当服务于国家战略，匹配国家科技规划和产业规划，并建设形成了对梯队式高水平人才的奖励政策。

在引入政策方面，除了传统的薪酬、奖励和经费支持，各类保障机制也在逐渐完善，力图建立有国际竞争力的人才制度体系和人才生态环境。北京、上海等地为引进高水平国际人才，在体制机制上进行了有益探索。例如，北京通过出入境便利化改革试点，为外籍人才办理绿卡，为外籍高层次人才及其配偶子女提供永久居留的权利。获得永久居留资格的外籍科学家可以领衔承担国家科技计划项目，也可以担任新型研发机构的法人代表。此外，还为外籍人才提供医疗、住房、子女教育方面的保障。

在人才培养方面，通过“双一流”建设，加强国内高校建设与学科建设，落实人才强国战略。推动实施国家技术创新工程，建设创新人才培养示范基地，涉及高校、科研院所及高新区，培养科技创新人才。

总之，近年来中国不断突破体制机制障碍，在促进科技创新政策体系完善、研发经费投入、科技创新人才引进与培育、科技创新环境优化、推动国际创新合作等方面不断推进，相关措施的有效实施促使我国科技与经济融合的紧密程度逐年提升。目前，中国的主要创新指标已进入世界前列，重大科技创新成果不断涌现，引领产业向中高端迈进。中国全社会研发经费投入以年均近20%的速度增长，

---

① 《习近平在中央财经领导小组第七次会议上讲话摘要 2014 年 8 月 8 日》，http://www.hunan.gov.cn/topic/qscxcycxxhj/zyls/gjld/201409/t20140926_1148582.htm[2014-08-18]。

2017 年全社会研发投入达到 1.76 万亿元，比 2012 年增长 70.9%，规模居世界第二位[①]；发明专利申请量达到 138.2 万件，连续 7 年居世界首位，申请者中近 10%为外国单位和个人；发明专利授权量 32.7 万件，同比增长 8.2%，有效发明专利拥有量居世界第三位。国家创新能力排名从 2012 年世界第 20 位升至第 17 位[①]。科技对经济增长的贡献率从 2012 年 52.2%提高到 2017 年的 7.5%，有力地推动了产业结构转型升级和供给侧结构性改革。

第三节 发挥科技创新在供给侧结构性改革中的基础性作用

目前，我国的经济发展已经进入新常态时期，经济发展目标从追求增长高速度逐步转向为追求高质量。然而，就我国当前经济发展运行的实际情况看，在制造业结构性供需方面、工业和服务业之间结构比例方面、实体经济与金融经济结构方面，我国的实体经济存在着结构严重失衡的问题。面对这些问题，仅依靠短期的需求管理是难以解决的。显而易见，深化供给侧结构性改革已经成为我国经济结构调整及产业升级的内在诉求，是落实“稳增长、调结构、促改革”总体部署的重要组成部分。我国应在保持需求侧正常发展的前提下，结合宏观政策调控和灵活市场调节，推进供给侧结构性改革，转变发展方式，优化经济结构，转换增长动力，矫正市场要素的扭曲配置，扩大有效供给，这样才能从根本上激发企业科技创新活力，促进经济社会可持续发展，提高经济发展质量，从而推进现代化经济体系建设。

一、经济进入新常态需要进行供给侧结构性改革

2015 年 11 月 10 日，在中央财经领导小组第十一次会议上，习近平总书记提出了供给侧结构性改革的经济发展战略。在中央财经领导小组第十二次会议中，他在讲话中提出“制定好方案是做好供给侧结构性改革的基础。要把思想认识统

① 《2017 年全社会研发经费预计达到 1.76 万亿元》，http://news.gmw.cn/2018-02/27/content_27820414.htm [2018-02-27]。

一到党中央关于推进供给侧结构性改革的决策部署上来。去产能、去库存、去杠杆、降成本、补短板是工作重点，关系到供给侧结构性改革的开局、关系到“十三五”的开局”。[①]供给侧结构性改革，就是要改善供需关系，从而推动经济可持续增长。扎根经济、教育等多种领域，在供给角度考察经济增长的动力，包括供给资本、土地、劳动力等生产要素，在技术层面上保证这些要素在生产中发挥实际作用，在制度层面上优化要素使用和配置。

自从2008年爆发金融危机以来，世界经济复苏缓慢，全球贸易速度放缓，各国发展不确定性增加，经济活动均陷入疲软状态。依靠短期的需求管理，无法抵御这种宏观低增长困境带来的危机，企业需要把主要的增长动力，逐渐由外生的政策刺激转向为内生的自主驱动，推进结构性的改革与创新，优化资本配置效率，这样才能使得企业夺得竞争先机，从而重新推动经济增长。中国的经济发展也摆脱不了经济危机的阴霾，以前靠人口红利带来的廉价劳动力优势已经不再明显，2008年以来，经济增速逐年降低。

新常态时期，中国经济从高速增长逐步放缓为中高速增长，结构方面持续优化升级，产业及消费日益成为市场的主体需求，生产模式的驱动力也从原来的要素及投资驱动转型为以创新驱动为核心。在人民需求日益高端、多元的背景下，相对于需求结构的不断转型升级，传统的产能产业却已经接近或达到上限规模，再加上生产要素难以向有效需求领域转移，即供给侧的结构调整表现出极大的黏性，原有供应链输出的产品较为低端，难以灵活应对市场需求的迅速变化。供给侧发展严重滞后的情形下，国内的宏观经济局面从总量性失衡转向为结构性失衡，人民生活消费的需求无法完全得到满足，由消费转换为经济推动力的过程也呈现出动力不足，经济衰退的态势愈发明显。

基于我国经济发展现状和发展趋势，当经济增长的约束条件发生明显变化，结构性矛盾成为主要矛盾时，应当从提高供给质量出发，从供给侧结构性改革入手进行宏观调控，用改革的办法推进结构调整，对要素配置失衡扭曲的现象加以矫正，提高现有供给结构在适应市场需求时的灵活度，扩大市场中的有效供给，提高全要素生产率，加速经济增长过程中传统与新兴的发展动力转换，为经济可持续、高质量发展创造条件。推进供给侧结构性改革，是我国对新常态的主动适应和应对，是推动社会经济高质量、可持续发展的重要战略举措。

---

① 《习近平：从生产领域加强优质供给 减少无效供给》，http://news.anhuinews.com/system/2016/01/27/007196960.shtml[2016-01-27]。

二、依靠科技创新推动供给侧结构性改革

要推进供给侧结构性改革，首要目标就是提高我国现有的全要素生产率，而要提高全要素生产率，必须提高在企业创新能力、生产技术完备度及人才培养和培训等方面的重视程度。归根到底，这些因素都与我国科技创新的力度和成果有关，因此创新驱动是应对新常态的关键，我国经济要想在新常态时期高质量、稳健发展，就必须激发创新活力，提高科技创新水平。

（一）提高全要素生产率

全要素生产率的提高对激发创新活力至关重要。现有生产要素供给的质量和标准跟不上生产的需求，是我国创新发展动力衰竭的重要原因。生产要素的限制，推高了我国企业的生产成本，所以它们迫切地需要优化资源配置、提高全要素生产率。供给侧结构性改革需要在以下六个方面创新要素供给：一是土地，需要对土地的使用、出让等政策实施差别化管理；二是金融，政府应当出台更为积极的融资政策，为企业提供充足的资金支持；三是环境，打造区域化创新高地，营造创新创业的友好环境；四是劳动力，重视教育培训，提高新时代人才的素质；五是生产物质资料，推动水路、电网、通信等基础设施建设；六是创新生态，实现生态、经济、社会、旅游“四个价值”的有机统一，实现产业化和生态化的绿色融合。本部分将在金融要素、人才要素等方面做出具体阐述。

科技创新往往伴随着高投入和高风险，企业在推进科技创新项目时，通过寻求多方面的资金支持，可以获得稳定、持续的供应资金。在创新企业投资方面，我们既应该提高对公共资金的使用效率，又应当以开放的态度允许社会资金有序进入。也就是说，要提升全要素生产率，就要深化金融体制改革，解除部分低效企业对资金的占用，从而优化资本布局结构，提高资金使用效率。

深化改革开放，需要继续推进金融供给侧结构性改革。不仅要完善经济制度与体制建设，还要进一步扩大对外开放程度。对内完善我国资本市场建设，坚持以市场为导向，发展银行等各类金融机构，丰富金融体系层次，促进金融机构所有制多样化，缓解金融行业发展不平衡问题，提高全行业的服务质量。对外扩大金融开放水平，坚持“引进来”与“走出去”相结合，借鉴国外金融机构的成熟经验，促进国内机构标准化，这也有利于海外市场的开拓。深化金融供给侧结构性改革，要加强在金融产品方面的创新，坚持数量和质量并重。在产品方面，增强金融产品的个体差异性，满足顾客对于高端服务的需求，提高顾客的满意度；在渠道方面，发挥可移动智能设备的优势，开拓线上创新服务渠道，推进实体网

点的转型发展，促进线上线下的渠道统一，提高服务的便捷度；在服务模式方面，改进商业模式，构建多边合作生态圈，提高服务的综合度。走中国特色的金融发展之路，离不开精准的政策调控、有效的风险防控、完善的基础设施、科学的数据管理及健全的制度保护等措施。

深化金融供给侧结构性改革，要与实体经济的供给侧结构性改革实现均衡发展和良性循环。提高金融机构判断的专业性，按照市场化要求和各机构合理审慎的运作原则，发挥金融机构对资金的引导作用，补充具有良好发展前景的企业及其所在行业的资金供应，避免资金错误流向低效回报的领域，按照市场的要求，促进金融为实体经济服务；同时，金融风险的降低，也有利于实体经济稳定发展；此外，实体经济部门的自身改革也可以反过来促进金融行业的健康发展。

相关实践经验表明，公私合作——创建政企互动的科技创新合作模式，对于政府而言，从扶持单个企业转变为扶持产业联盟，降低了资金投入的风险；扶持方式由政府投入主导转变为政府协助，激发了企业发挥创新主动性。另外，引入社会资金，激励企业、风险资本、银行资本、社会基金等加大对科技创新项目及产业的投入，缓解了政府财政的支出压力，不仅解决了企业创新过程中的资金需求问题，加速了新技术的研发及产业化，还优化了公共与社会资源的整体配置效率，实现了资金投入创新领域的风险平衡。

回顾中国经济的发展历程，大量廉价劳动力在经济高速发展过程中起到了重要作用。在改革开放初期，有大量的劳动力人口，再结合对其他国家优秀、先进技术的引进和模仿，使得我国企业产值迅速增加。但是，仅依靠大量劳动力完成生产的组装、简单加工等环节，使得大部分企业处于产品价值链的最低端。随着科学技术的发展，许多技术含量低但人工需求大的工作被机器所替代，劳动力的数量优势被弱化，由此所带来的企业经济效益也逐渐降低。另外，拥有科技创新优势的企业会建立起牢固的竞争壁垒，科技创新还会带来产品迭代、技术淘汰等一系列破坏性效应，它们会让缺乏创造力的低端企业和产品被市场迅速淘汰。

当前，市场对于劳动力的质量提出了更高的要求。劳动力的供给侧结构性改革就是在产业转型升级时，调整教育生产结构，使得劳动力的数量、质量及结构满足市场对于人才的实际需求。因此，要重点把控教育质量、院校培养模式等输送端环节，在劳动力质量方面创造新的优势。创新型人才的供给侧结构性改革，需要在专业设置、实践训练、校企合作及产教融合等方面，以市场需求为导向，把握区域经济特色与市场动态，把人才培养与产业化紧密结合，与时俱进，实现培养高素质技能型人才的目标，实现教育与市场互为需求、互为供给的动态平衡。

（二）稳定需求局面

新常态时期的改革不仅要提高供给侧生产要素的质量，还要开发整体环境的需求潜力，从而释放产业与结构升级的动力。2019年第一季度，我国服务型消费占比接近48%，全国居民人均教育、文化、娱乐、消费支出占人均消费支出的9.9%，这也可以印证我国近年来消费规模扩大、消费结构升级、消费标准提升的总体趋势。面对大量的、多样化的需求，供给端的产品和服务总量、结构、质量及标准，是稳定需求局面的关键。而目前的状况表现为，相较于市场需求，我国相关产品、服务的供给处于滞后局面，导致出现国内市场需求大量外流的问题；在世界上，我国的供给标准也不尽匹配国际要求，国际市场难以开拓。

在国内需求笼络方面，需要加快企业优胜劣汰进度，制定退出实施办法，降低企业杠杆率，有机结合企业兼并重组、产业整合等方式推进；构建新型政商关系，基于企业更大自主性，激发其创新性与积极性，增强微观主体活力；提升产业链水平，推动产业向中高端水平发展；完善现代化经济体系和促进消费的体制机制，发展消费新业态、新模式，融合线上线下发展，从而促进潜在需求转化为经济增长的强大动力。

在国际市场上，要落实"一带一路"倡议，提高开放水平。目前我国已经与40多个国家建立了双边产能与投资合作机制，与法国、新加坡等国家和新兴经济体开展了第三方市场合作。此后，我国还应该加快放宽市场准入，营造更有吸引力的投资环境，完善外商投资管理制度，为国外投资者提供更广阔的投资合作空间。除了引进投资，还要出口产品，要使我国出口的产品在国际市场中拥有比较优势，最根本的是要通过核心技术提高我国的贸易竞争力，增加我国出口产品的科技创新含量，提高产品附加价值。技术密集型产业制造工艺科技含量高、经济效益好、可仿制性低，在研发方面，发展空间大、创新潜能充足，选择此类行业的产品出口，可以激发整个行业的创新活力。此外，对于一些产能优质，本身就具有一定市场竞争力，但是在结构性改革中出现了产能过剩问题的产业，如太阳能产业，也可以通过出口产品、开拓国际市场来化解过剩产能，减轻国内市场过度供给、有效需求不足的压力，从而进一步推进供给侧结构性改革。

（三）推进完善协同创新机制

科技创新推动了企业生产模式的变化。在企业传统的生产模式中，一种产品的设计、研发、生产、分销等产业生产链上的大多数环节甚至全部环节，往往都倾向由一个企业独自完成。在当今时代，全球化和信息技术快速发展，技术更新、产品迭代的周期都在不断缩短，市场需求的迅速变化为产品及企业科技创新的频率提出了更高的要求，再加上市场竞争激烈，一个企业所能占有的资源和市场能力毕竟有限，仍然采用原来高度纵向化的生产模式显然是行不通的。因此，许多企业开始与生产价值链中的相关利益方达成合作，将生产过程中的各个环节进行分解，实现多元主体、重点投资、协作创新，充分运用高端人才智慧、国家政策红利及生产线合作企业资源，发挥产研学政（企业、科研院所、高等院校、政府）共同作用的优势，打造具有良好生态的创新企业集群，形成区域型竞争高地，用科技力量引领市场供给侧结构性改革。

目前，我国的创新格局呈现区域化、层次化发展。首先，以中关村国家自主创新示范区等 17 个国家自主创新示范区和成都高新区等 156 个高新区为中心，向周边地区辐射创新能量，充分发挥带动作用，引领发展，促进区域化创新发展、产业转型升级；其次，发挥中央和地方的协同优势，在北京、上海等地加快推进具有全球影响力的科技创新中心，在北京怀柔、上海张江、安徽合肥布局建设综合性国家科学中心；再次，在京津冀、上海、广东（珠三角）、安徽（合芜蚌自主创新综合配套改革试验区）、四川（成德绵国家科技成果转移转化示范区）、湖北武汉、陕西西安、辽宁沈阳等 8 个区域实施全面创新改革试验①，在安徽省等 9 个省份和 61 个城市开展创新型省份、创新型城市建设，推进创新主平台建设，集聚地方高端创新资源；围绕京津冀推进协同发展、长江经济带建设、东北老工业基地再振兴等区域化发展战略，以科技为核心联结，推动各省份跨区域合作、协同创新、共谋发展；最后，在帮助欠发达地区加快创新驱动转型时，采取优势互补、结对帮助的模式，建立东中西部创新合作机制，实施科技援疆、援藏、援青、入滇、支宁项目，促进北京中关村与贵州大数据试验区、中科院与新疆丝绸之路试验区、上海张江国家自主创新示范区与甘肃兰白科技创新改革试验区（以下简称甘肃兰白试验区）等开展深度合作。

值得注意的是，如果区域创新发展定位不明确，对国家创新政策领悟不透彻，或者盲目模仿发达地区创新发展模式，很可能会产生无序竞争、资源浪费的现象，甚至形成无形障碍，阻碍知识技术交流和创新人才的合理流动，破坏良性创新生态。比如，最近出现的科研设施与创新园区重复建设、难以真正发挥作用；新兴产业趋同化；投入资金利用率低、浪费程度高等问题，都使得创新资源难以结合本地区特色发挥实际作用，导致资源浪费。

---

① 《国务院：确定在京津冀 8 个区域开展全面创新改革试验》，http://money.163.com/17/0914/17/CUAGL9CI002580S6.html[2017-09-14]。

三、科技创新与供给侧结构性改革双向互融

要实现持续的经济发展，推动新一轮的动力转换，需要打造创新生态，使科技创新与经济发展深度融合。

在推进供给侧结构性改革过程中，需要将产业转型升级与科技创新有效结合，培育发展生物医药、新材料、新能源等新兴产业；推动行业由中国制造向中国创造发展；推动劳动密集型产业转型升级，从而为我国未来的行业发展创造出更多的创新可能空间。在产业结构调整的背景下，结合供给侧的改革，启发企业从供给角度出发，探索利用现有社会资源的可能性，从而有针对性地通过技术创新、产品优化，满足多样化的社会需求。应当为科技创新营造良好的市场竞争环境，引导资金、人才等创新要素按照市场导向优化配置，引导创新资源向新兴企业聚集，引导科研院所和高校技术成果向实际生产转移，鼓励企业大力发展产品研发、标准设计、供应链管理等，激发企业创新动力。另外，企业也可以依靠市场寻找到新的创新方向和路径，这也为加快科技创新成果向经济效益的转移转化创造了条件。

科技创新可以引领供给侧结构性改革，驱动经济增长，供给侧结构性改革和经济增长带来的红利也促进了科技的创新。经济发展需要主动适应、把握和引领新常态，通过宏观调控和市场引导，进一步深化市场供给侧结构性改革和科技体制改革；着力促进政府职能向创新服务的拓展，营造良好的创新生态环境，激发社会创新活力；加快科学技术成果向经济效益的转移转化，鼓励企业面向市场需求，激发科技创新力，并调整内部管理制度以适应创新生产体制，优化实际生产中资源的配置运用过程，从而坚持市场导向，围绕促进经济高质量发展，真正实现供给侧结构性改革与企业科技创新动力的良性互动。

第二章　典型国家科技与经济融合的经验

本章通过分析和比较美国、日本、以色列、德国的经验与做法，为中国构建科技与经济深度融合发展模式提供参考。其中，美国科技经济深度融合发展重心为“以推动高科技企业发展为主，同时扶持各小型企业，促进全面创新”，形成以“政策性金融扶持手段、先进的风险投资和风险贷款、多层次资本市场”促进科技发展，以“完善的法律制度保障、高效的行政管理体系、精准的激励机制”促进科技转化的美国模式。完善的法律法规体系和发达的资本市场是美国模式最为典型的制度特征。日本是银行主导型模式，即主要依赖银行等金融中介实现资本的供需对接，以“政策引导、信用担保体系、多层次资本市场”促进科技发展，以“完善的法律制度保障、成熟的大学科技转让机构、企业为主的科研经费导向”促进科技转化。以色列模式则以政府主导为主要特征，通过“完善的法律法规和行政体制、科技孵化器等财政支持、风险投资及外资投入”促进科技发展，以及“高水平的首席科学家制度、多层次的研发机构、有针对性的科技计划导向”促进科技成果转化。德国在完善的法律体系保障下，建立了一套产学研合作的科技创新体系，并在联邦政府、州政府及欧盟的资助下，形成了以创新为核心的特殊竞争力，促进科技发展；同时通过“自觉、主动选择科技重点”“构建技术交易平台、创新市场框架，培育创新技术和创新产业集群，组建创新联盟”“帮扶创新企业启动和中小企业创新”“推行有针对性的区域创新科技政策”引导与促进科技成果转化①。

① 本部分资料参考国内外研究文献综合整理而成，如 Belderbos 等（2017）、Willis 和 Mckie（2011）、Liu 和 Lundin（2008）等。

第一节　美国科技和经济的融合发展

一、美国促进科技与经济融合概况①

美国作为全球最大的经济体，同时也是全球拥有最高科技水平的国家。借助政策性金融扶持手段、先进的风险投资和风险贷款体系、完善的法律制度保障、高效的行政管理体系和精准的激励机制与多层次的资本市场，美国的科技与经济深度融合发展。在部门建设方面，政府行政部门、国会、企业、高校、科研院所等主体，各自通过不同的方式影响着美国政府的科技创新决策，为国内具有极高自由度和民主性的科研工作营造了良好的氛围。美国的科研经费来源范围广阔，投入资源的分布以工业企业为主，进一步促进了科技创新。在法律方面，美国促进科技和经济融合发展的法律法规健全。总而言之，美国科技与经济融合的重心从以政府为主体的发展模式，逐渐形成以高科技企业为主，同时扶持各小型企业，促进全面创新的新局面。作为世界上唯一的超级大国，美国具有足够的资本与活跃的创新氛围，可持续推动科技与经济的融合，促进两者共同发展。

二、美国促进科技与经济深度融合的部门

美国政治体制最大的特点就是分权。美国的科技创新政策不存在统一的决策机构，政府行政部门、国会、企业、高校、科研院所等各自通过不同方式影响美国政府的科技创新政策决策。

（一）公共部门

（1）行政机构。在美国，科技政策的决策高度分散化，国防部、国家航空航天局（National Aeronautics and Space Administration，NASA）、商务部等均有科技政策领域的决策权。总统科技助理、科技政策办公室（Office of Science and

① 本节内容参考 Jamison-Mcclung 和 Kjelstrom（2017）、Hourihan 和 Parkes（2017）、Rodríguez-LópezJ 和 Torres（2012）等国内外文献整理而成。

Technology Policy，OSTP）、国家科学技术委员会（The National Science and Technology Council，NSTC）、总统科技顾问委员会（President's Council of Advisors on Science and Technology，PCAST）是美国科技政策管理体制中具有重要地位的四大管理部门。

（2）美国国会。联邦科技所有的预算拨款经费都需要经过国会的讨论和审议才可通过，参议院和众议院还分别设置了专门委员会来负责科技创新方面的政策和法律的制定[①]。

（二）半官方和民间组织参与

国家科学院（National Academy of Sciences，United States，NAS）（半官方机构）会提出一系列的建议来影响政府在科技创新领域方面的决策。2005 年，国家科学院提交的《迎击风暴：为了更辉煌的经济未来而激活并调动美国》报告中提到政府应该积极增加攻读理工科学生的名额、加大对物理等相关理工类学科的资助力度。除此以外，国家科学院还建议美国政府在就业方面满足理工科学生的岗位需求。美国国会最终采纳了国家科学院的报告建议，通过了相关的法案，并增加了一倍与物理学相关的自然科学基金和科研办公室，如能源部科学办公室的资助资金预算。另外，国家竞争力委员会（民间机构）也发布了一系列的创新研究报告，如 2004 年的《创新美国》。

（三）科技创新决策与咨询部门

政府在科技决策方面的咨询在美国已有百余年的历史，逐渐发展成为一套综合、全面的科技决策体系。美国政府最高层次的科技创新决策协调机构是国家科学技术委员会，最高决策咨询机构是总统科技顾问委员会。作为最高层次的科技创新决策协调机构，国家科学技术委员会的组织架构如图 2-1 所示。在美国政府最高决策咨询机构总统科技顾问委员会中，总统科学顾问（science advisor）会兼任白宫科技政策办公室主任和总统科技顾问委员会共同主席，通常会被授予特别助理（special assistant）头衔，协助美国总统与社会各界进行交流和沟通（万劲波等，2017）。

---

① Guide to the President's Budget Research and Development FY2018，https://www.aaas.org/news/guide-presidents-budget-research-and-development-fy-2018[2017-09-05]。

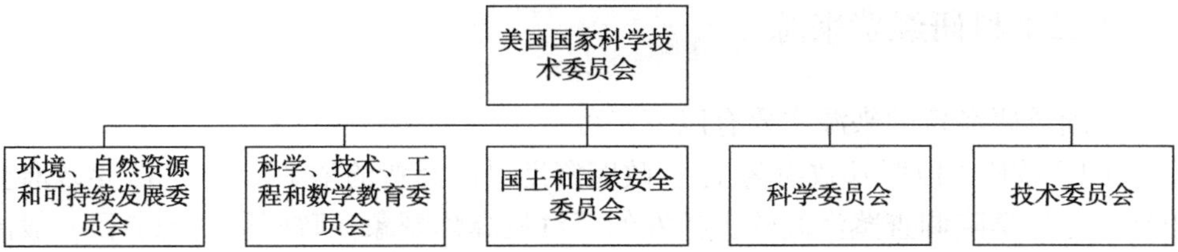

图 2-1　组织架构图

为推动更多的科学家和技术专家参加科学研究活动，美国设立了国家科学研究委员会，目的是实现美国国家科学院、国家工程院提出的研究战略目标。美国国家科学研究委员会举办了各类会议，组织成立了一些大学的科学研究委员会，帮助其开展相关科学研究工作，搜集并核实科技方面的数据和资料，并对研究计划基金和奖学金进行管理，授予学者职称或者向研究学者提供资金方面的资助。国家科学研究委员会的活动经费主要来源于政府和私人基金会①。

美国政府除了设立官方科技机构外，还设立了非官方科技创新咨询机构和组织，如美国国家科学院、国家工程院（The National Academy of Engineering，NAE）和美国科学促进会（American Association for the Advancement of Science，AAAS）等科学组织，诸如此类的科技机构或组织对科技创新有促进作用。

三、美国科研机构与经费来源

（一）科研机构类型

美国的科研机构有以下四种类型。

（1）联邦政府研究机构。联邦政府研究机构以国家科学技术委员会、国家科学研究委员会、总统科技顾问委员会为主。引导国家各项重大项目的决策与开展，是美国最高层次科技决策的根本。

（2）工业企业研究机构。各类科技型企业，大到苹果公司、谷歌公司等超大型的跨国公司，小至各类州属的科技企业都设立了研究机构。在各项政策的引导与关注下，企业科研机构也成为目前美国科研机构中最具活力和发展前景的类别。

（3）高等院校。大学是美国目前科研机构的主力军，各科研机构以各自的院校为依托，呈现出遍地开花的趋势。这也是美国学术自由氛围浓郁的基础保障。

（4）社会民间非营利组织，如红十字会等。

---

① 请参见“美国国家科学研究委员会”，百度百科（baidu.com）。

（二）科研经费来源

美国科研经费的来源主要有以下三种。

（1）政府（以联邦政府为主）。政府资助科研经费的举动始于 1832 年政府委托富兰克林学院调查蒸汽渡轮上频发的蒸汽机爆炸现象。政府资助的项目一般由军事、航天、基础物理和基础工业四部分组成，所资助项目的共同特点是具有投入高、回报周期长、利润低等特性，从国家长远利益和社会整体福利考虑，需要国家经费作为支持。

（2）企业。目前企业的科研投入是全美最大的科研经费来源，根据最新的《科学与工程指标》，全美企业年投入经费占全美总投入的 70%以上，涵盖了各项学科领域的研究范围。

（3）社会民间团体（基金会）。民间团体的科研投入范围与企业类似，并且分布更为广阔。与企业具有明确目的性与方向的投入不同，基金会的助资方向更为多样，并且以应用科学为主。

在美国，私人部门在 1980 年花费在研发上的金额超过了政府。到 2003 年，商业公司提供了 2830 亿美元研发费用的 68%，而联邦政府的这一比例为 27%。根据美国国家科学研究委员会的资料，来自联邦政府的研发支出比例从 20 世纪 60 年代初的 63%下降到 21 世纪初的 27%，而私营部门的比例则从 30%上升到 68%。

四、美国政府的科技创新政策

（一）各时期政策演变

美国的科研创新能力在世界各国中处于遥遥领先的地位，其科技政策必然会成为各国科技政策制定与实施的参照典范、各国学者研究的主要对象。美国相关政策之间的协同效应正是国家竞争力强的关键因素，为更好地理解美国国内科技创新政策的协同关系，整理了美国在各个时期内的相关政策。

1. 创新政策的初步制定

20 世纪 60 年代，美国崇尚市场自由，用自由竞争的方式来配置创新资源。相对于直接的产业政策或者直接参与的方法，美国政府主要以资助创新产业和颁布相关法律法规等手段来推动本国的工业创新。

在肯尼迪政府时期，政策有了变化，政府提出了许多与国内创新相关的计划。在 20 世纪 60 年代，美国政府曾提出启动工业技术计划和国家技术服务计划，但由于当时政府对创新政策理解尚浅，美国国会内部对创新计划仍持有怀疑的看法，因而这些计划还没有得到实施就停止了。

2. 创新政策地位的确立

尼克松政府时期，20 世纪 70 年代以来，美国整个社会还处于石油危机、贸易赤字和失业率上升等一系列的社会与经济困境当中，这使得政府部门重新考虑支持科技研发活动，提出“新技术机会计划”[①]，虽然该计划没有得以落地，但是美国政府对创新政策的认识在加深。

在此之后，卡特政府对科学技术的创新逐渐重视起来，政府在研发方面的投入上升，该时期政府还通过了《国家 1979 技术创新法》，该法案将联邦政府在资助、推动创新方面的行为合法化。虽然美国政府已经认识到科技对经济增长的重要性，但在政策制定方面还比较有限。原因是当时的政策会受到新古典经济学派的影响，该学派认为政府只需要在知识生产阶段干预，而在知识的应用扩散阶段则要用市场的机制来完成，即政府无须进行技术开发和技术扩散，只需支持相关部门的科学技术研究工作（李纪珍等，2010）。

该时期政府在科技创新方面主要依靠国内的大学等研究机构和国家实验室等进行科学技术方面的基础研究，同时考虑到了在研发方面的税收优惠政策问题，并修订了反托拉斯法，以促进企业间的合作研发。但在该时期，直接资助科研机构仍然是主要的政策工具，科技创新政策相关体系仍然不健全。

3. 关注科技创新的全过程

在里根政府时期，从 20 世纪 80 年代以来，创新政策逐渐从科技和产业政策中剥离出来。在熊彼特学派的影响下，创新政策将技术方面的创新置于首要位置。这时的技术创新被视为一个由科学、技术和市场互相影响下出现的产物。在此阶段，强调技术在各个环节均需要政府的干预，且相关政策中最主要的是在技术开发和扩散方面的政策。这一阶段美国技术创新不仅重视基础研究，同时重视创新的各个环节。政策制定关注了技术供应、技术需求等方面的问题，主要措施包括政府在研究开发方面提供更多的资金支持，并鼓励政府各部门、各机构积极增加研发投入。这时期的科技政策可以明显看出政府对于科学技术创新的重视，如联邦政府创造了良好的技术创新法律环境；增加了对中小企业的研发资助，鼓励技术创新；加快国家实验室成果向工业部门转移的速度；改变贸易政策使得国内企业技术得以创新。

在 20 世纪 80 年代到 90 年代前期，美国联邦政府为了促进其资助的研发项目

① 《美国科技创新体系中的政府作用》，http://www.maxlaw.cn/l/20180303/907522883162.shtml [2018-03-03]。

成果的商业化，进行了一系列的制度创新，用于促进商用技术的发展。美国政府的创新政策工具和形式也逐渐多样化，由原来的直接资助形式逐渐拓展为提供科学技术创新方面的税收政策优惠、引入风险资本、政府定向采购等政策工具。

4. 科技创新和知识经济相结合的创新生态

20 世纪 90 年代以后，全球的经济环境和政治格局都有了巨大的变化。国际分工更加细致，高新技术已经是经济发展的关键因素。克林顿政府首次对创新政策做了系统性的说明，如 1993 年的《技术为经济增长服务：增强经济实力的新方针》，1996 年的《技术与国家政策》①。克林顿政府的重要贡献是加强了政府与企业之间在技术创新方面的合作，鼓励民间企业加大研发投资力度，鼓励实用的基础研究项目，鼓励军民融合。由于克林顿政府面临美国经济不景气的情况，这一时期的创新体系主要注重短期效益，在保留基础研究的同时，也非常强调应用性，这样的政策也使美国走进了“新经济模式”②。

“新经济模式”时期的美国作为全球第一大经济体，虽然拥有全世界最优秀的科学方面的人才，但本国的科研人才竞争力较弱，所以克林顿政府在该时期加大了对初等、高等教育的投入力度，希望通过提高本国人民的科学素养来增加本国的科学人才储备，进而促进本国高科技产业的繁荣发展。

进入 21 世纪，全球竞争更加激烈，科技创新面临经济和社会的深刻变革。美国政府发布了《创新美国》报告，该报告分析了美国在 21 世纪创新生态系统的变化方向，报告的最后还提出了全面提升美国创新能力的动议，该动议在人才、投资和创新机制方面都提出了相关的政策建议，此报告聚焦于对科技生态系统和知识经济的关注。

5. 特朗普上台以来美国的科技政策

自 2017 年 1 月 20 日，美国第 45 任总统特朗普就职以来，美国国内各领域政策均发生了极大变化。在科技政策方面，特朗普政府与往届政府对科学技术大力支持的态度有极大的反差，大幅削减了政府在科研经费方面的投入，政府相关部门的科学家受到冷落，否认国际科学界公认的气候变化事实，并于 2017 年 6 月 1 日宣布美国退出《巴黎气候协定》,引起美国国内及其他国家科学界的不满和抗议。从总体上看，特朗普政府上任以来的科技政策与往届的美国政府形成了巨大的反差对比，该届政府没有把发展科学技术放在首要的位置上，与美国国内和世界其他国家的科学界未形成良性互动关系，在气候和能源等一些重要的领域还呈现了

① 《〈跟美国总统学智慧〉之克林顿》，http://ias.cass.cn/lncgyj/201506/t20150619_2691496.shtml [2010-01-01]。

② “新经济模式”是一种在现代社会化大生产条件下，以高新技术和现代金融为支撑，有日臻完善的宏观调控体系和健全的市场体系，在全球化的国际环境中生长的典型的、较为完善的市场经济模式（刘崇仪，2001）。

倒退的趋势（樊春良，2018）。

（二）吸引人才的政策

美国重视教育投入，鼓励大学、科研机构和企业的科研人员相互流动，网罗全世界优秀科技人才，营造良好环境留住精英人才。例如，H-1B、O-1 和 L-1 签证计划等入境计划为美国雇主所需要的特殊人才提供临时签证，这些计划能使美国企业吸引顶尖人才加入国内产业，也是鼓励创新和创业的一种很好的方式。

为了促进美国的创新，现行政策包含天才签证政策的制定。天才签证政策允许政府授予那些拥有艺术、科学、教育、商业和体育天分的人以签证。从 2004 年的 6500 个增加到 2008 年的 9000 个天才签证获得批准。该计划的想法是关注有才华的人，并鼓励有特殊才能的人移民到美国。

联邦政府每年为 H-1B 拨出高达 195 000 个签证，部分 H-1B 签证是专门为科学家、工程师和技术专家等从事特殊职业的人提供的。获得此工作许可的个人可以最多停留 6 年，并且如果他们的雇主接受他们的申请，则他们可以申请美国绿卡。

美国善于利用创新密集的区域经济集群效应来加快经济的发展，如硅谷、波士顿和北卡罗来纳州的三角研究园等区域，这些领域都有与优秀大学联系紧密的创造性人才，也有税收政策、州法律、基础设施、风险资本来促进区域创新，这些创新集群产生了良好的经济效益。美国通过这些区域集群效应来促进企业发展，提高企业生产力，进而提高这些区域的收入水平和就业率。

（三）高技术中小企业优惠政策

美国小企业管理局为中小型高新技术企业提供银行贷款担保等服务，联邦政府还为此类企业提供低利息率还贷条件和企业税收优惠。例如，美国国会在 1958 年颁发了《小企业投资公司法》，并授权小企业管理局可以制定和实施有关小企业投资公司相关计划，经小企业管理局批准的投资公司，可以享受到政府的低利息率还贷政策和企业税收优惠。通过设立此类政府风险投资公司，可以引导民间资金流向风险投资企业，达到促进美国风险投资业发展的目的。

由于小企业投资公司可享受政府特殊的税收优惠政策，且缺少有效的激励和约束机制，阻碍了代理能力强的投资经理的引入。投资经理的专业水平普遍不高和管理不善等原因经常导致投资的项目以失败告终。

此外，即使在美国这样具备良好的商业环境和完善市场机制的国家，政府的直接投资也不是向小企业引入风险投资资金最合理的方法。即便如此，《小企业投资公司法》还是为美国小企业风险投资资金的引入奠定了基础。

（四）风险投资政策

首先，政府对风险投资额免征或减征税，并出台了一系列促进风险投资产业发展的法律法规。其次，美国为支持小企业投资公司对科技型中小企业进行投资，政府还提供了 3 倍于投资公司自身资本的资金用于鼓励投资公司加大对高新技术企业的资金投入。这些税收优惠及资金支持使风险投资公司更具有冒险精神，也更愿意将风险的资本投入到那些具有高风险的高新科技企业中，同时促进了风险投资产业的迅速发展。最后，美国还通过政府采购来支持高新技术企业，如有限采购高新技术企业的高科技产品。

（五）促进合作研发政策

美国政府推动政府部门、企业、高校、科研院所构成联合研发生产机制。例如，美国某工业大学的合作研究中心（Industry-University Cooperative Research Centers，IUCRC）涵盖了多个高科技领域，与 100 多所高校和 700 多家企业合作，该合作研究中心根据企业的需求开展相关的课题研究，增强了产学研合作研发环节的有效性和实用性。

联邦政府为了加快小企业创新发展的进程，以 1982 年制定的《小企业技术创新进步法》和 1992 年制定的《小企业技术转移法》为依据，专门设立了“小企业创新研究”（Small Business Innovation Research，SBIR）计划和“小企业技术转移”（Small Business Technology Transfer，STTR）计划。前者要求国防部（Department of Defense，DOD）、美国卫生及公共服务部（United States Department of Health and Human Services）、NASA、能源部（Department of Energy，DOE）等年对外研发经费超过 1 亿美元的联邦部门必须参加，2002 年到 2012 年之间，此类部门每年已投入约 20 亿美元用于资助中小企业开展研发创新活动；后者促进了小企业与大学、研究机构之间的项目合作，且项目必须由小企业和研究机构联合申请。截至 2012 年，两个计划共资助研发项目约 13.6 万个，合计经费约 328 亿美元（仲平，2013）。

此外，美国联邦政府历来重视国家科研基础设施和全国性信息资源共享平台的建设。在科研基础设施方面，联邦政府先后启动了两个计划，第一个计划为能源部的“国家科研设施计划”，第二个计划为国家科学基金的“重大科研仪器与设施专项账户计划”。两个计划为天文、量子物理、高性能计算、极地海洋科考等领域的科研基础设施投入了大量的资金，总计60多个项目获得资金投入。2012年3月，奥巴马政府发起“大数据计划”，投入2亿美元用于促进科研信息和数据的公开，并用于提升信息的获取速度，该计划进一步加快了美国的创新进程。

（六）政府采购政策

通过政府采购可以减少企业创新面临的市场风险，也有助于行业标准的确立。硅谷在发展的初期，大约1/4的产品订单来自政府。同时，美国政府通过采购保证了硅谷高新产品的市场需求，在一定程度上，国际商用机器公司（International Business Machines Corporation，IBM）、惠普等高新电子科技企业也享受到了政府的采购政策带来的益处，企业得以迅速发展。

（七）政府直接或间接投资资助政策

政府通过拨款资助等形式，对高科技企业进行资助。其中，较为典型的一个案例是特斯拉公司。2008年，特斯拉公司第一批Roadster下生产线交付，原计划将成本控制在7万美元，将售价定为10万美元，但实际成本却超出原计划成本，高达12万美元，于是特斯拉公司为了保证公司亏损额降低，将产品的售价提高至11万美元。特斯拉公司的产品提价行为引起了客户的极大不满，而特斯拉公司也面临着“亏钱卖车”的困境。2009年，奥巴马和能源部部长朱棣文参观了特斯拉公司的工厂后，特斯拉公司获得了能源部4.65亿美元的低息贷款。在2012年，特斯拉公司又获得了加利福尼亚州能源委员会一笔1000万美元的专项资金用于生产特斯拉的新型车Model X SUV，特斯拉公司还可以进一步扩建其在弗里蒙特的工厂生产车间。

（八）军民融合

美国国防军工的研究持续为民用产业提供知识和新技术。政府在航空航天、核能、计算机、互联网等领域的国防采购，不仅增强了军事实力，也促进了相关产业的发展。美国的航空航天、计算机、互联网等，都从军用技术转换成了通用技术，由此催生了庞大的产业链条。一个典型的案例是Palantir公司，在该公司创立早期阶段，主要以大数据技术为核心产品，在美国反恐活动中发挥了积极的作用，公司早期的业务收入70%都来源于政府的咨询项目。而公司目前的核心技术产品分为两类：一类是大数据产品，与国防、安保领域相关；另一类是数据分析产品，与金融、反窃取相关。

五、促进科技与经济深度融合的相关法律

美国有健全的法律体系。促进科技和经济融合发展的法律法规包括如下内容。

第一，保护企业和个人创新、知识产权和技术转让的法律法规，包括联邦技术转移法、技术创新法、专利法、知识产权法、技术扩散法等。

第二，促进中小高新科技企业发展的法律法规，包括小企业创新发展法、加强小企业研究与发展法、中小企业投资法案。

第三，促进和保护竞争的法律法规，包括商标法、反垄断法。

第四，促进风险投资的法律法规，包括收入法、小企业投资鼓励法、“安全港”法规。

六、美国促进科技和经济融合模式总结

美国作为超级大国，在经济、政治、军事、文化、创新等方面的实力均在全球前列。美国科技高度发达，科研成果丰富，世界一流的企业和大学云集，堪称世界第一科技大国。在美国，诞生了人类历史上许多重要的发明，包括电灯、电话、飞机、通用零件、工业生产线等，最早研制出原子弹，在太空竞赛中领跑，最先开启了计算机与互联网的信息技术时代。在科学研究方面，大量的美国学者获得了诺贝尔奖。在21世纪，美国继续在许多新兴行业领域领先。美国经济高度发达，国内生产总值长期居世界第一。

美国科技和经济融合发展模式可以归纳为：市场自发、政府引导、企业分散决策、制度完善、资本市场主导，在这种发展模式下，美国成了科技和经济发展的大国。

在促进科技发展方面，精准的金融扶持政策、繁荣的风险投资和风险贷款市场、高效的多层次资本市场的退出机制有效地解决了科技企业的融资难等传统难题；在科技转化促进经济增长方面，完善的法律制度保障、强大的管理团队、完备的工作流程、有效的激励机制做出了突出的制度贡献。完善的法律法规体系和发达的资本市场是促进美国科技与经济深度融合的制度特征。其科技与经济深度融合发展模式如图2-2所示。

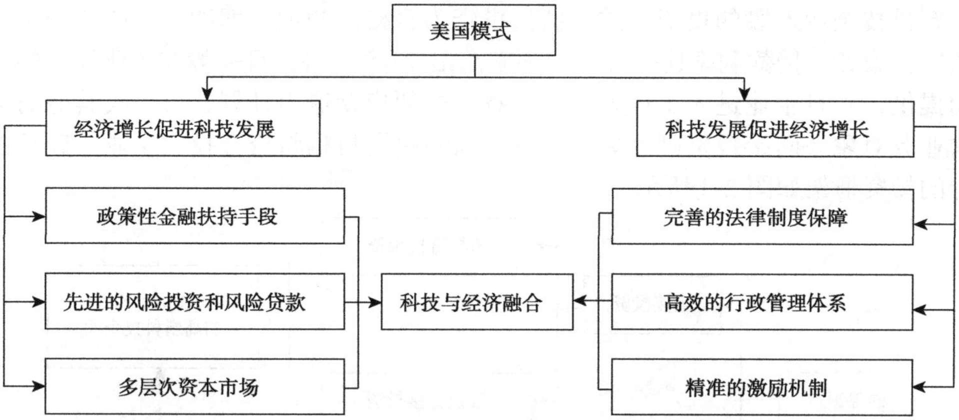

图 2-2　美国科技与经济深度融合发展模式概况图

这里特别要强调的是美国多元化的金融支持和高校的科技成果转化机制在促进科技与经济的融合中发挥了非常重要的作用。

（一）多元化的科技金融支持

1. 多层次资本市场

美国的资本市场体系在全球最完善，其资本市场体系分为三个层次。第一，以纽约证券交易所为核心的主板市场。第二，以纳斯达克（National Association of Securities Dealers Automated Quotations，NASDAQ）为核心的二板市场。二板市场的发展历程较主板市场短，但发展速度快，其上市公司的数量、股票成交量、市场表现、流动性比率等方面均已超过主板市场。二板市场上市企业经融资和成长，达到条件后可转入主板市场上市，是主板市场的重要补充。第三，美国证券场外交易市场。场外交易市场分布于全国各大工商业和金融中心城市，总共有 11 家，为区域性企业的交易场所，相当于美国的三板市场。

2. 科技银行

硅谷银行是全球最著名的科技银行，其发展历程在一定程度上反映了美国的风险贷款市场发展史。硅谷银行成立于 1983 年，在亚洲、欧洲等地拥有强大的商业关系网络，现有资产达 50 亿美元。该行曾为超过 3 万家初创企业服务，包括硅谷地区逾 70%的风险投资支持企业、全美逾 50%的风险投资支持企业，且成功投资过 Facebook、Twitter 等著名企业。其投资对象定位于有风险投资机构支持的处于初创期的高新科技企业，投资模式主要有直接投资和间接投资两种，直接投资又包括股权投资和债权投资。股权投资为直接向具有较大潜力的高新科技企业入股的投资方式。债权投资为直接向初创早期的高新科技企业提供贷款服务，贷款利率比一般贷款利率高出 2%到 5%，且一般在企业发展的初期提供，一旦企业进入了成熟期，硅谷银行便启动退出计划，再寻找其他的贷款业务对象。间接投资则主要通过投资风险投资机构将资金投向企业。硅谷银行的投资框架如图 2-3 所示。

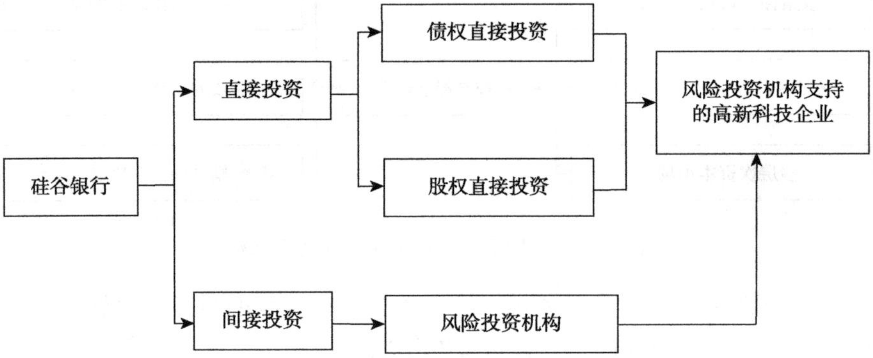

图 2-3　硅谷银行的投资框架

3. 风险投资

风险投资为高科技初创企业提供了资金来源。红杉资本是风险投资界的传奇公司，1972 年成立于美国硅谷。在红杉资本成立后的 30 多年期间，红杉资本成了如苹果公司、谷歌公司、雅虎公司等一众创新技术领导者类型公司的第一家机构投资者。在存续的几十年间，红杉资本的投资业绩已经取得了十分惊人的成绩，而且红杉资本还在不断创造风险投资界的神话。

（二）高校的科技成果转化机制

美国是高校科研成果转化最成功的国家之一。美国科技成果的转化率高达 80%，高科技成果转化率对加快美国国内的科技进步、推动经济增长、增强美国的国际竞争力起到了关键作用。

促成高科技成果转化率的原因，一是政府重视相关方面的立法，为高校的科技成果转化提供了制度和政策保障。例如，1980 年美国联邦政府颁布的《拜杜法案》明确规定，高校使用联邦政府科研经费所得的技术成果，其专利所有权属于高校，且学校有权将新研发的技术有偿转让给企业，所得收入均由高校支配，专利发明人也可以分享专利转让收入。其后，联邦政府陆续颁布了《小企业创新开发法案》《联邦技术转让法案》等法案，极大地激发了美国高校、相关研究所和企业各方积极参与技术创新活动的热情，同时也使得美国很多大学都制定出了更为完善的专利转让等相关政策。二是美国许多高校都成立了专门的科技成果转化机构，重视科技成果成功转化。美国许多高校均成立了技术转移办公室，并通过以科技成果转让为核心目标的美国大学技术管理协会与民间的公司和企业进行深度交流与合作。三是转化机制健全，相关管理服务工作流程完善。四是政府和高校有合理、有效的激励政策，且高校提供了宽松、便利的工作环境。五是美国高校建立了企业孵化器，培育和促进了高新技术企业的可持续发展。例如，斯坦福大学原来只是一所二流的大学，当工程学院院长弗兰德里克·特曼在学校里建立了一个斯坦福高校内的研究园区，并鼓励学生在此发展创业投资公司，同时以很低的租金租给一些小的科技公司，这其中诞生了许多传奇公司，也使得斯坦福大学不断兴旺发达，成为世界一流大学。

2011 年 3 月，美国总统奥巴马为促进清洁能源创新并带动美国经济的再一次繁荣发展，把创建概念证明中心作为投资“i6 绿色挑战计划”的主要手段①。同时，美国商务部经济发展局（Economic Development Administration，EDA）也认为概念证明中心可以加速美国的绿色科技发展进而提升美国的竞争力，带美国经济走出困境。为此，2011 年 9 月，EDA 拨款给 6 个大学下属的概念证明中心，总金额高达 1200 万美元，且在 2012 年再次给新成立的 7 个概念证明中心拨款，总金额高达 700 万美元。截至 2012 年，美国国内的大学已建立起 32 个概念证明中心。2014 年，EDA 继续在“i6 绿色挑战计划”上扩大投资，给已有的概念证明中心各追加投资 50 万美元，并持续关注后期的研究进程。

第二节　日本科技和经济的融合发展

一、日本科技与经济融合历程与现状②

（一）日本科技与经济融合发展历程

日本是世界科技强国，更是经济强国，其经济在第二次世界大战后凋敝的情况下能够快速起飞，与其不断调整科技发展战略和政策，以适应时代发展的需求

① 《美高校科研成果转化如何跨越“死亡之谷”》，http://finance.china.com.cn/roll/20150429/3086341.shtml [2015-04-29]。

② 本节内容参考 Rodríguez-LópezJ 和 Torres（2012）等国内外文献整理而成。

不无关系。

第二次世界大战后至 20 世纪 80 年代，在早期阶段，日本经济的快速腾飞主要依赖于其对技术的引进、吸收和消化利用政策，从 20 世纪 80 年代开始，日本开始实施“科技立国”战略，不再吸收、模仿，而是推动自主创新促进经济增长。20 世纪 90 年代，日本政府在日本受到泡沫经济后遗症影响并且经济长期低迷的情况下，坚持和发展了“科技立国”战略，倡导原来“模仿和改良的时代”将成为过去，并于 1995 年底通过了《科学技术基本法》，成为该阶段促进科技创新的重要标志（徐世刚和肖小月，2000）。21 世纪以来，日本政府积极调整科技政策，创新科技体制，加大基础研究力度，培养科技人才（张锁柱，1995）。日本作为世界科技强国之一，在生物技术、医疗级诊断仪器设备、高性能计算机、半导体、新材料、超导材料、数字图像技术和光电技术等领域具有较强的优势。截至 2016 年，日本共有 25 人获得过诺贝尔奖，日本 21 世纪以来自然科学领域的获奖人数位列世界第二。2016 年日本的国内生产总值为 4.73 万亿美元，排在美国和中国之后，居世界第三位，而根据 2015 年彭博创新指数，日本在最具有创新力国家中排名第二，科研人员人均研发预算居全球前列。

（二）日本科技与经济融合的现状

1. 企业创新能力强劲

根据 2017 年 1 月 10 日由科睿唯安发布的“2016 年全球创新企业百强”名单[①]，日本有 34 家公司上榜，仅次于美国的 39 家，远远领先于其他各国。在 2015 年全球创新企业百强中日本企业数量为 40 家（排名第一）。在该百强企业名单中美国企业与日本企业的数量总占比在 2015 年和 2016 年均超过了 70%，且这两国在该百强企业名单中的占比相近。日本作为百强企业名单中企业数量能够和美国抗衡的国家，其企业创新能力可见一斑。

此外，对“2016 年全球创新企业百强”名单中日本上榜企业的特征进行总结发现，日本上榜企业呈现以下特征：首先，在某个或者某些领域，企业在技术或市场份额方面位居世界最前列。其次，企业的技术均经历了多年的积累和传承。从技术的角度来讲，积累和传承至关重要。最后，绝大多数企业保持较强的盈利能力。其中有 32 家企业保持盈利，仅 2 家出现了亏损。

---

① 该榜单评选的四大标准为专利总数、专利授权成功率、专利全球组合覆盖率、专利的引用次数。除第一个指标外，后三个指标更加看重质量。

2. 科技创新活跃

2016年8月，日本科技政策研究所发布了《科学技术指标2016》报告，报告中科技指标包括五类，分别是研发支出、研发人才、高等教育、研发产出和科技创新，就这五个重要指标而言，日本的科技发展情况体现为以下特征①。

一是研发投入要素情况。①日本在研发经费方面的投入总体呈现增长趋势。从总体而言，2009年后，日本研发投入费用保持平稳增长。具体来看，日本政府对企业的直接投入（政府承担的企业研发经费占国内生产总值的比例）呈下降趋势，间接投入（研发税制使得企业法人税额减免，这部分减免的税额占国内生产总值的比例）有所增加。间接投入在2004年显著增长，2008年有所减少，2013年恢复增长，其中，研发税制优惠减免额的变化主要受到研发税制优惠政策变更、市场经济等因素影响。②研发人员数量多。2000年上半年，日本劳动人口中的研究者数量在世界主要国家中为最大值，尽管2006年到2016年之间日本劳动人口中的研究者数量没有显著增长，但2014年日本劳动人口中的研究者数量仍处于较高水准。③在科学与工程学科本科生和研究生培养方面，非制造业（研究、教育除外）工作的理工科学生（本科毕业生和硕士毕业生）占比整体有所增长，但博士毕业生的数量在2006年到2016年小幅下降（中国科学技术协会创新战略研究院，2016）。

二是研发产出情况。①日本的论文产出数量（2012~2014年的平均数量）排名第三，仅次于美国和中国。在2006年到2016年，尽管日本的论文产出数量保持平稳，但由于其他国家论文数量的增加，日本的排名有所下降。②尽管日本的专利申请量在2006年以后呈递减趋势，但其PCT（Patent Cooperation Treaty，专利合作协定）国际专利申请量除去2014年均呈现递增趋势，体现出日本加快了研发活动国际合作的进程②。

三是科技创新情况。①日本与美国紧密的技术依赖关系。在二者的关系中，日本对美国的依赖较强。除母子公司外，日本的最大技术出口对象为美国；美国最大的技术引进对象为日本，美国对日本的技术投入额达到1.3万亿日元，可见日本对美国的依赖非常强。②日本的技术竞争力有所增强。从美国、日本两国除母子公司（关联公司）以外的技术贸易收支比来看，日本原本在1左右浮动，在2000年下半年开始增长，2014年增至2.3，表明日本技术竞争力有所增强；而美国的技术贸易收支比一直在4左右浮动，在2014年下降至3.5。③在各国通过实施研发活动实现产品创新的企业比例排名中，日本则位居第三（71%），仅低于德国（76.9%）和法国（76.0%）。

① 资料来源：中国科学技术协会创新战略研究院《创新研究报告》。

② 引自中国科学技术协会创新战略研究院《创新研究报告》，第18期（总第144期），2017-02-23。

二、日本促进科技创新的部门

日本坚持贯彻集中协调型的科技管理体制，拥有国会和内阁作为科学技术政策的决策机构。同时，综合科学技术会议和文部科学省作为科学技术领导及咨询机构。在科研方面所设立的独立行政法人机构是国家关键技术的核心部门，是日本国有科研机构改革逐步深化、不断优化的结果。

（一）综合科学技术会议

作为内阁制定和实施综合科学技术战略的技术支持，日本的综合科学技术会议由首相直接领导。其下设 5 个分会组织：①重点领域发展战略委员会；②评价调查会；③科学技术体制改革委员会；④生命伦理调查会；⑤日本学术会议运行机制调查会。

综合科学技术会议每个月都要举行会议，更加重视科学技术与社会、人类的关系，还包括解决伦理难题。为进一步强化综合科学技术会议主导科技政策的作用，2014 年它被再度改组为综合科学技术创新委员会。

（二）文部科学省

文部科学省由文部省和科学技术厅合并而成，下设 8 个局和 1 个负责联合国教育、科学及文化组织活动的机构。在政府战略方针的指导下，文部科学省统一颁布各省厅的研发计划及科技政策。其下设的创新系统单元包括日本原子能研究开发机构、日本海洋研究开发机构、日本宇宙航空研究开发机构、国家材料科学研究所、理化研究所等。

（三）科技审议机构

日本政府的科技审议机构分为三种：一是隶属于内阁总理大臣的咨询机构；二是隶属于各省厅的科技审议机构；三是隶属于各科研机构的运行和管理委员会。其中，对日本政府的科技政策、规划及发展方向影响最大且最具有权威性的是综合科学技术创新会议。

（四）科研资助机构

日本主要有三家科研资助机构，包括：①日本科学技术振兴机构，该机构在国家科技立国的指导方针下，实施“科学技术基本计划”。②日本学术振兴会，其主要任务是全力资助萌芽研究领域及青年科学家的科研项目。③新能源产业技术综合开发机构，该机构致力于帮助日本国内工业技术、能源和环境等领域的基础科学研究，帮助科研人员实现技术成果转化，并负责项目规划、管理及项目后期评价。

三、日本科研体制与资源配置

（一）分割的官僚主义体制

日本的技术创新和科学研究的法律政策由不同管理部门颁布。同时，不同活动的相关预算也由不同的管理部门来制定。在这种体制下，执行地位平等的权力被分散于各个部门和相关利益主体，同时权力的纵向分配有利于日本政策的有效执行，推动了日本经济活动多元化和科技的发展，从而使社会进入了一个快速变化的时代。日本科学研究政策和产业技术政策的比较如表 2-1 所示。

表2-1　日本的科学研究政策和产业技术政策比较

对比项目	科学研究政策	产业技术政策
所属官厅	文部科学省及其他省厅	通商产业省工业技术院为主的各省厅
研究开发对象	基础科学和应用科学	技术开发和技术实用化、事业化（商品化）
政策的执行机构	大部分大学、国家科研机构	一部分民间企业、国家实验研究机构
政策的自由度	大学研究机构较高，国家研究机构较低	较低
取得研究成果的时间	相对长	比较短
其他相关政策	学术行政、教育政策等	经济政策、产业政策等

资料来源：韩侑（1987）

（二）强化中央咨询决策机构的指挥部职能

日本政府通过改革国家中央咨询决策机构的组织架构、人员构成、管辖片区等强化中央机构的权力和职能，从而实现“在权力上中央统领各省，在政策上自上而下”的效应，进而避免各地区地方保护主义和市场分割的现象出现。同时，该项体制有利于日本在新时代中推动创新经济的发展。

（三）中央科技政策咨询决策机构的发展

第一，科学技术委员会于 2001 年被日本政府改组为综合科学技术委员会。日本综合科学技术委员会推进了日本不同类别科学之间的交融，统一管理日本的科学政策和技术政策。综合科学技术委员会相比于其前身，由于权力更大及涉及范围更广，在日本的政策制定体系中占有重要地位，有效解决了很多原先无法解决的问题（平力群，2016）。

第二，综合科学技术会议于 2014 年被改组为综合科学技术创新委员会。日本通过该项改革进一步强化了综合科学技术会议统揽创新政策的职能，有利于解决日本各个省厅之间存在的纵向分割问题（平力群，2016）。

四、日本科技创新政策与相关具体举措

20 世纪 90 年代，日本因信息化进程滞后而重新拉开了与美国之间的经济差距，作为日本经济重要组成部分的中小企业，是日本经济活力的源泉，因此，出台科技政策和措施，促进中小企业发展，尤其是信息化发展具有重要意义。在 2008 年全球金融危机爆发后，日本政府更以金融缓和、促进雇佣为核心，确保企业资金供给，消除雇佣不稳定的状态，以防止企业陷入进一步恶性循环，为中小企业的发展提供支持，以此保障科技创新的基础和源泉。

（一）扩大资金供给

第一，日本引入了紧急担保制度并且扩充了安全网贷款。为更好地向中小企业提供融资担保，日本建立了创造性的信用担保体系，创建了以双层担保融资模式为核心的信用补全制度。信用补全制度的具体运作流程如图 2-4 所示。第二，为匹配日本中小企业不同的融资需求，政府建立了以金融公库为代表的政策性的金融机构。第三，《金融机能强化法》修正案于 2008 年通过，为日本中小企业的融资提供了法律保障。

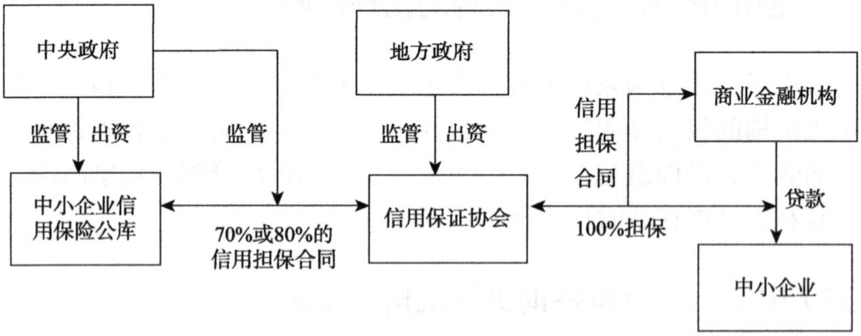

图 2-4　日本信用补全制度运作流程图

资料来源：参考黄灿和许金花（2014）以及李善民等（2015）整理

（二）提高日本中小企业的经营能力

首先，日本政府提出了国家层面的四大目标。第一，实现日本经济的持续增长及地域自律发展。要将日本打造成为能够以高效生产率来激活社会整体、创造更多合适的工作机会、实现经济实力持续提升的国家。第二，保障国家及国民的安全，使国民过上丰富、优质的生活。第三，积极应对全球性课题和为世界发展做出贡献。日本必须继续作为能为人类进步不断做出贡献的国家。为此，要将日本打造成为能够将科学技术创新实力积极用于解决全球性课题和提高发展中国家人民的生活质量，主动为世界可持续发展做出贡献的国家。第四，源源不断地创造知识产权。为了实现上述前三个目标，必须以日本拥有强大的科学技术创新实力为前提。为此，要将日本打造成为能够源源不断创造多样且卓越的知识，并将其成果迅速融入社会以发挥经济、社会、公共价值的国家。

其次，日本制定《第五期科学技术基本计划》并实施四大任务。①

第一，推动产业和社会变革。日本强化不畏惧失败、勇于挑战未来的研究开发和人才培养模式。鼓励从事具有创意新颖度的研究开发和具有经济社会冲击力的研究开发，为具有行动力的人才提供更多创新实际应用的试验机会。在各省厅的研究开发项目中，普及和推广适用于推进挑战性研究开发的做法。

第二，针对 13 个重要政策课题，整体推进从研究开发到社会实现的工作。具体而言，在“可持续增长和地方社会的自律发展”方面有七大重要政策课题，包括：确保能源稳定和提高能源利用效率，确保资源稳定和促进循环利用，确保食品稳定供应，构建拥有世界最尖端医疗技术的健康、长寿社会，为建设可持续城市及区域构建社会基础，延长高效基础设施使用寿命的对策，提高制造业和新兴商业模式的竞争力。在“确保国家及国民安全放心和实现丰富优质生活”方面有四大重要政策课题，包括：应对自然灾害，确保食品安全、生活环境和劳动卫生状况良好等，确保网络安全，应对国家安全保障方面的诸多课题。在“应对全球性课题和为世界发展做贡献”方面有两大重要政策课题，包括：应对全球性的气候变动，应对生物多样性课题。此外，《第五期科学技术基本计划》还明确，继续支持与上述课题研究息息相关、在国家战略上占有重要地位的海洋、空间等重要前沿领域开发、利用和管理的一系列科学技术，要立足长远，继续强化措施。

第三，强化基础实力。“强化人才实力”方面，明确青年研究人员的职业道路，改善环境让青年研究人员在不同的职业阶段都能激发热情、发挥能力，如引入教职终身制的原则，2020 年前增加一成大学青年教员等措施。通过确立职业道路、

---

① 以下相关内容主要引自：王玲. 日本发布《第五期科学技术基本计划》欲打造“超智能社会”(08). https://epaper.gmw.cn/gmrb/html/2016-05/08/nw.D110000gmrb_20160508_1-08.htm[2020-05-08]。

促进大学与产业界联动等，推进研究生院教育改革，培养担负起下一代科学技术创新任务的人才。通过培养和起用女性学科带头人等措施激发女性研究人员的活力，增加女性研究人员的新人录用比例，2020年前女性研究人员的占比目标是达到自然科学领域全体人员的30%。“强化知识基础”方面，采取诸多改革和强化措施推进作为创新源泉的学术研究和基础研究，如改革和强化来自社会的委托科研经费管理、强化战略性基础研究、充实跨学科和不同领域融合的研究、推进国际共同研究、打造世界最高水平研究基地等。推进共性技术研发，构建开放性的科学推进体制等工作，2020年前，努力增加论文总量，同时力争将日本论文在世界被引频次排名前10%的论文中的占比提高到10%。在“强化资金改革”方面，在大学等科研机构进一步实施基础经费改革，采取切实措施，使得高效营运成为可能；实施公募型资金改革，如改善管理以方便竞争性资金的使用，将竞争性资金以外的研究资金引入间接经费等；整体推进国立大学改革和研究资金改革，如营运费补助金的重新分配和评价等。

第四，构筑人才、知识、资金的良性循环体系。《第五期科学技术基本计划》提出，活用日本国内外的人才、知识和资金，创造新价值，并迅速推进新价值在社会中实现。在“强化推进开放性创新的架构”方面，强化研究机关、高校和企业的推进体制。在“大力发展敢于挑战新事业的中小企业和风险投资企业”方面，对从创业者培养到企业化和企业起步阶段的各过程进行支持，包括促进源自大学的风险企业创办、确保对于新产品和新服务的初期需求等，致力于增加企业首次公开募股（initial public offering，IPO）和并购活动。在“战略性利用国际知识产权和标准化”方面，要促进利用中小企业和大学等分散的知识产权，目标是使中小企业在申请专利的企业中占比达到15%，大学专利实施特许件数增加5成；此外还要强化国际标准化推进和支持体制。在“重新评估和调整创新制度”方面，要重新评估与新产品、新服务及新商业模式相适应的制度，调整与信息及通信技术相适应的知识产权制度。在“构建有利于地方创造的创新体系”方面，要激活地方企业，驱动构建充分发挥地方特色的创新体系，推进实施以地方为主体的政策。在“开拓把握全球需求具有新机会”方面，要把握全球需求先机，有战略地推进国际共同研究与交流，推进具有社会包容性的可持续创新。

五、日本促进科技创新的法律

日本于1956年和1959年分别成立了科学技术厅和科学技术会议，这标志着日本政府第一次强力控制了国家科学技术方面的行政机构。1980年，“科技立国”口号在《八十年代通产政策构想》中被提出，继而成为20世纪80年代日本的科技政策和新的基本国策。1995 年 11 月，日本《科学技术基本法》以议员立法形式在参众两院获得一致通过，成为日本科技政策发展史上的一件大事。它的制定意义在于让社会各界深刻认识到本国经济和科技所处环境之严峻。事实上，日本内阁早在 1968 年就将《科技技术基本法》草案提交给国会，但当时未获通过。时隔 27 年之后取得进展，主要是因为日本面临的国际经济和技术环境发生了巨大变化。

六、日本促进科技和经济融合发展的模式总结

与美国发达的直接融资市场不同，日本主要依赖银行等金融中介实现资本的供需对接。针对科技金融模式，日本金融体系具有两大特征：主银行制和直接融资市场不发达。而中小企业的发展也主要依赖这种银行主导的间接融资模式。

在促进科技发展方面，通过政府积极主动的政策引导，完善主银行制为主导的间接融资市场，形成独特的信用担保制度，发展多层次资本市场是促进日本科技企业发展的制度保障。在科技转化方面，依靠日本高校及其附属研究机构，建立起面向商业应用的产业技术开发体系和形成独特的技术服务是促进科技成果转化的重要制度保障。独特的信用担保制度和高效的大学科技转让机构是日本科技与经济深度融合的制度保障。日本科技与经济深度融合模式如图 2-5 所示。

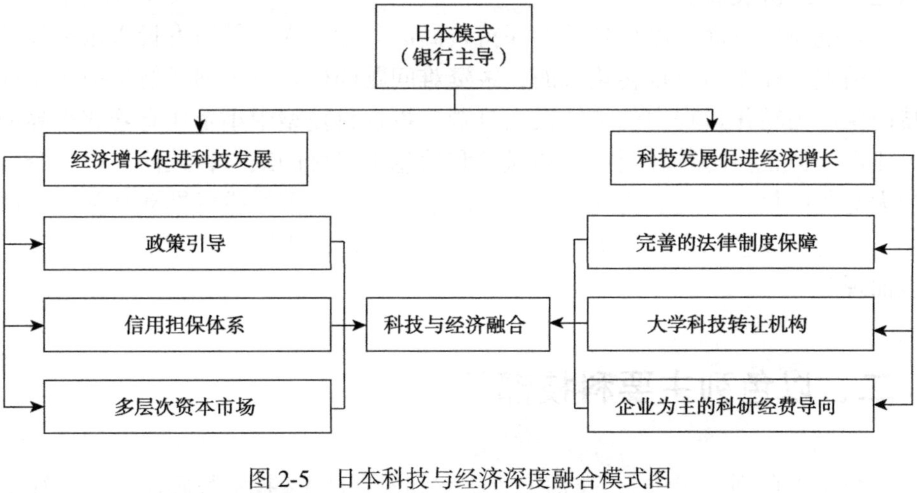

图 2-5　日本科技与经济深度融合模式图

在经济增长促进科技发展方面，日本完善了间接融资市场，多渠道整合了直接融资市场和间接融资市场。间接融资市场的发达和其与直接融资市场的整合是日本科技与经济深度融合模式最重要的成功因素。

在科技发展促进经济增长方面，日本以科技立国，十分重视科技成果转化。通过出台一系列政策来支持和鼓励产学研。一是颁布一系列法律法规确保高校科技转化；二是设立大学科技转让机构；三是建立以企业集资为主，政府拨款为辅的科研经费资助方式，强化科技成果转化导向；四是明确利润分配原则，强化激励导向。因而，该模式从各个角度有效促使日本经济与科技的深度融合，使得日本屹立于世界科技创新大国之列。

第三节　以色列科技和经济的融合发展

一、以色列促进科技与经济深度融合概况①

以色列自 1948 年建国以来，一直和周边国家冲突不断，建国仅 70 多年，以色列却在长久动荡不安的大环境下成长为中东唯一的发达国家，被誉为“创造了经济奇迹的国度”。科学技术在以色列经济的迅猛发展过程中起到了至关重要的作用。以色列促进科技与金融的深度融合推动了科学技术不断向前发展，进而推动了以色列的经济发展。

在鼓励研发方面，以色列长期保持较高的研发投入，其研发投入水平长期位居全球前列。在助力科技转化方面，融资难问题同样是以色列科技型中小企业在科技向生产力转化过程中面临的最大难题。投资科技型中小企业有着获得高回报的可能性，但也伴随着轻资产、高风险和信息不对称的缺点，致使大量投资者不敢加大对其的投资力度。为此，以色列政府出台了诸多举措以推动高新科技的产业化。目前，以色列高新技术企业数量众多，且以每年约 200 家的速度如雨后春笋般涌现。

二、以色列主要科技部门

在由《以色列公司法》《鼓励工业研究和发展法》《投资鼓励法》等法律构成的框架下，以色列政府特别支持科技型中小企业的发展。政府建立起了众多高效的半官方、非官方机构，对科技型中小企业进行资金支持，以加快具有优势的科

① 本节内容参考 Breznitz（2007）、Rothschild 和 Darr（2005）、Trajtenberg（2001）等国内外文献整理而成。

技创新技术实现产业化。这些机构不仅为企业提供生存发展所必备的资金，还能为企业提供“一站式”的管理咨询、财务培训等方面的服务。

（一）以色列中小企业局

以色列小企业局成立于1994年，于2000年更名为以色列中小企业局。其创办的宗旨是帮助中小企业克服创立和发展期遇到的各种阻碍。以色列中小企业局是一个非营利和半官方性质的自治机构，其成员单位囊括政府部门、中小企业行业协会和公益机构等（刘建兴，2011）。

（二）小企业发展中心

以色列的小企业发展中心多为地方性自治的中介机构或非营利性组织。其服务对象是地方中小企业，服务内容涵盖专业、便利的融资、培训、咨询、商业网络构建等，特别是针对初创期小企业的顾问服务。截至2001年，以色列在全国共开办小企业发展中心65个，成为中小企业局开展地方性活动的有效支持。同时，中小企业局还会对小企业发展中心提供经费划拨等支持与指导（刘辉，2001）。

作为非官方中介机构，小企业发展中心实质是政府职能外包的一种形式：其一方面从政府获得日常运作经费支持，另一方面需对政府和客户双方负责、接受双方监督。这一机制使相关工作实现了市场化运作，能较好地促进初创型中小企业的发展。

（三）首席科学家办公室

首席科学家办公室（Office of the Chief Scientist，OCS）是以色列科技与经济融合体系中的一个特设机构，其总部设在工业、贸易和劳动部，全国各部门共计设有首席科学家办公室13个，主要针对研发期的中小企业进行扶持。根据《工业研究和开发鼓励法》的规定，首席科学家办公室负责包括监管科技孵化器、执行对外科技合作协议、审批相关研发项目等工作在内的一系列企业资助工作（刘建兴，2011）。

首席科学家办公室通过孵化器和创业投资公司对项目进行研发投入，促进项目从初始概念的“预种子”发展成为中小企业，甚至成长到更大的规模；进一步地，通过对整个行业的技术开发和产品创新进行支持，将此类扶持计划扩展至合营企业与外国商业实体。通过该模式，受首席科学家办公室支持的科技创新项目每年可达数百个。

为支持创新型企业发展和企业研究与开发，首席科学家办公室采取的多项措施包括以下内容。

1. 支持具有工业竞争力的研发项目

具有工业竞争力的研发项目必须能产出新发明的产品或显著改善现有产品性能，同时必须能带来新的工业制造过程或显著改善现有工业制造过程，且项目持续期至少为一年。首席科学家办公室每年预算 2.3 亿美元用于对该类项目的支持，经费支持比率高达 50%，范围包括分散于 500 家企业的 775 个项目①。

2. 资助前种子期企业

以色列政府通过首席科学家办公室建立基金，旨在扶持创业准备期或创业初期的高新技术企业和个人，为他们提供管理、财务等方面的培训，协助他们实现技术转化。创业第一年是科技型中小企业的难关，40%的科技型中小企业会在创业首年倒闭。但工业、贸易和劳动部与首席科学家办公室认为企业的成立速度会高于倒闭速度，这有利于解决国家的就业问题，因而将长期坚持对前种子期企业的扶持计划。

3. 推进国际研发合作

在对外合作上，首席科学家办公室大力支持和推进多项包含政府与企业间互动的国际合作，包括：①与 IBM、微软、德国电信、默克等跨国公司的合作研发；②为向研发机构提供资金支持而签订的以色列与伙伴国间的多边合作协议；③以色列与美国、加拿大、新加坡和韩国联合进行的产业研发；④EUREKA、FP7 等欧盟支持区域内学术与科研合作的研究支持计划。

三、以色列科研体制与资源配置

（一）政府支持计划

1. 科技孵化器计划

1991 年，以色列政府结合美国小企业创新研究计划的经验及本国发展特点，创立了科技孵化器计划，由首席科学家办公室负责孵化器的建立及管理。

科技孵化器计划主要投资于风险较高的创新技术项目，通过给予一定帮助，

① 《以色列首席科学家办公室》，http://www.zhongyibiz.com/Web/Articles/7612.html[2019-05-24]。

促进这类项目向创业公司转化，获得从私营部门或自我经营中筹集资金的能力。此外，该计划还有三个次级目标：①促进少数民族地区及偏远地区的研发活动；②为私营部门（包括风险投资资本家）提供投资选择；③促进新技术由科研机构向制造业转移转化。

科技孵化器计划中的孵化期约为两年，参与企业在进入时股权将被分为50%、20%、10%、20%四部分，分别由创始人、政府、企业员工、政府以外的出资人持有（贾兰玉，2017）。两年内，无论企业盈利与否，政府都将为创始人及企业员工无偿发放工资。两年后，若企业仍无法实现盈利目标，或无法找到可行的商业模式，政府将对企业进行破产清算。若企业经“孵化”步入正轨或取得成功，政府除享有股权及持股红利外，还享有年销售额3%~5%比例的税金；同时，该计划还设置了严格的政府退出机制，在企业步入正轨后的5年内，创始人及风险投资者可随时回购政府持有的股权，从而有效保障了创始人的利益。

1991~2013年，以色列政府通过科技孵化器计划累计投资超过730亿美元，资助企业1900多家，成功“孵化”1600多家企业，其中60%成功获得了私人投资。在资助领域方面，该计划涵盖了生命科学、信息通信技术和清洁技术等各个行业的初创企业。截至2013年底，仍有35%的孵化器在正常运行，当年成功孵化的企业累计吸引民间投资超过4亿美元（张宁芳，2018）。

2. 工业研发项目探索性研究计划

工业研发项目探索性研究计划可以支持在研发阶段需要投入大量资金且有市场潜力的研究，旨在帮助初创公司或研发经验有限的公司，该计划支持核准项目成本的50%，最高达30 000美元。

3. Magnet计划

Magnet计划是以色列的“高校产学研项目”，从1993年运营开始，政府每年投入6000万美元鼓励每个大学成立各自的孵化器和科研成果转化中心。此外，为了解决以色列高科技行业就业市场每年的需求量大但相关人才供给不足的问题，政府还会为年龄较大的员工提供免费的教育培训，教授最新的科学技术知识和经验，使他们可以匹配高科技职位的人才要求。

（二）国际合作支持计划

1. ISERD计划

ISERD（Israel-Europe Research & Innovation Directorate）计划促进了欧洲对以色列实施的研究资助计划，并将工业和学术研究结合在一起。ISERD计划为以色列的公司和研究机构提供了与欧盟同行共同参与和实施项目的机会，以帮助它们更好地融入欧洲商界和科学界。该计划可以支付中小企业全部成本的75%和实际管理费用，以及大型工业合作企业全部成本的50%和实际管理费用。

2. 英国-以色列工业研发基金

英国-以色列工业研发基金成立于1999年，可提供资金支持在英国和以色列运营与设立公司的项目，条件是至少有30%的研发工作必须在任一个国家完成。英国-以色列工业研发基金还提供高达50%的合资项目研发费用的资金支持。

3. BIRD基金

1977年以色列与美国联合建立了跨国工业研究与发展基金，被称为美国和以色列两国工业研究与发展（Binational Industrial Research and Development，BIRD）基金。该基金的主要资金来源为以色列与美国的财政收入。该基金的首要任务是帮助推动以色列科技型企业和美国私营部门间的互利合作，支持和推动以色列企业与美国企业间互利互惠的工业研发计划。

BIRD基金的申请需由一家总部在以色列的企业，以及一家总部在美国的企业共同提出，两家企业承诺财务、金融等风险共担，公开研发产品，大公司通常负责产品规范、定义、销售及服务，小公司则负责产品研发。BIRD将项目分为开发总成本在40万美元以上的全规模项目，以及在40万美元以下的小项目，在年内计划中对二者的数量进行总量控制。BIRD为所有项目均提供50%的经费支持。其资助项目涵盖电子通信、计算机软件、生命科学、可再生能源、农业及国土安全等多个领域（苏启林，2001）。

（三）各类种子基金

1. TNUFA创新企业促进计划

TNUFA创新企业促进计划实质是一个由以色列政府设立的前种子基金，该基金旨在为个体的创业者、技术企业家及初创期创新型企业提供初创阶段的融资服务，以及免费的法律咨询、市场营销和管理指导等服务。该计划为以色列的研发人员成立科技型中小企业提供了渠道与帮助，研发人员能以个人身份申请资助，一旦获得该计划认可，TNUFA基金在给予项目经批准经费85%（不超过21万新谢克尔）资助的同时，还为研发人员提供商业计划书编制等协助工作。

2. HEZNEK种子基金计划

HEZNEK计划设立于2002年，其设立初衷为支持技术型创新企业的创立，与其共担投资风险与市场化风险。该计划主要面向成立不足6个月或总支出未超过80万新谢克尔的初创研发公司。对符合计划要求的初创公司，该计划将以政府贷款的形式提供不超过研发预算50%的资金资助；同时，企业及相关投资者在协议限定期内可随时回购政府持有的股份。经过十几年的发展，政府投资已达到5亿新谢克尔。

（四）风险投资基金

除了通过支持计划与各类种子基金对科技型中小企业进行直接资助外，在支持科技型中小企业创新创业方面，以色列政府最为成功的举措应当是建立了YOZMA风险投资基金。

1993年，YOZMA风险投资基金计划启动，以色列政府设立此计划的目的是扶持面向出口的以色列高新科技型企业，促使这些企业更具吸引境外风投资本的能力，以推动国内科技型企业的发展。该计划以政府为主导，是全球范围内政府引导基金中关于高新技术企业扶持计划最成功的计划之一。

YOZMA计划的运作模式如下：政府通过该计划与私人机构建立合作的子风险投资基金，由子风险投资基金直接以参股形式参与科技型中小企业的投资，企业获得成功后，基金则退出并获利。具体而言，YOZMA计划的扶持措施主要体现在两个方面：①共创立10支子风险投资基金，每支基金由政府投资800万美元，占总份额的40%，其余部分由商业性风险投资机构募集；②由政府对科技型中小企业进行直接投资。计划实施以来，YOZMA计划第一期创立的10支子风险投资基金累计融资2.63亿美元，其中融入私人资本1.63亿美元，占总融资额的62%；计划共计投资了164家不同类型的科技型中小企业，其中56%的项目子风险投资基金通过并购或IPO成功退出[①]。

可见，YOZMA计划有效促进了以色列创业型科技中小企业的成长，提高了私人资本与外国资本对以色列科技型中小企业的信心，同时刺激了风险投资行业的发展。YOZMA计划获得成功后，以色列又创立了60多个类似的风险投资基金，整个风险投资市场的资本总额已超100亿美元，资本流向以高新技术产业为主，其中70%为通信业和互联网产业，成为全球风险投资基金聚集度最高的地区之一（苏启林，2001）。

良好的政府投资参股和退出机制能有效地吸引私人资本积极参与，政府参股分担了私人资本的风险，完善的退出机制使私人资本和项目运营者有机会将基金私有化，有效激励两者的参与积极性，增强了境内外私人资本及风险投资机构的

① 《以色列风险投资发展及优势分析》，https://china.huanqiu.com/article/9CaKrnJBmqM [2013-07-17]。

参与意愿，因而推动了面向初创期科技型中小企业的投融资市场的发展，提高了政府财政资金的使用效率。

（五）各类担保基金

1. 国家担保基金

国家担保基金是由以色列 4 家银行共同运营的、以色列政府给中小企业提供的银行贷款业务信用担保渠道。科技型中小企业按要求向银行提交详尽的经营计划，提出贷款申请，在政府的担保下，银行评估申请企业的信誉。每年有超过 3000 个项目通过国家担保基金进行担保，项目涵盖范围是以色列各项基金中最广的。截至 2002 年，该项目的最高担保额度为 13 万美元，平均额度为 6.5 万美元，基本涵盖了前种子期的科技型中小企业（贾铭，2002）。贷款风险的分担上，政府为 80%的主要风险提供担保，银行仅需承担 20%（刘辉，2001）。

2. INBAL 公募基金

以色列政府于 1992 年出资成立了 INBAL 公募基金，并为其提供担保。INBAL 基金服务于科技型中小企业的股权融资，旨在通过对投资项目的不利因素进行担保，刺激公开市场的风险投资基金参与项目。INBAL 基金为初始资本资产提供 70%的部分担保，同时 INBAL 基金的投资人将在投资 7~9 年后获得初始投资 80%的保险承诺（徐东，2010）。

四、以色列科技创新政策与相关具体举措

（一）促进高科技企业发展的政策

由于美国的投资政策收紧，以色列成了各国资本的投资热土。自 2013 年起，以色列高科技行业的融资总额持续增长。2013 年以色列每轮融资额平均为 360 万美元，而 2017 年这一数额上升至 850 万美元；2017 年以色列高科技企业共融资 620 笔，不包含并购交易的融资总额高达 52.4 亿美元，较 2016 年的 48.3 亿美元增长了 8.5%[①]。以色列高科技企业的发展得益于政府出台的相关政策。以色列政府在 2016 年和 2017 年采取了多项措施。例如，2016 年初，通过相关法案扩大了天使投资者在投资高科技公司时获得的税收优惠范围；2016 年底，通过了《鼓励

① 《2017 以色列高科技行业年度融资分析》，https://www.sohu.com/a/223478605_403354[2018-02-22]。

资本投资法》这项修正案，将高科技公司的企业税从25%降至6%~12%，该修正案还对股息和资本利得税提供了额外的税收优惠，以此改善以色列高科技公司的税收环境；2017年初，由于高科技行业的工程师和程序员短缺，政府通过了一项决议以增加高科技行业的技术人员数量，上述措施为以色列高科技企业稳定发展提供有效保障。

（二）促进科技发展的高科技行业研究

1. 以色列软件行业

自20世纪90年代以来，以色列软件业获得了很大的成功。1984年，以色列软件行业出口额不到500万美元，销售总额达3.7亿美元，到2004年，其出口额已超过30亿美元，总收入达40亿美元。与其对手印度不同，以色列工业是一个以产品为基础的研发密集型行业，Amdocs Limited、Comverse、Mercury Interactive和 Check Point Software Technologies等四个领导者都在各自的市场领域不断创新[①]。更重要的是，这四家公司都成了成熟的跨国公司，在三大洲都有业务和分支机构，并积极地并购外国和本地的公司。到2005年，以色列软件行业已有74家公司在外国证券交易所上市（以色列高科技公司在1972年至2005年间有165家上市），大部分在NASDAQ上市。在投资资金方面，该行业直接从美国投资者方面获得50%以上的风险资本，可以说是美国软件和金融行业的一部分，而不仅仅是独立的本地行业。

1）以色列软件行业的资金来源

虽然以色列的大多数银行和投资公司拒绝投资软件行业，但有一个例外——折扣银行投资集团（The Discount Bank Investment Group）。在整个20世纪60和70年代，Elron集团和折扣银行投资集团是以色列高科技公司的主要投资方。到20世纪60年代末，以色列软件行业绕过了风险投资阶段，通过IPO的方式来筹集资金。此后，IPO已经成为以色列软件行业筹资的主要方式。

2）以色列软件行业的支持机构

以色列软件行业的快速发展得益于以色列的工业科学、技术发展机构的支持，此类机构一直是促进以色列高科技产业发展并将其置于特定发展方向的关键。

1968年，在法国突然对以色列实行军事禁运后，以色列将大量投资和研发的力量引入军事高科技领域，民用和非工业方面的政策也出现了类似的变化，最重要的是成立了贸易和工业部首席科学家办公室，该机构的目标为工业研发的最大

① 《创新以色列：全球化时代下的逆境突围》，http://biz.163.com/06/0207/14/29C8JSD200020S2K.html[2006-02-07]。

化。截至 2007 年，该机构为来自私营企业的任何经批准的工业研发项目提供有偿还贷款，其成本为 50%，旨在开发新的出口产品，且只有当研发项目营利时，才能支付项目的贷款，所以整个软件行业都处于研发的热潮中。

随后，另一个机构——BIRD 加入了首席科学家办公室。1975 年，BIRD 获得政府批准，开始资助、培育以色列和美国公司之间的合作项目。它资助了在以色列研发并在美国进行营销的项目。BIRD 不仅赞助以色列新技术企业在国内的研发，而且还帮助其在美国继续发展扩大，同时该机构还将美国的跨国公司大量引入以色列并鼓励这些公司在以色列开设研发子公司，所以 20 世纪 80~90 年代 BIRD 在以色列变得至关重要。

以色列政府借助 BIRD 和首席科学家办公室创造了一个典型的商业模式，即以色列公司专注于研发活动并依靠美国的公司进行营销和分销。在 20 世纪 70~80 年代，以色列企业家获得的财务和管理资源中，有很大一部分是只有满足这种典型商业模式条件的企业才能获得。因此，虽然这些计划并没有专门针对软件行业的发展开展，但其对以色列的私人企业研发产生了巨大影响。

在 20 世纪 60 年代末和 70 年代初期，以色列软件行业刚刚起步。软件行业由少数服务于政府的数据处理中心和政府办公室的信息技术部门组成，其中包括国防机构和一些大型组织。国防研发力度不断加大，以及大学毕业生和军事技术单位毕业生软件技能的迅速提高，推动了以色列软件行业的迅速发展。20 世纪 70 年代末和 80 年代初，以色列国内的软件公司逐渐形成了以研发为导向的一个巨大的经济产业链条，其中大多数软件公司直接或间接地得到了国防研发部门的支持。

更重要的是，这些软件公司的产生和发展是在一个民间和国防研发活动密集的大环境下，以色列政府本身积累了大量关于软件研发和使用过程中的相关知识，且新成立的软件公司研发计算机开发程序的更多，如成立于 1982 年的 OptiSystems Solutions 专注于计算机系统的优化；Magic 成立于 1983 年，为关系数据库应用程序开发了 RAD（rapid application development，快速应用程序开发模型）工具；现在被称为 Attunity 的 Nikov Haifa 在 20 世纪 70 年代研发了 ERP（enterprise resource planning，企业资源计划）工具，随后又继续研发用于报表编程的 RAD 工具，并于 1997 年在 NASDAQ 上市；1983 年成立的 Technomatix 开发了一种用于解决工厂机器人重新快速编程的产品。所有这些公司在 1985 年之后都得到了资金支持，这使得它们能够进行大规模的研发活动，这样的循环使得以色列软件行业不断发展壮大。

2. 以色列的医疗器械企业

在以色列创新发展的企业中，医疗器械公司是不容小觑的中坚力量。多家医疗器械企业快速研发和更新自己的医疗器械生产技术并尽快投入市场，由此来扩大经营规模。

1）Valtech 医疗设备公司

医疗设备公司 Valtech 成立于 2005 年，最初是在管理局孵化器计划中执行运作管理功能。该公司开发的先进技术能够通过导管插入，开展修复或更换心脏瓣膜，而无须进行心脏直视手术。2016 年，Valtech 被美国医疗设备巨头爱德华兹生命科学有限公司收购，总额为 10 亿美元，此前该公司的投资总额仅为 7000 万美元。该公司借助这些高科技医疗设备扩大了生产规模。

2）Allium Media 微创医疗设备公司

Allium Media 公司开发、制造和销售各种应用型微创医疗设备。该公司成立于 2001 年，于 2007 年在特拉维夫证券交易所注册，自创立以来多个计划得到创新局的支持。2014 年，Allium Media 与新加坡国立大学及其领先的研究人员签署了一项协议，旨在开发和商业化治疗 2 型糖尿病与肥胖症的独特微创产品。该开发和商业化项目由新加坡-以色列双边基金支持，支持费用约占其成本的 50%，由创新局主导推进两国之间的研发合作。

类似的创新型医疗器械公司在以色列发展迅速，借助科技创新的力量完成企业的发展。

五、以色列促进科技创新的相关法律

为了促进本国工业发展，尤其是科技型中小企业的创立和成长，以色列政府制定了一系列法律及政策，主要包括以下几个方面。

第一，鼓励投资方面。以色列政府于 1959 年颁布了《资本投资鼓励法》，规定政府可以向具有“核准计划”资格的国内外公司或合作方提供投资优惠条件，最高优惠包括固定资产 24%的津贴与税务激励等，该法案还对 3 个重点发展地区的企业给予了相关的优惠政策。

第二，税收激励方面。以色列政府于 1969 年颁布了《工业（税收）鼓励法》，规定中小型科技企业根据满足的不同核准条件能获得不同程度的政府税收鼓励。

第三，研发鼓励方面。以色列政府于 1984 年颁布了《工业研发鼓励法》，规定政府最高可向研究项目提供 50%的津贴。

六、以色列促进科技与经济融合模式总结

作为政府主导型的经济与科技深度融合的国家，以色列在促进科技增长方面，充分发挥了政府的能动性作用。在法律法规与相关部门的推动下，既通过直接资助长期扶持科技型企业，也充分引导和利用风险投资、外资等资金推动科技型企业发展。以色列政府创立了三种高效的创新运营机制来促进科技转化：第一，通过首席科学家制度提高了有关科技创新的决策速度和水平；第二，利用好各类研发机构提高了国家整体的科技成果转化速度和水平；第三，通过科技相关的法案和支持计划整体增强了社会的研发创新强度，最终实现了科技成果产业化，解决了国内就业等问题，促进了科技与经济深度融合发展。以色列科技与经济深度融合发展模式如图 2-6 所示。

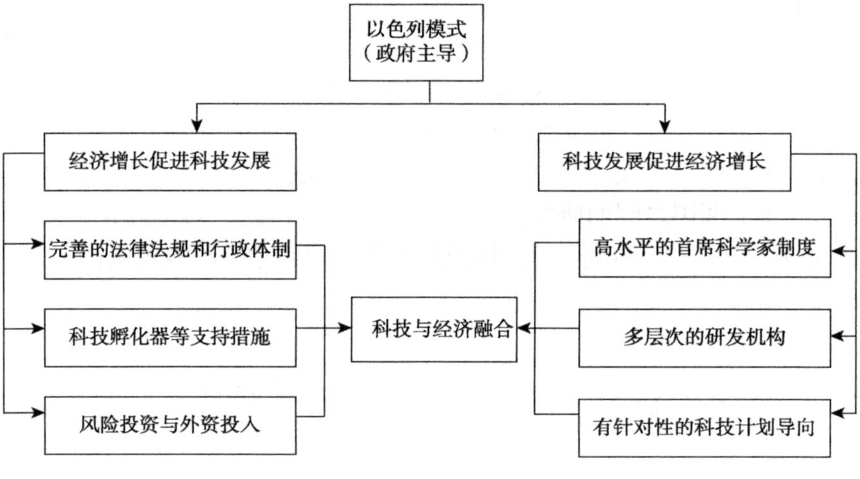

图 2-6　以色列科技与经济深度融合发展模式

在法律方面，以色列政府采取了一系列的措施对本国的工业发展，特别是对科技型中小企业的发展提供税收优惠政策和相关法律支持；在部门建设方面，以色列政府设立了中小企业局、小企业发展中心和首席科学家办公室，为中小企业在企业融资、管理咨询、教育培训、信息获取和商业网络联系等方面提供了全方位的服务（刘建兴，2011）；在直接资助方面，以色列政府先后推行了科技孵化器计划、TNUFA 创新企业促进计划、HEZNEK 种子基金计划、跨国工业研究与发展基金计划等，为企业创新提供资金支持；在引导国际资本和风险投资方面，以色列政府建立了 YOZMA 基金解决了科技企业早期的资金短缺问题。此后，以色列的风险投资产业与科技企业的发展变得十分迅速和活跃，一跃成为全球最大的科技创新产业集群之一，政府主导的金融业实实在在地促进了科技产业的发展，

实现了科技与金融的完美结合。在引进外资方面，以色列国民研发投入的40%为外资投入，该比重在经济合作与发展组织（Organisation for Economic Co-operation and Development，OECD）成员国中位列第一，远高于其他国家。

总体来说，以色列在促进经济与科技深度融合方面，充分发挥了政府的能动性作用。

第四节　德国科技和经济的融合发展

一、德国促进科技与经济融合概况[①]

德国是欧洲第一、全球第四大经济体，经济竞争力排名全球第四，以“德国制造”享誉全球。据彭博数据库显示，2017 年德国国内生产总值的年增长率为2.2%，创六年最大增幅，2018 年国内生产总值的增速虽下滑但总量首次突破 4 万亿美元。其经济表现在仍处于欧债危机阴影下的欧盟区中一枝独秀，十分亮眼。

德国的经济实力主要取决于德国工业的效率，特别是其创新实力。从研发投入上看，德国联邦教育及研究部于 2016 年 6 月 1 日公布的《2016 年德国研究与创新报告》显示，德国政府在研发方面的支出创下历史新高，总研发投入突破国内生产总值的 3%，率先实现“欧盟 2020 战略”确定的目标，其规模和比例均位居欧洲首位。从研发产出上看，德国的专利申请数量在世界上排名领先，平均注册专利数在 2003~2013 年年增长率约 9%，2015 年每百万居民专利数达到 371 件，在欧洲遥遥领先于其他欧盟成员国，专利数量则是美国的两倍。德国的科技竞争力还体现在研发产品输出上，在高科技产品出口方面，位居欧洲第一。

德国无论在经济方面还是在科技方面均取得了举世瞩目的成就。德国政府采取多种措施，引导科技创新与经济发展实现深度融合：一是实行科技立国、科技兴国的国家战略，出台多部专项法，从法理层面理顺科技创新管理体系；二是建立完善的政府科学管理机构，协调整合国家创新体系各单元，从行政管理层面优化科技创新资源配置；三是颁布一系列科技促进经济发展的政策措施，从科技人才培养、创新目标导向、知识与技术转移、国际合作等方面引导科技创新为经济发展服务。

---

① 本节内容参考 Czarnitzki 和 Spielkamp（2003）、Eickelpasch（2015）、Hassink（2002）、Koch 和 Stahlecker（2006）、Rodríguez-LópezJ 和 Torres（2012）等国内外文献整理而成。

德国科技与经济深度融合的经验分析表明，科技创新是推动经济发展的动力源泉，而经济发展是促进科技创新的有力保障，二者之间有效联络管道的建立和有利的创新环境有力地推动了德国的经济发展和科技创新。

二、德国主要科技部门

（一）联邦经济事务和能源部

联邦政府以“扶持国家”的愿景为指导，并通过实施“现代国家-现代行政”计划来应对日益严峻的挑战。在这一现代化进程中，联邦经济事务和能源部重点关注“现代管理方法”、“减少繁文缛节”和“Bund Online 2005”电子政务战略①。

21 世纪的主要趋势，特别是全球化、数字化和人口变化特征，以及欧盟内部的近期发展和能源转型都是德国企业需应对的主要挑战。要应对这些挑战，需要使市场经济成为未来的发展方向，这是联邦经济事务和能源部的首要任务。联邦经济事务和能源部旨在通过创造有利于投资的环境和提供针对市场需求的资助计划来提升德国企业的创新能力。

联邦经济事务和能源部共设有六个机构：联邦卡特尔办公室，联邦经济和出口管制局，德国联邦电力、天然气、电信、邮政和铁路网络管理局，联邦材料测试与开发研究所，德国国家计量研究所和联邦地球科学与自然资源研究所。

德国企业的成功是由中小企业推动的，德国 99%以上的企业都是中小企业。这些公司占经济产出的一半以上，占就业岗位的近 60%，约 82%的学徒在中小企业中接受职业培训。因此，联邦经济事务和能源部为使得德国中小企业保持活力，不断进行创新，制定了一系列支持它们的举措和计划，包括中央创新计划以及中小企业产业合作研究项目和产业创新扶持计划，扩展和升级处于成长阶段的初创企业的融资工具类型。这些资助计划旨在帮助中小企业进行创新和数字化，激励年轻人选择与技术和自然科学相关的职业，并确保为未来提供充足的技术工人。另外，为中小企业创造公平、透明的商业和投资环境，减少繁文缛节，使其对于投资者和创新者具有吸引力，将中小企业的行政负担降至最低，并进一步增加年轻公司获得风险资本的机会；同时，培养高绩效的小型、中型和大型公司，使其与研究机构之间自然地形成集群。

---

① 《政府 2.0：欧洲电子政务的战略与实践》，http://www. forestry.gov.cn/portal/xxb/s/2529/content-866928.html [2016-04-27]。

（二）联邦教育与研究部

联邦教育与研究部主要职责是负责调整和协调德国的科学、研究和教育以及与之相关的政治层面的国际交流，同时还为多种研究项目类型提供直接资助。联邦教育与研究部由八大部门组成，每个分部均负责不同的任务。

1. 中央服务总局

中央服务总局履行中央控制和监管职能，并为联邦教育与研究部的最佳工作提供合适的框架。它涵盖了人力资源和员工发展、人员规划和管理、预算、法律事务、数据保护和信息技术的责任，还进一步包括投标审查和腐败预防、资助研究机构等任务。

2. 战略和政策部

战略和政策部主要处理政策与战略问题，包括制定进一步发展的高科技战略、创新政策等。另一项任务是通过组织公共对话、科学年活动来提高对研究的认识水平。最后，执行咨询职能。战略和政策部的中心工作是创造有利于创新的框架条件，并协调和促进联邦政府与各州之间的合作。

3. 欧洲与国际教育及研究合作部

欧洲与国际教育及研究合作部负责推动和治理德国教育、研究的国际合作。这包括欧洲其他国家与欧盟成员国之间的合作，世界各地的双边关系以及德国与OECD和联合国等组织的多边关系。在履行这一职能时，得到来自主要伙伴国家和布鲁塞尔德国大使馆的顾问、科学和教育组织、德国科研机构以及国际多方面的支持。

4. 职业培训和终身学习部

职业培训和终身学习部被细分为两个分部。其中，“职业培训”分部负责有关培训和培训场所的所有问题，包括制定了《职业培训法》和《升级培训援助法》。“终身学习部”分部则涉及终身学习、教育研究和继续教育等领域，还进一步发展了文化教育和教育新媒体等横向专题。

5. 科学系统部

科学系统部负责发展和促进德国科学系统的建设，包括推进高等教育和非大学研究机构建设，以及对文化科学的支持。它在高等教育部门所做的工作包括制定了《卓越倡议》、《2020 年高等教育公约》和《教学质量公约》，推进了博洛尼亚改革、高等教育立法和培训援助立法，还包括促进德国科学体系发展，与各州联合推进科学研究基础设施建设等任务。

6. 关键技术与创新研究部

所有与现代关键技术有关的项目都设在关键技术与创新研究部。这些技术开辟了新的市场和就业机会，它们推进了可持续发展的业务，改变了职业要求并影响着我们的日常生活。应用科学大学的研究确保了创新研究项目在工业中得到迅速实施。

7. 生命科学与健康研究部

生命科学与健康研究部负责生命科学的所有中心研究领域。卫生研究领域包括基本遗传方面疾病的起源和预防、最常见疾病的有效控制、健康饮食、个性化医疗、患有特定疾病或需要长期护理的患者的治疗，以及医疗保健行业创新能力的提升。生物经济领域的责任重点是发展创新理念，确保充足的粮食供应，并利用可再生资源和生物技术来节约资源和保护环境。促进关于道德和法律方面的对话是另一项重要任务。

8. 基础和可持续性研究部

基础和可持续性研究部负责处理政府针对未来提出的核心问题。这些核心问题涵盖了从基础科学研究到可持续性研究的广泛活动，包括研究物质结构和宇宙起源、地球系统的变化和风险、未来的能源供应、新环境技术的潜力、气候变化及其影响以及可持续发展的前景，还包括社会和经济方面相关研究。

三、德国的科研管理体制与资源配置

（一）科研管理体制概况

德国拥有一套结构完整、分工明确、协调一致的科技创新体系。从参与主体而言，德国政府部门承担立法、规划、管理监督等职能；高等院校、国立和非营利性科研组织、企业研究机构共同承担科技研究和开发工作；中介组织提供技术转移和与研究和创新相关的服务。从职能划分而言，立法系统提供创新的框架条件，负责审核创新经费预决算；规划与投资系统是国家创新体系的最高决策者和重要投资人；决策咨询、协调和资助系统由联邦–州教育规划与研究促进委员会、科学委员会、德国研究联合会、德国工业研究联合会等咨询机构参与政府决策全过程；管理与监督系统负责制定国家创新纲要与规划，决定创新经费的使用方向、配额，监督创新活动的进程；研发执行系统则由德国高等院校、科研组织和企业研发部门组成。具体情况参见图 2-7。

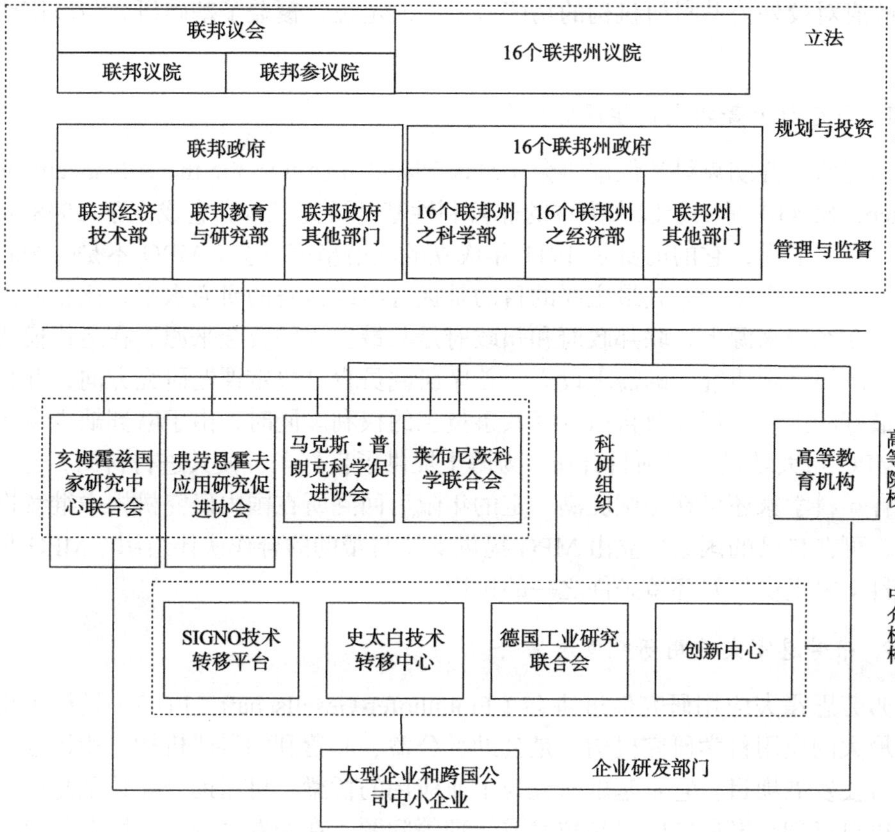

图 2-7 德国科技创新体系基本框架

资料来源：徐宏宇.德国科技创新体系建设.http://www.istis.sh.cn/list/list.aspx?id=10064[2016-07-04]

（二）四大非营利性科研机构——德国科研管理体制的核心[①]

德国创新体系中最重要的特色是设立了实力强劲的校外公共科研机构。作为其研究经费来源，联邦政府、州政府和经济界在支持公共科学研究方面既有明确的分工，又有密切的合作。政府通过直接资助和竞争性项目对科研项目进行资助，其中联邦教育与研究部资助最多，占全部政府项目资助经费的 60%以上。除此之外，欧盟也通过“地平线 2020”计划推动各成员国进行科研创新。

① 资料来源：以下内容综合参考王顺兵（2017）、孙殿义（2010）、周家伦（2001）整理而成。

四大骨干非营利性科研机构是德国科技创新的主力，分工明确、特色突出。德国政府对校外公共科研机构的功能有明确的定位，覆盖了基础研究与应用研究领域。

1. 马克斯·普朗克科学促进协会

马克斯·普朗克科学促进协会（Max Planck Institute for the Advancement of Science，MPG）是一个以人为本的非营利性基础研究机构，它成立于 1948 年，总部设在慕尼黑，它的前身是 1911 年成立的威廉皇家学会。MPG 不是一个政府机构，而是一个学会。其最主要的目的是提升组织自身的研究水平，比较偏重于学术。在经费来源上，联邦政府和州政府是其最主要的资金来源。在运作模式方面，它围绕首席研究员的需求设立，首席研究员自己决定课题研究方向，并且被给予最好的工作环境以及自由选择共事员工的权利。同时，由于欧洲缺少青年人才，MPG 与大学进行了项目合作，为博士提供了良好条件使其进行科研，德国以外的青年科学家还可在德国驻满一定的年限后回到所在国内研究机构中继续进行科研，可在自己的国家成立由 MPG 提供支持与帮助的合作伙伴组织。MPG 是为顶级科学家提供最好环境条件之一的机构。

2. 弗劳恩霍夫应用研究促进协会

弗劳恩霍夫应用研究促进协会（Fraunhofer-Gesellschaft，FHG）是德国也是欧洲最大的应用科学研究机构，是公助、公益、非营利的科研机构，积极参与欧盟的科技发展项目。它是基础研究与工业应用的桥梁，可帮助企业特别是中小企业解决自身创新发展中的产品技术或管理等问题。在经费来源上，协会科研经费的 2/3 来自企业和公助科研委托项目，另外 1/3 来自联邦和各州政府（1/3 由政府资助，1/3 来自企业，1/3 来自联邦、州及欧盟等的项目），用于前瞻性的研发工作，确保其科研水平处于领先地位。至少 40%的经费会用于社会性、非商业化的科研工作。

3. 莱布尼茨科学联合会

莱布尼茨科学联合会（Leibniz-Gemeinschaft，WGL）是一家德国各专业方向研究机构的联合会，其前身为经过评价后保留下来进入蓝名单的原东德的研究所，之后又增加了一些西部的研究所。截至 2019 年 4 月，联合会下设 95 家研究所，主要从事以问题为导向的基础研究和应用研究，重视促进研究的多元化发展，与高等院校、工业界及其他国内外研究机构合作紧密。

WGL 主要从事问题导向的研究，多数研究所为了解决某个具体的社会问题而成立。联合会科研经费的 1/3 为通过与大学竞争得来的项目经费，2/3 为联邦与州政府的联合拨款，拨款比例为 1∶1。

4. 亥姆霍兹国家研究中心联合会

亥姆霍兹国家研究中心联合会（Helmholtz Association of German Research Centres，HGF）是德国最大的科研团体，对揭开深刻影响人类生存与环境的复杂系统的奥秘做出了自己的贡献。联合会在国际学术界代表着德国的国家科技研究形象，联合会继承了著名的自然科学家赫尔曼·冯·亥姆霍兹的科学精神。在人员以及经费方面，HGF 均远超出上述其他三家德国科研机构。政府资金由联邦政府（九成）和所在地州政府（一成）共同提供，约占机构总经费的 70%。相比其他三大机构，其政府事业费的中央与地方政府比例为 1∶1。联合会在四家主要的科研机构中更为倾向国家项目，强调服务于经济和社会的应用基础研究，突破了政府部门主导科技经费管理的模式和以法人为科研中心的框架。

（三）以中介机构为技术服务体系

德国拥有发达的技术中介服务机构，解决了企业与研究机构之间信息沟通的难题。具体而言，中介机构解答企业有关技术的问题并且协助其进行相关技术的转化，同时，在必要时中介机构会帮助德国政府评价和管理科技项目。德国的技术中介机构具体包括史太白技术转移中心、德国工业研究联合会等，同时，包括德国机械设备制造业联合会在内的一些商会和协会也发挥了与中介机构相同的作用（徐聪，2016）。

四、德国的科技创新政策

德国政府为满足国家战略的实施需求，制定了一系列的科技创新政策。第一，德国政府发布了以《德国工业 4.0 战略计划实施建议》为核心的一系列数字化战略，将虚拟网络技术引入到传统的制造生产和运输过程中。第二，德国遵循“职业需求导向”的教育目标，将高校教育与企业实际活动特别是创新活动中的人才需求紧密结合起来，注重培养人才的职业应用能力和实践能力。第三，德国构建了包括 MPG、FHG、WGL、HGF 四大机构在内的公共科研机构体系，各个机构各司其职又协调统一。第四，德国应用一系列创新政策，将产学研三大主体系统化。第五，为了提升创新活力，德国政府重整了中小企业的项目。在此基础上，联邦政府制订了新的创新计划。第六，德国政府致力于推进产业中各企业系统化和整体化协调发展。德国的科技创新政策概括如图 2-8 所示。

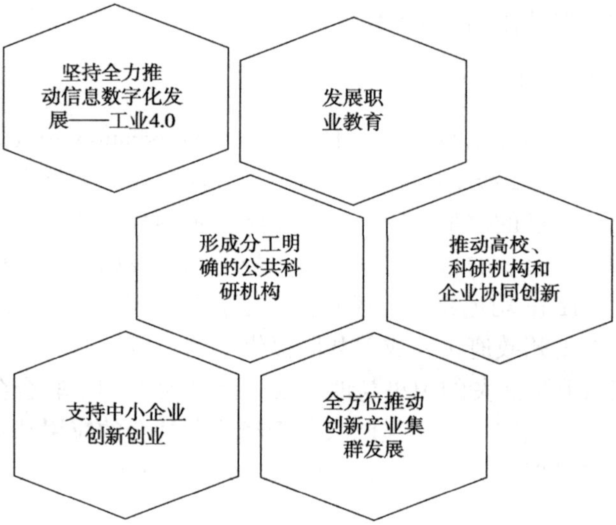

图 2-8　德国的科技创新政策

五、德国促进科技创新的法律

德国是一个十分注重法制的联邦制国家。德国许多专项法律、法规中都有促进科技进步、保障经济发展的规定，在教育、研发和创新政策等问题上，联邦政府和 16 个州政府之间均依法签署了有关资助责任、任务、范围和比例的正式协定。需要强调的是，《德意志联邦共和国基本法》作为德国宪法，曾多次调整联邦和各州的管辖权限，但始终坚持科研与教学自由、管理自治的原则。这为营造自由、轻松的科研环境奠定了基础。

（一）知识产权保护相关法律

德国十分注重根据本国的经济社会发展需求和企业特点制定有关知识产权方面的法律。德国于 1877 年公布了第一部专利法，于 1980 年 12 月 16 日颁布了《专利法》，专门对技术发明专利和生物产品专利进行管理，于 2009 年 5 月 28 日通过了《德国专利法之简化和现代化法》。该法案对原《专利法》《雇员发明法》《商标法》等多部法案进行最新修改。

除了《专利法》外，德国有关知识产权保护的重要法律还有《雇员发明法》和《版权法》。《雇员发明法》迫使雇主要认真考虑该职务发明创新是否具有较好的应用前景，有利于促进职务发明人与雇主双方积极行使权利，调和双方的利益，形成雇主与职务发明人的互动，加快技术的应用（李刚，2008；蒋舸，2013）。《版权法》则强调既要保护作者的精神权利，也要保护作品的版税追续权。《版权法》不仅不允许转让精神权利，也不允许转让全部经济权利，即在版权存续期间不允许买断版权。

（二）《科研时间合同法》

《科研时间合同法》于 2007 年 4 月 18 日生效。该法为在德国高等院校和科研机构工作的绝大多数科学家提供了最基本的法律保障。截至 2009 年底，在德国高等院校工作的科学工作者共有 14.6 万名，其中 83%签订了有时限工作合同。《科研时间合同法》主要从三个方面对科学工作者的时限做出了规定和保障：一是"6+6"原则，即科学工作者在取得博士学位之前，高等院校和研究机构有义务为其提供时限最短为 6 年的工作合同，在取得博士学位之后，研究机构则有义务再为其提供时限最短为 6 年的工作合同（医学领域的工作时限不得少于 9 年）；二是更优惠的家庭政策，对需要照顾孩子的科学家，每个孩子的照顾期限可以延长 2 年；三是废除有关人事方面的一些过时概念和与之相关的规定，使得受惠面普及到广大学术工作者。

从《科研时间合同法》的实施效果来看，该法为科学家与雇主营造了一种良好的雇佣环境，既有益于培养青年科学家，又有益于缓解科学家的就业压力。

（三）《科学自由法》

《科学自由法》于 2012 年由德国联邦议院通过。该法强调，公共科研机构可以在其经营管理方面获得更大的自主性和灵活性，在有效利用科研资源和提供相应奖励的同时，废除了一批不必要的陈规旧制。《科学自由法》是德国科研国际化战略的重要组成部分，政府希望通过该法来改善德国的科研环境与条件，推动德国科技系统变得具有国际竞争力。具体而言，《科学自由法》从四个方面来提升德国科技系统竞争力。

第一，对德国研究机构的人员费、事业费和投资经费实现"财政包干制"。这意味着德国公共科研机构的所有经费都可以跨年度使用，并取消现有编制的限制。第二，改进科研人事制度，科研机构可以更多地把非公共来源的第三方经费用于引进尖端领军研究人才。人才作为科技创新最重要的资源要素，德国政府明确为科研机构提供相应的法定保护措施，使其可以在国际科学市场根据实际情况变通地使用经费招聘优秀人才。第三，完善和明确科技创新转化的审批程序，为研究机构创办企业或入股企业创造良好的条件。《科学自由法》在科学界与经济界之间架起了桥梁，使得有市场的创新能够被迅速付诸实施。第四，对具备建设基础设施项目所需的实际知识和相应监督机制的科研机构，可以简化基础设施建造的审批程序。这使得在高度专业化范围的研究领域中，德国科研机构不会因为重要基础设施的漫长审批程序而滞后。

科技创新往往难以遵循某一种固定模式，自治、自由的管理体系对创新的影响是巨大的。该法案的出台保障了科研机构可以比以往更灵活、更有效、目标更明确地使用经费，从而对科技创新提供有力的保障支持。

（四）能源相关法律

本书将德国能源相关法律特意列出，是因为该领域的相关法律是体现德国政府有效引导科技创新与经济发展的最佳实例。

德国政府在 2000 年 4 月通过了《可再生能源法》。该法规定，新能源占德国全部能源消耗的比例最终要超过 50%，并为此制定了政府补助、新能源发电无条件入网、新能源与传统能源非对等税收等一系列非常规政策，全力扶植新能源企业发展（张国昀，2015）。

从实施效果来看，2014 年上半年，风能、沼气和太阳能发电量总和首次超过褐煤净发电量的一大部分；在 2016 年 5 月 15 日星期日 14:00 时，可再生能源满足了几乎所有的国内电力需求，德国被称为“世界第一大可再生能源经济体”。

六、德国促进科技与经济融合发展模式总结

在缜密的法律体系保障下，德国建立了一套结构完整、分工明确、协调一致的科技创新体系（图 2-9）。

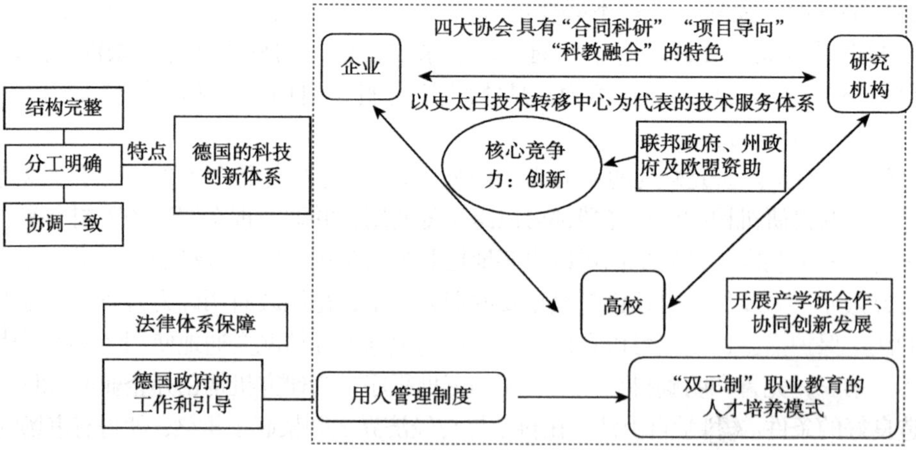

图 2-9　德国科技创新模式

第一，通过具有“合同科研”“项目导向”“科教融合”特色的四大协会和以史太白技术转移中心为代表的技术服务体系，德国架起了企业与研究机构间的桥梁。研究机构与企业、高校协调创新发展，开展产学研合作。第二，在联邦政府、州政府以及欧盟的资助下，形成了以创新为核心的特殊竞争力。第三，德国拥有独特的用人管理制度。70%以上的博士在企业工作，保障了德国工业的强劲发展，其与科研产出不挂钩的工薪制度和奖惩制度使得科研人员保质保量、全力以赴地从事科研。特别地，德国“双元制”职业教育培养工艺型人才的模式，为德国储备了与学术型人才同样重要的高层次应用技术型人才，为德国的工业技术和产业保驾护航。第四，德国科技与经济融合离不开德国政府的引导和各项工作的开展。

第二篇　科技与经济融合：体制机制创新

第三章　科技与经济融合的体制机制创新

以企业为主体，构建创新驱动的发展模式，同时发挥市场力量，激活科技资源，是促进科技与经济深度融合最有效的手段。创新驱动的发展模式在我国还面临较多的体制机制障碍，需要改变当前政府资源配置的模式，政府在创新驱动发展模式中承担的功能应是制定相应的技术标准与各类市场机制，打破信息传递的障碍，促进有效的技术市场的构建，并通过市场化的中介平台，引导科技成果流向企业，也反向激励科研人员从事创新性的研究，从而形成良性循环创新的过程。

第一节　中国科技与经济融合面临的主要问题

由于长期受计划经济的影响，体制内与体制外的差异仍然是制约我国科技与经济融合的关键问题，一些科研院所仍然处于体制内，与市场结合度较低，科研成果在转化过程中也会受到种种限制，如国有资产管理制度、产权问题等各方面的限制，使得科技与经济的结合度不高，当前仍存在较多的体制机制障碍。主要包含以下几方面内容。

一、政府科研管理体系的多头管理与高行政成本

我国科技与创新体制较为复杂，从中央到地方，都存在科研管理体系，并且除了科技部以外，各个部门都有相应的科研经费。例如，科技金融工作在很多地方是由地方政府金融服务（工作）办公室负责，而一些地方则由科学技术局负责。

科研管理体系存在多头管理现象，设计较为凌乱，而真正为企业提供的科研支撑和服务则相对不足。主要问题涉及以下三个方面。

从顶层设计来看，各个部门管理较为分散。国家科技体制改革和创新体系建设领导小组主要负责科技创新，但是，在这之下包括工业和信息化部、商务部、财政部、国家发展和改革委员会（以下简称国家发改委）、教育部、人力资源和社会保障部等，各个部门都掌握着一些科技资源，都有相应的审批权限并出台各类政策，多头管理现象较为严重。例如，工业和信息化部门负责确定和实施部门研发政策，而财政部和科技部则负责高科技产品的出口税，科技部和教育部又同时负责大学相关研发活动等，很多工作涉及跨部门，而部门之间问题难以协调的情况较为突出，从而导致出台的各项政策并无实质性内容。

政府的行政成本较高，部分科技资金没有真正为科技创新服务。同时，现阶段我国对于科技创新活动往往存在管理的思维，还没有建立起真正为企业科技创新服务的体制与机制[①]。

各类补贴名目较多，存在层层补贴的现象。在调研中发现，专利、高科技企业认证、科技人才等都有各类补贴和财政支持，往往是省级政府给予了相应的补贴，市级和区级财政也给予相应的补贴，各类补贴名目较为繁多，并且往往需要提供各种类型的材料，也不确定是否能够真正起到支持科技创新活动的作用。

二、政府主导科技创新体系导致创新链条块分割

企业创新的主体既包括大企业，也包括中小企业，大企业在原始性技术创新上具有比较优势，同时可利用其产业化能力和复杂技术集成能力吸收中小企业、大学与科研机构的创新成果。而中小企业则是创新的生力军，在美国，80%的技术创新成果来自中小企业。大学和科研机构主要从事基础研究和知识创新。但现阶段，我国创新体系却存在如下问题。

创新体系主要由政府主导，不利于以市场为导向的研发。创新归根到底要得到满足人们需求的产品，政府往往缺乏必要的信息支持，政府主导可能会导致资源的错配和企业研发行为的扭曲。相对而言，以市场为导向，企业具有的异质性特征，有助于分散决策，使得系统性风险降到最低。

---

① 课题组成员在新加坡调研的时候发现，新加坡政府除了在基础研发方面给予企业一定支持以外，企业其他类型的创新活动和科技活动都会得到政府相应的支持，包括会帮助科技创新企业扩展海外市场，如果企业需要一些科技服务，政府往往会帮助其对接相应的高校，或者给予相应的科研团队支持，帮助其研发。新加坡政府的服务意识或可借鉴。

创新链条受制于体制机制障碍，被分割为不同的条块。以科技金融为例，企业在创新活动中往往需要得到相应的支持，但我国金融体制不够完善，银行主要由政府主导，服务的对象也是以国企为主，这就使得民营企业等创新主体很难获得相应的资金支持。同时，在技术交易市场、股权交易市场也存在这样的情况，容易导致创新活动中断和产学研脱节。

科研院所与企业之间缺乏协同机制。不同类型的企业在创新中扮演着不同的角色，创新动力和遇到的问题也有所不同。技术创新主要来自中小企业，但中小企业的创新成果却是大企业的重要技术来源。中小企业自身能力不足，采取联合研发等方式进行创新已被证明是有效的。但在实践中，由政府推动形成的产业联盟、技术联盟等组织缺乏实质合作，甚至可能成为仅用于申报国家项目的平台。

三、创新资源要素的配置不均衡

（一）科技人才要素在部门之间配置失衡

强化企业在科技创新中的主体地位，实现科技与经济更好的融合，就需要推动创新要素或资源向企业转移和集聚，尤其是科技人才要素。而当前我国企业的科技人才还较为缺乏，向企业流动还存在较多的隐性壁垒。作为科技创新最重要的人力资本要素，多集中在大学和科研院所、大型国有企业以及若干重点发展的产业。大学和科研院所以生产知识为主，产品多为学术论文，无法直接解决社会经济中的需求难题。而大型国有企业受制于薪酬约束和考核机制，创新要素的生产率较低。有创新需求和创新动力的中小企业或其他类型的研发机构则往往缺乏科技人才，且难以通过产学研机制进行技术研发。尽管目前政府已出台政策允许高校、科研院所研究人员到企业兼职兼薪，但在实践中依然面临许多体制机制方面的障碍，科技人才在高校、科研院所和企业之间的“旋转门”并未完全打开。科技人员在高校、科研院所和企业之间的流动性较低。这主要是由于以下几方面的原因。

科研人员体制内与体制外待遇区分较为明显。课题组在调研成都迈克生物股份有限公司的时候，对方反映科研人员不愿意到企业工作，主要原因在于体制内仍然存在一些隐性福利。对于部分科研工作者来讲，仍然较为注重“身份”的问题，体制内的科研人员往往能够掌握更多的资源，在子女教育、医疗等各个方面仍然可以享受比较优厚的待遇。种种不同的待遇和限制，使得科研人员不愿意放弃体制内的职位，向创新的主体企业流动。

地理区位因素也是影响科研人员向企业流动的因素。课题组在调研时发现，沿海地区往往能够吸引到海内外优秀的人才，而内陆地区对于科研的吸引力逐渐下降，东湖高新区（“光谷”）一些企业反映，华为技术有限公司（以下简称华为）、深圳市腾讯计算机系统有限公司（以下简称腾讯）等企业往往能够高薪挖走一些人才，并且本地高校硕博毕业生大多前往沿海地区就业。而在绵阳五洲风雷电器有限公司调研时对方企业也反映，由于城市区位的原因，很多企业不愿意在绵阳发展，内陆地区企业发展的科技人才较为缺乏，而我国很多科研院所布局在内陆地区，导致高端人才需求与供给脱节。

企业的科研人员较难得到国家的科研资源与经费。当前的科研资源往往依托科研人员所在的单位，虽然国家自然科学基金和各个省自然科学基金等都鼓励企业与科研院所联合申请，但是真正以企业科研人员作为主体申请的获批项目还相对较少，并且这些基金的结题方式是在国际期刊上发表相应的论文，这对于当前企业的科研人员来讲还存在一定的困难。

（二）科研经费在基础研究、应用基础与试验发展上的配置失衡

我国科研经费投入侧重于应用基础与技术研发，基础研究经费占研发经费的比重偏低，2018 年基础研究经费占比为 5.5%，而应用基础研究经费占比为 11.1%，试验发展经费占比为 83.3%[①]。欧美发达国家的基础研究经费占比为 15%~20%[②]，基础研究与应用基础研究占比相当。我国科研经费结构在技术追赶阶段具有合理性，当进入以提升自主创新能力为主的科技创新阶段时，就需要调整经费结构，加大基础研究经费投入，强化基础研究对科技创新的支撑作用。

四、科技成果确权转化面临较大的困难

科技成果转化面临一些体制机制障碍，近年来虽然出台了相应的政策，但是由于改革不够系统、集成，一些关键的环节仍然没有打通。

科技人员对于专利成果没有所有权，存在科技成果确权难问题。例如，高校、科研院所的科研人员所获得的科技成果，尽管已出台种种管理措施，约定 30%为学校所有，70%为团队所有的比例，但是科技成果部分所有权仍然属于高校，科研人员要想将这些成果转化，会面临国有资产相关法律监管的约束等方面问题。

① 《2018 年全国科技经费投入统计公报》，http://www.stats.gov.cn/tjsj/zxfb/201908/t20190830_1694746.html [2019-08-30]。

② 《我国研发投入再创新高：研发强度超过欧盟 15 国平均水平，基础研究占比为近 10 年最大》，https://www.sohu.com/a/210093904_100009969[2017-12-12]。

对于科研人员而言科技成果的奖励力度不大。虽然近年来出台了相应税收优惠政策，但根据新的《国家科学技术奖励条例》的规定，对于科研人员的奖励不够，而修订后的科技奖励也是一种事后奖励，缺乏相应的激励机制，并没有在多大程度上提高科研人员的积极性。

科研院所和高校的评价机制使得科研人员进行成果转化的积极性不高。长期以来对科研人员和教师的评价机制主要是科技成果和论文，因此在取得专利和相应的证书以后，科研工作者往往又会申请新的项目，开展下一个课题的研究，使得很多成果得不到转化。

五、新型研发机构难以真正实现市场化

当前各个地方与高校合作，或者独立建立了一些新型研发机构，但是这些研发机构往往过于散乱，不利于集中优势的科技资源，如成都市就与高校合作，建立了十几个新型研究院，但是运行当中发现了很多问题，市场导向、产品导向研发较少，科研院所“自娱自乐”情况较为严重，并且很多新型研发机构并没有实体运作，面临一些体制机制上的障碍。

这些机构大多由政府出资，如何市场化运作面临难题。这些新型研发机构的建立，并非是完全市场化的行为，但是往往也不属于政府的非营利性机构，其如何考核就成了较大的问题，课题组在对深圳清华大学研究院的调研中了解到，该机构能够成功的关键在于其完全的市场化运作，同时有强大的科研实力作为支撑，并且该机构也有几家公司可以投资看好的项目，能够形成较为完整的产业体系，而当前一些地方政府热衷建的新型研究院往往不具备这样的实力。

新型研发机构的研究成果仍然与市场的需求不匹配。高校和一些新型科研院所的研究大多是基础性的研究，不能够掌握市场的需求，缺乏相应的市场化运作经验，很多科技成果只是一个样品，离真正的市场所需求的产品还有一定的差距，在从成果到市场之间仍然缺乏相应的沟通机制和桥梁。

国有资产管理当中还存在不利于科技成果转化的障碍。主要是科技成果国有资产化的相关问题，在科技成果转化时必然先要对成果进行定价，对于一些大型的科技成果，这存在一定的风险，一方面企业不愿意出那么多资金购买，另一方面，如果以股权投入，就涉及资产公司增资的问题，在科技成果转化与国有资产流失风险之间，科研院所大多会选择不将科技成果进行转化。

六、重大创新载体、中介平台资源缺乏且整合度较低

对各个地方而言，要促进科技与经济的融合，就需要针对自身已有的产业基础，根据自身的要素禀赋优势，有针对性地、精确、靶向地建设各类创新平台和载体，支持实体经济发展，而当前各个地方在设计各类平台的时候，往往基于炒作的概念，并没有真正将各类平台和载体的建设落到实处。

国家重大的科研战略平台布局及发展规划较少考虑市场的因素。从欧美等国家和地区的经验可以看出，国家布局大型研发平台、国家实验室等，有利于带动地方经济的发展，硅谷的发展正是由国家实验室、军工研究等基础研究催生出来的。而当前我国布局的三个国家综合性科学中心分别位于北京、上海和合肥，而创新能力最强的深圳等地却没有相应的布局，也较少获得国家科技平台的支持，教育、科技资源较缺乏。

当前各类平台分属于教育部、科技部、国家发改委等，整合度较低。从其他国家的发展经验来看，国家的科研投入一方面需要具有战略性，在一些世界最前沿的领域布局，包括航空航天、量子卫星等重大科技装置、基因、生物技术等基础设施方面的投入；另一方面，需要建立国家实验室等大型科研平台，在该实验室内能够集聚多达十几万的顶尖科学家共同工作，为全人类做贡献。而当前我国的科学研究，仍然没有创新性的重大突破，仍然较为零碎地集中在某些热门领域，大量的经费耗费在一些重复研究的问题上。

各类平台之间缺乏协同能力，科技资源得不到有效整合。包括各类创新主体协调不够充分，创新资源配置的集聚度比较低，创新的比较优势和协同效应难以有效发挥，抑制了产学研的深层次合作。主要原因在于缺乏可以集聚创新资源、发挥各自比较优势的协同创新共同体或科技创新联盟等创新载体。

七、构建创新生态环境方面存在较多体制机制障碍

构建优良的创新生态环境，不仅需要尊重知识、尊重人才，还应当加强法制环境建设，重视知识产权和专利保护等。政府也要依法行政，构建可预期的政策环境，更不能朝令夕改。以往由于政府掌握较多的资源配置权，并对微观经济领域干预过多，生产要素市场不健全，“机会导向”的环境业已形成，很多企业将精力投放于寻找政策机会和搞政商关系上，创新被摆在次要位置。

（一）知识产权保护力度不够

当前，中国对科技成果转化的知识产权保护力度显著低于欧美国家和地区，尤其在打击盗版及窃取商业机密方面存在不足，被侵权者维权难度较大。中国在美国商会的全球创新政策中心发布的《2018 年国际知识产权指数报告》①中排名位居 50 个经济体的第 25 位，较 2017 年上升两位。报告显示中国近年来在专利相关权利与限制以及知识产权执法等方面有所改善，尤其在专利保护期限、专利产品和技术强制许可的立法标准及适用以及专利审查合作机制等方面进步明显，但知识产权环境建设方面依然存在不足。

1. 商业秘密保护存在国际争端

商业秘密保护是中美贸易争端的焦点之一。商业秘密具有无形性、保密性等特点，实施有效保护非常困难（李薇薇和郑友德，2017）。商业秘密保护程度影响企业之间的技术合作。国际企业之间的技术合作通常受到商业秘密保护制度差异的影响，有时会因此形成争端。美国指责我国的立法缺陷导致严重的商业秘密执法障碍，商业秘密权利人很难获得有效的法律救济措施。但我国一直向国际社会严正承诺，不会支持任何知识产权的滥用行为，包括以实现竞争优势为目的向公司或商业部门提供商业秘密或其他机密信息；同时也承诺不会将知识产权和技术转移作为企业经营条件。但一国对商业秘密权利人及其合作对象的保护需要与本国实际发展需求相一致。跨国企业之间在平等自愿的基础上形成的以商业秘密转移为前提的合作，属于合法的商业行为。法律需要保护的是商业秘密在转移后不被泄露，或者惩戒后续的商业秘密窃取行为。

2. 专利资助与扶持政策错位

对专利数量与质量的重视程度错位。中国专利申请量和授权量“爆炸式”增长，而专利商业化程度却很低，这在一定程度上反映了专利质量存在问题。2014 年，我国在国家知识产权局发布的研究报告中强调，直到现在，中国依然不是真正意义上的知识产权强国，我国市场中真正高质量的专利占比并不高②。同年，汤森路透集团在其发布的《创新在中国——中国专利活动发展趋势与创新的全球化》报告中提出质疑，认为中国专利申请量的激增，并非源自研究人员创新灵感的突

---

① 该报告从专利、著作权、商标、商业秘密、知识产权商业化、执法、系统效率以及加入和批准国际条约等八个方面，分 40 个指标对全球范围内 50 个经济体的知识产权保护环境进行评价。

②《2014 年中国知识产权发展状况报告发布 综合指数达 63.74》，http://www.ce.cn/culture/gd/201506/05/t20150605_5563650.shtml[2015-06-05]。

然迸发，而是政府专利发展战略和资助政策推动的结果[①]。事实上，近年来为提升自主创新能力，对《中华人民共和国专利法》(简称《专利法》)[②]进行了相应修订，同时各级政府也在不同程度上采取了以专利数量为导向的创新追赶策略，比如为专利申请与授权提供资助和扶持，一定程度上引发了实用新型专利和外观设计专利数量的激增，而发明专利并未显著增加（Tong et al., 2014；黎文靖和郑曼妮，2016）。但进一步研究发现，各级政府对专利申请和授权的扶持，显著抑制了申请环节的专利质量，而对授权专利的质量无显著影响，因此，我国专利质量较低以及商业化率不高的原因，一定程度上与作为专利质量的“把关人”和“守门人”的知识产权审核机构现阶段采取的审核策略有关（张杰和郑文平，2018）。这可能是由于国家创新能力处于发展阶段，企业等创新主体的创新能力依然薄弱，中国专利体系依赖于小规模创新或边际创新以获得量的增长，以求量变引起质变，但同时也导致专利保护的错位发展。

此外，尽管我国有一些地方成立了知识产权局和知识产权法庭，对于知识产权保护进行了比较好的探索，但是专业的法律人才和有相关知识背景的人才缺失，在某些领域，对于知识产权维权的判定还较为困难。

（二）缺乏专业的服务机构

中介机构在促进科技成果转化、知识产权保护和交易等方面都扮演着较为重要的角色。当前政府虽然建立了一些地方性的平台，提供相应的融资、科技成果转化和政府政策等方面的信息服务，但是没有市场化专业的服务，由于缺乏激励机制，现有服务机构的积极性不高，并且对于科技成果价值的认定，也缺少相应的评价机构等，在转化过程当中面临价值认定的问题。

（三）科技创新仍然存在融资难问题

特别是对于中小微企业，调研中发现，政府所设立的风险投资基金，多投资于热门的高科技行业，包括互联网、人口智能、自动驾驶等领域，但是这些领域一般都不缺风险投资者投资，反而一些需要技术改造和升级的传统领域得不到相应的投资，而这些领域中的企业往往是产业发展与创新的基础，然而没有得到应有的重视。

---

① 《专家：中国专利数量世界领跑 但不应单以量论英雄》，http://ip.people.com.cn/n/2014/1125/c136655-26087779.html[2014-11-25]。

② 《中华人民共和国专利法》，http://www.gov.cn/flfg/2008-12/28/content_1189755.htm[2008-12-28]。

第二节　各地科技与经济融合的创新举措及成效

围绕创新驱动战略，全国各地采取多种举措，如加大对于基础研究和科研院所的投入力度，改革投融资体系；主抓科技成果转化，梳理当前科技成果转化所面临的体制机制障碍；打通产学研链条，推动创新创业。各项举措都取得了一定的成效，特别是在广东、江苏等市场经济较为发达的地区，一些体制机制障碍已经破除。

一、加大财政资金投入力度

北京市政府加大财政支持科技成果转化力度。发挥科技成果转化引导基金、科技型中小企业技术创新资金、科技成果转移转化专项资金等作用，积极探索政府和社会资本合作、“前孵化”等模式，引导金融机构、创业投资、产业资本等投向科技创新创业，推动科技成果转移转化。拓宽科技成果转移转化资金市场化供给渠道。北京大力发展创业投资，培育发展天使投资人和创业投资机构，引导社会资本设立科技成果转化创业投资基金，支持初创期科技企业和科技成果转化项目。利用众筹等互联网金融平台，为小微企业转移转化科技成果拓展融资渠道①。

浙江在地方立法中明确职务科技成果权属奖励制度。2017 年 3 月发布《浙江省促进科技成果转化条例》，激发高校、科研院所的科技成果转化活力。2017 年 3 月浙江省政府出资 20 亿元设立省级科技成果转化引导基金②，重点投资信息经济、新材料等新兴产业，强化金融支撑。通过免费向企业主体发放科技创新券的方式，激发浙江省创新热情。截至 2018 年，浙江省科技创新券发放已破 10 亿元，使用额达 6 亿元，已为 1 万多家企业提供各类创新服务，降低了小微企业创新成本③。

---

①《北京市人民政府办公厅关于印发〈北京市促进科技成果转移转化行动方案〉的通知》，http://kw.beijing.gov.cn/art/2016/11/2/art_19_37313.html[2016-11-02]。

②《浙江设立 20 亿元省级科技成果转化引导基金》，http://www.most.gov.cn/kjbgz/201703/t20170309_131773.htm[2017-03-10]。

③《浙江省科技成果加速转化》，http://zj.people.com.cn/gb/n2/2017/0918/c186806-30744580.html[2017-09-18]。

二、激活科研院所创新资源

上海充分理解科学研究的多样性，构建系统的科研管理体系，形成了新的组织架构、制度安排和工作机制。在基础研究方面，要注重科学发现和前沿突破；在承接国家和区域重大任务方面，要注重原始创新和共性技术研发；在推进产学研合作方面，要注重发挥高校的学科专业特色，围绕企业需求开展技术开发、技术咨询和技术服务；在科技成果转移转化方面，要注重根据科技成果的成熟度开展许可、转让和作价投资[①]。

高校作为知识创新源泉和科技成果产出的重要载体，上海进一步提升了优质科技成果的产出能力，加强对高校科技成果转移转化的组织管理，努力实现国家战略、社会效益、个人价值、教育事业发展进步的有机统一。上海市强调高校在推动科技成果转移转化过程中，既要面向世界科技前沿、国家战略和上海城市发展重大任务，又要面向经济结构调整、产业转型升级和企业创新发展实际需求。

上海利用大学科技园作为产业孵化基地和创新创业基地的功能作用，支持大学科技园等科技企业孵化机构发展，为初创期科技型中小企业提供孵化场地、创业辅导、研究开发与管理咨询等服务。支持大学科技园建设专业服务水平高、创新资源配置优、产业辐射带动作用强的众创空间，为教师、学生创新创业提供技术研发、孵化空间、信息网络、法律服务和资本对接等服务。支持以大学科技园为依托，以创新性企业、高新技术企业、科技型中小企业为重点，共同建立科技成果转化基地。

江苏支持、引导高校科技创新资源开放共享。引导高校、科研院所、大型企业、技术转移机构、创业投资机构以及国家级科研平台（基地）等，将科研基础设施、大型科研仪器、科技数据文献、科技成果、创业投资资金等向创新创业者开放，加快实现 50 万元以上科研仪器设备全面开放[②]。

三、破除科技成果转化障碍

北京释放创新主体科技成果转化活力，激发科技人员科技成果转化动力。用

① 《2016 上海市教育委员会关于进一步促进高校科技成果转移转化工作的指导意见》，http://www.shanghai.gov.cn/nw2/nw2314/nw41452/nw42257/nw42259/nw42283/u26aw50540.html[2016-12-13]。

② 《省政府办公厅关于印发江苏省促进科技成果转移转化行动方案的通知》，http://www.jiangsu.gov.cn/art/2016/7/11/art_46144_2545432.html[2016-07-11]。

"互联网+"，探索开展企业技术难题竞标等"研发众包"模式，引导科技人员、高等学校、科研院所承接企业的项目委托和难题招标。高等学校、科研院所、医疗机构等单位对其持有的科技成果，可自主决定转让、许可或作价投资。落实科技成果转化所获收益可按 70%及以上比例用于对科技人员奖励的政策，鼓励和引导科技人员兼职、离岗从事科技成果转化活动①。

广东建立科技成果转化数据库，加强科技成果登记与信息交汇。围绕重点领域，制定重大科技成果信息采集与服务规范，建立重大科技成果转化数据库，为科技成果转化提供信息支持。征集、梳理各领域的重大科技成果，将其入库。各类科技计划产生并通过验收、鉴定、评估等成果评价的科技成果必须登记，计划外非财政投入产生的已通过成果评价的科技成果自愿登记②。

浙江建立网上技术市场，已成为完备的信息发布平台，截至 2017 年 9 月，累计签约技术合同 4 万份、金额 421.8 亿元，线下建成 51 家分市场③。强化科技成果转移转化市场化服务，推进科技成果转化载体建设。通过发展和规范网上技术交易市场，集聚成果、知识产权、资金、人才、服务等创新要素，连接高校、科研院所、企业、投融资机构等创新主体，建设线上与线下相结合的新型技术交易服务平台，开展技术交易、技术定价、信息发布、在线服务、竞价拍卖、技术投融资、转化咨询等专业化服务。浙江清华长三角研究院运行以来已促成合作项目 600 项左右，合同金额超 4 亿元；2015 年中科院上海分院与省科技厅共建的专门提供科技服务的中科院 STS（science and technology service network initiative，科技服务网络计划）浙江中心成立以来，聚焦浙江"机器换人"等重大战略方向，帮助达成研究所与企业合作意向近 30 项③。

广东将不高于 30%的补助资金用于奖励为促成交易做出突出贡献的团队或个人。广东组织科技人员开展科技成果转移转化，推广先进适用技术项目，动员高校、科研院所、企业的科技人员及高层次专家，深入企业、园区、农村等一线。②江苏创建国家级技术转移人才培养基地，建设专业化技术转移人才队伍。推动有条件的高校设立科技成果转化相关课程，鼓励和规范高校、科研院所、企业中符合条件的科技人员从事技术转移工作。

---

① 《北京市人民政府办公厅关于印发〈北京市促进科技成果转移转化行动方案〉的通知》，http://kw.beijing.gov.cn/art/2016/11/2/art_19_37313.html[2016-11-02]。

② 《广东省人民政府办公厅关于进一步促进科技成果转移转化的实施意见》，http://www.gd.gov.cn/gkmlpt/content/0/145/post_145559.html?jump=false#7 [2016-11-08]。

③ 《浙江省科技成果加速转化》，http://zj.people.com.cn/gb/n2/2017/0918/c186806-30744580.html[2017-09-18]。

四、加强产学研协同创新

浙江省与中科院、中国工程院、清华大学等高校、科研院所建立合作关系，目前建有浙江清华长三角研究院、浙江清华柔性电子技术研究院、中科院 STS 浙江中心等机构，以此推动产学研合作[①]。同时，浙江省鼓励地市政府积极对企业与高校、科研院所开展产学研合作予以奖励。例如，2017 年金华市发文实际合作费用在 20 万元以上的，按 15%比例给予补助，其中通过科技大市场引进科技成果的，按实际技术交易额的 20%给予补助，每项补助最高均不超过 100 万元；鼓励设立大院名校技术转移中心；新设立大院名校技术转移中心当年每家给予 20 万元资助，以后年度考核优秀和合格的分别给予 20 万元和 10 万元资助[②]。北京推进中央在京科研院所创新成果在京落地转化。对接中央在京科研院所，搭建新技术孵育转化中心等成果转移转化平台，统筹推进一批重大科技成果转化和产业化。推动实施科技服务网络计划，围绕首都产业需求开展技术攻关、技术转移与示范、知识产权运营等，并开展军民融合科技成果转移转化。此外，北京发挥科技社团促进科技成果转移转化的纽带作用。例如，实施中国科学技术协会创新驱动助力工程，提升服务科技成果转移转化能力和水平；建立学会联系企业的长效机制，开展科技信息服务，实现科技成果转移转化供给端与需求端的精准对接。

五、推动科技型企业创新创业

成都依托行业龙头企业、高校、科研院所、新型研发机构等，打造“孵化 + 创投”、“互联网 + ”、“孵化器 + 商业空间”、创新工场等孵化器，形成前孵化器—孵化器—加速器—专业园区的阶梯形孵化体系，提高科技成果转化孵化率。打造创新创业文化品牌和团队。积极开展中韩青年创新创业大赛、四川青年创新创业创富大赛、“创青春”四川省大学生创新创业大赛、“创业天府 · 菁蓉汇”等创业活动、创业沙龙、创业培训，培育一批创新创业文化品牌、团队和载体[③]。

湖北建设以成果转移转化为主要内容、专业服务水平高、创新资源配置优、产业辐射带动作用强的众创空间、星创天地等创业孵化平台。同时，重点引导高

① 《【中国科学报】中科院 STS 浙江中心成立》，http://www.cas.cn/cm/201507/t20150728_4405006.shtml[2015-07-27]。

② 《金华市科技成果转化项目资金实施细则》，http://kjj.jinhua.gov.cn/11330700790995554XX/02/fgwj/201808/t20180809_2595483_1.html[2017-09-29]。

③《四川省促进科技成果转移转化行动方案》，http://www.sc.gov.cn/zcwj/xxgk/NewT.aspx？i=20160926092422-263845-00-000[2016-09-22]。

校科研人员创新创业，完善省级自然科学基金支持科技型创新创业的工作机制，在省级以上科技企业孵化器、众创空间、星创天地等内创办或参与创办企业的高校科研人员，申报省级自然科学基金不受指标限制，每年支持100个来自高校、科研院所科技人员的科技成果转化创业项目①。

江苏省则加强知识产权保护与服务。通过监控最新科技动向，以新材料、物联网、新能源、智能制造、信息技术、生物技术与新医药等新兴产业为重点，开展产业专利导航和专利预警分析，开展重大经济科技活动知识产权评议，建立评议报告发布制度，积极推送相关成果，为产业规划、项目决策和政策制定等提供支撑和指引②。

第三节　进一步促进科技与经济深度融合的策略

要实现创新驱动的发展模式，在政策、策略制定上就需要注重顶层设计，改变当前科技创新多头管理的模式，突破当前制约创新驱动发展的体制机制障碍，处理好政府与市场之间的关系，促进科技成果转化，构建有利于中小微企业发展的创新环境，最终实现科技与经济的深度融合。

一、以由上至下体制机制改革，构建高效创新网络体系

要实现创新驱动的科技与经济深度融合，就需要由上至下构建高效的创新网络体系。国家层面，应当注重公共基础领域的研发；省级政府层面，应结合本地产业特色，给予产业发展技术支持；市县级政府层面，应当结合企业来展开。

① 《省人民政府办公厅关于印发湖北省促进科技成果转移转化行动方案的通知》.http://www.hubei.gov.cn/govfile/ezbf/201706/t20170623_1034306.shtml？ from=singlemessage[2017-06-13]。

② 《省政府办公厅印发关于促进科技与产业融合加快科技成果转化实施方案的通知》，http://www.jiangsu.gov.cn/art/2018/8/31/art_46144_7802828.html[2018-08-24]。

（一）国家层面的科技创新投入应当聚焦于基础研究和战略性项目

从国家战略层面来考虑，当前仍然存在制约我国科技发展的瓶颈，如航空航天的发动机技术、核心芯片、基础制造业领域的核心材料等，导致我国的工业发展受制于人。政府对于科研基础设施的投入，不应当直接投入到能够商业运营的领域，而是应当投入到基础性的研发领域。首先，政府的财政投入应当以国家基金为主导模式，增加国家自然科学基金和国家社会科学基金的数量与年申请次数，研究人员从事基础性研究的，只要研究项目不重复，研究技术路线图可行，则每年可以开展不定期的评审，科学基金更多的是一种资助方式，而不应像现在一样成为一种奖励行为，并严格审查科研基金是否用于科学研究。其次，在国家层面应该瞄准国际最前沿，加大重大科学装置、国家重点实验室的建设力度，将分别由教育部、国家发改委、科技部等部委批准设立的实验室，由科技部统一管理。在重点领域优化布局，取消编制和人才等限制，允许实力较强的一些科研单位做大做强。

（二）省级层面科技创新应当与产业发展更为紧密地结合

省级政府层面应该较多地关注如何实现科技资源更好地服务于解决地方经济问题，以及解决科研院所与企业之间的沟通问题，通过一些鼓励措施让科技更好地服务实体经济。首先，通过税收等政策调节措施，引导和支持大型工业企业建立研发机构，推动工业企业与高校、科研院所、新型研发机构全面对接。其中对于企业与高校、科研院所共建的工程研究中心、企业技术中心、企业重点实验室、院士工作站、科技特派员工作站等各类企业研发机构，给予较大幅度的税收减免与优惠政策。其次，以企业为主体，吸收科研院所的研究成果与研究资源，支持行业龙头企业与高校、科研院所协同建设一批具有开放性、集聚性和前瞻性的高水平技术创新中心。最后，省级政府层面还需加速技术扩散，通过开展相关人员培训，使用公共资金购买相应系统和技术的方式，加速一些前沿技术向区域内的企业扩散，带动区域创新能力的提升。

（三）基层政府应加强以企业为中心的创新创业环境建设

从地方政府层面来讲，应该营造创新创业的良好环境，取消一些限制企业发展的措施，减少出台各类干预企业日常经营活动的政策，主要以市场为导向加大对企业的科技投入。

首先，更好地服务于企业的科技创新活动。政府在其中充当的是中介者和联络人的角色，帮助企业寻找相应的科技资源，同时帮助企业开拓相应的市场，政府各部门应当由管理企业转变为以服务企业发展为主。

其次，各地纷纷出台各类人才政策，真正能够招到适合地方发展的人才却很少，而科技创新更为重要的是培养适合本地产业发展的科技人才。但是对于适合企业发展的科技人才较难界定，地方政府需要帮助企业的是提供专业的人才培训和人才培养机制，包括出台一些新的技术标准、行业标准，帮助企业提升产品的质量等。

最后，创新创业的环境还应包括优良的公共服务，如教育、医疗等基础设施的建设，公平公正的法制环境，以及绿色宜居的生态环境，这些都是地方政府需要提供的。只有以企业为中心，消除了企业的后顾之忧，政府合理定位，才能真正做到由市场决定企业的创新方向及创新回报，使得创新资源得到最为合理的应用。

二、提升科技管理部门的行政效率及构建以“服”为主的科研管理体系

创新管理体制能够搭建起产学研交流的桥梁。当前我国科技创新管理体制既存在多头管理的情况，对于一些新兴的领域又缺乏相应的监管，导致一些新兴产业无序发展。而对于一些科技创新活动又限制得太死，政府的管理体制定位不够精准、明确，因此应当从顶层到基层构建较为明晰的管理架构。

（一）积极推动大部制改革，探索审批环节负面清单制度

积极推动大部制改革，推动科技与经济管理部门合并。构建统一的科技创新管理体系是顶层设计的重要环节。在调研中发现，由于珠海将工业和信息化局与科学技术局进行了合并，组建了科技与工业信息化局，能够更好地促进科技与经济的融合，科技部门能够更好地了解企业的需求与实际情况，提升了科技创新政策与产业政策的协调性。当前在科技创新环节中还存在较多的审批事项，特别是针对企业的审批事项较多，对企业的生产经营策略和投资决策是一种干扰，应当继续简化当前的审批环节，在某些行业继续放宽准入条件，探索建立科技管理的负面清单制度，增强创新主体的自主性，激发创新主体的潜力和活力。另外，受评价机制、管理体制等方面差异的制约，科研成果的市场转化仍面临政府的体制机制障碍，需要进一步完善相应的管理体制机制。

（二）科技部门应由“管”向“服”转变，建立专业人员管理和服务体系

首先，应构建政府与市场之间的新型关系，政府不应干涉企业日常的经营决策，主要通过相关的税收优惠政策和提供某些服务等，帮助企业转型升级，实现创新驱动发展。政府应加快从以“管”为主转变为以服务为主，遵循科技创新和市场经济规律，做到以市场为导向，鼓励企业加大科技投入。其次，改变政府主导的资源配置方式。由于当前政府掌握了较多的科技资源，政府行政命令在资源配置中仍然会发挥较大的作用。最后，建立专业的科技人员服务体系。在当前的科技管理服务中，还存在相应人员不专业的问题，课题组在调查香港科技园和新加坡的科研管理机构时发现，在一线的科研服务人员中，很多是专职的博士，或者教授，他们帮助企业进行技术升级，相对而言，我国内陆地区一线科研管理人员的相关能力有待进一步提升。

（三）明确各个部门服务科技创新的分工协作与协调关系问题

首先，当前科技创新体系在中央与地方分工问题上不够明确，中央对于创新驱动宏观引导不够明确，而部分地方政府则往往照搬照抄，只是简单地重复中央的科技创新规划，没有结合自己的要素禀赋和产业基础构建创新体系。其次，应正确处理各个部委与地方之间的权力关系，在科技领域下放更多的审批权限。政府政策的连续性对于一个地区的产业发展至关重要。最后，地方政府之间要合理竞争，政策要有连续性。科技创新需要长时间的培育才能够有产出，要坚持“一件事情干到底，一任接着一任干”，才能够将相关产业做大做强。

三、破除科技创新要素向创新主体流动的体制机制障碍

创新要素包括科技资源，也包括模式创新和组织方式创新，当前这三大创新资源都存在向创新主体流动的体制机制障碍，主要包括科研人员、科技成果和科研院所及新型科研机构所存在的相关问题。

（一）破除科研人员自由流动障碍，培育各类科技创新人才

在当前科研人员流动中，编制和组织关系仍然是制约因素，需要进一步完善

相关制度，包括户籍制度等，在当前各项公共资源分布不均等的情况之下，应当出台政策避免人才政策无序竞争，在为科研人员提供宽松的工作环境的同时，允许科研人员合理流动。需要破除科研人员到企业兼职的体制机制障碍，鼓励科研人员到企业兼职，包括允许科研团队拥有全部的科技成果，鼓励将这些成果拿到市场当中去转化。应建立科研人员在高校与企业和其他科研院所之间双向流动的机制。允许科研人员在产业技术研究院这类平台兼职，既能够了解最新技术发展态势，更好地培养与社会需求更为接近的科技人才，也能够直接推动科技成果转化，产生社会效应与经济效应。细化人才分类政策，满足各类创新创业人才的基本需求。例如，区分高端型人才和草根型人才，为高端型人才提供创新创业的资金和人力支持，为草根型人才提供住房补贴或公共租房服务。改革人才培育模式，建立高校学科、专业、类型、层次和区域布局动态调整机制，推进部分高校向应用型转变，优化创新型科技人才培养模式。

（二）突破科技成果转化瓶颈，提高成果转化效率

科学研究的最终体现就是科技成果，但当前一些体制机制的障碍，导致科技成果转化率较低。虽然我国每年投入了大量的科研经费，但是这些成果一经鉴定，要么被束之高阁，要么就是用以发论文、评职称，并没有对社会做出多大的贡献。要解决科技成果转化难问题，首先，需要完善成果披露与管理机制，依靠市场力量建立统一的知识成果平台和数据库，降低技术需求方的搜寻成本，并不断完善科技成果评估服务，为科技成果的作价提供科学与合理的评估。其次，要解决成果转化中的国有资产处置难题，建立科技成果转化过程中的容错机制，消除高校、科研院所的决策者在成果转化中的“决策责任”顾虑，并探索科技成果作价入股的合理退出模式和退出机制，调动研发机构、研发人员与企业接受作价入股的积极性。最后，明确科技成果的确权及认证，高校作为事业法人其不可能成为科技成果转化的主体，而只有明确科研人员为主体，才能调动其科技成果转化的积极性。科技成果在没有转化之前只是科技资源，而不是资产，不能以资产的管理方法来管理科技成果。科技成果只有转化为真正的商品才能够体现其市场的价值，从成果到市场还有很长的道路，需要科研人员参与，但更需要市场的力量。

（三）集聚各类科技创新资源，建立协同创新体系

我国经济发展到现在，需要在一些关键领域实现突破，就需要集聚科研力量。

一是加大基础研究经费投入力度，逐步将基础研究经费在科研经费投入中的占比提高到国际领先水平；同时优化经费投入结构，引导企业与社会加大科研经

费投入力度，加大财政资金在基础研究经费中的投入比例。以此为关键领域研究奠定科学基础，助力解决“卡脖子”问题。

二是建立产学研协同创新体系，在科技创新体制机制上实现大的突破，才能够破除发展障碍，构建创新驱动发展的新模式。首先，各个省份建立的产业技术研究院，应当完全由企业来运营，才能明确原本模糊的体制内或体制外“身份”。政府在其中的定位应当是，在购买仪器、引进人才和科技成果转化方面，给予税收优惠与支持政策。其次，企业与科研院所之间建立协同创新的体系，按照完全市场化的运行机制，在人才流动、技术转化和产权激励等方面，都通过完全的市场化来运营，处理好企业与政府、高校之间的关系。最后，构建协同创新体系，需要建立利益共享机制，研究院的研究成果应当归股东所有，并且实现完全的自负盈亏，需要处理好地方产业、高校科研机构与科研人员自身发展之间的利益冲突。

四、建立合理的创新评价机制与激励机制

构建合理的创新评价机制，改变当前对科研院所、企业创新等不合理、不公平评价的现状，同时建立合理的激励机制，充分调动科研人员和企业创新的积极性。以激发科技创新活力为出发点，以提高科研质量和科技成果影响力为导向，建立科学合理的科技创新分类评价体系。

（一）建立考核对象分类管理体制，考核方法定性与定量结合

在科研院所的考核机制中，需要建立分类的考核机制与评价体系。参考海外的一些做法，针对不同的人员，有不同的考核指标体系，教授以教学和论文为主要考核指标，研究员则以科研项目、资金和技术专利等为主要考核指标，研究员一般不会晋升为教授，并且研究员人数都会大于专职教师人数，只有终身教授才不会面临被解聘的压力，其他职位都不是终身制的。目前，以教育部、科技部为主导，我国在积极推进相关改革，具体则以深入贯彻落实党的十九大精神和习近平总书记在全国教育大会和2018年两院院士大会上的重要讲话精神为指导，破除唯分数、唯升学、唯文凭、唯论文、唯帽子的顽瘴痼疾，落实中共中央办公厅、国务院办公厅印发的《关于进一步弘扬科学家精神加强作风和学风建设的意见》和《关于深化项目评审、人才评价、机构评估改革的意见》，破除论文“SCI至上”，探索建立科学的评价体系，营造良好的高校创新环境，加快提升教育治理体系和

治理能力现代化水平①。目前我国一些"双一流"高校已经广泛推行包括同行专家评价、自我评价、学术评价、院系评价和学术委员会评价等定性考核方式，量化的结果可以为同行评议提供相应的依据，但是在"评价委员会当中不仅仅包括教授，也应当包括其服务的相关部门，并建立以质量和影响力为导向的多元化评价机制"方面，还处于起步阶段②。

（二）构建以市场激励为主体，政府激励为辅的多层次激励体系

当前我国的科研激励机制主要以政府激励为主，完成相应的科研项目以后获得政府的奖励，或者得到职位的晋升。推动以市场激励为主的科研激励机制，能够给予科技创新者更为有效的激励，也能消除科技创新不确定性所带来的影响，并通过市场竞争迫使科研人员不断创新。而作为创新主体的企业，应充分强调科技创新的重要性，通过市场激励机制，构建有利于科技创新的产权制度、组织制度和管理制度，并且企业对于技术和专利具有排他性，通过科技创新能够更为有效地获得商业利益，能够使企业资源更容易地集中到科技创新潜力大、发展较快的领域。从政府层面的激励机制来看，则需要加大政府的宏观调控力度，对于一些不能够获得市场反馈的基础性研究，在市场激励机制缺位的情况下，政府则应当参与其中，通过物质和精神的双重激励，保障科研人员的科技创新付出能够得到应有的回报，调动科研人员的积极性。

（三）制定精准的财政和税收政策，鼓励企业加强科技创新

要发挥财税政策对科技创新的激励作用，必须突出政府政策对科技创新的导向和激励作用，并制定更为精准的措施和政策。首先，由于科技成果从产出到实现生产力的转化，这一过程需要市场力量去评价，政府在其中不应当过多地干预。调查发现，政府虽然成立了很多促进科技成果转化的基金，但是能够得到市场认可的成果相对较少，很难获得商业利益。而政府的支持政策，应当更多采用普惠性的方式，政府财政资金应较少干预市场的运营。针对当前亟须发展的产业与关键技术，则可制定更为精准的税收优惠政策，鼓励企业投入到关键核心技术的研发中。

---

① 《教育部科技部印发〈关于规范高等学校SCI论文相关指标使用树立正确评价导向的若干意见〉的通知》，http://www.gov.cn/zhengce/zhengceku/2020-03/03/content_5486229.htm[2020-02-18]。

② 《核心期刊借版面费敛财 CSSCI 学术评价机制备受抨击》，http://media.sohu.com/20140117/n393682329.shtml[2014-01-17]。

五、以市场为导向建立技术转让、共享平台体系

通过设立科技中介平台，架起科技与经济深度融合的桥梁，通过市场机制，使得两者之间由孤立走向融合，相互促进、共同发展。科技中介平台既包括新型研发机构，也应包括各类技术转让中心和服务机构，通过市场化的机构和市场化人员，并通过利益关系将三者联结起来。

（一）建立新型创新研发机构，搭建研发与转化功能型平台

科技与经济较难实现融合发展，这一状况在短期内难以改变。对此，通过构建新型研发机构，搭建起二者之间的桥梁则成为可行路径之一。从调研来看，江苏省突破体制约束，新建立的产业技术研究院，很好地协调了政府和市场两种资源，搭建起了高校、科研院所的科技创新与企业的市场转化之间的桥梁。①在该类平台可以采取较为灵活的体制机制，产业技术研究院可采用“加盟+直营”的扩张方式组建下属的专业性研究所。此外，还可以围绕重点发展产业，搭建研发与转化功能型平台。可采用“政府引导、企业运营、社会资本参与”的市场化运作模式，创新项目组织方式，如合同科研制，对共性技术研发、成果转化和产业引领进行统筹，并提供支撑和服务。

（二）通过自主创新示范区的建设，构建创新综合服务平台

创新示范区可以借鉴以往我国经济特区的建设经验，将各类资源予以整合，通过各类要素集聚实现创新发展。在创新示范区内，建设新服务功能型平台，围绕信息共享、成果转移、科技金融等环节的需求，引入资本力量与专业服务，营造良好的创新创业环境，打通高校、科研机构、企业间科技成果转化的通道，为科技企业提供人才保障、政策咨询、公共平台对接、科研成果转移、创业辅导、投融资等一站式全方位服务。明确自主创新示范区的空间布局和功能定位，围绕各区产业发展重点和重大创新任务，让各区错位发展，实现创新链与产业链的联动。建立跨国研发孵化器，推动创业企业与跨国企业资源对接和联动。引导跨国企业通过刺激需求、开放技术平台、商业资源导入、驻场指导等方式，联合本土孵化器共建创新中心，让企业站在“巨人肩膀”上发展。

---

① 《科技部印发〈关于促进新型研发机构发展的指导意见〉的通知》，http://kxjst.jiangsu.gov.cn/art/2019/10/8/art_7594_8728410.html[2019-10-08]。

（三）以企业为主体，建立科技资源共享平台

发挥企业在科技创新中的主体作用，通过建立科技资源共享平台、产业技术研究院和产业联盟等形式，解决科研院所与企业之间的沟通问题，让科技更好地服务实体经济。主要措施包括：建立统一、开放的科研设施与仪器、文献网络管理平台，推动所有科技资源纳入平台管理，并建立重点科研基础设施和大型科研仪器开放共享运行补助机制。加大国家重点实验室、国家工程实验室、国家工程（技术）研究中心、大型科学仪器中心、分析测试中心等向企业开放的力度。此外，通过设立产业技术研究院和产业联盟，为行业的发展提供基础性的研究服务，整合企业的科研创新能力。

六、建立促进协同创新的体制机制

美国硅谷以冒险精神而闻名，最为重要的是其有完善的容错机制。当前我国从上到下不管是对科研，还是对创新和创业的投资，都缺少相应的机制，这就导致真正的科技创新得不到金融的支持，同时，还需要进行商业模式与组织方式创新，从而构建协同创新的体制机制。

（一）建立容错机制，鼓励科研人员放手创新

当前我国的科研体系中，政府的科研投入较少允许失败，这对于实现科研突破极为不利，也会诱使一些科研人员造假。只有构建了容错机制，才能够使科研人员放开手脚进行创新。江苏省委印发《关于建立容错纠错机制激励干部改革创新担当作为的实施意见（试行）》，以充分调动和保护干部队伍干事创业的积极性、主动性、创造性，用容错机制为敢于创新的科研人员消除后顾之忧[①]。“我们只要是探索地、程序合法地去做了，虽然未来可能会出现问题，但不是个人原因，都不追责。”江苏省产业技术研究院负责人说道。总的来讲，容错机制给予了科研人员和创业人员充分的信心，并调动了他们的积极性，也为研究院财政经费使用、管理体制改革、运营体制创新等一系列举措提供了有效支持，为后续改革和创新做了铺垫。

---

① 《江苏建立容错纠错机制为敢于担当、勇于负责的干部撑腰鼓劲》，http://www.gov.cn/xinwen/2017-06/19/content_5203611.htm[2017-06-19]。

（二）促进商业模式组织形式与科技协同创新

未来的科学技术发展，更多需要跨学科的协调创新，这就要破除科研体系当中存在的体制机制障碍。可以参考江苏省产业技术研究院等机构的做法①，通过创新商业模式，建立利益共享机制，研究院的研究成果归股东所有，并且完全自负盈亏。另外，需要处理好地方产业、高校、科研院所与科研人员自身发展之间的利益冲突，应当以研究院自身发展为重。

（三）围绕高校和科研院所构建新兴产业，构建相互协同的创新体系

从美国硅谷的建设经验来看，高校和科研院所对于创新创业活动推动作用较为显著，围绕高校建设“环大学知识经济圈”，鼓励高校和科研院所将科技成果转化。成都围绕西南交通大学、电子科技大学、西南财经大学等高校建立了“环大学知识经济圈”，取得了一定的成效，推动了包括电子信息、软件等行业的发展。此外，构建“环大学知识经济圈”，还能通过改变一些荒废的教学用地的用途，将教育用地变成商业用地，通过大学成立相应的管理公司来运营，政府以土地划拨作为出资资产，将这片土地给予大学管理公司使其进行市场化运作，双方在没有投入很多资金的情况下，就可以盘活这部分高校资源。还可以通过企业与高校建立协同创新中心，促进高校成果转化。协同创新中心可采取市场化的运作模式，利用市场评价机制对科研团队的科研成果进行评估，有效化解科研成果价值难定价的问题，并在此基础上推动高校的成果与市场对接，促进高校科研成果转化。

七、构建优良的创新生态环境

（一）加大知识产权保护力度

要完善知识产权保护制度，加大知识产权保护力度，特别是商业秘密方面的保护。可以借鉴美国完善的商业秘密立法及司法审判经验，在后续完善商业秘密保护制度时，可根据我国发展的实际需求，适时、适度地改革并完善有关侵犯商业秘密行为的举证责任承担、禁令救济程序的使用、法律责任尤其是刑事法律责任的刑罚力度②等相关制度。

---

① 请参考第九章第四节“江苏推动科技与经济融合的实践”、第十二章案例 2。

② 《中华人民共和国政府和美利坚合众国政府经济贸易协议》，https://news.china.com/zw/news/13000776/20200116/37713855.html[2020-01-16]。

在专利扶持政策方面，政府的专利扶持政策应做出如下调整：专利扶持政策应聚焦专利质量以及专利商业化应用等方面；知识产权局应逐步提高对专利质量的审查和核准要求，以适应现阶段经济发展对专利质量的要求；应注重专利扶持政策与知识产权保护制度的强化、公平市场竞争环境的构建以及对外开放战略调整等政策之间的协同性。

（二）引育高水平中介服务机构

一是地方政府应大力引进和培育会计师、律师、知识产权服务等中介服务机构。发挥中介服务机构专业化、高效率、即时性的服务优势，做好服务配套，为科技创新企业提供市场化、高效率的融资、科技成果转化、知识产权和政府政策等方面的信息服务。

二是加大对紧缺专业人员的培养力度，提高对专业人员培养的质量。现阶段，相对我国对知识产权人才的需求，人才培养的力度还远远不够。因此，建议教育部通过增设知识产权专业硕士学位、组建有知识产权学院的“双一流”大学构建本、硕、博多层次人才培养体系，加大对知识产权人才的培养力度。同时，随着我国企业在“走出去”与“引进来”过程中国际合作创新交流程度的不断深化，也需要提高对现有会计师、律师等专业技术人才培养的国际化程度，以应对未来来自国际市场的挑战。

（三）促进科技金融发展[①]

一是依托大数据，建立完善的科技企业信息系统，为企业“增信”，助力解决科技企业融资难的问题。二是增强科技金融服务平台功能，促进资金供需信息的发布和匹配，优化科技成果转化服务，促进保障政策执行，可以实现企业和金融机构更好地配对搭桥。三是拓宽对社会资本、跨境资本的利用渠道，建立多元化的科技金融服务体系。

① 关于如何发展科技金融促进科技创新的更详细政策建议，请参见本书第五章“ 创新科技金融体系，推动科技与经济深度融合”。

第四章　建设新型研发机构，搭建科技成果转化的桥梁

2018 年 5 月 28 日，习近平总书记在两院院士大会上强调，“要加大应用基础研究力度，以推动重大科技项目为抓手，打通‘最后一公里’，拆除阻碍产业化的‘篱笆墙’，疏通应用基础研究和产业化连接的快车道，促进创新链和产业链精准对接，加快科研成果从样品到产品再到商品的转化，把科技成果充分应用到现代化事业中去”。[①]新型研发机构作为我国科技体制改革的“试验田”，能够有效破除体制机制障碍，更好地跨界连接创新链、产业链、资金链，形成协同创新的新格局。2018 年政府工作报告正式并首度提到新型研发机构，即以企业为主体加强技术创新体系建设，涌现一批具有国际竞争力的创新型企业和新型研发机构。[②]新型研发机构的建设为破解我国科技与经济发展“两张皮”的难题提供了宝贵经验。

2017 年 7 月至 2018 年 3 月，课题组深入北京、上海、江苏、广东、浙江等地调研后发现，新型研发机构成为各地“新宠”，企业对其竞相追逐，地方政府对它们视同珍宝。其中，课题组重点调研了江苏省产业技术研究院、深圳清华大学研究院、华中科技大学工业技术研究院和中科院苏州纳米所四家新型研发机构，同时深度访谈科技与经济融合研究领域的专家和学者，发现我国新型研发机构发展过程中积累了很多的宝贵经验，但是，政策的滞后与实践快速发展的不协调使得新型研发机构受到了“无形绳索”的捆绑，难以在我国的创新驱动转型中“施展拳脚”。本章的内容将以此为基础，研究我国新型研发机构的现状，剖析其发展中存在的“无形绳索”，并结合我国科技、经济发展实践，提出相关政策建议。

---

① 《在中国科学院第十九次院士大会、中国工程院第十四次院士大会上的讲话（2018 年 5 月 28 日）》，http://www.xinhuanet.com/2018-05/28/c_1122901308.htm[2018-05-28]。

②《政府工作报告——2018 年 3 月 5 日在第十三届全国人民代表大会第一次会议上》，http://www.mod.gov.cn/topnews/2018-03/05/content_4805962.htm[2018-03-05]。

第一节　我国新型研发机构发展的现状

新型研发机构是以支撑引领战略性新兴产业为目标，由多元主体投资建设、以市场需求为导向、采用企业化模式运作，集技术研发与产业化为一体的混合所有制形式创新机构。虽然新型研发机构大多依托高校优势学科和国家级平台组建，但与传统科研院所不同，新型研发机构的“新”体现在没有过去的“计划”色彩，没有旧的体制机制羁绊，而是通过充分的改革放权，以灵活的体制机制，直接面向产业发展和市场需求。

目前，全球经济社会进入深度调整期，科技成为推动经济社会发展的主要力量，创新驱动成为主要发展趋势。在此背景下，传统意义上的科学研究和技术产业化的边界日趋模糊，技术更新与成果转化更加迅速，科技创新不断突破地域、组织和技术的界限，创新研发组织形式的需求日益增长，新型研发机构应运而生。

在中国的双创浪潮中，一方面，商业模式创新不断发展成熟，但另一方面，技术产业创业呈现出“绵而无力”的发展格局，而新型研发机构则承载着核心技术产业孵化器的功能，有助于推动技术产业创业进一步发展。近年来，我国涌现出了众多新型研发机构，广东、江苏、陕西、上海和北京等省市也出台了相关支持政策，新型研发机构在实现创新驱动和推动地区经济发展中发挥了重要作用。目前，广东和江苏新型研发机构的发展走在全国前列，以广东省为例，广东省新型研发机构在全国起步较早，1996 年 12 月，清华大学和深圳市政府合作建立深圳清华大学研究院，揭开了广东省新型研发机构建设的序幕。2005 年启动的“三部两院一省”（科技部、教育部、工业和信息化部、中国科学院、中国工程院、广东省）产学研合作协同创新，有效促进了高校与研究院所及海外优质创新资源向地方集聚。截至 2017 年底，广东省已成立 219 家新型研发机构，吸引了全国 312 所高校、332 个研发机构的 2.5 万多名专家、教授来广东与近 2 万家企业开展产学研合作。同时，通过新型研发机构建设，广东省集聚了一批高层次创新人才，2017 年底，全省新型研发机构拥有研发人员达 3 万人，其中高端人才数（院士、教育部长江学者、国家杰出青年科学基金获得者等）接近 740 人。新型研发机构的快速发展有效推动了传统产业转型升级，通过企业孵化、成果转化、合作研发、技术改造、创业投资等方式，新型研发机构共服务 3 万多家企业转型升级，成功孵化 1000 多家高新技术企业，新型研发机构科技成果转化数量和技术服务收入均不断增加；2017 年成果转化和技术服务收入达 614.5 亿元，机构总收入达 1015 亿元，并促进了一批高端创新平台的建设。依托新型研发机构，广东省新建了一批国家工程技术研究中心、企业技术中心和国家重点实验室。新型研发机构作为广东创新驱动的重要抓手，已成为广东现代经济体系建设的重要战略力量。[①]新型研发机构在江苏推动创新发展中的作用同样引人注目，截至 2018 年，江苏共成立 323 家新型研发机构，江苏省省会南京市以新型研发机构建设为关键抓手，大力推进“两落地一融合”（科技成果项目落地、新型研发机构落地、校地融合发展）工程，为创新名城建设提供了有力支撑，2018 年新型研发机构给南京带来新增投资 29.8 亿元，孵化引进企业 811 家。[②]

新型研发机构在实践中的重要性不断凸显，主要可归于其具有组织体制新颖、运行机制灵活、科技资源集聚、密切对接创新与金融要素四方面的特征优势，接下来将结合实地调研资料进行阐述。

一、组织体制新颖

科研组织体制是科技经济结合、实现创新驱动发展的关键，新型研发机构能够推动创新驱动战略实施的根本原因在于其体制新颖。调研过程中，深圳清华大学研究院就属于“四不像”[③]的新型科研机构，华中科技大学工业技术研究院的体制则表现出“三无三有”的特点，“三无”指的是无级别、无编制、无固定运营费；“三有”指的是有政府的大力支持、有市场化盈利能力和有创新创业与创富相结合的激励机制。江苏省产业技术研究院则实行一所两制，即研究院既拥有在高校、科研院所事业体制下开展高水平创新研究的研究人员，也拥有独立法人体制下聘用的专职从事二次开发的研究人员，采用事业法人与企业法人互补运行、公益性职能和市场化手段相互促进的发展模式。组织体制的创新使得新型研发机构兼具大学、科研机构、事业单位、企业在促进科技创新与技术成果产业转化过程中的优势，能有效协调政府和市场两种资源，促进创新链、产业链、资金链的有效融合。

---

① 《广东省新型研发机构》，http://sz.shenkexin.com/project/detail-445.html[2019-05-17]。

② 《南京举行新型研发机构新年联欢会》，http://www.zgjssw.gov.cn/shixianchuanzhen/nanjing/201812/t20181222_5955869.shtml[2018-12-22]。

③ 四不像即“不完全像大学、不完全像科研院所、不完全像企业，也不完全像事业单位”，具体表述可参考《“四不像”研发机构生命力为何这么强？》，https://www.sohu.com/a/73245124_161794 [2016-05-04]。

二、运行机制灵活

运行机制创新是新型研发机构极具活力的重要因素，使得新型研发机构能够直接面向产业发展和市场需求。以江苏省产业技术研究院为例，其管理运行机制创新体现在两个方面：一是实施项目经理制。江苏省产业技术研究院通过全球招聘专业技术领军人才来组织实施集成创新项目。在人才引进后，研究院进一步赋予项目经理提出研发课题、组织研发团队和决定经费分配的权力，着力攻克重大关键技术难题并形成先发优势。二是推行合同科研制。江苏省产业技术研究院引导下设的研究所突破传统财政支持限制，不再按项目分配固定科研经费，而是建立由合同绩效、纵向科研绩效、衍生孵化企业绩效等综合计算的科研绩效评价机制，并以研究所服务企业的科研绩效，决定支持经费，提高创新资源配置效率。深圳清华大学研究院也在项目决策、投入、用人、激励和成果转化五方面持续创新，推行“把科技创新当饭吃”的运行机制，没有创新、没有产业化，研究院的实验室就无法立足，相关研究人员的收入也会大受影响。通过一系列市场化的运作机制，研究院有效地激发了科研人员的创新动力。华中科技大学工业技术研究院从成立至今，在科技创新、技术服务、产业发展和人才汇聚四个方面积极探索，逐渐形成了包括“青苹果”—“红苹果”—“苹果树”的科技创新模式，“近距离”—“零距离”—“负距离”的技术服务模式、“保姆”—“伙伴”—“领航员”的产业发展模式，以及“近亲”—“远亲”—“远邻”的人才汇聚模式，这四个方面的模式创新极大地激发了华中科技大学工业技术研究院的科研活力，并提升了其管理效率，为研究院稳步向好发展奠定了良好的组织基础和制度优势。

三、科技资源集聚

实现创新链与产业链的结合，首先要具备丰富的科技资源，否则也会面临“巧妇难为无米之炊”的难题。新型研发机构根据地区科技资源禀赋的不同，采取引入外部优势科技资源和整合现有存量科技资源两种模式，在有效整合科技资源上发挥了重要作用。

一是积极引入外部优势科技资源，弥补地区科技创新资源的不足。苏州、深圳和东莞等地区新型研发机构便采取这种模式。中科院苏州产业技术创新与育成中心（以下简称育成中心）面向苏州产业发展的科技需求，着力将中心打造成连接中科院与苏州工业园的平台载体，集聚了中科院下属的 20 多个院所及国内外科技创新资源；深圳清华大学研究院则依托清华大学的资源，拓展与其他高校、科研机构、海内外科技资源的对接，同时放眼世界，通过在北美（硅谷）、英国等地设立 6 个海外实体创新中心来进行国际技术转移、国际企业孵化、海外团队引进工作，促进国外先进科技成果在深圳落地生根。华中科技大学工业技术研究院则通过依托华中科技大学在制造学科方面的人才、科技、信息等优势资源，以“创新、创造、创业”为主线开展产学研合作工作，服务东莞的制造型企业，带动东莞制造业的转型升级。

二是整合现有存量科技资源，发挥地区科技资源优势，赋予传统科研机构新的发展活力。江苏省产业技术研究院采用“加盟+直营”的扩张方式组建下属的专业性研究所。其中，“加盟”方式指的是江苏境内的产业技术研发机构可以向江苏省产业技术研究院申请加盟，经审定通过后与总院签署加盟协议，加盟机构原有的机构性质、隶属关系、投资建设主体和对外法律地位等都保持不变。同时，江苏省产业技术研究院还与行业领军企业积极合作帮助其转型升级，涉及主体性质范围包括地方政府、事业单位、国有企业、民营企业以及外资企业，如徐工集团、盐城悦达东方汽车产业发展投资有限公司等。

四、密切对接创新与金融要素

促进创新链和产业链精准对接离不开资金链的作用，能否密切对接创新与金融要素，对科技成果产业化成败至关重要。对此，新型研发机构也进行了大量的探索，取得了丰富的经验。深圳清华大学研究院创建的力合科创集团有限公司（以下简称力合集团）搭建起了研究院创新孵化体系中完全市场化、专业化的公司平台。力合集团作为深圳清华大学研究院控股的产学研金（企业、高校、研究机构、金融机构）平台，是研究院整体发展战略的市场化落地执行机构，在促进科技与经济深度融合方面取得了明显成效。截至 2017 年底，力合集团共计引进和孵化了 1600 多家高科技企业，培育企业市值超过 1500 亿元，其中有 20 家在 A 股成功上市，20 家在新三板挂牌。在科技服务方面，力合集团依托研究院与清华大学的资源体系，通过拓展与其他高校、科研机构、海内外科技资源的对接，为科研成果转化、科技项目孵化、科技企业成长、科技产业发展、区域发展提供创新服务。

华中科技大学工业技术研究院通过建设“华科城”品牌系列孵化器与投资体系，搭建科技、资本、产业三链融合的典型平台，这也是华中科技大学工业技术研究院建设科创孵化体系的重要组成部分。得益于在企业孵化方面的独特优势及先进发展经验，近年来，华中科技大学工业技术研究院开始全面复制国家级科技企业孵化器的运营经验，实现孵化模式的输出，“华科城”品牌系列孵化器也全面借鉴松山湖华科产业孵化园的建设与运营经验，通过整合高校、研究院技术资源，采用“众创空间—孵化器—加速器”全链条孵化模式，为企业提供孵化、高端技术、投融资三大服务。江苏省产业技术研究院则按照“市场化导向、公益性职能、企业化运作”建设了江苏省产业技术研究院有限公司，该公司为一个独立的企业法人，从而形成了事业法人与企业法人互补运行、公益性职能和市场化手段相互促进的发展模式。该公司通过资本运作等手段，加速产业链、创新链和资金链的融合，集聚全球创新资源，提升产业技术研发能力，为产业转型升级和引领产业发展提供技术供给。

第二节　我国新型研发机构发展中存在的问题

新型研发机构的“新”体现在没有过去的“计划”色彩，没有旧的体制机制羁绊。但在实践中，新型研发机构的一些创新举措不符合目前国家的相关政策，导致其在科技成果转化、科技创新活动开展方面似乎面临着一条条“无形绳索”的捆绑，使其无法在创新驱动转型中大展拳脚。

一、科技成果转化的登记管理制度不完善

大多数新型研发机构的组建过程都离不开政府的支持，这就导致其科技成果不可避免地具有国有资产性质，而科技成果转化的国有资产产权登记制度的缺陷，致使新型研发机构的科技成果转化不畅。具体表现在以下两个方面。

一是新型研发机构的科技成果作为国有资产（产权）的审批程序复杂、周期长，降低了科技成果转化效率。调研中苏州中科院纳米技术与纳米仿生研究所（以下简称苏州纳米所）反映，“苏州纳米所具有国有背景，在投资具体项目或公司时会获得股权，而且大多为小股权，目前国家政策对国有资产管控较严，尤其是在防止国有资产流失方面，此外，股权处理的审批流程较长，这给苏州纳米所在这一方面的工作带来了挑战”。调研中华中科技大学工业技术研究院反映，“经理事会批准组建的持股孵化平台公司科技成果转化创办企业的相关国资管理，在程序上须报经华中科技大学批准，并经其报教育部批准，这导致审批程序复杂，审批周期长，审批难以及时，制约了研究院在具体项目上的推动工作”。

二是新型研发机构的科技成果作为国有资产产权登记制度不明晰，导致对科研人员的激励落实难。尤其在新型研发机构发展的早期阶段，“由于新型研发机构

国有产权登记管理适用制度不明晰，导致国有资产产权登记手续至今未能完善”（根据课题组对华中科技大学工业技术研究院实地调研获取信息整理）。而根据现有的国有资产管理制度，高校、科研机构转化科技成果以股份或出资比例奖励给个人时，需要办理事业单位所办企业国有资产产权登记，明确国有资产产权的权属分割。早期新型研发机构科技成果产权登记的缺失致使其转让过程中，对科研人员的奖励政策落实困难重重，抑制了科研人员持续创新的积极性。

二、科技成果转化的收益难实现

依据 2009 年印发的《境内证券市场转持部分国有股充实全国社会保障基金实施办法》[①]（以下简称《办法》）规定，“股份有限公司初次公开发行股票上市时，按实际发行股份数目的 10%，将上市公司部门国有股转由全国社保基金理事会持有，若国有股东持股数目少于应转持股份数目的，则将其现实持股数目全数转由全国社保基金理事会持有”。由于新型研发机构在科技成果转让时所持股权并不大（大多数小于 10%），按照上述《办法》，则需全部划拨社保基金，导致新型研发机构通过科技成果转化来增加股权收益的愿望无法实现，降低了其科技成果转化的积极性。调研中华中科技大学工业技术研究院、苏州纳米所均反映，“由于还保留了事业单位编制，在科技成果进行转化，创办企业上市时，不得不面临这个问题”。

三、科技成果转化面临税收障碍

一是新型研发机构科技成果转化无法享受与科研机构、高等学校职务科技成果同等的税收优惠政策。作为创新组织形式，新型研发机构难以对应传统机构形态，享受特定的税收优惠。根据规定，科研机构、高等学校职务科技成果转化时享有税收优惠政策，但是，《国家税务总局关于促进科技成果转化有关个人所得税问题的通知》[②]将《财政部 国家税务总局关于促进科技成果转化有关税收政策的通知》（财税字〔1999〕45 号）税收优惠政策明确为，“享受上述优惠政策的科技人员必须是科研机构或高等学校的在编正式职工”。尽管不少新型研发机构有高校背景，但却是“三无”“四不像”单位，其科技人员绝大多数没有事业编制，从而

① 《关于印发〈境内证券市场转持部分国有股充实全国社会保障基金实施办法〉的通知》，http://www.ssf.gov.cn/flfg/tzflfg/201205/t20120529_5275.html[2012-05-29]。

② 《国家税务总局关于促进科技成果转化有关个人所得税问题的通知》，http://www.chinatax.gov.cn/chinatax/n363/c1240/content.html[1999-07-01]。

使得新型研发机构的科研人员无法享受暂不缴纳个人所得税的优惠政策。

二是高税率导致科技成果价值评估困难。在调研中相关机构反映，“科技部有促进知识产权转移的一些办法，但真正落实到基层，比如工商、税务部门层面时不明晰的地方多。比方知识产权转移，按照科技人员的说法，70%属于团队，30%属于学校，那学校要不要交税？按地方税务部门的说法，是要交税的。对归团队的70%部分，税务部门说可以缓交，但学校的这一部分就要立即交税。如果一项技术的估值为5000万元，学校有30%的收益，对应的是1500万元，就是说学校还没有得到任何收益就得交税，这是不合理的”。面对不得不承担的当期缴纳所得税负担，作为知识产权代表方的高校或科研机构抉择两难：一方面，知识产权评估价值过低，会损害新型研发机构科技创新团队的利益；另一方面，知识产权评估价值过高，又加重了科技人员及相关机构投资人直接的税务负担，也就是说估值越高交的税就越多。

四、科技项目申请与管理缺乏针对性政策

现有的财政科技项目申请及绩效管理缺乏针对新型研发机构的明确规范。尽管已有地方（如广东省在2015年、东莞市在2017年）制定的政策明确提出，“新型研发机构在申报、承担各级财政科技计划项目时，可享受与高校、科研院所、科研事业单位同等资格待遇”，但新型研发机构仍然面对很多政府管理制度（比如会计制度、考核制度）的缺失，阻碍其创新活动的开展。调研中深圳清华大学研究院反映，“到目前为止，无论是省、市级的项目，还是国家一级的项目，都是按照主体类别进行管理的，若属于高等学校类的，则相应的财务管理办法就要按高等学校的来管理，若划分为企业，则依照另一种管理办法。目前这种按主体类型的项目申请与管理办法对于像新型研发机构这样的主体并不适用”。

第三节　创新体制机制推动新型研发机构进一步发展

在党的十九大报告中，习近平总书记强调，“深化科技体制改革，建立以企业为主体、市场为导向、产学研深度融合的技术创新体系，加强对中小企业创新的

支持，促进科技成果转化”。[①]2018 年 5 月 28 日，习近平总书记在两院院士大会上又强调，“在科技领域存在的多年来一直想解决但没有能解决的难题方面，我们都取得了实质性突破。同时，科技体制改革还存在一些有待解决的突出问题，主要是国家创新体系整体效能还不强，科技创新资源分散、重复、低效的问题还没有从根本上得到解决，‘项目多、帽子多、牌子多’等现象仍较突出，科技投入的产出效益不高，科技成果转移转化、实现产业化、创造市场价值的能力不足，科研院所改革、建立健全科技和金融结合机制、创新型人才培养等领域的进展滞后于总体进展，科研人员开展原创性科技创新的积极性还没有充分激发出来，等等”。[②]科技体新型研发机构是我国科技体制改革的重要试验田，亟须加强和跟进各类创新制度和机制建设，解决其科技创新与科技成果转化中面临的普遍问题，激发其创新激情和活力，有效搭建科技创新到产业化之间的桥梁。

一、豁免新型研发机构国有股转持义务

建议财政部参照《财政部关于取消豁免国有创业投资机构和国有创业投资引导基金国有股转持义务审批事项后有关管理工作的通知》[③]，并结合新型研发机构发展实践，制定新型研发机构科技成果转化创办企业所持国有股转持义务豁免细则。以促进具有实用价值的科技成果、新产品、新工艺、新材料转化为现实生产力，提高新型研发机构科技成果转化创办企业的积极性，构建其自我收益实现模式和成长模式，促进新型研发机构持续创新。

二、简化新型研发机构科技成果转化的国有资产审批程序

首先，实行委托审批制。对于科研单位与地方政府共同组建的新型研发机构，建议实行属地管理制度，由新型研发机构举办单位主管部门，如教育部，一次性委托地方国有资产管理部门登记备案及审批，简化监管层级，提高管理效率。其次，统一筛查，一次性地解决历史遗留的新型研发机构现存科技成果的国有资产

---

① 《切实推动产学研深度融合》，http://theory.people.com.cn/n1/2019/0819/c40531-31302326.html[2019-08-19]。

② 《在中国科学院第十九次院士大会、中国工程院第十四次院士大会上的讲话》，https://www.xuexi.cn/21433dc0006a52098dbbea8d8cd426d4/e43e220633a65f9b6d8b53712cba9caa.html[2018-05-28]

③《财政部关于取消豁免国有创业投资机构和国有创业投资引导基金国有股转持义务审批事项后有关管理工作的通知》，http://fgk.mof.gov.cn/law/getOneLawInfoAction.do？ law_id=84094[2015-08-11]。

登记管理手续缺失问题。按程序补全各类资料，为科技成果转化过程中科技人员股权激励方案的实施提供保障。

三、明确新型研发机构科技成果转化的税收优惠细则

强调新型研发机构的独立主体地位，建议财政和税务部门制定与完善国家各类促进科技创新和科技成果转化的税收优惠政策细则。首先，按照就宽不就严的准则，在对各类新型研发机构类型、科技成果转化实践深入调研和了解的基础上，给予新型研发机构最大限度税收优惠。其次，建议参照现有高校和科研机构职务科技成果转化政策，对新型研发机构科技人员取得的股份，暂不缴纳个人所得税，而转至股权转让时缴纳。

四、完善新型研发机构的管理制度

在进一步调研和明晰新型研发机构的法人性质、功能定位和权利义务的基础上，鼓励新型研发机构这类"四不像"的组织申请政府科技项目和资源。同时，根据新型研发机构的运行机制和经营特征，提出针对性的新型研发机构管理制度（如会计制度、考核制度），给予新型研发机构科技创新更大的自主权，激发其创新活力。

五、鼓励和重视新型研发机构发展

首先，出台相应配套政策，进一步推动建设新型研发机构，并对现有好的经验进行推广学习。一方面，鼓励地方根据重点发展产业，结合高校和科研院所的特色学科与科技创新资源来引进"大院大所"的创新资源，推动新型研发机构建设。鼓励地方采用"政府引导、企业运营、社会资本参与"的市场化运作模式建设新型研发机构，为技术研发、成果转化和产业引领提供支持和服务；另一方面，出台完善新型研发机构的科技创新孵化体系建设的配套措施，鼓励新型研发机构围绕研发支持、技术转移、知识产权服务、金融支持、产业链服务、市场对接等环节的需求，引入资本力量与专业服务，为新型研发机构发展营造良好的创新创业环境。

其次，规范新型研发机构的管理与考评。一方面，可以建立透明的管理信息

系统，实现对新型研发机构信息的统一管理，同时便利新型研发机构获取政府支持资源，减少政府与新型研发机构之间信息不对称的现象发生；另一方面，要提高现有新型研发机构的运行效率，对现有新型研发机构建立市场化的考评机制，对未达标准的新型研发机构可采用末位淘汰制，对重点发展的新型研发机制可在政策、资金上给予更大的支持。

第五章　创新科技金融体系，推动科技与经济深度融合

习近平总书记在 2018 年 5 月 28 日的两院院士大会上指出，“科研院所改革、建立健全科技和金融结合机制、创新型人才培养等领域的进展滞后于总体进展”。[①]而在推动科技与经济深度融合的过程中，科技创新对金融创新的需求十分迫切，唯有金融创新和科技创新的协同配合，才能更有效地推动科技与经济深度融合。

第一节　科技金融的基本内涵

“科技金融”是一个在理论上还未被严格界定的概念，尽管在实践中科技金融一词已经开始应用，但还没有形成独立的科学内涵。赵昌文等（2009）认为科技金融是一个包含广泛内容的开放式系统，是促进科技开发、成果转化和高新技术产业发展的一系列金融工具、金融制度、金融政策与金融服务的系统性、创新性安排，是由向科学与技术创新活动提供金融资源的政府、企业、市场、社会中介机构等各种主体及其在科技创新融资过程中的行为活动共同组成的一个体系，是国家科技创新体系和金融体系的重要组成部分。李善民等（2015）认为，“科技金融是金融资源的供给者（政府引导基金、风险投资基金、商业银行、风险贷款等）依托政府搭建的科技金融平台，根据科技型企业在种子期、初创期、成长期、成熟期等不同发展阶段、不同特点的融资需求，通过不同的融资渠道和方式提供股权融资、债权融资、担保融资等单一或组合融资工具，

① 《习近平：在中国科学院第十九次院士大会、中国工程院第十四次院士大会上的讲话（3）》，https://baijiahao.baidu.com/s?id=1601708212406738082&wfr=spider&for=pc[2018-05-28]。

推动科技企业的创新活动。科技金融的实质在于政府引导、市场参与，科技金融的表现是通过社会化的投融资解决方案，解决科技企业发展所需要的资金支持问题”。

由上述关于科技金融内涵的解读可知，科技金融的供给者主要包括金融机构、中介服务机构和政府。金融机构包括商业银行、创业投资机构、保险公司、担保机构、证券公司等非银行类金融机构。中介服务机构主要是指律师事务所、会计师事务所等（张明喜等，2018；张明喜等，2019）。科技金融需求主体主要是科技型企业、高等院校和政府。科技型企业对科技金融的需求主要表现在金融市场和金融工具方面，科技金融的出现和发展与科技型企业的发展密切相关。而政府通常在科技资本市场通过发行国债来筹集科技经费，可视作科技金融的特殊需求者。事实上，科技金融是推动科技与经济深度融合的重要环节。如图 5-1 所示。

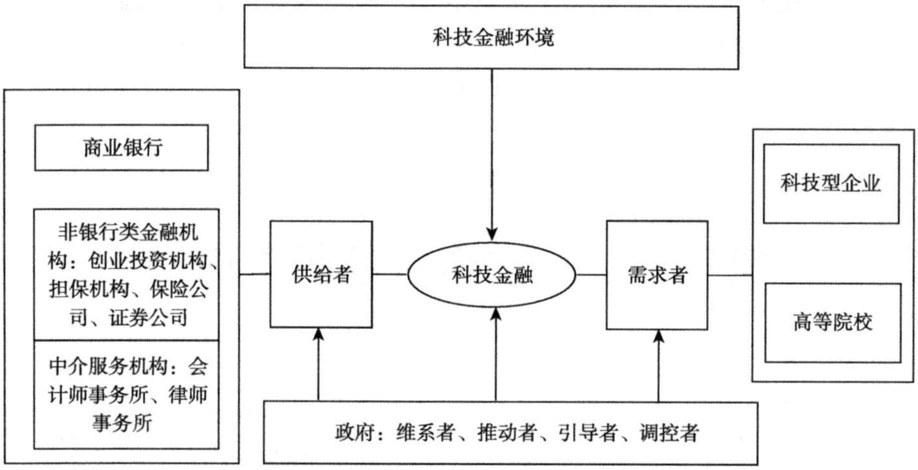

图 5-1　科技金融参与主体

科技金融推动科技与经济深度融合的过程中，其核心内容是科技金融促进能驱动经济发展的科技创新。此时，科技是经济增长的直接动力，而金融则是催化剂。具体而言，科技创新具有高投入、高风险、高收益的特点，因而需要金融予以支持。而现代金融工具，如金融衍生工具，解决了科技创新中风险和收益之间的匹配问题，因而对科技创新有积极的正向作用。事实上，纵观每一次产业革命均受益于金融的保障和支持（连平和周昆平，2017），否则，科技创新无法实现产业化，更无法驱动经济的高质量发展。

第二节　中国科技金融体系的历史演进及出发点

一、中国科技金融体系的历史演进[①]

不同于国外由资本市场主导的发达金融体系，中国金融体系主要是由银行主导，同时，政府在金融体系中也发挥了重要作用。具体特征如下：第一，虽然经历了多年的金融改革，但政府的行政管制依然存在。例如，政府监管部门对金融机构的准入和退出以及金融业务等方面依然存在管制。第二，中国与日本、德国一样，目前的金融体系依然是以银行为主导。参考杨正平等（2017）、张明喜等（2018）的研究，本节将中国科技金融体系主要分为以下几个阶段。

（1）1978~1985 年，科技金融萌芽阶段。1978 年十一届三中全会提出以经济建设为中心，实行改革开放，逐步推进社会主义现代化建设。1979 年 10 月 8 日，邓小平出席中共中央召开的各省区市第一书记座谈会时指出："是不是设想把银行作为发展经济、更新技术的杠杆。银行本来是要生利的，可是我们现在的银行只是算账，当会计，并没有真正起银行的作用。"[②]上述政策导向，隐含了科技金融思想的雏形。虽然经济体制改革已经开展，但科技金融体系构造内容单一，这一阶段对科技企业的支持主要源自行政上的财政拨款。

（2）1986~1993 年，科技金融起步阶段。1985 年 10 月，中国人民银行、国务院科技领导小组办公室联合发布《关于积极开展科技信贷的联合通知》[③]，正式开展科技贷款。在这一时期，科技金融的重点主要是信贷市场，主要手段是贷款贴息。在这一阶段，科技金融体系已经开始向市场化方向发展。

（3）1994~1999 年，科技金融探索阶段。1994 年，中国科技金融促进会首届理事会上正式采纳"科技金融"一词。1996 年，《转化法》提出"国家鼓励设立科技成果转化基金和风险基金，其资金来源由国家、地方、企业、事业单位以及

① 《中国金融体系的演变和改革》，http://www.sohu.com/a/284048139_485176[2018-12-24]。

② 《邓小平：金融改革的步子要迈大一些。要把银行真正办成银行。》，http://cpc.people.com.cn/n1/2020/0305/c69113-31618494.html [2020-03-05]。

③《中国人民银行、国务院科技领导小组办公室关于积极开展科技信贷的联合通知》，http://www.chinaacc.com/new/63/69/110/1985/10/ad00111170158910.htm[1985-10-07]。

其他组织或者个人提供，用于支持高投入、高风险、高产出的科技成果的转化，加速重大科技成果的产业化”。[①]在这一阶段，风险投资开始介入，经济体制已过渡到市场经济阶段，金融体系也进行了进一步的调整和优化，外国的风险投资也开始进入中国，科技金融体系开始向资本市场的方向探索。

（4）2000~2005 年，科技金融推进阶段。资本市场开始介入并发挥作用，其中，政府起到了重要作用：第一，规范外商创业投资企业管理；第二，推出中小企业板；第三，通过孵化器与创业投资对接，加强对科技成果产业化的支持。

（5）2006 年至今，科技金融发展阶段。在该阶段，市场在资源配置上逐步从发挥基础作用转变为决定性作用。科技金融成为科技部门和金融管理部门的共同事权，政策性银行、商业银行、科技保险、科技担保、创业板、互联网金融等在内的操作层面创新同时发力（张明喜等，2018；张明喜等，2019）。整体而言，该阶段科技金融体系已经开始全面完善基本金融工具，形成了政府引导下的银行主导，并向资本市场主导发展的态势。

二、科技金融体系的实质

科技金融体系实质上就是基于现实情况，构建与科技企业风险收益匹配的金融体系，以满足处于不同发展阶段科技企业的融资需求。虽然关于科技企业生命周期有着不同的阶段定义，但一般而言，科技企业可以划分为种子期、初创期、成长期、成熟期、衰退期。由于处于不同发展阶段，企业的经营状况、财务状况、声誉存在着不同的特征，企业的融资能力也存在差异，企业的融资需求也显著不同（表 5-1）。例如，当一个企业还处于种子期时，在这个阶段，创业者只有一个创意、实验室的半成品或者技术上的新发明，缺乏资金投入。由于这一阶段风险较大，创业公司往往通过自有资金或者向亲朋好友借贷获取起步资金。这一阶段也会出现天使投资人，愿意资助创业公司发展，或者政府为了促进创新创业，提供相应的财政资金支持。随着企业进入初创期，其对资金的需求量逐步增加，因此，自有资金的重要性下降，政府资金也逐步退出，这一阶段，风险投资开始进入并加大投资力度。在成长期，则融资方式更加多元化。事实上，如何构建与科技企业风险收益匹配的金融体系，是中国科技金融体系构建的基本出发点。

① 《中华人民共和国促进科技成果转化法》，http://www.most.gov.cn/fggw/fl/200710/t20071025_56668.htm [1996-05-15]。

表5-1　科技企业生命周期不同阶段的融资策略优序

阶段	自有资金	民间借贷	天使投资	政府投资	风险投资	银行贷款	债券融资	上市融资
种子期	▲▲▲	▲▲	▲	▲▲				
初创期	▲	▲▲	▲	▲	▲▲			
成长期	▲	▲	▲	▲	▲▲▲	▲▲	▲	▲
成熟期	▲					▲▲	▲▲	▲▲
衰退期	▲▲					▲▲	▲	▲

注：▲的数量代表该融资渠道在企业某一特定生命周期阶段的重要性。本表内容参考贾康等（2015）整理

第三节　主要国家科技金融发展的经验

根据第二节所述，如何构建与科技企业风险收益匹配的金融体系，是科技金融体系构建的基本出发点。根据科技金融运行机制的不同，可分为以下四种科技金融模式（黄灿和许金花，2014）：①资本市场主导模式。资本主要指的是各层次的资本市场。美国为该模式的典型代表。②银行主导模式。该模式中，科技企业的融资渠道主要为间接融资。日本和德国为该模式的典型代表。③政府主导模式。该模式适用于科技金融发展的初期和赶超阶段。以色列为该模式的典型代表。④社会主导模式。该模式仅适用于小型经济体，在较大的国家和地区较少采用，故本章不过多探讨。

一、美国资本市场主导的科技金融模式

美国是当今世界领先的经济强国，拥有雄厚的科技实力和完善的金融体系。美国科技金融体系的主要特点是由资本市场主导。

一是建立多层次资本市场。美国的资本市场呈现多个层次、风险分散的金字塔结构，为风险投资提供了较有效的退出渠道。资本市场分为三个层级：第一层是主板市场，主要是纽约证券交易所，上市公司主要是成熟期企业；第二层是二板市场，主要是美国证券交易所和 NASDAQ 市场，上市门槛较低；第三层是向广大中小企业提供股权融资的场外交易市场，包括柜台交易、粉单市场等。

二是推动风险投资发展。美国的风险投资相当发达。20 世纪 80 年代，得益于多层次资本市场的建立，大量风险资本进入高新技术领域。美国的创业风险投

资市场一直保持较高速的成长势头，每年新投资的项目以及金额都稳居全球首位。风险投资主体包括企业、政府、投资银行、养老保险基金、天使投资人等。美国政府不仅出资建立政策性风险投资基金和投资公司，还对民营风险投资公司给予政策扶持。

三是发展风险贷款。高科技初创公司的现金流较紧张、风险较高，风险贷款的还款来源是一个初创公司下一轮的风险投资或者这个初创公司的知识产权，也就是说，发放风险贷款是基于相信还会有风险投资对这家初创公司进行下一轮股权投资。

二、日本和德国银行主导的科技金融模式

（一）日本：政府政策扶持和银行融资主导

日本在第二次世界大战后经济和科技发展迅速，是科技和经济强国。日本科技金融体系的主要特点是政府政策扶持和银行融资主导。

一是制定引导和扶持科技型中小企业发展的政策。为了支持中小企业研发创新和融资，日本政府制定了一系列的法律法规，促进科技型中小企业发展，也设立了相应的政策性金融机构，包括中小企业金融公库、国民生活金融公库、商工合作社中央公库等。

二是发挥银行体系的作用。日本金融体系的最大特征是银行主导。主银行制度在日本战后特定历史条件下具有合理性，因为密切的银企关系降低了信息不对称，减少了交易成本，而且由于一荣俱荣，银企互助在客观上也促成了日本战后经济的高速增长。但是，过度密切的银企关系会一损俱损，放大了其金融体系的风险。而且，日本的直接融资市场不发达，经济的风险过度集中于银行。风险投资机构主要由政府、大银行金融机构、大企业集团出资，再加上直接融资市场发展相对缓慢，风险投资没有很好的退出渠道，使得日本的风险投资公司大多投向后期的企业，并为其母公司银行等的业务发展做铺垫。

三是建立完善的信用担保体系。日本形成了中央和地方两级担保、担保与保险有机结合的信用保证体系，为日本中小科技企业贷款提供了重要的支持。

（二）德国：全能型银行主导

德国在第二次世界大战后经济和科技发展迅速，是科技和经济强国。德国科技金融体系的主要特点是全能型银行主导。一是全能型银行提供金融服务。德国

的金融体系以全能型银行占主导。全能型银行“能从事除货币发行和债券抵押之外的所有金融业务”。全能型银行体系在运行初期，尤其是战后重建期，对德国的经济发展起着无法替代的作用。这是因为全能型银行资金充足，混业经营又提高了资金运作的效率，实现了规模经济与范围经济；庞大、通达的商业及信息网络降低了信息成本，有利于银企间信息不对称问题的改善，从而减少对金融服务创新的阻碍。充足的资本和较强的抗风险能力，使全能型银行能为企业提供持续稳定的资金保障。然而，该银行体系也抑制了非银行金融机构的发展，致使融资渠道主要集中于间接融资，限制了资本市场的发展速度；同时，若全能型银行风险资产比例过高，将存在较大的潜在风险。二是建立完善的信用担保体系。德国的担保体系虽然以市场化方式运作，但得到了政府的各种政策支持。三是制定引导和扶持科技型中小企业发展的政策。德国政府先后制订了一系列政策法规推动科技型中小企业的发展，也成立了政策性银行如复兴信贷银行来为科技型中小企业提供支持。

三、以色列政府主导的科技金融模式

以色列自 1948 年宣布建国后，迅速地发展成为中东地区唯一的发达国家。在这其中，科学技术发挥着重要作用，金融又为科学技术促进以色列经济发展提供了有效支持。以色列科技金融体系的主要特点是政府引导、资助。

一是制定引导和扶持科技型中小企业发展的政策。为推动高新技术的产业化，以色列政府从 20 世纪 90 年代开始实施了一系列政策，使以色列高科技产业发展迅猛，被誉为“中东硅谷”，成就引起全球瞩目。以色列政府出台了一系列政策支持科技型中小企业发展，而且还设立了中小企业局、小企业发展中心和首席科学家办公室。

二是发展科技孵化器和实施科技资助。以色列政府借鉴美国的“小企业技术创新计划”经验，设立了科技孵化器。与美国科技孵化器不同，以色列政府对科技型中小企业进行资助，同时参与科技型中小企业孵化的过程。以色列政府还设立了 TNUFA 创新企业促进计划（前种子基金）、HEZNEK 种子基金计划、BIRD 基金（美以合作）等。

三是吸引境外风险投资资本。以色列政府为了吸引境外的风险投资资本，推出了政府引导基金计划 YOZMA。政府在设立 YOZMA 基金时就设立了良好的政府退出机制。以色列政府规定，每支 YOZMA 基金的私人投资方可以在 5 年内以较优惠的价格买断初始投资资金中政府的份额。政府的参股投资与退出机制极大地调动了境内与境外投资者的积极性。

四、国际经验小结

从以上美国、日本、德国和以色列发展科技金融的实践经验可以发现，科技金融对科技与经济融合发展有重要的支持作用，同时，政府需要发挥引导作用。具体而言，美国资本市场较为发达，也是美国科技金融体系的核心。而日本和德国有较完善的信用担保制度，同时，在资本市场相对不发达的客观条件下，日本和德国这种金融中介主导的体系，减少了与科技型中小企业之间的信息不对称现象发生，满足了科技型中小企业的融资需求。以色列在政府的引导资助下，发展科技孵化器和实施科技资助，并推动了风险投资市场的发展。

总体而言，发展科技金融并不存在固定的模式，每个国家都根据自身的内外部条件制定合适的科技金融发展政策，较好地推动科技与经济深度融合。对比国际经验，可得出对中国科技金融体系构建的启示。例如，坚持政府引导和市场运作相结合的原则；同时，由于目前中国还是银行主导的金融体系，因此在中短期内构建银行主导的科技金融体系更符合中国国情，但从长期来看，依然要构建以资本市场主导的科技金融体系。

第四节　我国主要地区科技金融发展的经验

2017 年 7 月至 2018 年 11 月，课题组先后赴北京、上海、广东、江苏、浙江、四川、湖北等地调研发现，各地近年来积极探索科技金融发展新实践和新模式，各有特色。其中，苏州、成都和深圳发展科技金融特色明显。具体而言，苏州、成都在政府主导和推动下通过大平台建设、政府引导基金建设，构建全方位、全周期的科技金融服务体系；深圳充分发挥市场作用，依托新型研发机构构建独特的科技金融服务体系。

一、苏州：整合企业征信信息，搭建科技金融三大平台

苏州近年打破“信息孤岛”，促进企业征信信息汇聚，通过搭建科技金融三大服务平台（地方企业征信系统、综合金融服务平台和企业自主创新金融支持中心），

为金融资源向高科技创新企业、战略性新兴产业配置提供支持和保障。

第一，搭建地方企业征信系统，解决企业信用问题。该系统是三大服务平台的核心，其建设经验包括：①政府推动。由国有公司苏州企业征信服务有限公司进行开发运营，自 2015 年征信平台启用后，共对接了 17 个政府部门及水、电、气三个公共事业单位市县 2 级共 99 家单位，实现将分散在不同政府部门或单位、零碎化的信息有效梳理并建立体系，充分发挥信息在促进金融资源配置中的功能。②企业授权。由于涉及企业非公开信息，信息使用需要得到企业授权。纳入地方企业征信系统的企业均签署信息采集和查询授权书，目前系统累计征集企业授权约 13 万户，基本实现了苏州有贷企业全覆盖；截至 2017 年 6 月末，累计入库数据接近 6000 万条。同时，86 家金融机构接入苏州征信平台，系统累计查询量 21.47 万次，有效助推企业“让数据变信用，让信用变财富”[①]。

第二，建设综合金融服务平台，促进资金供需双方对接。在地方企业征信系统基础上，为企业搭建了涵盖丰富金融产品和增值服务一体化的互联网+综合金融服务平台，采用“线上+线下”金融服务模式，线上发布企业融资需求、金融机构创新产品等信息，充分依靠市场配置，实现企业与金融机构双向选择、自主对接，线下则根据企业需求统筹银行、保险等资源，有效撮合，为企业定制个性化融资方案（张小玉等，2018）。

第三，引导金融机构建立企业自主创新金融支持中心，提高服务科技型企业的动力和能力。鼓励金融机构建立专业团队、提高风险容忍度、建立适当的尽职免责制度，同时，争取总行授权试点，改变授信评分系统和产品研发模式，为企业量身定制产品，并建立差异化考核机制，激发客户经理投放动力，做到服务精准、专业。到 2018 年中期，苏州市已成立包括商业银行、保险公司、金融租赁公司等在内的企业自主创新金融支持中心近 40 家。

二、成都：提供“一站式”投融资服务，覆盖企业全生命周期

第一，打造“盈创动力科技金融服务模式”，为中小企业提供全方位、“一站式”投融资信息服务。该模式依托成都高新区管理委员会（以下简称管委会）下属国有独资公司——成都高新投资集团有限公司建设，以“盈创动力科技金融大厦”和“天府之星”数据库作为物理载体和信息载体，面向中小企业搭建债权融

① 《苏州征信体系试验区建设成效初显》，http://www.zfxxgk.suzhou.gov.cn/szglbm/zgrmyxszzxzx/201801/t20180123_957167.html[2017-12-01]。

资服务、股权融资服务和增值服务三大信息服务体系（李善民和梁星韵，2017）。

第二，发展“科创贷”“新网银行”等，帮助初创企业融资。成都市科技局面向科技型中小微企业提供“科创贷”，联合担保公司、银行和保险公司，通过政府资金帮助企业增信，解决中小微企业融资难的问题。此外，成都还设立了西部第一家互联网银行“新网银行”，探索发展金融科技和大数据风控技术，为科技型中小微企业提供定制化的金融服务。

第三，发展“投贷联动”，解决企业成长阶段融资问题。主要包括如下三种模式：①银行内部模式。银行设立投资公司和基金，对企业进行“小股权+大债权”的投资。②多方合作模式。银行与股权投资基金、创业投资机构等进行合作，双方承诺风险分担、利益共享。③“认股期权+贷款”模式。在该模式中，贷款采用传统的方式，但附加条件是创投公司能够额外获得一定比例的认股期权（李善民和梁星韵，2017）。

第四，大力发展多层次资本市场。例如，建设天府（四川）联合股权交易中心、深圳交易所西部基地、西南联合产权交易所、四川金融资产交易所、成都农村产权交易所等。

三、上海：搭建园区科技金融平台，探索风险补偿政策

近年来上海推动科技创新中心和金融中心联动发展，加大对科技创新的金融支持，加快建设园区融资服务平台，减少园区内科技企业的融资问题，并探索为天使投资风险进行适当补偿，引导金融机构投资初创科技企业。

一方面，建设园区科技融资服务平台，缓解科技企业融资约束。张江国家自主创新示范区（以下简称张江自创区）通过各园区管理机构自建或依托专业机构建立科技融资服务平台，为科技企业提供履约保证保险贷款、高新技术成果转化项目信用贷款等科技金融产品，对接金融资源与科技资源，有助于缓解科技企业的融资问题。此外，张江自创区还推动各园区设立产业基金、人才创业项目资金池，如闵行区设立了总额为 10 亿元的小苗基金，聚焦科技企业开展风险投资和股权投资，构建“场所+投资+专业服务+政策支持”的孵化体系；浦东张江“双自”园区（上海自贸区和张江自创区）建立了 20 亿元高端人才创业项目资金池。

另一方面，发挥政府引导基金作用，适当补偿天使投资风险。在发挥政府引导基金的作用上，上海率先进行了探索，出台了《上海市天使投资风险补偿管理

暂行办法》[1]等政策，对创业投资机构实际投资损失给予一定的风险补偿。

四、北京：促进“政银企”合作，助力科技企业融资

第一，为了完善中小企业信用体系，中关村于 2003 年在全国率先成立企业信用协会——中关村企业信用促进会。中关村企业信用促进会是由园区内的高新技术企业、中介机构、金融机构、保险机构、担保机构、社会团体等组成的自律性社团组织，是中关村信用体系建设、发展科技金融的支撑平台。此外，中关村管委会每年会开展调研，更新瞪羚企业名单等，许多金融机构放贷、投资都会参考这些名录。

第二，制定培育政策和风险补偿政策，鼓励科技金融机构进行产品和服务创新。例如，北京 2017 年 4 月出台《中关村国家自主创新示范区促进科技金融深度融合创新发展支持资金管理办法》[2]。

第三，设立创业投资政府引导基金，鼓励和引导基金投向早期及硬技术企业。中关村管委会创新财政资金使用方式，在全国率先设立了创业投资政府引导基金。

五、深圳：市场化引导创业投资机构，围绕新型研发机构发展科技金融服务

深圳以大量活跃的创业投资资本、新型研发机构为主体，打造独特的科技金融服务生态系统。

第一，通过市场化的政策发展壮大创业投资机构。深圳创业投资发达的原因可以总结为：①城市浓厚的冒险精神。作为移民城市，深圳集聚了许多勇于闯荡和敢于冒险的人，这种氛围为风险投资机构的发展营造了良好的环境。②毗邻香港的优势。深圳积极学习香港的优秀经验，并积极吸纳香港发达资本市场的溢出资本，为风险投资机构提供了一定的原始积累。③完善的政策法规。深圳利用经济特区立法权，在 2003 年 2 月 21 日深圳市第三届人民代表大会常务委员会第二十二次会议上就通过了《深圳经济特区创业投资条例》，为创业投资机构的蓬勃发展提供了制度上的保障。④较强的政府服务意识。政府积极搭建平台，使资金供

① 《市科委等关于印发〈上海市天使投资风险补偿管理暂行办法〉的通知》，http://www.shanghai.gov.cn/nw2/nw2314/nw2319/nw12344/u26aw46205.html[2015-12-29]。

② 《关于印发〈中关村国家自主创新示范区促进科技金融深度融合创新发展支持资金管理办法〉的通知》，http://zgcgw.beijing.gov.cn/zgc/zwgk/zcfg18/sfq/183249/index.html[2019-03-07]。

需双方更好地交流与对接，中国国际高新技术成果交易会（以下简称高交会）就是一个很好的例子，腾讯就是在第一届的高交会上得到了风险投资的支持，而深圳市大疆创新科技有限公司（以下简称大疆创新）是在第二届高交会上得到了资本的青睐。

第二，依托蓬勃发展的新型研发机构完善科技金融服务。深圳有许多成功的新型研发机构，其中有许多机构发展起了自己的科技金融服务体系。以深圳清华大学研究院为例，研究院联合社会资本创建了力合集团，力合集团是研究院创新孵化体系中完全市场化、专业化的公司平台，下属的金融控股公司为中小微科技企业提供“一揽子”金融服务，用投贷联动的创新方式实现了企业价值增值。截至 2017 年底，力合科创集团共计引进和孵化了 1600 多家高科技企业，培育企业市值超过 1500 亿元，其中有 20 家在 A 股成功上市，20 家在新三板挂牌。

六、广州：引导扶持科技信贷，吸引集聚风险投资机构

广州近年来积极扶持发展科技信贷，并通过多种政策吸引集聚风险投资机构，加快打造“风险投资之都”。

首先，引导银行完善科技信贷模式，探索信贷风险政策补偿。政府近年来与银行合作，创新对科技型中小企业的贷款评估模式，改变依赖财务报表的传统方式，探索“技术流”“能力流”的评估方法，“能力流”和“技术流”占评分的 60%，财务状况则只占 40%。广州在此基础上，进一步出台《广州市科技型中小企业信贷风险损失补偿资金池管理办法》①，对合作银行为科技型中小企业提供贷款所产生的损失进行有限补偿，贷款本金损失由科技信贷风险补偿资金池和合作银行各承担 50%，贷款利息损失由合作银行承担。截至成书时间为科技型中小企业授信的科技信贷规模位居全国前列。

其次，吸引集聚风险投资机构，打造“风险投资之都”。为了解决风险投资机构较少、不活跃的问题，2017 年广州设立规模达 100 亿元的风险投资引导基金，成立了全国首个创新资本研究院——中国风险投资研究院创新资本研究院，建设了全国首座风险投资大厦——天河风险投资大厦，在海珠洋湾岛建设创业投资小

---

① 《广州市科技型中小企业信贷风险损失补偿资金池管理办法》，http://www.gz.gov.cn/ysgz/tzzc/hdxd/content/post_5660373.html[2020-02-10]。

镇，广州黄埔区、广州开发区对风险投资机构落户提供最高 2000 万元的奖励[①]。这些政策吸引了一大批风险投资机构落户，广州全市创业及股权投资机构数量在 2017 年一年内激增近 3000 家，管理资金规模增长 116%，风险投资、创业投资的氛围日益浓厚。

七、杭州：建立新型政企关系，协同科技龙头企业发展科技金融

第一，发挥科技龙头企业的领投作用，带动资本进入创新链上游。科技龙头企业对行业内的专业知识、技术脉络及发展动向有较为全面的认识，能够通过领投机制释放积极信号，减少信息不对称带来的风险问题，带动更多社会资本进入高新技术领域。

第二，积极建设基金小镇，发展科技金融生态系统。杭州积极引导构建“募”“投”“管”“退”产业链全方位平台服务；与各大银行、券商、期货等机构建立直通端口，为私募基金（private equity，PE）提供从注册、产品设计、发行到销售的一条龙服务，并协助对接银行资金池，打造国内最完善和高效的 PE 基金产业链和生态系统；引进专业金融数据资讯 Wind 和全球最大的财经资讯服务提供商彭博，为机构入驻基金小镇提供了良好的硬件环境、政策和服务配套。

八、武汉：优化财政资金使用方式，发展科技担保和科技保险

首先，设立政府引导基金，坚持“迟到早退”原则。“迟到”指的是社会资本进驻到位之后，财政资金才开始进入；而“早退”则是指财政资金需要比社会资本更早地退出投资基金。

其次，建立统贷统还平台，为科技型中小企业提供“低成本、低门槛、手续简便”的专项贷款。专项贷款是一种商业性贷款，由市科学技术局下属国有平台公司——武汉科技投资有限公司（以下简称武科投）作为借款人，向合作银行统一申请授信额度，武科投再分别将资金贷给具体用款企业。

最后，发展科技担保和科技保险体系。一是建立科技担保体系，以市区共同

① 《广州打造“中国风投之都”与深圳形成风投双子星》，https://www.sohu.com/a/150599689_119689 [2017-06-21]。

担保平台、统贷统还担保平台、创业小额贷款担保等模式为科技型中小企业及创新创业者提供担保服务。二是小额保证保险贷款，这是一种在约定的违约条件，或者双方约定其他条件成熟时，能够获得赔偿的一种保险方式，能够为中小企业信用背书。

综上，近年来我国多地大力发展科技金融，逐渐形成了政府引导、社会参与、市场化运作的科技金融服务模式，优化了财政资金使用绩效，拓展了科技型企业的融资渠道，缓解了科技型企业的融资难问题。整体而言，各地积极探索科技金融发展新实践和新模式，各有特色，从“政府出资，优化风险、收益分布”“减少信息不对称问题，降低搜寻成本和交易成本”“缓解信用问题”等方面着手，为促进我国科技金融发展、服务企业科技创新提供了宝贵经验和参考。

第五节　现阶段科技金融发展的瓶颈与对策

一、国内现阶段科技金融发展的瓶颈问题

尽管各地科技金融探索实践快速发展，但是由于存在体制机制的制约，仍面临着一些困难。

（一）管理体制障碍导致部门之间不协调

科技金融涉及科技、金融、财政、税务等多个部门。各部门诉求不同，缺乏跨部门协调的有效机制，因此导致部门各自为战，平台重复建设、政策重复出台等问题频繁出现，同时也存在政策链不衔接、优惠政策走不通、政策无法落地的问题。尤其是科技部门和金融部门诉求协调的问题，科技部门希望能加大对科技企业的融资支持，但金融部门则强调兼顾风险管理。

（二）运行机制不完善导致过度依赖政府

许多地区科技金融发展处在政府主导模式之下，主要依靠政府推动和投入，未能充分发挥市场的作用，形成了自主运行的生态系统，这种模式未来难以持续。同时，还存在着一些具体问题，一是推进层次相对简单，许多地区主要由科技部门推动，金融机构的参与积极性不强；二是资金来源比较单一，主要依靠银行信

贷和政府专项资金，天使投资、风险投资、投资基金、融资租赁等市场力量较小。

（三）配套体系建设滞后导致保障措施不健全

许多地区发展科技金融缺乏相应的配套措施，不仅导致政策难以执行，也不利于管控风险。一是科技企业的征信体系不健全，信息不对称问题仍是困扰科技企业融资的重要障碍，许多科技型中小企业仍然面临缺少信用记录、“首贷难”的恶性循环问题。二是市场化的风险管理机制不完善，科技金融机构缺少分散和转移风险的措施，容易导致风险过度聚集，降低了金融机构开展科技金融业务的积极性。

二、解决科技金融发展瓶颈问题的策略研究

党的十九大报告提出，要着力加快建设实体经济、科技创新、现代金融、人力资源协同发展的产业体系。这是中国特色社会主义进入新时代，着眼于建设现代化经济体系这个战略目标而提出的一项重要战略性举措。[①]为此，建议从以下几方面发力，进一步推动科技和金融结合。

（一）优化跨部门协调机制

优化科技金融政策的顶层设计，探索完善多部门协同交流机制，协调科技部门和金融部门的诉求差异，构建有利于政策先行先试的管理体制。可以借鉴中关村创新平台的特事特办、跨层级联合审批模式，组建科技金融的专门管理部门，以便进一步增强科技金融政策的协调性、衔接性，推动政策落地，让企业和金融机构得到更多的支持。

（二）完善科技金融服务平台

进一步完善科技金融服务平台，吸引不同类别的科技金融机构加入平台，丰富科技金融资金来源。科技金融服务平台可以借鉴成都“科创通”平台的经验，集合以下三大功能：综合信息收集与发布功能、科技成果转化服务功能、市场化的科技中介功能[②]。目前，政府相关部门主要发挥了科技中介的作用，缺少市场化

① 《加快建设现代化产业体系》，http://theory.people.com.cn/n1/2017/1204/c40531-29683598.html[2017-12-04]。

② 具体介绍请参考第四篇第十章案例 3“成都‘一站式’投融资服务的经验与启示”。

的中介机构。建议依托平台成立独立企业法人的中介服务机构，鼓励平台上的“双创”载体发挥科技中介作用，解决中介机构盈利模式和激励机制问题。

（三）构建科技企业征信动态管理系统

进一步构建科技企业征信动态管理系统，以解决信息不对称和信用问题，提高科技金融服务效率。一是汇聚分散在不同单位的企业经营信息。通过建立国有征信服务公司载体，在获得科技企业授权并确保信息安全的基础上，将分散在不同单位的零碎化信息进行收集和整合，形成征信动态管理系统主模块，为金融机构和潜在投资者提供参考。二是利用大数据和金融科技建立企业征信市场支持系统。可与相关信息技术企业建立合作关系，利用大数据手段获取并实时更新科技企业的网上消费、房租、交通处罚等信息，并使用金融科技技术进行分析处理，构建征信动态管理系统支持模块。三是组建地区性的企业信用自律性协会。引导科技企业、金融机构、担保机构等共同组建地区性的企业信用自律性协会，引导企业树立诚信观念，形成“信用即是资金”的价值理念，为征信动态管理系统的有效运行提供支持。

（四）建立科技企业成长档案管理系统

建立科技企业成长档案管理系统，深入了解企业，提高政策效率。不同地区、不同行业、不同发展阶段的科技企业对资金有各自不同的需求。建立科技企业全生命周期成长档案管理系统，有助于更细致地了解企业，以此进行分类服务和分类监管，为科技企业提供更精准的金融服务和政策支持。

（五）构建多元化的科技金融支持系统

进一步构建多元化的科技金融支持系统，牢牢把握对外开放的新时代契机。习近平总书记在博鳌亚洲论坛 2018 年年会开幕式上的主旨演讲对金融业开放指引了方向[①]，随即扩大金融业对外开放的具体政策密集发布。因此，有关部门可以借鉴以色列政府引导基金 YOZMA 计划，多搭平台、创造契机，在保障国家安全的前提下吸引外资科技金融机构来华投资，并通过竞争与合作促进本土科技金融机构发展、优化服务。

---

① 《习近平在博鳌亚洲论坛 2018 年年会开幕式上的主旨演讲》，http://www.xinhuanet.com/politics/2018-04/10/c_1122659873.htm[2018-04-10]。

第六章　加强知识产权保护，营造友好创新环境

党的十九大报告提到“倡导创新文化，强化知识产权创造、保护、运用”①。随着我国经济发展，劳动密集型和资源密集型的粗放式发展模式已经难以为继，单纯依靠拿来主义，复制和模仿国外相关技术以提高劳动生产率的时期已走到尽头。结构调整和产业升级要求我国不断进行自主创新，因而知识产权逐渐成为我国发展的战略资源和核心利益。近年来，我国高度重视科技成果转化过程中的知识产权保护工作，国家层面制定出台了法律法规和政策措施，各省区市也出台配套政策措施，加大对知识产权保护力度，极力推进科技成果转化和产业化。课题组在广泛深入调研上海、浙江、广东、江苏等多个地区的科技企业、科研机构等部门后认为，当前是我国知识产权改革的黄金期、窗口期，相关部门应做好知识产权的顶层设计，沿着降低行政高成本、优化制度和管理的大方向，把握和解决科技成果转化过程中知识产权保护的关键问题，更好地服务于创新型国家建设实践。

第一节　我国知识产权保护体系建设现状

一、我国知识产权法律体系发展历程

“知识产权”这个术语出现在 1967 年世界知识产权组织成立之后，又被称为

① 《强化知识产权创造、保护、运用》，http://theory.people.com.cn/n1/2018/0913/c40531-30290066.html[2018-09-13]。

“知识所属权”，意为“权利人在一定有效期限内对其智力劳动所创作的成果和经营活动中的标记、信誉所依法享有的专有权利”。其中，智力创造一般指发明专利、外观、文学著作和艺术创作，除此之外，还包括权利人在各种商业活动中使用的名称、图像及相关标志等①。

我国在 1982 年颁布实施了《中华人民共和国商标法》（以下简称《商标法》），其主要维护相关权利人的商标专用权、注册意愿、消费者权益、公平竞争等；此后我国又在 1984 年 3 月的全国第六届人大常委会上通过了《专利法》，保护相关权利人专利外观设计、专利发明等创新成果；为了顺应世界贸易组织的相关要求，我国在 1992 年和 2000 年对《专利法》进行了修订；在 2008 年对《专利法》进行了第三次修订，相较于前两次修订，该次修订主要为满足我国在科技创新领域发展的需要，有效地促进了我国的自主创新②。

二、知识产权保护法律法规体系

我国知识产权执法架构的基本原则主要是健全知识产权执法和管理体制，加强司法保护体系和行政执法体系建设，发挥司法保护知识产权的主导作用，提高执法效率和水平，强化公共服务。

目前我国的知识产权法律体系包括以下五个部分：第一，知识产权单行（特别）法律法规，如 1982 年颁布的《商标法》，2004 年颁布的《著作权集体管理条例》等；第二，现行基本法中对知识产权的规范，如《中华人民共和国民法通则》第五章第三节：“知识产权”等，《中华人民共和国刑法》第三章第七节：“侵犯知识产权罪”等，《中华人民共和国合同法》第十八章：“技术合同”等；第三，现行其他法律的知识产权规范，如《中华人民共和国科学技术进步法》的相关条款，《转化法》的相关条款，《中华人民共和国反垄断法》的相关条款等；第四，我国现行知识产权地方法规，如《北京市科技进步条例》《上海市技术市场条例》等；第五，现行知识产权司法解释，如《最高人民法院关于审理涉及计算机网络著作权纠纷案件适用法律若干问题的解释》《最高人民法院关于审理不正当竞争民事案件应用法律若干问题的解释》等 21 个司法解释。

---

① 《知识产权》，https://baike.baidu.com/item/%E7%9F%A5%E8%AF%86%E4%BA%A7%E6%9D%83/85044?fr=aladdin[2017-08-04]。

② 《知识产权保护制度成为中国经济发展的“助推器”》，https://news.hexun.com/2019-04-26/196975695.html[2019-04-26]。

三、我国知识产权保护工作积极推进

习近平总书记在博鳌亚洲论坛2018年年会开幕式上的主旨演讲中强调，加强知识产权保护是完善产权保护制度最重要的内容，也是提高中国经济竞争力最大的激励。[①]2018年知识产权工作的一系列重要部署，加快了我国建设知识产权强国的进程，各项工作取得新的成效。

首先，知识产权强国建设稳步推进。我国积极落实《2018年深入实施国家知识产权战略加快建设知识产权强国推进计划》，并于2019年全面启动面向2035年《知识产权强国战略纲要》的制定，并完成了《国家知识产权战略纲要》实施十年评估和《"十三五"国家知识产权保护和运用规划》中期评估，同时，完成了国家知识产权局的重建工作。

其次，知识产权保护全面加强。一是相关保护法规更为齐备。2018年，国务院常务会议审核通过了《专利法修正案草案》，建立了知识产权侵权惩罚性赔偿制度，大幅提高了侵犯知识产权的成本，并开始启动《商标法》修订工作。二是执法力度加大。仅2018年，多部委联合执法，办理专利案件7.7万件，查出商标侵权案件3.1万件，查办盗版侵权案件0.25万件，抓获相关侵权犯罪嫌疑人2.8万人，涉案近100亿元，对知识产权的保护取得了良好的效果[②]。

再次，知识产权创造量质齐升。2018年知识产权专利申请数量达到160万件，相比上年增加18.1%，每万人拥有专利数量超过10件；国际专利大幅上升，达到5万件[③]，据世界知识产权组织发布的《2018年全球创新指数报告》，我国排名升至全球第17位，成为唯一进入前20强的发展中国家。[④]

最后，知识产权国际交流不断加深。我国积极参与世界贸易组织与世界知识产权组织框架下的多边事务，深化与各国之间的知识产权保护活动，积极管控风险，维护知识产权所有人的利益，打击知识产权侵权犯罪活动。在2018年，我国与国际植物新品种保护联盟等国际组织深度合作，同时与世界知识产权组织合作并建设了知识产权技术与创新支持中心，并推动一系列章程和法律法规的制定与

① 《习近平在博鳌亚洲论坛2018年年会开幕式上的主旨演讲》，http://www.xinhuanet.com/politics/2018-04/10/c_1122659873.htm[2018-04-10]。

② 《市场监管总局：2018年查处侵权假冒案件21.5万件》，http://www.chinanews.com/cj/2019/05-15/8837416.shtml[2019-05-15]。

③ 《国家知识产权局：2018年国内发明专利拥有量超160万件》，http://news.sina.com.cn/o/2019-01-07/doc-ihqhqcis3922121.shtml[2019-01-07]。

④ 《2018年全球创新指数报告》，http://www.199it.com/archives/843090.html[2019-03-15]。

建设，取得了显著的成果[①]。

第二节 知识产权保护中的专利问题

近年来，随着我国专利申请数量的不断增加，专利保护也不断加强。但是，我国专利的保护仍存在侵权惩罚力度较弱，难以发挥震慑作用，专利审查审批效率较低，削弱保护效果等方面的问题。

一、我国专利发展与保护现状

专利由政府机关或国际区域性组织根据申请审核后颁发的一种文件，该文件规定了相关专利的内容，并在一定时期内对权利人进行保护。专利生效后，其他人只有经过专利所有人授权后才能予以使用。我国的专利分为发明、实用新型和外观设计三种类型。

（一）2016~2018 年专利申请基本情况

2016~2018 年，我国发明专利的申请数量、受理数量、授权数量，国际专利申请数量均稳步增长（表 6-1），显示出我国在推动科技创新、保护知识产权方面的能力有较大提升。

表6-1 2016~2018年我国专利申请情况 单位：万件

项目	2016 年	2017 年	2018 年
国内发明专利申请数量	133.9	138.2	154.2
国内授权发明专利数量	40.4	42	43.2
国内发明专利受理数量	30.2	32.7	34.6
受理国际专利申请	4.5	5.1	5.5

资料来源：《2016 年中国专利调查报告》《2017 年中国专利调查报告》《2018 年中国专利调查报告》

根据国家知识产权局《2018 年中国专利调查报告》，2018 年我国受理发明专利申请约 154.2 万件，其中授权发明专利 43.2 万件。在国内发明专利授权中，职

① 《〈中国与世界贸易组织〉白皮书（全文）》，http://www.scio.gov.cn/zfbps/32832/Document/1632334/1632334.htm[2018-06-28]。

务发明约占发明转移授权总数的 90%，其余 10%为非职务发明。其次，2018 年我国对外递交国际专利申请 5.5 万件，相较上年约增长 8%，广东、北京、江苏分列前三名；2018 年审结发明专利申请约 80 万件，实用新型专利 187 万件，外观设计专利申请 66.7 万件，且审结时间明显缩短，效率显著提高。①

综合比较中国知识产权局 2001 年至 2018 年间专利申请的相关数据，有两个现象值得特别注意：第一，国内专利申请量快速增长并大大超过国外专利申请量。在 2003 年之前，国内专利申请量低于国外申请量。但是，到 2008 年，国内申请量已是国外申请量的两倍，再到 2012 年，这一倍数已经达到 4.5 倍，到 2015 年时，国内专利申请量已是国外专利申请量的 7.4 倍。在这 15 年间，尽管国外专利申请量从 3 万多件增至 13 万多件，但国内专利申请量却从 3 万余件增长到 96 万多件。

第二，在三种专利申请总量中，国内专利申请中的发明、实用新型和外观设计专利的比例，与国外专利申请中的发明、实用新型和外观设计的比例，存在着很大差异。2001 年，国内三种专利申请总量中，发明专利申请只占 18.21%，到 2018 年也不足五成。而国外专利申请中，发明专利一直占比超过 80%，而且数值比较稳定，只有实用新型专利申请数量占比稍有波动，但幅度并不大。一般而言，发明专利的技术含量要超过实用新型专利，而外观设计专利则本身就没有技术含量，因此，很多人将发明专利的占比作为专利质量的一个指标。如果以此为标准，则国外专利申请的质量要明显高于国内专利申请质量。

（二）2016~2018 年专利申请执法与保护情况

随着我国专利申请数量的上升，专利行政执法、专利纠纷数量也不断增加（表 6-2）。2018 年全国专利行政执法办案总量为 7.7 万件，其中专利纠纷办案数量为 3.5 万件，专利复审请求结案 3.4 万件，全国专利行政执法办案总量、专利纠纷办案数量相比往年均有大幅上升，说明我国知识产权保护特别是专利保护力度不断加大。

表6-2　2016~2018年我国相关专利执法办案情况　　单位：万件

项目	2016 年	2017 年	2018 年
国内专利行政执法办案总量	4.89	6.7	7.7
专利纠纷办案	2.09	2.8	3.5
专利复审请求结案	1.76	3.4	3.4

资料来源：《2016 年中国专利调查报告》《2017 年中国专利调查报告》《2018 年中国专利调查报告》

① 《2018 年中国专利调查报告》，http://www.sipo.gov.cn/mtsd/1135335.htm[2019-01-11]。

二、现阶段专利知识产权保护特征

根据2016年至2018年连续三年的专利调查报告，目前我国专利知识产权保护呈现如下特征[①]。

首先，总体专利资助比例下降，但少数企业存在过度资助现象。一是主要体现在企业接受专利资助比例下降。根据以往历史调查数据，有半数左右的企业接受过政府专利资助。而2018年相关数据显示，该比例下降至36.4%，为近年来最低点。从企业专利权人拥有的有效专利中接受过专利资助的比例来看，10%以下和90%及以上的所占比例相对较高，分别为23.4%和23.2%。二是专利资助类型仍以申请为主，无限制、无差别的专利资助会直接或间接催生出大量低质量的专利。调查发现，仅在2018年，在接受专利资助的企业中，71.4%的企业接受的是“国内专利申请资助”，而60.0%的企业接受的是“国内专利授权资助”。三是少数企业存在过度获取专利资助现象。专利资助的出发点是适当降低企业专利活动成本，促进企业积极开展创新和专利活动，提高企业使用专利制度的能力。但是如果接受的专利资助覆盖了其专利活动的所有成本，那就意味着企业可能通过资助的方式来谋取利益，失去了资助的本意，为低质量专利的产生提供了温床。调查显示，在接受专利资助的5600余家企业中，有14.3%的企业能够覆盖本企业专利活动成本。

其次，“专利费减”政策推行，申请专利意愿提升。一是权利人专利申请量进一步增加。根据调查报告，超过半数的专利权人都认为“专利费减”带来的直接影响是增加了专利申请量和推动了专利布局，而超过40%的专利权人认为该举措能够促进专利权人扩大其研发投入规模。但是这一政策也可能出现负面效应，10.3%的专利权人认为该举措产生了低质量专利。从不同类型专利权人的反映来看，专利申请量增加似乎是必然结果，同时还需要提前做好低质量专利防控工作。二是外商企业积极推动专利布局。56.0%的企业专利权人认为，“专利费减”政策推动了专利布局，其中，外商投资企业认为“专利费减”推动了专利布局的比例较高，为63.6%，明显高于港澳台商投资企业和内资企业所反馈的该比例。三是“专利费减”影响未显现企业规模偏好。“专利费减”带来的影响并未显现出明显的企业规模偏好。调查显示，不同规模企业对“增加了专利申请量”“推动了专利布局”“加大了研发投入力度”的看法基本一致。其中，中型企业在这三个选项中的比例略高，可能表现出一定的潜在敏感性。

再次，我国相关政策优先审查满意度高，审查期限需求多元化。一是优先审

① 《2018年中国专利调查报告》，http://www.sipo.gov.cn/mtsd/1135335.htm[2019-01-11]。

查符合专利权人意愿。《专利优先审查管理办法》满足了专利权人加快专利审查的实际需求。调查显示，企业、高校、科研单位、个人专利权人认为该办法满足了其加快专利审查需求的比例分别为 80.3%、88.3%、76.6%、78.6%。二是不同规模企业满足需求比例相当。从不同登记注册类型企业看,《专利优先审查管理办法》满足需求比例大致相当。大中小型企业比例分别为 81.6%、 80.4%、 81.6%，略高于微型企业的 77.5%。三是专利延期审查需求依然存在。调查显示，13.7%的专利权人有专利审查延期的需求。分专利权人类型来看，高校和科研单位的比例相对较高，分别为 30.8%和 23.9%，企业和个人的比例相对较低，分别为 14.4%和 9.4%。不同登记注册类型企业有显著差异，内资企业和外资企业的比例相近，分别为 14.5%和 16.5%，港澳台商投资企业的比例最低，为 9.0%。

最后，相关知识产权管理仍需加强，专利钓饵风险上升。一是企业仍需加强知识产权资产管理。调查显示，49.7%的企业专利权人建立了知识产权资产管理制度。分企业规模来看，企业规模越大，建立知识产权资产管理制度的比例越高。调查显示，52.6%的企业专利权人具有统一的知识产权管理规章制度。从不同规模企业来看，除不清楚的企业类型外，企业规模越大，具有统一知识产权管理规章制度的比例越高。调查显示，41.7%的企业开展了《企业知识产权管理规范》国家标准贯彻实施工作。从不同登记注册类型企业看，内资企业标准贯彻的实施工作占比高于其他两种类型企业，比例为 41.9%。二是高校初步形成了知识产权管理基础。调查显示，23.9%的高校专利权人建立了专职知识产权管理机构，54.2%的高校专利权人建立了兼职知识产权管理机构，尚未建立的比例为 21.9%。三是专利钓饵风险呈现上升趋势。2018 年调查显示，不同类型专利权人对于专利钓饵或专利流氓方面，表示“听说过，但未曾接触过”的占比最高。其中在不同类型专利权人中，企业占比为 45.1%，较 2017 年下降 2.9 个百分点；高校为 67.6%，较 2017 年上升 20.1 个百分点；科研单位为 49.3%，较 2017 年上升 7.4 个百分点；个人为 41.7%，较 2017 年下降 6.2 个百分点。同时，表示“听说过，并接触过”的企业比例达到 20.6%，较上年提高了 14.1 个百分点，预示着潜在的知识产权风险程度变得更高。

通过以上分析发现，我国在实行知识产权保护的相关措施后，知识产权主体的利益得到了很好的保护，但也产生了一些副作用，如过度资助、投机性专利申报、低质量专利较多等情况。我国需要进一步加强市场调研，完善知识产权保护的机制体制，从而为我国知识产权的管控打好基础，更好地为知识产权主体服务。

第三节　知识产权保护中的专利流氓问题

随着我国创新驱动发展战略的实施，知识产权日益成为国家发展的战略性资源和国际竞争力的核心要素。然而，近年来专利流氓却日渐活跃。课题组调研发现，专利流氓已经成为深圳、上海、北京、广州、苏州等创新活跃地区科技型企业尤其是信息技术企业遇到的最为头痛的问题之一，主要表现在专利流氓对科技型企业进行专利侵权主张和诉讼威胁。特别是我国专利申请总量有30.3%指向电子信息技术领域，从而使得以电子信息产业、智能制造产业为代表的行业成为专利流氓骚扰的重灾区。广东集聚了以华为、中兴通讯股份有限公司（以下简称中兴通讯）、大疆创新等为领头羊的众多优秀的电子信息技术企业，在对企业调研过程中，专利流氓频频被企业提及，如中兴通讯知识产权部门负责人表示，专利流氓让企业极其困扰，耗费了大量的人力、物力而不得其解。大疆创新也因专利流氓的骚扰而烦恼。大疆创新高级管理人员对课题组说，“现在有专利流氓，打击专利流氓有点烦，专利流氓对于企业来说风险非常高。我们发现其实他们申请的主要专利不是核心专利，而是实用新型和外观设计之类的专利，是比较边缘的专利，他们通过这些专利来锁定（我们）一些核心的专利”。专利流氓的骚扰已经对科技企业的正常经营构成了极大的危害，如果不尽快治理将严重抑制企业的科技创新热情。

针对战略性新兴产业的科技型企业频频遇到的专利流氓，亟须剖析原因、寻找对策，营造一个有利于创造和创新蓬勃发展的友好环境，为企业知识产权保护和运用保驾护航，促进企业科技创新及技术成果转化，以助力科技创新驱动发展的现代化经济体系建设。

一、专利流氓及其危害

（一）专利流氓典型案例

专利流氓是指没有或几乎没有实体业务、主要通过积极发动专利侵权诉讼而生存的企业、机构或个人。具体而言，专利流氓通过研究或购买等方式获取专利所有权或使用权，但自身并不进行产品的生产，也不提供专利服务，只针对使用该专利进行生产的企业进行专利侵权诉讼，以便于从专利使用许可费用、和解费用和侵权赔偿费用中获取利益。

由于信息技术行业专利分散度高，专利流氓诉讼案件频发。典型案例如 Vringo 公司起诉中兴通讯侵犯其拥有的三项专利技术①。

（二）专利流氓的惯用方式

专利流氓主要有以下三方面特征。

第一，投机性获取专利。专利流氓所拥有的专利有很大比例处于边缘化，这一部分专利的实用性和创新性较低，透明性交叉，有很大比例属于“问题专利”，位于灰色地带，且这些“问题专利”获取成本低，多从个人专利拥有者和破产公司等处购得。

第二，绑架式许可专利。专利流氓一般情况下并不急于对“侵权公司”进行沟通，而是实行潜伏策略，即在一段时间内对目标不予理睬，一旦其大规模生产和运用该专利且进入不可逆生产阶段时再用相关专利进行要挟，以获取高额费用。

第三，寻租性专利诉讼。专利流氓相较普通专利所有者，要价较高，因而大部分使用其专利的公司不愿支付过于昂贵的专利使用费。其结果是专利流氓会在要挟无果后对相关公司展开专利侵权诉讼，且通常会选择对专利人权利保护更强的国家或法院，并聘请相关律师团队寻找最优策略，以达成其收取高额专利授权费用的目的。

（三）专利流氓的危害

专利流氓对企业科技成果产业化经营造成了极大困扰，抑制了企业科技再创新。具体而言：第一，专利流氓加重了目标企业维权难度和维权成本。无论是获取专利授权还是应付法律诉讼，相关企业均会面临高额的费用。为了生存，企业

① 2012 年 10 月 9 日 Vringo 公司在英国法院起诉中国上市公司中兴通讯，指控中兴通讯侵犯了其拥有的三项专利技术（1212919 号欧洲专利通信系统再定位技术、1166589 号专利旋转同步频道传输及 1808029 号专利移动终端系统间传递机制），理由为 Vringo 拥有这三项技术的所有权（此三项专利为该公司在 2012 年 8 月从诺基亚公司购得），而中兴通讯销售的产品中包含以上三项专利却未经允许获得授权。基于此，Vringo 公司对中兴通讯提出专利侵权赔偿并于第二年扩大了诉讼范围。它发起的恶意诉讼耗时长达两年，加上国内相关法律法规不完善，使得中兴通讯只能远赴英国应诉，使中兴通讯在进行相应赔偿后还将支付每部手机 2.5 元的专利费用，这笔费用也最终会转嫁到广大消费者身上，严重损害了消费者的利益，同时也给企业技术成果转化，甚至产品销售带来了较大的负面影响。事后调查显示，对中兴通讯提起诉讼的 Vringo 公司实际并不从事任何产品的研发活动，而是利用收购的专利来对中兴通讯提起专利侵权诉讼以获得赔偿金，属于典型的专利流氓。近年来，随着国内经济发展和企业发展，以 UPI、IV 为代表的专利授权公司开始进入国内市场，专利流氓诉讼案在国内开始出现。http://finance.ifeng.com/stock/ssgs/20121010/7125073.shtml[2012-10-10]。

不得不以提高产品售价或服务价格的方式向消费者转嫁相应成本。又或者，即使胜诉却丧失了市场地位，致使企业市场份额下降，影响力降低，企业竞争优势被削弱。以我国企业为例，其在遭受到专利流氓胁迫或攻击后，一般情况下会导致其产品生产迟滞或者破产，从而使企业在市场竞争中趋于劣势。

第二，专利流氓加速了我国知识产权和专利技术流失。近年来，我国科研水平快速提高，以高智发明为代表的专利流氓公司通过向我国科研院所、企业等提供发明基金，从而以较低的成本取得其专利技术和独占许可权，致使我国相关技术领域内具有市场前景的专利技术丧失自主权。

专利流氓的出现一定程度上将会抑制企业再创新活动，打击了企业再创新意愿，阻碍了我国创新驱动战略的实施。

二、专利流氓诉讼案频发的主要原因

与西方国家完善的知识产权保护制度相比，目前我国的知识产权保护立法尚不完善，其中，导致专利流氓诉讼案频发的直接原因可归结为以下几点。

（一）知识产权审查审批进度慢

尽管我国知识产权审查审批制度经过了多年发展和演变，审批进度缓慢依然是当前存在的主要问题。

（1）专利申报的审批所需材料多、流程复杂。发明专利申请的审批程序包括受理、初审、公布、实审以及授权五个阶段，其间，各阶段的审批时间较长，如实审时长在正常情况下就长达 1~5 年。多个流程累积导致专利从申请到授权的时间漫长。

（2）专利申请数量庞大，审查人员不足，导致审查进度缓慢。例如，实用新型专利一般在 3~6 个月，甚至更长时间，而普通发明专利从申请到授权公告甚至要达到 2 年，对于产品更新换代极快的科技型企业来说，带来的成本巨大。课题组调研获悉，虽然目前对电子信息产业开通了专利申请绿色通道，从专利申请到获批需半年至 1 年时间，但由于电子产品如手机 3~6 个月硬、软件就更新换代，企业仍普遍反映审批时间太长。审批时间长导致一些企业放弃专利申请，直接将技术应用于产品生产，以抢占市场先机，但为专利流氓恶意诉讼埋下了伏笔。

（二）知识产权维权渠道少

我国企业面临知识产权保护的诸多难题与困难，助长了专利流氓气焰。

（1）企业维权能力弱。多数企业没有设置专门的维权部门和维权人员来处理知识产权事务，相关职能只能挂靠在技术、专利等部门。在遇到知识产权纠纷时，难以做出正确应对，甚至放弃维权。

（2）国内维权渠道少。国内企业在遭遇知识产权侵权纠纷时，只能依靠法律诉讼、知识产权管理机构进行处理。由于知识产权受诉门槛特别低，维权举证复杂，周期较长，成本高昂，大部分企业只能选择私下和解，忍气吞声，以求减少损失。

（3）政府执法威慑力小。我国现行知识产权执法以及对知识产权侵权案件司法判决的威慑力小，导致知识产权权利人应对侵权行为的后果是"赢了官司、输了市场"，得不偿失。比如，面对专利流氓，即使大型企业在应对知识产权纠纷时也是叫苦不迭。

（4）知识产权国际争端频率高。知识产权保护具有很强的地域性。在很长一段时间内，中国企业必须支付高昂的费用，才能完成在多个国家的专利申请和商标注册。尽管目前中国已经加入世界知识产权组织的专利合作协定体系和商标国际注册马德里协定体系，专利的国际申请和商标的国际注册手续大大简化，费用也有所降低，但由于中国还没有加入世界知识产权组织（World Intellectual Property Organization，WIPO）管理的海牙体系①，企业国际专利申请和注册费用依然较高。这就导致很多企业疏于国际知识产权注册，从而在"走出去"过程中，易招致国际知识产权海盗公司（包括专利流氓）的威胁，影响企业技术创新和正常发展。

（三）知识产权专业人才紧缺

我国知识产权制度建立相对较晚，在面向"双创"活动开展以及我国创新型国家建设时，知识产权人才队伍的发展，尤其是适应市场经济商业运作的知识产权专业人才，还不能满足创新主体的需求，知识产权人才的紧缺也加剧了上述两类问题（高永懿，2016）。

一是我国知识产权人才分布不均衡，相对数量小。以知识产权服务业中发展较好的专利代理行业为例，截至 2018 年 5 月，我国共拥有执业专利代理人 4.2 万人②，其中大部分在北京市执业，其余散布在国内各省区市，且以省会城市、中心

① 《世界知识产权组织：希望中国早日加入"海牙体系"》，https://www.ccpit-patent.com.cn/node/3539[2016-09-05]。

② 《全国专利代理管理工作会在渝召开　重庆各类知识产权人才超 7000》，http://mini.eastday.com/a/180629232622558.html[2018-06-29]。

城市聚集为主，中小城市相关人才极度缺乏，分布极不平衡。以国际标准衡量，我国专利代理人与研发人员的数量比值约为万分之 101（2018 年）[①]，远低于日本的 144（2015 年），美国的 246（2013 年）（高永懿，2016）。

二是知识产权人才的稀缺导致了巨大的劳动强度。比如 2018 年，国家知识产权局共受理了创新主体提交的 154 万多份专利申请，平均每位专利代理人的劳动强度为一年 41 件，北京市专利代理人的劳动强度为每人每年 31 件（高永懿，2016）。而相对应的创新型国家，美国专利代理人劳动强度为每人每年 15 件，日本为每人每年 25 件。巨大的劳动强度延滞了企业专利申报进度，也使得专利代理服务质量参差不齐，无法为企业维权提供高效的专业支持。

三、专利流氓治理策略

强化知识产权创造、保护、运用，是加快建设创新型国家的重要举措。2018 年 3 月，十三届全国人大一次会议审议通过的《国务院机构改革方案》显示，将重新组建国家知识产权局，由国家市场监督管理总局管理，以解决商标、专利分头管理和重复执法问题；商标、专利执法职责交由市场监管综合执法队伍承担，为完善知识产权管理体制，进一步提高知识产权执法效率提供了保障。[②]

然而，针对科技创新企业尤其是信息技术企业频遇的专利流氓问题，需要尽快采取专门性、针对性强的政策措施，将治理专利流氓纳入议事日程，创建友好的创新环境，促进科技企业技术创新和市场竞争力提升。

（一）积极推进国家建立滥诉者赔偿机制，进行专利流氓专项治理

专利流氓通过滥诉寻求更多利益，这主要是因为我国法律目前对滥诉者无赔偿规定。为治理专利流氓，建议：第一，建立滥诉者败诉赔偿机制。借鉴美国的经验，明确规定恶意提起专利侵权诉讼的赔偿条件，由败诉方赔偿胜诉方包括律师费在内的诉讼费用，同时要求涉嫌恶意提起专利侵权诉讼者缴纳保证金，以此增加滥诉者的成本，并可以保障赔偿判决的执行。第二，建立专利流氓的预警机制。政府知识产权部门应加强与各行业协会的沟通，对有迹象将对企业展开攻击的专利流氓提前进行预警和报告。第三，适当提高知识产权诉讼门槛。

---

① 根据《科技发展大跨越 创新引领谱新篇——新中国成立 70 周年经济社会发展成就系列报告之七》，“2018 年，按折合全时工作量计算的全国研发人员总量为 419 万人年”；根据中国产业信息网资料，“到 2018 年，总计 4.2581 万人获得了专利代理师资格证书”，计算可得 2018 年我国专利代理人与研发人员的数量比值约为万分之 101。

② 《国务院机构改革方案》，http://www.moj.gov.cn/news/content/2018-03/18/bnyw_17232.html[2018-03-18]。

（二）大力引育知识产权中介服务机构，助力企业专利申请及维权

以广东为例，尽管目前90%的国有企业、事业单位和大型民企均设有知识产权部门或专门的知识产权管理人员，但对于中小企业，特别是科技型初创企业而言，难以抽调有限的人力、物力对知识产权进行保护。广东省中小企业数量超700万家，其中深圳中小企业总数超130万家，政府自身资源有限，难以同时对众多企业提供完善、周到的服务，因此，建议大力引进和培育知识产权中介服务机构，弥补政府在中小企业知识产权保护中人力、物力的不足，发挥中介机构专业化、高效率、即时性服务优势，为科技创新企业知识产权保护、应对专利流氓恶意诉讼提供有效支持①。

课题组对苏州的调研发现，苏州在引进了207家知识产权中介服务机构后，有效缓解了企业、特别是中小企业在知识产权保护问题上耗时费力的难题，使90%以上的企业得到了知识产权的服务和专业指导，直接降低了企业在保护和管理知识产权上的成本。苏州的经验和做法值得其他地区学习。

（三）加强知识产权保护宣传，提升企业知识产权自我保护意识

专利流氓惯常通过投机方式，低价从发明者或破产公司获取专利，为切断专利流氓投机源头，政府或行业协会应定期组织相关企业、科研机构人员进行培训或宣传，增强他们的知识产权保护意识和自我保护能力。一是避免新产品开发中的设计、程序、新产品配方、制作工艺、实验方法等被他人模仿后，落入专利流氓之手；二是避免已有发明创造低价落入专利流氓之手。

（四）加大力度建设知识产权学院，加强知识产权人才储备

第一，建议国家出台政策推动现有高校加大培养知识产权专业人才力度，建议新设立知识产权专业硕士学位，培养兼具知识产权经营管理和法律知识，又懂企业经营的复合型人才。第二，建议组建独立建制的国际知识产权学院（可以选择在广东或上海组建，广东创新活力强应担负此责任），构建本、硕、博多层次人才培养体系。可以为科技企业专利申请和维权提供专业的支持，应对潜在的专利流氓恶意诉讼。第三，推动建立高校与世界知识产权组织和境外高校的沟通机制，促进知识产权人才培养的国际化。例如，与世界知识产权组织建立联合培养机制，加强与国外研究所（如德国马克斯-普朗克创新与竞争研究所、美国专利和商标局

① 《2018年广东专利代理机构高达357家》，http://www.iprchn.com/Index_NewsContent.aspx?NewsId=114951 [2019-03-29]。

等），或境内外相关大学（如香港中文大学、意大利佛罗伦萨大学、俄罗斯国家知识产权学院等）的交流与合作，为国家培养国际型知识产权人才，应对知识产权问题的国际诉讼。

（五）搭建粤港澳大湾区专利申请联通机制，为科技企业国际专利申请搭建桥梁

粤港澳大湾区的建设为加强内地企业和港澳企业之间的协作搭建了良好的平台和机遇，内地企业尤其是广东企业，可借助香港、澳门各类生产性专业服务更为国际化的优势，搭建并利用粤港澳大湾区专利申请联通机制。具体而言，可依托港澳均加入海牙公约组织优势，为内地企业国际专利申请提供便利。通过海牙体系进行专利申请，可大幅度降低企业国际专利申请费用，如 2013 年，联想通过世界知识产权组织在他国的分公司申请国际外观设计注册的费用，至少降低了 50%[①]。内地科技创新企业可利用粤港澳大湾区平台机制，将文件拿到香港或澳门进行海牙认证，借助事前的国际专利认证获取知识产权保护，规避企业“走出去”过程中可能遇到的诉讼风险。

① 《世界知识产权组织：希望中国早日加入“海牙体系”》，http://www.ccpit.org/Contents/Channel_3586/2016/0901/688645/content_688645.htm[2016-09-01]。

第七章　完善国有资产管理制度，促进高校与科研院所科技成果转化

习近平总书记在中国科学院第十九次院士大会、中国工程院第十四次院士大会上提到“要尊重科研规律，尊重科研管理规律，尊重科研人员意见，为科技工作者创造良好环境，服务好科技创新”[①]，长期以来，我国的科技成果转化率低一直为人们所诟病。为了更好地促进科技成果转化，实现创新驱动发展战略，我国科技成果转化政策法规陆续出台。《中国科技成果转化 2018 年度报告（高等院校与科研院所篇）》统计数据显示，随着相关政策出台，近年我国科技成果转化数量快速增长。2017 年，共有 2766 家研究开发机构、高等院校以转让、许可、作价投资方式转化科技成果，合同金额、合同项数均增长迅速，其中，合同金额大约为 121 亿元，同比增长 66%；合同项数为 9907 项，同比增长 34%。政策红利效果显著，科技创富效应尽显[②]。

然而，科技成果转化取得亮眼成绩的同时，我们也必须看到仍存在的阻碍成果转化的体制机制问题。2017 年 7 月至 2018 年 9 月，课题组调研发现，目前造成高校、科研院所科技成果转化率低的主要障碍之一是我国国有资产管理制度不完善，国有资产问题已成为科技成果转化的“紧箍咒”，完善国有资产管理体制机制，摘掉这个“紧箍咒”，促进成果转化过程更加顺畅，已经迫在眉睫。

---

①《习近平：在中国科学院第十九次院士大会、中国工程院第十四次院士大会上的讲话》, http://www.xinhuanet.com/politics/2018-05/28/c_1122901308.htm[2018-05-28]。

②《中国科技成果转化 2018 年度报告（高等院校与科研院所篇）》, https://baijiahao.baidu.com/s?id=1628395339273958881&wfr=spider&for=pc[2019-03-19]。

第一节　国有资产管理的制度背景

一、国有资产保值增值要求下的监管框架

在 2007 年《中华人民共和国科学技术进步法》修订前，利用财政资金设立的科学技术基金项目或科学技术计划项目形成的科技成果权利主体为国家，但国家作为科技成果的所有人只是一个抽象的载体，并不具备行使所有权权利的能力，因此造成权利主体虚位，形成了科技成果被闲置、转化率低的局面。修订后的《中华人民共和国科学技术进步法》进行了放权，其基本思路借鉴了 20 世纪 90 年代美国的《拜杜法案》，该法案的核心内容是联邦政府不再对其所资助的项目保留所有权，而是将所有权下放到大学、非营利性研究机构，但与美国大学多为非国有不同，我国的高校、科研院所性质上属于国有。在国家设立的高校和科研院所等事业单位中，科学研究的主要资金来源为国家或上级主管部门的财政补助和本单位的经营事业收入等，科研人员执行本单位的科研任务产生的职务科技成果归单位所有[①]，在单位国有的制度背景下国家仍是最终的权利主体，职务科技成果因此受到国有资产管理制度的严格约束。

在中央级事业单位的国有资产管理层级中，财政部是最高行政审批部门，其制定的国有资产管理规章制度是职务科技成果管理的主要政策依据。高校、科研院所的上级主管部门根据财政部的规章制定下属单位的国有资产管理制度，依法行政原则要求高校、科研院所在国有资产管理业务上执行财政部的行政规范。其中，《事业单位国有资产管理暂行办法》（财政部令第 36 号）（以下简称《暂行办法》）、《中央级事业单位国有资产处置管理暂行办法》（财教〔2008〕495 号）、《中央级事业单位国有资产使用管理暂行办法》（财教〔2009〕495 号）作为财政部部门规章，是国有资产管理制度的高位法律，先后发布于 2006 年、2008 年、2009 年，奠定了国有资产管理的基本框架。根据《中央级事业单位国有资产处置管理

① 《专利法》、《集成电路布图设计条例》、《植物新品种条例》和《计算机软件保护条例》都规定职务科技成果属单位所有。但是当科研人员不是在执行本单位的任务，而只是利用本单位的物质条件技术等执行横向课题等非财政资助项目时，可不认定为职务科技成果，此时可遵循《中华人民共和国合同法》的意思自治原则，通过约定赋予科研人员所有权，该成果转化取得收益后应由科研人员向单位缴纳合理的“本单位物质技术”使用费，费用可由单位与科研人事先做出约定。

暂行办法》和《中央级事业单位国有资产使用管理暂行办法》的相关规定，高校、科研院所转让、出售科技成果属于国有无形资产的处置行为，利用科技成果作价入股对外投资、实施许可则属于无形国有资产的使用行为。国有资产的处置和使用遵循严格的分级审批制度，“中央级事业单位一次性处置单位价值或批量价值（账面原值）大于等于 800 万元人民币（简称规定限额）的，需要经主管部门审核后报财政部审批；一次性处置单位价值或批量价值在规定限额以下的国有资产，则由主管部门审批，主管部门在批复之日起 15 个工作日内报财政部备案。对于国有资产的使用行为，对应的流程规范也是以 800 万元人民币为界，800 万元以上由主管部门审核后报财政部审批，800 万元以下由主管部门审批报财政部备案”。[①]资产评估在规定限额上下区间不同的审批流程下显得不可或缺，且《暂行办法》中规定的可不进行资产评估的产权变动行为仅限于经批准事业单位整体或部分资产无偿划转；行政事业单位下属事业单位之间合并、资产划转、置换和转让；其他不影响国有资产权益报经同级财政部门确认可不进行资产评估的特殊产权变动行为[②]。因此在实践中，资产评估几乎是伴随科技成果处置和使用的必经程序，科教单位首先向主管部门或财政部申请评估立项，获批后委托具有评估资质的评估机构对科技成果进行评估，最后将评估结果报主管部门备案，按照国家有关规定须经核准的还需报财政部核准，只有经过资产评估，相应的使用和处置行为在法律上才算真正意义上的完结，否则就有可能面临“国有资产流失”的风险。对于科技成果的处置收入，《中央级事业单位国有资产处置管理暂行办法》规定在扣除奖励资金后上缴中央国库，而对于科技成果的使用收入，《中央级事业单位国有资产使用管理暂行办法》规定应按照预算管理及事业单位财务和会计制度的有关规定纳入单位预算，统一核算、统一管理。

综上所述，在国有资产管理的框架下，科技成果的处置权、使用权、收益权和定价（评估）权依然掌握在主管部门和财政部手中，并没有完全下放到高校、科研院所，这从客观上推动了科技成果转化法的修订，也为科技成果转化法走在国有资产管理法前列而产生制度上的不协调留下了隐患。

---

① 《中央级事业单位国有资产管理暂行办法》, http://jkw.mof.gov.cn/zhengwuxinxi/zhengcefabu/200806/t20080624_49364.html[2017-11-21]。

② 事业单位需要进行国有资产评估的行为包括七条：整体或部分改制为企业；以非货币性资产对外投资；合并、分立、清算；资产拍卖、转让、置换；整体或部分资产租赁给非国有单位；确定涉讼资产价值；法律、行政法规规定的其他需要进行评估的事项。《中央级事业单位国有资产管理暂行办法》，http://jkw.mof.gov.cn/zhengwuxinxi/zhengcefabu/200806/t20080624_49364.html[2017-11-21]。

二、创新驱动背景下科技成果转化相关法律发展

党的十八大以来，全面深化改革的目标不断被推进，2015 年 3 月 13 日，国务院发布的《中共中央国务院关于深化体制机制改革加快实施创新驱动发展战略的若干意见》中提到，加快实施创新驱动发展战略，就是要使市场在资源配置中起决定性作用和更好地发挥政府的作用，破除一切制约创新的思想障碍和制度藩篱，激发全社会创新活力和创造潜能，提升劳动、信息、知识、技术、管理、资本的效率和效益，强化科技同经济对接、创新成果同产业对接、创新项目同现实生产力对接、研发人员创新劳动同其利益收入对接，提升科技进步对经济发展的贡献度，营造大众创业、万众创新的政策环境和制度环境。[①]吹响了完善成果转化激励政策、加快处置、使用、收益三权下放的号角。如果说 2007 年《中华人民共和国科学技术进步法》的修订将科技成果的权利主体下放后，在一定程度上调动了高校、科研院所科技成果转化的积极性，那么 2015 年 8 月全国人大常委会通过的新《转化法》则进一步明确了高校、科研院所和科研人员在成果转化中的主体地位。新《转化法》第十八条规定：“国家设立的研究开发机构、高等院校对其持有的科技成果，可以自主决定转让、许可或者作价投资，但应当通过协议定价、在技术市场挂牌交易、拍卖等方式确定价格。通过协议定价的，应当在本单位公示科技成果名称和拟交易价格。”《实施规定》进一步指出，国家设立的研究开发机构、高等院校对其持有的科技成果，可以自主决定转让、许可或作价投资，除涉及国家秘密、国家安全外，不需审批或备案。国家设立的研究开发机构、高等院校有权依法以持有的科技成果作价入股确认股权和出资比例，并通过发起人协议、投资协议或者公司章程等形式对科技成果的权属、作价、折股数量或出资比例等事项明确约定，明晰产权。国家设立的研究开发机构、高等院校转化科技成果所获得的收入全部留归单位，纳入单位预算，不上缴国库，扣除对完成和转化职务科技成果做出重要贡献人员的奖励和报酬后，应该主要用于科学技术研发与成果转化等相关工作，并对技术转移机构的运行和发展给予保障。[②]

由新《转化法》和《实施规定》可以看出，在国务院“放管服”的大趋势下，科技成果的使用权、处置权和收益权其实已经完全下放到高校、科研院所，这意味着科技成果处置和使用可不必经过主管部门和财政部层层审批备案等环节。但是科技成果的定价权依然没有完全下放，虽然新《转化法》中规定了科技成果可

---

① 《国务院关于深化体制机制改革加快实施创新驱动发展战略的若干意见》，http://www.gov.cn/xinwen/2015-03/23/content_2837629.htm[2015-03-13]。

② 《实施〈中华人民共和国促进科技成果转化法〉若干规定》，http://www.gov.cn/zhengce/content/2016-03/02/content_5048192.htm[2016-02-26]。

用协议定价等多种方式定价的原则，但并没有明确表明不需要进行资产评估，在调研中课题组依然发现，不少地区的单位仍然坚持资产评估并报主管部门和财政部门审批备案（表 7-1），究其原因可能是由于一线工作者的风险规避行为，科技成果在事业单位登记为无形国有资产，一线科教单位的工作者为追求流程的完全合规性不得不按照国有资产管理制度的规定办事，新《转化法》和《实施规定》规定的情形在实践中面临着与国有资产管理制度不配套而无法完全落地的局面。

表7-1　部分地区促进科技成果转化条例

颁布时间	地方条例	主要内容
2016.12.1	《广东省促进科技成果转化条例》	1. 高校、科研院所在不涉及国家秘密和安全情况下可自主处置、使用 2. 协议定价、技术市场挂牌、拍卖等多种定价方式 3. 单位负责人定价免责制度
2017.4.20	《上海市促进科技成果转化条例》	1. 高校、科研院所在不涉及国家秘密和安全情况下可自主处置、使用 2. 协议定价、技术市场挂牌、拍卖等多种定价方式 3. 多种作价投资方式（以本单位名义、以本单位独立资产管理公司名义、以本单位和相关人员名义）
2017.3.30	《浙江省促进科技成果转化条例》	1. 高校、科研院所在不涉及国家秘密和安全情况下可自主处置、使用 2. 协议定价、技术市场挂牌、拍卖等多种定价方式 3. 单位负责人定价免责制度
2016.12.16	《黑龙江省促进科技成果转化条例》	1. 高校、科研院所在不涉及国家秘密和安全情况下可自主处置、使用 2. 多种成果转化方式（自行投资转化、技术转让、技术许可、作价投资等）

资料来源：根据公开资料整理

由表 7-1 和表 7-2 可以看出，新《转化法》生效后，尽管各地区纷纷出台相应的政策响应简政放权的精神，2016 年以来教育部、中国科学院等主管部门也相继发布本部门促进科技成果转化工作的规范性文件，但这些文件均为“意见”或“指导意见”，没有直接为科技成果转化工作建立针对性的无形国有资产处置、使用与评估制度。“意见”并不是明确的法律依据，科教单位在面临财政部门明确的法律依据和主管部门的指导意见的双重指挥时，风险厌恶型的经济人自然会选择服从财政部门的行政规范。在之后发布的文件中财政部并没有贯彻落实新《转化法》的精神，这造成国有资产管理制度的威慑力仍然不小。在 2015 年印发的规范性文件《关于进一步规范和加强行政事业单位国有资产管理的指导意见》第六节第（十八）条规定“资产处置应当遵循公开、公平、公正的原则，严格执行国有资产处置制度，履行审批手续，规范处置行为，防止国有资产流失。未按规定履行相关程序的，任何单位和个人不得擅自处置国有资产。处置国有资产原则上应当按照规定程序进行资产评估，并通过拍卖、招投标等公开进场交易方式处置，杜绝暗箱操作。资产处置完成后，应当及时办理产权变动并进行账务处理”。第（十九）条规定“各级财政部门和主管部门应当进一步加大对资产处置的监管力度，建立资产处置监督管理机制。主管部门根据财政部门授权审批的资产处置事项，应当及时向财政部门备案；由行政事业单位审批的资产处置事项，应当由主管部门及时汇总并向财政部门备案。由本级人民政府确定的重大资产处置事项，由同级财政部门按照规定程序办理”①。由于该文件中又规定处置国有资产原则上应当按照规定程序进行资产评估，与新《转化法》多种定价方式的理念不协调，导致了关于科技成果转化过程中资产评估的“模糊地带”的出现，一些科研单位为了规避国有资产流失的行政责任，在处置科技成果时往往都是以评估价格作为科技成果的定价基础，这样不免会重新走向资产评估的老路，同时继续将评估结果向主管部门和财政部门审批备案，这显然与新《转化法》中市场化定价原则的精神相违。因此，国务院于 2017 年颁布的《国务院关于强化实施创新驱动发展战略进一步推进大众创业万众创新深入发展的意见》中指出要“依法发挥资产评估的功能作用，简化资产评估备案程序”②，为此教育部发文贯彻落实，于 2017 年 12 月 28 日发布的《教育部关于规范和加强直属高校国有资产管理的若干意见》中提到“高校科技成果资产评估备案工作授权高校负责”③，但真正取消成果转化中的评估环节，则要到 2019 年 4 月 4 日财政部发布修改《暂行办法》的决定，其中第三十九条关于可以不进行资产评估的经济行为中增加了第三项，即“（三）国家设立的研究开发机构、高等院校将其持有的科技成果转让、许可或者作价投资给国有全资企业的”。也就是说，科研院所科技成果的转让、许可、作价出资的定价不再强制要求进行资产评估，由市场定价或交易双方协商定价④。在财政部没有做出明确的规定之前，资产评估依然是一个必经程序。但是无形资产的价值评估一直都是个难题，实际中通常的做法有市场法、成本法和收益法，但是无论是哪一种方法都很难对科技成果进行准确定价。市场法的思想是寻找市场上有公允价值的科技成果进行对比，但是由于产权性质、流通状态等各种差异，不同的成果之间没有很强的可比性，这必然造成定价误差很大。成本法的思想是以产生该成

① 《关于进一步规范和加强行政事业单位国有资产管理的指导意见》，http://jx.mof.gov.cn/xxgk/zhengcefagui/201609/t20160909_2414036.htm[2015-12-23]。

② 《国务院关于强化实施创新驱动发展战略进一步推进大众创业万众创新深入发展的意见》，http://www.gov.cn/zhengce/content/2017-07/27/content_5213735.htm2[2017-07-21]。

③ 《教育部关于规范和加强直属高校国有资产管理的若干意见》，http://www.moe.gov.cn/srcsite/A05/s7504/201802/t20180205_326755.html[2017-12-15]。

④ 《中华人民共和国财政部令第 100 号——财政部关于修改〈事业单位国有资产管理暂行办法〉的决定》，http://www.mof.gov.cn/gp/xxgkml/tfs/201904/t20190404_3215377.html[2019-03-29]。

果涉及的各种费用为基础进行定价，但是高校目前没有科技成果的全成本核算制度，职务科技成果中包含的很多人工成本、水电费用、租金等也很难计算。至于收益法则更加不可行，因为是以未来现金流贴现的现值作为定价依据，而科技成果未来的现金流具有非常大的不确定性。由此可见，资产评估备案完全是一种流于形式的表现，既无法准确反映科技成果的价值，也降低了成果转化效率。

表7-2 主管部门关于促进科技成果转化指导意见

主管部门	意见名称	主要内容
教育部、科技部	《教育部 科技部关于加强高等学校科技成果转移转化工作的若干意见》	1. 高校在不涉及国家秘密和安全情况下可自主处置、使用 2. 高校有权依法以持有的科技成果作价入股确认股权和出资比例，通过发起人协议、投资协议或者公司章程等形式对科技成果的权属、作价、折股数量或出资比例等事项明确约定、明晰产权，并指定所属专业部门统一管理科技成果作价入股形成的股份或出资比例 3. 高校科技成果转移转化收益全部留归学校，纳入单位预算，不上缴国库 4. 高校应根据国家规定和学校实际建立科技成果使用、处置的程序与规则。向企业或者其他组织转移转化科技成果时，可通过在技术交易市场挂牌、拍卖等方式确定价格，也可通过协议定价
中国科学院	《中国科学院关于新时期加快促进科技成果转移转化指导意见》	1. 简化院机关层面工作流程，将科技成果使用、处置和收益管理权力下放给院属单位。院属单位自主决策，院不再审批与备案 2. 科技成果转移转化失败，对于符合规定的，不追究相关人员领导决策责任 3. 根据科技成果的类型和属性，确定协议定价、在技术市场挂牌交易、拍卖等市场化方式适用范围和实施流程 4. 对横向课题经费和纵向课题经费实施分类管理，横向课题经费管理实行合同约定优先

资料来源：根据公开资料整理

除了国有资产管理规定中部分内容与新《转化法》规定不协调之外，科教单位中的机构设置也存在不协调的情况。国有资产管理和科技成果转化工作往往需要由不同的机构协同完成，而这些机构所依据的规范性管理文件往往不尽相同，由此造成实际操作中存在政出多门的情况。高校设置的科技成果管理部门通常负责受理各院系的成果转化申请及组织开展商业谈判等工作，高校设置的财务与国有资产管理部门则决定科技成果的处置和使用程序，国有资产管理部门显然会严格执行财务部门的规章制度，而科技成果管理部门无权干涉。也就是说，尽管处置和使用的权利已经下放到高校层面，且科技成果管理部门会坚决贯彻新《转化法》的精神，但是实践中负责处置和使用无形国有资产的机构仍是财务与国有资产管理机构，而这些机构依然会严格执行国有资产管理的相关规定，如此一来，科教单位处置、使用国有资产依旧会走向主管部门和财政部门分级审批备案的流程，这是行政科层体制约束造成的必然结果，也是造成科技成果转化过程中依旧存在国有资产“紧箍咒”束缚的主要原因。

第二节 国有资产管理“紧箍咒”的主要表现

尽管目前我国科技成果由于受到国有资产管理制度的掣肘而面临分层审批的繁复程序，但仍然有不少地区在新《转化法》和《实施规定》的精神下进行了大胆实践，出台了一系列地方性法规条例，赋予高校在成果处置和使用上的自主权。为了更清楚地了解国有资产“紧箍咒”的具体表现，本书接着从科技成果转化方式的角度出发进行分析，了解不同转化方式的差异，从而对转化过程中的国有资产问题有更清晰的认识。

课题组在调研中发现，目前成果转让和许可模式相对比较顺畅，教育部将评估备案的权力下放给高校后国有资产审批的流程已经大为简化，转让和许可所得的收益可以按照《转化法》（2015 年修订）的规定留归学校，并按一定的比例奖励给科研人员，因此科研人员也不存在激励不足的问题。目前障碍较多的仍是科技成果作价入股，因此本章重点分析科技成果作价投资中的国有资产问题，具体包括以下三个方面。

一、行政审批要求多

根据《中华人民共和国公司法》的规定，应当以科技成果持有人（高校、科研院所）的名义作价投资，但是高校、科研院所作为公益性的事业单位，在事业单位分类改革中，不允许事业单位经商办企业，并正在清理高校、科研院所等事业单位经商兴办企业的问题。此外，目前相关部门对高校、科研院所的监管比较严，经济责任审计、离任审计、专项审计等名目较多的各类审计基本上每年都有，每次审计又往往延伸到所投资的企业。对高校来说，多一个审计点，就多了一个可能发生问题的潜在风险点，因此有些高校以此为由不采用科技成果作价投资的方式进行转化，但是由于高校、科研院所的科技成果原创性较强，企业或投资者为了获得持续的研发支持一般会有限选择以科技成果作价投资与高校、科研院所来进行合作。在成果转化可能带来的丰厚收益面前，作价投资仍然是企业家和投资者投资科技成果转化普遍采用的做法。在实际中，一般有如下两种做法。

第一种方式是高校、科研院所通过其独资的资产经营公司的名义作价投资。《教育部关于积极发展、规范管理高校科技产业的指导意见》第 6 条规定中指出

“高校要依法组建国有独资性质的资产经营有限公司或从现有校办企业中选择一个产权清晰、管理规范的独资企业（以下统称高校资产公司），将学校所有经营性资产划转到高校资产公司，由其代表学校持有对企业投资所形成的股权”[①]。按照该指导意见的思想，高校首先将科技成果划拨（假设高校内部评估 1 万元）给资产经营公司，该过程通常是以无形资产增资的方式进行，涉及的会计账务处理为“借：无形资产 10 000；贷：资本公积 10 000”，虽然资产评估可以在高校层面进行，但长此以往，资产经营公司的资本公积会出现虚增，不利于公司的运作。其次，资产经营公司需办理注册资本增加的产权变更登记并报教育部和财政部审批。当资产经营公司以该无形资产作价投资企业时，首先仍需进行资产评估（假设评估值为 10 万元）并报教育部和财政部审核备案，涉及的会计账务处理为“借：长期股权投资 100 000；贷：无形资产 10 000；贷：营业外收入 90 000。”此后，资产经营公司还需办理国有资产产权占有登记。若此后资产经营公司发生股份转让或作价入股企业发生增资行为导致国有股变动，则还需再报教育部和财政部审批备案并办理产权变更登记。繁杂的审批程序大大降低了科技成果转化效率，同时这也是一些外部投资者不太愿意与国有资本合作的主要原因。值得一提的是，资产公司在投资过程中形成的营业外收入可以按照《财政部 国家税务总局关于完善股权激励和技术入股有关所得税政策的通知》享受企业所得税递延纳税优惠。[②]

由于第一种方式流程烦琐，实践中发展出第二种较为简捷的方式——高校、科研院所以自己的名义作价投资。根据《教育部 科技部关于加强高等学校科技成果转移转化工作的若干意见》第二条规定，“高校有权依法以持有的科技成果作价入股确认股权和出资比例，通过发起人协议、投资协议或者公司章程等形式对科技成果的权属、作价、折股数量或出资比例等事项明确约定、明晰产权，并指定所属专业部门统一管理技术成果作价入股所形成的企业股份或出资比例”。[③]在该模式下，高校通过引入资本方成立项目公司，约定双方占股比例[④]，在项目公司完成工商登记手续后，再由高校直接对科研人员实施股份奖励，同时将其余股份无偿划转给高校资产管理公司统一管理。由于股权划转是在国有部门之间进行的，手续简单易行，免去了向资产管理公司增资后产权变动的种种审批备案程序。

① 《教育部关于积极发展、规范管理高校科技产业的指导意见》，http://xueshu.baidu.com/usercenter/paper/show?paperid=64c9f94185419a5b10bb15c773d32ec6&site=xueshu_se[2007-06-20]。

② 《财政部 国家税务总局关于完善股权激励和技术入股有关所得税政策的通知》，http://www.chinatax.gov.cn/n810341/n810755/c2275136/content.html[2016-09-20]。

③ 《教育部 科技部关于加强高等学校科技成果转移转化工作的若干意见》，http://www.moe.gov.cn/srcsite/A16/moe_784/201608/t20160819_275699.html[2016-08-05]。

④ 外界资本方通常比较强势，因此一般其占比会超过 50%，高校将获得的股份按照一定的比例（通常是 70%）奖励给科研团队后，高校实际拥有的股份比例就低于 15%了。股权分配在下文中会进行更加详细的讨论。

为避免高校“事实上”的投资行为被认定为与“高校不得兴办企业”的精神相违[①]，需要在进行工商登记的时候就将股权登记在资产管理公司名下，但有些地区的工商部门可能会要求先提供国有资产审批备案材料，因此这条作价入股捷径在很多地区可能走不通。

二、股权奖励障碍多

科研人员的股权奖励比例在新《转化法》出台后大幅提高，同时股权激励的税收优惠也从获得股权和转让股权两个环节纳税调整为在转让股权时一个环节纳税，并统一适用20%的税率，而非采用按工资、薪金所得纳税时最高面临的45%税率。可以说，政策对科研人员的股权激励以及相应的税收优惠力度很大，因此现在的主要问题是如何确保科研人员顺利获得股权奖励。股权是所有权的概念，科技成果所有权是指科技成果中所包含的知识产权的财产权利。科技成果权中的人身权包括署名权、获得奖励权等，是科技成果完成单位和完成人天然享有的。从所有权权利束的角度来说，其包含占有、处置、使用和收益四项权能。《实施规定》提到“国家设立的研究开发机构、高等院校所取得的具有实用价值的职务科技成果，本单位未能适时地实施转化的，科技成果完成人和参加人在不变更职务科技成果权属的前提下，可以根据与本单位的协议进行该项科技成果的转化，并享有协议规定的权益”。其中，“不变更职务科技成果的权属”意味着职务科技成果所有权归单位所有原则上不得更改，因此科研人员只能根据协议规定享有相应的收益权，而其中的收益权并不是所有权中包含的原始收益分配权利，而是对科教单位取得收益后要求再分配的权利。但是从科技成果的行权角度来看，作为成果完成人的科研人员往往比高等院校、科研机构具有更强的行权意愿以及更低的行权成本。在这种情况下，赋予科研人员科技成果所有权（对应作价投资后的股权），确实应该更有利于成果的转化，更有利于激发科研人员的主观能动性，正所谓“千激励万激励不如产权激励”。各地区根据国务院“研发人员创新劳动同其收益对接”“激发全社会创新能力和创造潜能”的号召，在实践中积极探索股权奖励模式，有一些做法甚至在新《转化法》出台之前就已经颇具创见性，但或多或少仍存在一定的国有资产“紧箍咒”束缚。

其中一种方法是直接对职务科技成果进行产权分割，使职务发明人成为与科教单位平等的共同专利权人，可看作先奖后投。四川地区最早实践该设想，称之

① 《高校不得“一手办学一手经商”》，http://cpc.people.com.cn/big5/n/2014/1029/c83083-25930230.html[2014-10-29]。

为职务科技成果混合所有制，西南交通大学国家大学科技园从 2010 年开始就进行了职务科技成果混合所有制探索与实践，通过学校将专利权转让给国家大学科技园，然后由国家大学科技园出具变更申请材料，在国家知识产权局完成专利权人的添加与变更，如果该项职务发明专利作价入股，则发明人和国家大学科技园是具有平等地位的股东，通过知识产权分割，科研人员就拥有了科技成果的原生产权，从而获得作价投资后的股权也就不会遇到国有股权审批难的问题，即因为科研人员获得的那部分股权属于他自己所有，而非单位所有，所以不会遇到国有股权审批难的问题。2015 年四川省首次将"开展职务科技成果权属混合所有制改革试点"写入《中共四川省委关于全面创新改革驱动转型发展的决定》，2016 年省委全面深化改革领导小组审议通过了《职务科技成果权属混合所有制改革试点实施方案》，明确了在全省 20 家高校和科研院所率先开展改革试点。专利确权程序被精简，周期变短，职务发明人只需持一份高校盖章文件即可到知识产权局完成专利分割，因此是一种高校的股权奖励方式。不过科技成果混合所有制尚没有明确的法律依据，即使在如今放权的背景下也强调不变更科技成果权属，在当时来说推进科技成果混合所有制改革实践确实需要非常大的改革勇气，用西南交通大学国家大学科技园总经理康凯宁的话来说，混合所有制的采用其实是巧用《专利法》第六条第三款的规定，该款规定"利用本单位的物质技术条件所完成的发明创造，单位与发明人或者设计人订有合同，对申请专利的权利和专利权的归属作出约定的，从其约定"，也就是说《专利法》其实并不否决职务发明成果通过事前订立合同实现共同所有，只不过既然国有资产管理法规中没有明确说职务科技成果可以共同所有，那么高校也就不敢擅自约定职务科技成果共同所有。

由于没有明确的法律依据进行科技成果产权分割，大部分地区的股权奖励都采用先投后奖的方式，即先作价投资取得股份，再将国有股权的一部分奖励给科研人员。在该股权奖励模式下，根据作价投资方式的不同有不同的问题。若是高校先将科技成果向资产经营公司增资，然后再由资产经营公司作价投资取得股权，则资产经营公司在将股权奖励给科研人员时，一方面奖励依据不足，因为拥有学校事业单位编制的科研人员并未与资产经营公司签订劳动合同，另一方面国有股权产权变更也需要诸多审批程序。若是以高校的名义进行作价入股，则高校可以顺理成章地对具有事业编制的科研人员进行股权奖励，但正如上一节所提到的，工商登记时需把股权登记在资产经营公司和科研人员手中，而这需要取得主管部门财政部的批准文件，因此在不少地区仍存在程序烦琐的问题。上海市在这方面做出了有益探索，《上海市工商行政管理局关于服务自贸试验区和科技创新中心建设的若干意见》第六条规定"研发机构、高等院校以本单位或者本单位独资设立的资产经营公司的名义将科技成果作价投资的，可以根据方案或约定，将投资形成的股权奖励给对完成、转化职务科技成果做出重要贡献的人员，上述股权转让由研发机构、高等院校自主决定，在工商登记时免于提交国有资产监管部门批准文件”[①]。这意味着单位可与科研人员事先就科技成果作价投资形成的股份或出资比例做出约定，就可以凭该约定办理工商登记，无论是以单位的名义还是以资产经营公司的名义作价投资，都可将科研人员获得的股权奖励登记在科研人员名下。

由以上讨论可知，由于我国财政分权的格局，不同地区的法制环境和地方政府改革意识均存在差异，有些地区如四川、上海等地股权奖励已经激励到位、审批顺畅，但更多地区则依旧受到国有资产管理规定束缚，因此整体上讲，国有资产“紧箍咒”并没有完全摘除，需要一些地方政府学习先进地区的经验，让股权奖励真正落地（表 7-3）。

表7-3　科技成果转化方式对比

转化方式	优点	缺点	国有资产管理束缚程度
自行转化	简单	高校财力有限且与高校职能定位不符	几乎没有
合作转化	简单，资源互补	受合约完善程度和合作方信任程度影响大	几乎没有
许可	简单，交易成本低	没有充分发挥交易双方的优势	较小
转让	风险和收益完全转移，交易双方权利义务对等	交易过程复杂，需涉及资产评估报备审批等流程	小
作价投资	充分集成资源，发挥各方优势	交易过程复杂，需涉及国有股权产权登记等报备审批流程	较大

资料来源：根据吴寿仁（2018a，2018b，2018c）以及《吴寿仁：科研人员科技成果所有权探析》http://www.sohu.com/a/242558521_660408[2018-07-21]

三、领导决策顾虑多

国有资产流失是国有资产管理规定的重点风险防范事项，法律责任轻则行政处罚，重则追究刑事责任。对于科技成果作价入股，如果成果转化企业此后发生亏损，则很容易落下“国有资产流失”的口实。《实施规定》第（十）条提出“科技成果转化过程中，通过技术交易市场挂牌交易、拍卖等方式确定价格的，或者通过协议定价并在本单位及技术交易市场公示拟交易价格的，单位领导在履行勤勉尽责义务、没有牟取非法利益的前提下，免除其在科技成果定价中因科技成果

① 《上海市工商行政管理局关于服务自贸试验区和科技创新中心建设的若干意见》, http://scjgj.sh.gov.cn/shaic/html/govpub/2017-06-14-0000009a201705260001.html[2018-08-01]。

转化后续价值变化产生的决策责任”。[①]这一规定可以从以下三方面来理解：一是科技成果需依照法定要求定价，即通过协议定价、在技术交易市场挂牌、拍卖等方式。二是同时满足“勤勉尽责义务”和“没有谋取非法利益”两个前提条件。三是成果转化后续价值变化，可能亏损或完全失败，也可能后续价值高出预期，科技成果价值被低估，这主要是因为科技成果估值难，而非决策者不履行“勤勉尽责”之故。但是，如何才算“勤勉尽责”，法律还没有做出明确规定。模糊的规则若加上严厉的潜在惩罚，比起清晰明确的规则，往往更具有威慑力。在调研中课题组发现，不少单位的决策者依然担心承担国有资产流失责任而不敢大胆转化科技成果。从收益成本的角度来看，法人单位正职领导不能获得股权奖励，但是却要承担最终的决策责任，收益与责任的不对等自然令他们在决策时奉行“小心驶得万年船”的原则。

在“勤勉尽责”问题上，上海市在实践中进行了有益探索。上海市在《关于改革和完善本市高等院校、科研院所职务科技成果管理制度的若干意见》（沪财教〔2014〕31号）第三条中规定，实施科技成果转化“投资损失”免责政策，并规定“本市高等院校、科研院所采取对外投资方式转化科技成果，已经履行了勤勉尽责义务、仍发生投资亏损的，经审计确认后，不纳入高等院校、科研院所对外投资保值增值考核范围”，这一规定突破了以往国有资产对外投资保值增值的思维定式[②]。上海市人民政府办公厅印发的《关于进一步促进科技成果转移转化的实施意见》（沪府办发〔2015〕46号）第二条进一步规定，是否履行勤勉尽责义务且未牟取私利由上级主管部门审定[③]。《上海市促进科技成果转化条例》第二十六条对“勤勉尽责”做出了较明确的界定，即“研发机构、高等院校、国有企业的相关负责人根据法律法规和本单位依法制定的规章制度，开展科技成果转化工作，履行了民主决策程序、合理注意义务和监督管理职责的，即视为已履行勤勉尽责义务”[④]。显然，上海市对勤勉尽责的认识比较到位，科技成果转化要真正落到实处毕竟还需要各单位领导的积极参与，只有减少他们的顾虑，才能使转化工作更加顺畅。

① 《实施〈中华人民共和国促进科技成果转化法〉若干规定》，http://www.gov.cn/zhengce/content/2016-03/02/content_5048192.htm[2016-03-02]。

② 《关于改革和完善本市高等院校、科研院所职务科技成果管理制度的若干意见》，http://www.czj.sh.gov.cn/zys_8908/zcfg_8983/zcfb_8985/jkww_9022/201512/t20151222_172024.shtml[2015-12-07]。

③ 《关于进一步促进科技成果转移转化的实施意见》的通知，http://www.gov.cn/zhengce/2015-11/05/content_5058930.htm[2015-11-05]。

④ 《上海市促进科技成果转化条例》，http://www.spcsc.sh.cn/n1939/n1948/n1949/n2329/u1ai145921.html[2017-04-27]。

第三节　促进科技成果转化的国有资产管理制度创新

新《转化法》和《实施规定》等法规文件的出台是我国科技创新领域里程碑的事件，通过将科技成果的使用、处置和收益权完全下放给科教单位，保障了科教单位在成果转化过程中的自主权；大幅提高了科研人员的奖励比例和税收优惠，有效激发了科研人员转化科技成果的积极性。可以说，我国的科技成果转化政策在国际上并不落后，为了使成果转化工作有效落地，需要进一步完善国有资产管理体制机制，破除因国有资产管理规定造成的转化困局，对此，课题组结合一些地区的先进经验提出建议。

一、缩短审批备案流程

首先，建议财政部牵头，联合教育部、科技部、中国科学院等部门研究制定新《转化法》和《实施规定》的配套政策。明确科技成果三权已经完全下放到持有单位，不须以任何形式报主管部门、财政部门审批或备案。明确科技成果市场化定价原则，转化时可以不进行评估，简化将评估结果报主管部门、财政部门审批或备案的流程。事实上，财政部已在 2019 年 4 月 4 日发布了修改《暂行办法》的决定,《暂行办法》明确了新《转化法》和《实施规定》的内容包括：科研院所科技成果转化收入不再上缴国家，全部留归本单位所有；科研院所科技成果的转让、许可、作价出资的经济行为不再需要履行政府审批程序，由单位自主决定；科研院所科技成果的转让、许可、作价出资的定价不再强制要求进行资产评估，由市场定价或交易双方协商定价[①]。由此可见，与新《转化法》的颁布时间 2015 年相比，国有资产管理的修改整整落后了接近 4 年。

其次，我国高校已经陆续成立了全资的资产经营公司，将科技成果划拨给资产经营公司统一管理是大势所趋，因此需简化高校对资产经营公司增资的产权登记手续，以及资产经营公司作价投资形成股权的产权占有登记和产权变更登记，

① 《中华人民共和国财政部令第 100 号——财政部关于修改〈事业单位国有资产管理暂行办法〉的决定》，http://tfs.mof.gov.cn/zhengwuxinxi/caizhengbuling/201904/t20190404_3215480.html[2019-03-29]。

建议将登记的相应审批备案权力也下放到高校，由高校加强指导、管理、监督下属单位科技成果处置使用行为。此外，对于高校向资产经营公司增资及随后的作价投资，也可将会计处理合二为一[①]，防止资产经营公司的资本出现虚增。

二、简化股权奖励手续

股权奖励无论是“先奖后投”还是“先投后奖”，其根本目的都是给予科研人员相应的股权，唯一的区别在于是否先进行了知识产权分割。由前述讨论可知，混合所有制设想的提出是为了在实施股权奖励时能够简化国有股权审批的繁杂手续，同时避免国有资产流失现象，因此建议财政部在论证混合所有制可行的情况下，将知识产权分割的做法写进国有资产管理办法。若坚持职务科技成果归单位所有的原则，则可以推广上海的做法，明确高校、科研院所将股权奖励给科研人员的合规性，同时进一步简化工商登记手续，规定可凭事先约定将科研人员获得的股权登记在其名下，而不必获得主管部门财政部的国有资产审批文件。

三、明确转化责任边界

2019 年 4 月 4 日发布的《财政部关于修改〈事业单位国有资产管理暂行办法〉的决定》中，除了写入新《转化法》和《实施规定》的已有条例外，还同时增加了一项处罚条款：科研院所科技成果转让、许可、作价出资行为中，如果存在串通舞弊、暗箱操作低价处置国有资产的，给予相应的处罚，涉及犯罪的，移送司法机关。[②]此项规定和“勤勉尽责”一样都具有一定的模糊性，如何认定低价处置是否由暗箱操作引起？对此建议在《暂行办法》中增加一条：高校、科研院所相关负责人根据法律法规和本单位的规章制度开展成果转化工作，履行了民主决策程序、合理注意义务和尽职调查职责的，即视为履行了勤勉尽责义务，无暗箱操作行为，免除其因成果转化后续价值变化产生的决策责任。

---

① 本章第二节的例子相应的会计处理即可记为，借：长期股权投资 90 000；贷：营业外收入：90 000，即资产经营公司作价投资的评估值和高校划拨时评估值之差。

② 中华人民共和国财政部令第 100 号——财政部关于修改《事业单位国有资产管理暂行办法》的决定，http://www.mof.gov.cn/gp/xxgkml/tfs/201904/t20190404_3215377.html [2019-03-29]。

四、转变国有资产监管思路

透过三权下放、评估审批简化的原则，国有资产的监管思路需要从以前的“重事前审批，弱事后监管”转变为“轻事前审批，加强事中事后监管”。建议：一是可推广上海的做法，督促高校、科研院所编制科技成果转化年度报告，并将其纳入年度考核；二是完善成果转化企业的治理结构和治理方式。例如，以科技成果作价投资形成的股份可以统一行使表决权，其表决权由科教单位享有，以避免股权奖励带来的表决权分散问题，科研人员转让股份时科教单位拥有优先受让权等。总之，放权的同时必须辅之必要的监管，但应该重视转化后的监管，以保证科技成果转化顺畅，同时又能使国有资产保值增值。

第八章 完善税收政策，促进企业科技创新

2017 年 10 月 18 日，习近平总书记在党的十九大报告中指出："创新是引领发展的第一动力，是建设现代化经济体系的战略支撑""深化科技体制改革，建立以企业为主体、市场为导向、产学研深度融合的技术创新体系，加强对中小企业创新的支持，促进科技成果转化""培养造就一大批具有国际水平的战略科技人才、科技领军人才、青年科技人才和高水平创新团队"。同时，习近平总书记还在报告中指出："我国经济已由高速增长阶段转向高质量发展阶段，正处在转变发展方式、优化经济结构、转换增长动力的攻关期，建设现代化经济体系是跨越关口的迫切要求和我国发展的战略目标""深化税收制度改革，健全地方税体系"。[①]习近平同志将科技创新与税收制度改革共同置于"贯彻新发展理念，建设现代化经济体系"框架下予以阐述，既体现了二者之间的紧密联系，也为我们寻求如何促进企业创新，尤其是加大对中小企业创新主体的支持和保障提供了有效思路。

企业是科技创新的主体，税务负担影响了企业的经营成本，从而成为影响企业和科技人员创新积极性的重要方面。现阶段我国科技创新型企业不仅面临体制障碍所导致的税收优惠措施无法落实问题，在税收管理机制方面，也存在主要税种如增值税政策粗放化、所得税税率尤其是科研人员技术成果转让所得税税率过高，以及名目繁多的各类税收政策和措施加大企业交易成本等问题。各类问题交错，为降低科技创新型企业税务负担，亟须促进税收管理体制改革，同时，以细化产业分类为手段，完善企业增值税抵扣链条；改进技术成果转让个人所得税管理办法，调动科技人才技术创新积极性；简化税收征管体系，降低企业交易成本，多层次、分步骤、分行业，完善税收管理体制机制，为促进企业科技创新，提供有效保障。

---

① 《决胜全面建成小康社会 夺取新时代中国特色社会主义伟大胜利——在中国共产党第十九次全国代表大会上的报告》，http://news.cnr.cn/native/gd/20171027/t20171027_524003098. shtml[2017-10-18]。

第一节 科技创新企业税收政策及问题

目前我国科技创新型企业面临的主要税种包括增值税、企业所得税以及其他小税种，同时，在科研人员技术成果转化过程中，还涉及个人所得税。具体税种基本情况如下所述。

一、科技创新企业主要税种

（一）增值税

增值税是以商品（含应税劳务）在流转过程中产生的增值额作为计税依据而征收的一种流转税，是我国最主要的税种之一，也是我国科技创新型企业面临的主要税种（曾利萍，2019）。2011 年，为推行结构性减税政策，经国务院批准，财政部、国家税务总局联合下发《营业税改征增值税试点方案》。营改增采取逐步试点推进方式，最早于 2012 年在上海进行部分行业试点后，随后在北京、浙江、江苏等省市推进，并于 2016 年 5 月开始全面开展营改增，试点行业范围进一步扩大，但某些行业却出现税负不减反增现象。2019 年 4 月 1 日起为贯彻落实党中央、国务院决策部署，推进增值税实质性减税，原适用 16%税率的，税率调整为 13%；原适用 10%税率的，税率调整为 9%。

（二）所得税

1. 企业所得税

企业所得税是对我国内资企业和经营单位的生产经营所得及其他所得征收的一种税（曾利萍，2019）。

企业所得税是我国科技创新型企业面临的主要税种。目前，企业所得税主要依据的政策包括：《中华人民共和国企业所得税法》第二十八条第二款、《中华人民共和国企业所得税法实施条例》第九十三条、《科技部 财政部 国家税务总局关于印发〈高新技术企业认定管理办法〉的通知》（国科发火〔2008〕172 号）、《科技部 财政部 国家税务总局关于印发〈高新技术企业认定管理工作指引〉的通知》

（国科发火〔2008〕362 号）、《国家税务总局关于实施高新技术企业所得税优惠有关问题的通知》（国税函〔2009〕203 号）、《财政部 国家税务总局关于高新技术企业境外所得适用税率及税收抵免问题的通知》（财税〔2011〕47 号）、《国家税务总局关于进一步明确企业所得税过渡期优惠政策执行口径问题的通知》（国税函〔2010〕157 号），以及《高新技术企业认定管理办法》（国科发火〔2016〕32 号）——该文适用于 2016 年度及以后企业所得税预缴和汇缴，2015 年度企业所得税汇算清缴仍沿用国科发火〔2008〕172 号。按照现行《中华人民共和国企业所得税法》的规定，企业所得税税率为 25% ，符合条件的小型微利企业，经主管税务机关批准，企业所得税税率减按 20%。①

2. 个人所得税

个人所得税是科技企业以及相关研究机构科技成果转化中不可避免的内容。个人所得税对个人或自然人的应纳税所得额进行征收，用以调节个人收入分配差距。与世界上其他国家个人所得税等级一般设置 4 个级次不同，在我国，工资、薪金个人所得税税率级次设置了 7 个级次（3%~45%），个体工商户经营所得的个人所得税税率设置了 5 个级次（5%~45%）。从税率上来说，我国个人所得税的最高税率可达 45%（曾利萍，2019）。

（三）其他税种

除了增值税、所得税两大税种外，我国科技创新型企业还需要缴纳的其他税种包括：城市维护建设税、教育费附加、印花税、城镇土地使用税、房产税、车船税等各项小类税种。

二、促进科技创新企业发展的税收优惠措施

为减轻企业税务负担，调动科技创新型企业以及科研技术人员技术创新的积极性，国家税务总局以及各地方税务部门，积极推出各项税收优惠措施。但总体而言，所涉税收优惠主要集中于企业所得税的减免，针对企业增值税、科技创新人员的个人所得税以及其他小税种的优惠不足。

---

① 《中华人民共和国企业所得税法实施条例》，http://www.gov.cn/zwgk/2007-12/11/content_830645.htm [2007-12-06]。

（一）增值税优惠政策和措施

根据调研结果，目前增值税所涉优惠政策主要体现在以下三个环节：一是企业科研设备采购环节。国家税务总局推出《“大众创业 万众创新”税收优惠政策指引》（以下简称《指引》）中指出，“科研院所、技术开发机构、学校等购买用于科学研究、科技开发和教学的设备享受进口环节增值税、消费税免税等税收优惠”①。二是科技成果转化环节。一些地区对技术转让、技术开发等相关技术服务，实施免征增值税优惠。三是针对具体行业的增值税优惠政策。例如，根据财政部、国家税务局、海关总署财税〔2000〕25 号文《关于鼓励软件产业和集成电路产业发展有关税收政策问题的通知》②、国务院发布的国发〔2011〕4 号文《进一步鼓励软件产业和集成电路产业发展的若干政策》，国家对自行开发生产的计算机软件产品、集成电路重大项目企业给予增值税期末留抵税额退税的优惠，原适用 16%税率的，税率调整为 13%；原适用 10%税率的，税率调整为 9%③。

（二）所得税优惠政策和措施

1. 企业所得税优惠政策和措施

目前有助于降低科技创新型企业所得税负担的税收优惠政策主要包括以下方面：一是降低高新技术企业所得税税率。除此之外，广东还推出，对于高新技术企业取得符合条件的环境保护、节能节水项目和技术转让等规定，可就该部分所得单独核算并按照 25%的法定税率减半征收企业所得税。二是研发费用的加计扣除政策。根据 2017 年 4 月 19 日，国务院第 169 次常务会议确定实施“1+4+6”构成的系列减税政策（其中“1+4”为首次执行的政策，“4”项新增所得税减税政策，“6”项到期政策延续执行），要提高科技型中小企业研发费用加计扣除比例④。自 2017 年 1 月 1 日至 2019 年 12 月 31 日，科技型中小企业的研发费用税前加计扣除比例由 50%提到 75%，形成无形资产的，在上述调整期间按照无形资产成本的 175%在税前摊销。研发费用的加计扣除政策在各地区所得税优惠政策中得到了广泛应用，如北京市实行“战略性新兴产业、传统产业技术改造和现代服务业等

① 《“大众创业万众创新”税收优惠政策指引》，http://www.chinatax.gov.cn/n810341/n810755/c4428218/content.html[2019-06-19]。

②《关于鼓励软件产业和集成电路产业发展有关税收政策问题的通知》，http://www.chinatorch.gov.cn/kjb/zcwj/200009/f21a79be4c3d48fcbc499c1d7284fe89.shtml[2000-09-22]。

③ 《进一步鼓励软件产业和集成电路产业发展的若干政策》，http://www.chinatax.gov.cn/n810341/n810765/n812151/n812421/c1083639/content.html[2012-04-20]。

④ 《“1+4+6”系列减税政策，你搞懂了吗？》，https://www.sohu.com/a/148166030_701102[2017-06-12]。

领域的企业研发费用税前加计扣除”[1]，广东的高新技术企业也实行研发费用加计扣除政策。三是固定资产加速折旧、相关费用税前扣除以及技术转让所得税减免等其他优惠政策。例如，在国家税务总局推出的《指引》中，对企业固定资产实行加速折旧，尤其是生物医药制造业、软件和信息技术服务业等 6 个行业、4 个领域重点的企业用于研发活动的仪器设备不超过 100 万元的，可以一次性税前扣除。四是针对具体行业的企业所得税优惠政策。例如，对于软件企业、集成电路生产企业相关的税收优惠。

2. 个人所得税优惠政策和措施

各地区纷纷推行个人所得税优惠政策，以此调动科研人员技术创新的积极性。例如，对科技人员技术成果转化的股权奖励实行递延纳税，开展创业投资企业和天使投资个人有关税收政策试点，以及在特定区域如粤港澳大湾区试行针对科技人才引进的特殊税收优惠政策，以吸引国际化的高端技术人才，助力粤港澳大湾区国际科技创新中心建设。

（三）其他税收优惠政策和措施

为调动企业及相关研发机构技术创新的积极性，各地出台了其他税收优惠政策，进一步拓展优惠税种范围和税收优惠对象。例如，“1+4+6”系列减税政策将依托符合条件的大学科技园和科技企业孵化器、纳入众创空间管理并符合要求的小微企业，均纳入可享受相关税收优惠政策的范畴。北京市在相关政策中，还将外资研发机构采购国产设备纳入可按照规定享受相关税收优惠范围。

（四）科技成果转化税收优惠和措施

科学技术是第一生产力，创新是引领发展的第一动力。充分发挥科技创新的作用，其中一个关键环节是科技成果转移转化。实现科技成果转移转化不仅是科技创新型企业的重要目标，也是实施创新驱动发展战略的重要任务，更是加强科技与经济紧密结合的核心。科技成果转化主要有两条途径：直接转化和间接转化。直接转化包含了科技人员自己创办企业、科研机构与企业开展合作或合同研究、研究机构与企业开展人才交流、搭建科研院所与企业沟通交流的网络平台。而间接转化包含了通过专门机构实施科技成果转化、通过高校设立的科技成果转化机构实施转化，以及通过科技咨询公司开展科技成果转化活动。创新驱动发展战略实施以来，为进一步释放科技力量，中央和地方政府相继密集出台了一系列税收

① 《国务院：落实企业研发费用税前加计扣除政策》，http://www.fstcb.com/news/show-34257.html[2012-09-25]。

优惠政策，在促进科技创新型成果转化方面发挥着重要作用。

目前新修订的《转化法》、《实施规定》以及《促进科技成果转移转化行动方案》中对科技创新型企业的科技成果转化税收优惠主要集中在三个方面：第一，现金奖励减按 50%计入科技人员当月“工资、薪金所得”。依法批准设立的非营利性研究开发机构从职务科技成果转化收入中给予科技人员的现金奖励，可以减按 50%计入科技人员当月“工资、薪金所得”，缴纳个人所得税。第二，对股权奖励，暂不征收个人所得税。第三，对技术转让、技术开发和与之相关的技术咨询、技术服务环节免征增值税。①

三、科技创新企业发展面临的主要税务问题

为促进科技创新企业发展，国家和地方出台了一系列税收优惠政策。但是，当前科技创新企业在发展过程中仍面临着一些税务问题。

第一，管理体制存在障碍，导致税收优惠落实难。一是地方税务部门与科技部门政策协调不力导致税收优惠措施无法落实。我国实行垂直型税收管理体制，导致目前以税收政策为手段，促进企业科技创新政策的效力不足。例如，苏州拟在常熟实施研发储备金制度试点，但是因涉及税收问题，税务部门无法协调而导致实施方案不了了之。“地方税务局都是这样，没有税务总局开口，他们不会实施，省市的税务部门都是执行部门”②。二是不同部门对政策的认定差异导致税收优惠政策无法实施。关税以及进口环节相关税收由海关进行征收。根据对东莞相关部门的调研，尽管地方实施新型研发机构仪器设备进口免税政策，但是海关在认定时却将范围限定为必须在编制委员会办公室登记挂号的新型研发机构，从而导致大多数新型研发机构均无法享受此项税收优惠。“比如说在我们市 16 家与外校建立的新型研发机构中，可能只有几家在编制委员会办公室有挂号，因此也就只有这几家才能享受对仪器设备的进口免税优惠”③。

---

① 《国务院关于印发实施〈中华人民共和国促进科技成果转化法〉若干规定的通知》，http://www.gov.cn/zhengce/content/2016-03/02/content_5048192.htm[2016-02-26]；国务院印发《实施〈中华人民共和国促进科技成果转化法〉若干规定》，http://www.gov.cn/xinwen/2016-03/02/ content_5048323.htm[2016-03-02]；《国务院办公厅关于印发促进科技成果转移转化行动方案的通知》，http://www.gov.cn/zhengce/content/2016-05/09/content_5071536.htm [2016-04-21]。

② 资料来源：课题组赴江苏省调研，2017 年。

③ 资料来源：课题组赴广东省调研，2018 年。

第二，增值税政策细化不足，抑制政策效果发挥。[①]科技创新型企业增值税抵扣链条建立难度较大，导致抵扣困难，一些企业税负不降反升。这主要是因为，不少科技创新企业为小企业，小企业自身无法开具专用发票，需要到税务局代开，手续麻烦，同时，小规模企业开具专票的收入部分，不适用起征点免税的税收优惠。故此类企业一般很少提供增值税专用发票，导致营改增降负的初衷未能完全落实。在实践中，部分企业要求加税点开具发票，部分企业甚至不予开具发票，从而也加大了正规经营企业的实际综合成本。同时，相关政策更新慢也抑制了抵扣链条的建立。例如，苏州某纳米科技企业负责人提到，“我们的材料投入成本很低，但是研发人员人工成本很高，而这一部分却无法抵扣”[②]。可享受税收优惠的行业范围有限，未被纳入优惠范畴的企业税收负担加重。为促进高科技产业发展，国家税务总局已出台针对某些具体产业的税收优惠政策，如对软件产业和集成电路产业的增值税优惠政策，但所涉及行业有限，对于未被纳入优惠行业目录的科技创新型企业而言，普遍反映承担的增值税税率过高。苏州某科技企业反馈[②]，“对我们来说，研发投入了十年，其实这个投入是非常大的，最后的利润中增值税占了 17%，我卖一百块钱，17 块钱就给了政府，剩下的利润还要交所得税。其实我剩下的利润跟传统企业没有多大差别了，谁有动力去创新呢，对吧？”这一结果的出现，也与企业研发创新中，投入材料成本低而大量的人力资本投入又无法实现抵扣的情况有关。

第三，种类繁多的税收政策和措施加大了科技创新型企业交易成本。尽管为促进企业技术创新，各地出台了多项税收优惠或财政补贴政策，如部分税收返还措施，先征再退加大了科技创新型企业经营中的交易成本。此外，各类名目繁多的政策不一定适用于每一类科技型企业，或者并非从企业的实际情况出发的，“对于一些初创型轻资产的科技企业来说，补贴政策可能需要与企业上交的税收金额相挂钩，这使得一些初创型企业很难享受到该优惠政策；有一些补贴政策还要求固定资产的投资要有一定的配比，但是对一些轻资产的企业而言，固定资产相对来说较少，所以也很难享受到这些补贴政策”[②]，从而增加了企业政策搜寻成本，发挥不了减税或财政补贴政策的预期效果。同时，在一些针对特定人群的税收优惠政策中，如针对粤港澳大湾区所引进境外高端科技人才的税收优惠政策，对人才的界定标准需要进一步清晰。

---

① 《国务院关于印发实施〈中华人民共和国促进科技成果转化法　〉若干规定的通知》，http://www.gov.cn/zhengce/content/2016-03/02/content_5048192.htm[2016-02-26]；国务院印发《实施〈中华人民共和国促进科技成果转化法〉若干规定》，http://www.gov.cn/xinwen/2016-03/02/ content_5048323.htm[2016-03-02]；《国务院办公厅关于印发促进科技成果转移转化行动方案的通知》，http://www.gov.cn/zhengce/content/2016-05/09/content_5071536.htm[2016-04-21]。

② 资料来源：课题组赴江苏省调研，2017 年。

针对科技创新企业面临的上述问题，建议进一步完善税收管理体制，进一步根据产业分类，细化增值税纳税抵扣规定，同时，简化税收征管规定，降低企业交易成本，以此为企业科技创新提供积极、有效的支持。

第二节　科技成果转化中涉及的主要税务问题及对策

税负是科技成果转化过程中必须面临的核心问题，相关政策实施不力，则会降低科研机构及企业科技成果转化效率，成为导致科技创新链与产业链之间“肠梗阻”的重要病因之一。现阶段，各地区科技成果转化过程中的税收梗阻主要体现在以下方面。

一、科技成果转化中主要的税务问题

（一）个人股权激励适用税率过高

尽管财税字〔1999〕45号已对科研机构、高等院校转化职务科技成果时所取得的股权，做出了“暂不缴纳个人所得税”及在分红或股权转让时征税的相应规定[①]，但对于科技创新主体高新技术企业而言，科研人员在获得股权奖励时，却需要按照“工资、薪金所得”项目进行纳税。一般而言，科研人员的科技成果转化收入往往会面临需要缴纳最高45%的个人所得税税率。课题组在各地调研中听到的较为普遍的意见是，“个人所得税税率太高了，企业奖励给科技人员的成果转化收入几乎一半缴税了，科技人员没有获得感”。

首先，由于技术研发成功率低、沉没成本高，对少量成功项目采用高税率收税打击了科研人员的创新积极性。江苏科技发展战略研究院认为，“当前的税率是不合理的，按照当前税率，股权作价给科研人员，他要交45%的税，如果是一百万元，其中一半都要被拿走……因为创新有风险，不是说当年启动一个研发项目，这个项目就肯定能成功，十年当中十个项目，可能就一个项目能成功，所以建议

① 《财政部国家税务总局关于促进科技成果转化有关税收政策的通知》，http://www.chinaacc.com/new/63/67/108/1999/5/ad307162011172599914316.htm [1999-05-27]。

按照偶然所得征税”[①]。

其次，科研人员不得不面临技术成果产业化过程中的风险，进一步加剧了其对技术转让高税率的负面评价。在调研中科技企业也反映[①]，“一个科研人员在公司里面辛苦工作，然后他得到了一个股权激励……他是不想要的，因为他需要按照股权价格的45%交税。他每天在这个公司里面工作，做研发、技术创新，税务部门把总价的45%在第一时间拿走了，而且这个科研人员还需承受以后股价波动带来的风险”。

（二）递延纳税政策治标不治本

为解决企业科技人员的成果转化为股权奖励时一次缴纳税收的困难，多地均实行了分期缴税政策，即“在不超过5个公历年度内（含）分期缴纳，并将有关资料报主管税务机关备案”。然而，这一政策治标不治本。

首先，延缓时间有限，科技人员最终必须面临高个人所得税税负。据地方科技管理部门反映[②]，“所谓缓交税，即科技人员有一个成果去入股，在不知道创业成败与否的时候需要先交税；尽管后来出台了递延交税政策，但仍没有解决问题……可能这家公司会亏损，科技人员创业失败了，钱没有了，但欠税务总局的税却一直不会免”。

其次，非上市公司股权激励的递延纳税限制条件多，执行难度大。境内企业必须在股权激励计划、激励标的、激励对象、持有期限、股权期权行权期限等方面满足税务管理部门规定才能享受科技人员递延纳税政策，如若股权激励不符合相关条件，或激励计划未列明所要求条件，或者在后续实施过程中，不再符合相关条件，或未在主管税务机关备案，以及股权激励形式为现金形式，均无法或不再税收递延，必须当期缴税。复杂的限制条件以及后续经营的不确定性，增加了企业享受递延纳税政策的执行难度。

（三）新型研发机构科技成果转化税收细则缺失

近年来，我国各地区新型研发机构井喷式发展，成为科技创新的重要力量，更为破解科研与市场对接“两张皮”痼疾提供了宝贵路径，有效促进了科技和经济发展的深度融合。对于新型研发机构科技成果的转化，目前却缺乏专门的税收政策，从而导致新型研发机构科技成果转化无法享受与科研机构、高等院校职务科技成果同等的税收优惠政策。国税发〔1999〕125号将财税字〔1999〕45号税

---

① 资料来源：课题组赴江苏省调研，2017年。

② 资料来源：课题组赴广东省调研，2018年。

收优惠政策明确为 “科技人员必须是科研机构或高等学校的在编正式职工”。[①]尽管不少新型研发机构有高校背景，但却是“三无”单位，无级别、无经费、无编制；在外界看来，更是典型的“四不像”：不完全像大学、不完全像科研院所、不完全像企业，也不完全像事业单位。在调研中深圳清华大学研究院反映[②]，“科技部有促进知识产权转移的一些办法，但真正落实到基层，比如工商、税务部门层面上还有不明晰的地方。所谓不明晰的地方，比方知识产权转移，按照科技人员的说法，说好 70%归团队，30%归学校，那学校要不要交税？按地方税务局的说法，要交税。那对归团队的 70%部分，税务部门说可以缓交，但学校的这一部分却不可以缓交。比如，某项技术估值 5000 万元，如果 30%归学校的话，那就是 1500 万元，意味着学校还没有得到任何收益就得交税，这是不合理的”。不仅新型研发机构的科研人员无法享受暂不缴纳个人所得税的政策，作为知识产权代表方的高校或相应科研机构更得承担当期缴纳所得税的负担，阻碍了新型研发机构的科技成果转化。

二、破除科技成果转化中税收梗阻的策略研究

2012 年 12 月，习近平总书记《在广东考察工作时的讲话》指出，“我们要大力实施创新驱动发展战略，加快完善创新机制，全方位推进科技创新、企业创新、产品创新、市场创新、品牌创新，加快科技成果向现实生产力转化，推动科技和经济紧密结合”。[③]事实上，随着近年来国家层面及地方各级政府积极鼓励科技成果转化政策的出台，我国科技成果转化开始进入快速发展阶段，但为更好地实施创新驱动战略，促进科技与经济的更好融合，仍需以上述问题为鉴，完善税收征管机制，破除税收“肠梗阻”，打通科技成果转化通道，提升科技成果转化率。

（一）降低科技成果个人股权激励适用税率

现阶段，直接降低企业科技成果转化中科研人员适用税率，是调动科技人员创新积极性，促进科技成果转化简而易行的方法。考虑到科技创新的风险性，对

---

① 《国家税务总局关于促进科技成果转化有关个人所得税问题的通知》，http://www.shui5.cn/article/1a/34568.html[2009-10-23]；《财政部 国家税务总局关于促进科技成果转化有关税收政策的通知》，http://www.chinaacc.com/new/63/67/ 108/1999/5/ad30716201117259991 4316.htm[1999-05-27]。

② 资料来源：课题组赴广东省调研，2018 年。

③ 《实施创新驱动发展战略，推进以科技创新为核心的全面创新》，http://theory.people.com.cn/n1/2016/0315/c402884-28199122.html[2016-03-15]。

于属于国家鼓励发展的高科技新兴产业，企业或相关科研部门技术人员的科技成果转让所得现金或股权激励不再按照工资、薪金所得累进征税，而是按照偶然所得，作价后实施 20%的税率（曾利萍，2019）。

（二）优化税收征缴时间点

首先，实施弹性化的征税递延期。在现有五年递延期基础上，考察各科技成果实际转化情况，给予纳税主体更具弹性的时间限度，以提高项目获利后再征税的概率，减轻科技创新主体税负压力。

其次，逐步取消企业科技成果转化初期个人股权激励的所得税负。现阶段，科技人员在取得股权激励和转让股权两个环节均需缴纳个人所得税，二者累加增加了科技人员税务负担，也增加了科技人员科技成果产业化经营压力。对此，广州市税务局提出，对于科技成果转化经营失败的企业，“相关技术人员进行权益处置后没有取得收益或资产，或取得的收益或资产不足以缴纳其取得股权尚未缴纳的应纳税款部分，税务机关可不予追征”。尽管此举一定程度上有助于缓解科技人员成果转化经营压力，但从长期来看，地方税务管理部门应在考虑地区税收收入基本稳定的前提下，逐步取消取得股权环节的个人所得税负，这才是进一步调动科技人员创新积极性、促进其科技成果转化的长期之道。

（三）细化新型研发机构科技成果转化税收优惠政策

首先，明晰新型研发机构科技成果转化税收优惠措施。目前，仅广东就有经科技厅认定的新型研发机构 200 多家，在制定科技成果转化税收优惠措施时，应了解和区分新型研发机构类型，调研新型研发机构科技成果转化实践中面临的问题，对症下药，提高政策针对性。

其次，新型研发机构科技成果税收政策应就宽不就严。建议参照现有的高校和科研机构职务科技成果转化政策，对其科技人员取得的股份暂不缴纳个人所得税，可在股权转让时再行缴纳。

第三篇　科技与经济融合：主要地区的实践

第九章　科技与经济融合：地区实践

围绕体制机制创新，促进科技与经济深度融合，课题组在深度调研基础上，全面且深入地了解了各地区在促进科技与经济融合的体制和机制方面取得的成效和面临的困难，并在此基础上形成了各地区的调研报告。

作为民营经济发达的地区，广东和浙江在促进科技创新和科技成果转化方面，最典型的特征体现为积极发挥企业的创新主体作用。广东通过大力布局新型研发机构，搭建多层次创新平台，以及有效整合供应链、产业链，构建了以企业为主体的创新驱动发展的良好生态系统。浙江则通过建设重点企业研究院来提升产业链整体水平，通过建设杭州高新区（滨江）来促进创新创业，通过建设网上科技大市场等中介机构来完善科技成果转化的生态体系，通过搭建浙江省科技创新云服务平台（以下简称云平台）来集聚创新资源，通过建立新型政企关系来推动区域内的科技资源集聚与科技金融深度融合。

北京、上海和江苏科教创新资源丰富，政府在促进科技创新过程中的引导作用不容忽视。其中，北京发挥全国科技创新中心先行先试的政策优势，积极改革科技管理体制，推动政府职能转变，完善激励机制，调动创新主体积极性；引导大企业搭建创新平台，构建协同创新网络，并发展“双创”服务体系；创新科技型中小企业培育支持方式，以及完善区域协同创新机制，发挥辐射带动作用。上海市则着力构筑科技创新中心的“四梁八柱”，通过建设综合性国家科学中心、研发与转化功能型平台、创新集聚区以及推动创新创业，形成了从源头创新到产业创新、再到落地，最后到营造全社会创新氛围的全方位体系。同时，上海还通过改革政府管理体制机制，完善科技成果转化的生态体系，为科技创新提供制度保障。江苏在促进科技与经济融合方面走在了全国前列，除了有系统的科技创新政策、科技人才引进政策外，江苏省实施创新驱动战略最为突出的经验就是突破体制机制障碍，建设科技创新服务平台，搭建起了科研机构与企业间的桥梁，打通了科技创新到技术应用间的通道，有效促进了科技与经济的深度融合。

其他地区促进科技与经济融合的实践也各有特色。湖北充分利用集聚科研院所、科技成果较多的优势，制定了多项改革措施与创新举措，大力发展科技创新型企业。四川则充分发挥科技金融抓手作用，坚持“军民融合”战略，释放军工企业服务地方经济的巨大能量。对于经济欠发达的贵州，则将准确把握和发展大数据作为突破口，强调顶层设计，形成政府领跑、企业群跑的积极创新局面[①]。

第一节　广东推动科技与经济融合的实践

经济的跨越式发展离不开科技创新。广东作为经济强省，改革开放以来保持了高速的增长。这既得益于充分发挥了市场化环境优势和发扬了“敢为人先”的开拓精神，也归功于通过一系列措施逐渐弥补了科教资源等创新薄弱环节，有效地促进了科技与经济的深度融合。

一、引言

习近平总书记在党的十九大报告中指出：“创新是引领发展的第一动力，是建设现代化经济体系的战略支撑。”[②] 2016年《中华人民共和国国民经济和社会发展第十三个五年规划纲要》明确了今后五年经济社会发展的主要目标任务，强调保持经济中高速增长，推动产业迈向中高端水平。到2020年国内生产总值和城乡居民人均收入比2010年翻一番，“十三五”时期经济年均增长保持在6.5%以上[③]。但是，科技与经济“两张皮”的问题仍然比较突出，抑制了经济快速发展。抓创新就是抓发展，谋创新就是谋未来。2012年12月，习近平总书记在广东考察时指出：“我们要大力实施创新驱动发展战略，加快完善创新机制，全方位推进科技创新、企业创新、产品创新、市场创新、品牌创新，加快科技成果向现实生产力转化，推动科技和经济紧密结合。”[④]

---

① 本部分主要内容根据实地调研资料整理研究。

② 《习近平：决胜全面建成小康社会 夺取新时代中国特色社会主义伟大胜利——在中国共产党第十九次全国代表大会上的报告》，http://news.cnr.cn/native/gd/20171027/t20171027_524003098.shtml[2017-10-27]。

③ 《中华人民共和国国民经济和社会发展第十三个五年规划纲要》，http://www.xinhuanet.com/politics/2016lh/2016-03/17/c_1118366322.htm[2016-03-17]。

④ 引自《在广东考察时的讲话》（2012年12月7日~11日），《习近平关于科技创新论述摘编》，中央文献出版社，第13页。

广东作为我国改革开放的先行地，在科技创新方面走在全国前列，营造了相对良好的创新创业环境。区域创新能力在 2017 年跃居全国第一，打破了江苏过去 9 年保持的首位格局①。课题组通过实地考察，对广东省广州市、深圳市、东莞市科技与经济融合状况进行实地调研，调研单位包括政府部门、高新技术园区、新型研发机构、行业协会、各类型企业等。在此基础上，课题组对经验和问题进行了认真、细致的总结和梳理，形成了本节内容。

二、广东科技创新环境

广东在发展的过程中，凭借改革开放之先的有利条件，毗邻港澳的独特地缘优势，无论在生活方式还是价值理念、文化精神方面，均孕育了诸多富有改革创新时代精神的观念，并且辐射、影响到全国，推动了我国现代化的进程。在改革开放的进程中形成的市场化环境和效率优先意识极大地促进了生产力的发展，社会变革中呼唤出来的适应社会主义市场经济体制的敢为人先、奋发进取、朝气蓬勃的巨人精神孕育出了独具特色的广东文化，在此基础上衍生出来的竞争意识、契约意识、创新意识、全球意识、公平正义意识，为广东的发展营造了良好的“软环境”。

乘改革开放之春风，广东省步入了经济快速增长阶段，2016 年广东省地区生产总值 80 854 亿元，连续多年地区生产总值处于全国首位，综合实力稳居全国前列②。2016 年研发投入 2035 亿元，占地区生产总值的比重从 2010 年的 1.76%提高至 2.52%③；2017 年有效发明专利量达 20.85 万件，连续 8 年居全国第一，国际专利申请量达 2.68 万件，占全国比重超过 50%，连续 16 年居全国第一④。技术自给率从 2010 年的 65.3%提高到 2015 年的 71%，接近创新型国家和地区水平；科技进步贡献率超过 57%⑤。全省区域创新能力综合排名在连续 9 年位居全国第二后，于 2017 年超越江苏一举成为全国第一；国家自主创新示范区、国家高新区建

① 《中国区域创新综合能力排名大变！江苏 9 年盟主地位被广东取代》，https://www.jfdaily.com/news/detail?id=72132[2017-12-26]。

②《2016 年广东 GDP 修订后大增 1342.86 亿，首次突破 8 万亿》，http://www.askci.com/news/finance/20171206/100429113420.shtml[2017-12-06]。

③ 《2016 年广东省 R&D 经费投入突破 2000 亿元》，http://stats.gd.gov.cn/tjkx185/content/post_1427918.html[2017-07-26]。

④《广东 PCT 国际专利申请量连续 16 年居全国第一》，https://baijiahao.baidu.com/s?id=1591828747396400158&wfr=spider&for=pc[2018-02-18]。

⑤《从要素驱动到创新驱动广东初步迈入创新型地区行列》，http://www.gd.gov.cn/tzgd/gdtzdt/201601/t20160128_224373.htm[2016-01-28]。

设取得重大突破，省重大科技专项和承担的国家重大、重点项目顺利实施。

总体而言，目前在广东省区域经济方面，广东省各区域重心各异，呈现区域共同协作的格局。珠三角地区依托 7 个优势行业，即计算机、通信和其他电子设备制造业、电气机械和器材制造业、汽车制造业、化学原料及化学制品制造业、通用设备制造业、专用设备制造业，形成了以深圳、广州为龙头，珠三角其他各市分工互补的“1+1+7”创新发展格局，并通过“一廊十核”科技创新走廊、“三网两枢纽”综合交通体系一以贯之。与此同时，粤东西北在电力、热力生产和供应业、金属制品业、纺织服装业、橡胶和塑料制品业、石油和天然气开采业等行业具有比较优势。广东省积极发挥这些地区的优势，同时加快其创新驱动发展步伐，通过布局重大创新平台以及发动珠三角各市加强对粤东西北的科技对口帮扶推动区域协同发展。

三、广东推动科技与经济融合的举措

（一）创新政府服务企业模式，形成以企业为主体的创新体系

《“十三五”广东省科技创新规划》的数据显示，90%以上的研发人员、90%以上的研发机构、90%以上的研发资金、90%以上的专利产出来源于企业，70%以上的省级重大和重点科技计划项目由企业牵头或参与。[①]因此，广东省在制定科技政策时充分以市场和企业的需求为导向，以充分激发企业的创新活力。

1. 以企业成长为主线，构建全链条资金支持模式

1）建设科技创新企业数据库，实现精细化管理

科技型企业在成长的过程中要经历导入期、成长期、成熟期和壮大期的生命周期，在不同时期有不同的资金需求和发展战略，为了对科技型企业进行全生命周期的管理，广东省出台了一系列的政策。例如，广州市在 2015 年出台了《广州市科技创新小巨人企业及高新技术企业培育行动方案》[②]，围绕高新技术企业的要求，进一步完善财政支持政策，构建了一条“科技创新小微企业—科技创新小巨人企业—高新技术企业”的全链条政策体系，高新技术企业自上而下形成了一个“金字塔”形梯次结构；引导创新资源和创新服务向科技创新企业集聚，不断壮

① 《广东省科学技术厅 广东省发展和改革委员会关于印发〈“十三五”广东省科技创新规划（2016-2020 年）〉的通知》，http://gdstc.gd.gov.cn/gkmlpt/content/0/632/post_632181.html [2017-05-11]。

② 《关于印发广州市科技创新小巨人企业及高新技术企业培育行动方案的通知》，http://www.gzhea.org.cn/Article/20151201/4188.html[2015-12-01]。

大高新技术产业群，培育具有国际竞争力的优质企业。

为了跟踪和服务科技企业的发展，广州市建设了科技创新企业数据库，绘制了一幅清晰的企业创新蓝图。通过建设科技型中小微企业技术创新公共服务平台，达到了创新创业信息及时推送的效果，有效地消除了政府部门和科技型中小微企业之间的信息壁垒，提高了信息透明度，提高了资金的使用效率和扶持效果，对在数据库中的中小微企业，通过科技型中小企业技术创新资金专项，同时综合运用科技信贷、创业投资、创新券等工具，对中小微科技企业特别是在种子期、初创期的研发创新活动进行支持。当科技型企业发展到一定的规模，同时研发人员、研发投入和知识产权等指标达到一定条件后，企业将被纳入科技创新小巨人企业数据库，政府将对其予以重点扶持。当企业进一步发展壮大，科技实力进一步增强时，科技创新型小巨人企业将进入省高新技术培育库，优先享受信贷风险补偿、贷款贴息、创业投资补助、上市辅导等一系列科技金融政策服务。

2）依托高新区的孵化作用，构建全链条支持体系

高新区作为科技型企业孵化的“重镇”，担负着从要素集中、企业集聚的产业基地到创新型产业集聚的重任，是实现从工业经济向知识经济、创新文化和现代生态文明和谐社区增长极跨越的“火车头”。广州市高新区作为广东省建设国内领先科技园区重点试点地区，于 2017 年 10 月启动了“独角兽”企业遴选和培育工作，全面实施企业成长路线图计划，构建“初创企业—瞪羚企业—独角兽企业”的企业成长全链条支持体系，为不同阶段的企业制定分层分类的支持措施，构建更加完善的新经济企业生态圈，为企业的发展壮大提供更好的“土壤”和更充分的“养料”。其中，针对初创型企业，核心是鼓励企业创业创新；针对瞪羚企业，重点解决这些高成长企业发展过程中遇到的共性问题；针对独角兽企业的成长阶段特点，则提供“一企一策”“一对一”的支持措施，帮助其释放增长潜力。从初创企业成长为瞪羚企业，需要经历“死亡谷”的考验，只有成功跨越创业“死亡谷”，商业模式得到市场认可，才能进入爆发式增长阶段；从“瞪羚”成长为“独角兽”，则对企业的技术、资金以及发展模式都是更大的考验，因此需要对瞪羚企业进行专项资金补贴，使其能够持续在技术研发投入上敢于不断“烧钱”，满足企业自身发展需要的同时，也成为高新区创新驱动的排头兵，不断为高新区的创新注入活力和动力。科技部火炬中心发布的《国家高新区瞪羚企业发展报告 2017》显示，2016 年全国高新区的瞪羚企业达到 2567 家，广州高新区有 111 家，占总数的 4.32%，在全国 147 个高新区中位居前列，111 家瞪羚企业的平均营业收入达 5.52 亿元，2014 ~ 2016 年平均复合增长率为 35%。①而全国 196 家连续三年被评为瞪羚企业的企业中，广州高新区独占 17 家，位居全国第二，仅次于北京中关村，

① 《国家高新区瞪羚企业发展报告 2017》，http://www.most.gov.cn/kjbgz/201711/t20171108_136082.htm[2017-11-09]。

领先于上海张江高科技园区，显示出强大的科技创新能力。

通过对科技型企业进行分层次、分阶段的全链条式管理，形成科技型企业发展壮大的完整路径，使科技型企业的产生和发展具有源头活力和终端动力，为广东省的高新技术企业发展奠定了良好的政策基础。2015 年广东省经国家认定的高新技术企业有 11 105 家，到 2017 年已经接近 22 000 家，不到两年的时间翻了接近一倍。

2. 依托行业龙头构建产学研技术创新体系

企业在研发中占据主体地位，因此广东积极构建以面向企业需求为导向的产学研结合体系，具体做法有：①依托重点项目带动产业关键技术的发展。通过企业提出产业发展技术的需求，发挥企业和企业家在创新决策中的重要作用，建立常态化、高层次的企业技术创新对话、咨询制度，成立 2 亿~3 亿元的重大专项经费，经过专家论证形成产业重点支持的方向。②通过组建产业创新联盟，把各技术领域、细分领域和产学研各方联合起来。产业创新联盟以企业为主体，高等学校、科研院所积极参与，以政府投入为引导、科技金融为支撑，组织推动从源头创新到成果产业化全链条的协同创新。目前已经形成了 140 多个产业创新联盟。例如，广州产学研协同创新联盟框架下的人工智能联盟由科大讯飞股份有限公司、广州亿航智能技术有限公司、华南理工大学等 11 家企业、高校、研究机构共同发起组建，致力于构建产学研紧密结合的技术开发、应用、推广体系，形成较强的技术研发和成果转化能力。2017 年 11 月 20 日在广州成立的中国互联网交通运输产业创新联盟，汇集了中国交通通信信息中心、腾讯、阿里巴巴网络技术有限公司（以下简称阿里巴巴）等 50 多个成员单位。③成立以行业龙头企业为主体的技术创新中心。以行业龙头企业为发起者，带动行业中小企业，以共同出资的方式成立实体化的独立法人单位，以解决行业最关键、最前沿的技术问题；高校和科研院所则以技术入股的方式加入，一旦形成了研究成果就通过技术中心的平台提供给成员企业。因此，技术中心存在的意义不在于本身的增值或为股东分红，而在于将产生的技术成果用于企业的投资，通过成员企业的发展显示其存在的价值和意义。例如，目前已经成立的广东省印刷及柔性显示创新中心，为广东聚华印刷显示技术有限公司在广东省、广州市政府的大力支持下获准承担组建，构建了一个从基础到应用及成果转化完整的印刷显示技术创新体系。

3. 通过企业内部科教创新平台带动产业发展和人才培养

习近平总书记在“三会”合一的科技大会①上指出：“企业是科技和经济紧密结合的重要力量，应该成为技术创新决策、研发投入、科研组织、成果转化的主

① 全国科技创新大会、两院院士大会、中国科协第九次全国代表大会，2016 年 5 月 30 日。

体。”[①]广东省政府按照“政府引导、企业牵头、多方参与、独立运作”的原则，鼓励企业设立创新平台，并探索企业培养创新人才的模式，走出了一条“以大平台支撑大学科，以大学科支撑大产业，以大产业带动大教育”的新模式，将产学研进行了有机结合，形成了科学、产业、教育并重的混合发展战略，取得了良好的效果。首先，鼓励企业建立科研技术平台。广东省政府发布了《广东省科技创新平台体系建设方案》等一系列政策，鼓励企业建立创新平台，目标在2020年建成领域布局合理、功能层次明晰、创新链条全面，具有广东特色和优势的科技创新平台体系。在相关政策下，涌现出了以华大基因、大疆创新等一大批以平台建设支持技术创新的高新技术企业。例如，华大基因结合自身优势，建立了包括基因测序平台、质谱平台、信息中心平台等多个创新平台，实现了从中心法则到结构与功能的贯穿研究，构建出了生物技术和信息技术融合的网络体系，为众多科研人员提供了良好的科研平台和研发环境。其次，鼓励“企校”联合培养创新人才。广东省政府鼓励企业采取国内外高校联合培养模式，与国内外知名高校建立教育合作关系，采用“2.5+1.5+X”或“3+1+X”的模式开展联合培养计划，通过校企合作的方式为自身培养和输送人才。例如，华大基因积极推动校企合作进行人才的联合培养，面向全国生物（医学）、数理及计算机等专业的大学生开办基因组及生物信息学暑期学习班，吸引了来自香港中文大学、北京大学、南开大学、武汉大学、中山大学、华中科技大学、华南理工大学等多所知名院校的上百名学生来到华大基因进行学习和实践；同时，华大基因选拔部分优秀学生参加其与哥本哈根大学等国际名校合作的博士生联合培养项目。广东省政府通过企业创新平台的建设和企业创新人才的培养，集聚了海内外优势创新资源，提升了产业技术创新能力，推动和引领了产业技术发展。

（二）大力布局新型研发机构，加快科技成果转化

新型研发机构是新时期集聚高端创新资源、吸引高水平创新团队、开展产业关键技术研发、加速科技成果转化、支撑产业转型升级的新平台。相比传统研发机构，新型研发机构的“新”主要体现为：机构建设模式新、管理运作机制新、科研主攻方向新、创新组织方式新、成果转化路径新、创新融资渠道新。广东省新型研发机构在全国起步较早，1996年12月，清华大学和深圳市政府合作建立深圳清华大学研究院，揭开了广东省新型研发机构建设的序幕。2005年启动的“三部两院一省”（科技部、教育部、工业和信息化部、中国科学院、中国工程院、广

---

① 《为建设世界科技强国而奋斗——在全国科技创新大会、两院院士大会、中国科协第九次全国代表大会上的讲话》，http://www.xinhuanet.com/politics/2016-05/31/c_1118965169.htm[2016-05-31]。

东省）产学研合作协同创新，有效促进了高校及研究院所和海外优质创新资源向地方集聚。目前新型研发机构作为广东创新驱动的重要抓手，已成为广东现代经济体系建设的重要战略力量。

广东建设新型研发机构的经验主要是政府大力支持，市场化运作机制，构建完善的孵化体系，发展多元化的项目组织形式和科技成果转化体系，具体如下。

1. 政府大力支持

广东省委、省政府高度重视新型研发机构建设。2009年起，广东省与中国科学院开展了全面战略合作，引导和支持全国高校及科研机构，尤其是国家重点高校、中科院科研院所，与广东的产业界开展自主创新全面合作，到广东创建各种类型的创新平台。可以说，广东省绝大部分新型研发机构是广东省着力推动省、部、院产学研合作的产物。

同时，广东省采取一系列重大举措推动新型研发机构建设。近年来，广东省政府将新型研发机构建设作为全省促进创新驱动发展的“八大抓手”中的第二大抓手，纳入对地方党委、政府的重要考核内容，在省级层面有力地推动了全省新型研发机构工作的快速发展。

同时，广东省出台了包括《关于支持新型研发机构发展的试行办法》在内的一系列政策来支持新型研发机构建设。通过这一系列的政策文件明确了新型研发机构的身份定位，使新型研发机构在政府项目承担、职称评审、人才引进、建设用地、投融资等方面可享受国有科研机构待遇，经省科技厅认定的省新型研发机构以省政府名义授牌。此外，广东省内的各个市政府也结合自身实际纷纷出台政策扶持新型研发机构发展。全省上下形成了鼓励新型研发机构发展的良好政策环境。

2. 采用市场化运作机制

广东的新型研发机构通过企业化模式进行运作，提升了运营效率，其中以深圳清华大学研究院、广东华中科技大学工业技术研究院为典范。深圳清华大学研究院首先提出了研究院是一个“四不像”的主体：既是大学又不完全像大学，文化不同；既是科研机构又不完全像科研院所，内容不同；既是企业又不完全像企业，目标不同；既是事业单位又不完全像事业单位，机制不同①。深圳清华大学研究院在投入、用人、激励三方面进行创新，对接市场标准，如投入机制上，无财政拨款，完全依靠市场，滚动发展；用人机制上，除极个别院领导有事业编制外，

① 《“四不像”研究院培育出 21 家上市公司》，http://baijiahao.baidu.com/s?id=1638947808694620922&wfr=spider&for=pc[2019-07-13]。

其余人员均无事业编制，采用全员聘用的方式；在激励机制上，研发团队可以分享技术股权，管理团队则合法持有股权。在绩效管理上不唯学历，完全根据科研人员的科研成果在市场中创造的价值来进行绩效考核。广东华中科技大学工业技术研究院的定位则是企业化运作的事业单位，采用了“三无三有”的新型科研体制设计，三无指的是无级别、无编制、无固定运营费；三有指的是有政府的大力支持，有市场化盈利能力和有创新创业与创富相结合的激励机制。

3. 构建完善的孵化体系

包括深圳清华大学研究院、广东华中科技大学工业技术研究院等在内的新型研发机构建立了完善的科技创新孵化体系，从而保障了新型研发机构的可持续发展与壮大。以深圳清华大学研究院为例，1999 年 8 月，深圳清华大学研究院联合社会资本创建“深圳市清华创业投资有限公司”（2015 年更名为“力合集团”），建立起研究院创新孵化体系中完全市场化、专业化的公司平台。在发展过程中，力合集团逐步建立了完善的科技创新孵化体系，形成了科技服务、科技金融、科技产业、创新基地、投资并购、国际合作等业务板块齐头并进、深度融合的良好发展格局。力合集团通过为高科技企业提供研发支持，构建了政府出资引导、企业提出需求、高校研发创新的“逆创新”平台，通过与企业联合共建工程技术研究中心，解决中小微科技企业科研基础能力差、高端人才招聘难的问题，增强企业技术创新能力。截至 2016 年底，力合集团共计引进和孵化了 1600 多家高科技企业，培育企业市值超过 1500 亿元，其中有 20 家在 A 股成功上市，20 家在新三板挂牌。

广东华中科技大学工业技术研究院则通过推动“华科城”品牌系列孵化器建设与投资体系建设来完善科技创新孵化体系。“华科城”是科技、资本、产业三链融合的典型平台。“华科城”品牌系列孵化器采用“众创空间—孵化器—加速器”全链条孵化模式，为企业提供孵化、高端技术、投融资三大服务。“华科城”与各地政府积极合作，全面共享国家级科技企业孵化器建设、运营经验，2017 年已经在松山湖等地建设了 7 个孵化园区，孵化企业 350 余家，其中持股孵化企业 50 家。华中科技大学工业技术研究院从种子基金、风险投资资金、PE 资金和 Pre-IPO 基金四个层面建立投资体系，发起成立了华科松湖 PE 基金，建设了国有全资、混合所有制、全民营等不同性质的各类投融资主体，对处于不同阶段的企业提供投融资服务。

4. 发展多元化的项目组织形式和科技成果转化机制

广东的新型研发机构采用了多元化的项目组织形式，以适应不同项目特点与需求，提高项目的推进效率。广东华中科技大学工业技术研究院主要通过承接横向项目获取运营及发展经费，在实践中摸索出一条针对企业需求提供从技术方案设计，到生产线改造升级，再到整厂项目改造的全链条支持路径。以承担整厂项目改造为例，华中科技大学工业技术研究院在其中实际上扮演了总包的角色，在项目推进时，华中科技大学工业技术研究院主要发挥技术研发的优势，同时对接设备供应商等部分，将一些非核心的业务外包出去，提高项目运作的效率。

深圳清华大学研究院在实践中发展出三类成果转化机制。第一类是直接转让，即研究院将自身的部分专利直接转让给其他公司。第二类是培育转化，即研究院依托自有科研人员和平台，通过引进外来技术对有明确市场需求的研发项目进行共同研发。待研发成功后，由原有科研团队与研究院共同分享研究成果，研究院获得原始股份。第三类是联合转化，研究院引进国内外拥有相对成熟且有广阔市场的技术团队，为其提供资金、平台、市场推广与知识产权保护服务，从而共同进行成果转化。

（三）依托高交会等“面对面”平台，搭建科技成果转化“直通车”

广东积极搭建交流对接平台，推动科技成果转化、产业化，促进国际和区域的经济技术交流与合作，高交会就是其中典型的代表。高交会每年在深圳举行，有“中国科技第一展”之称。高交会是一个综合、立体的展示平台，各类科技创新产品都有展出，参展的观众也更加多元化，囊括各个年龄层、各个职业领域的观众，因此高交会对创新企业来说是一个极佳的展示平台，企业不仅可以便利地与各国企业客户对接，而且可以直接听到大量用户对产品的反馈、建议。总体而言，高交会的作用体现在以下三个方面：一是充分发挥了中介组织的项目评价功能。首届高交会就探索引入多类型、多领域的中介机构，为技术交易提供筛选推荐、项目论证、技术鉴定、产业政策咨询、法律咨询等服务。二是率先提出成果交易与风险投资相结合的交易形式，邀请众多风险投资机构、金融机构参会。例如，初创期的腾讯就是通过高交会拿到了第一笔风险投资——美国国际数据集团（international data group，IDG）与盈科数码共同投资的 220 万美元。三是打造常态化运作机制，建立网上信息系统，有助于技术供需双方交流沟通，还设置了常设交易市场，为成果交易和产业化提供长期服务。除了深圳每年举办的高交会，广州也于 1998 年开始举办中国留学人员广州科技交流会，这是全国最大的海外人才交流平台，按照国际化、专业化、市场化、信息化的原则，办会内容正逐渐从“人才交流”向“人才交流+成果交易”转变、参会群体由“高层次人才”向“高层次人才+高技能人才”转变，办会模式由“政府主导”向“政府引导+企业主导”转变，通过这种海外人才引进科技项目进行路演，与风投、创投机构一对一洽谈的方式，有效地满足了科技成果转化资金端的需求。此外，一些大型论坛如 2017

年广州《财富》全球论坛等也为未来科技经济的发展引领和推动，对企业在新一轮科技创新和全球化背景下的发展策略指明了方向。通过这些“面对面”的平台，不仅向全社会传递了一种科技创新的思维方式，也为科技成果转化开了一辆“直通车”。

（四）搭建多层次创新平台，大力发展科技金融

广东省近年来大力发展各类创新平台，激发社会各层次人群的创新活力。例如，深圳市重视多层次科技创新载体的建设。深圳市科技创新委员会（以下简称科创委）在支持高层次创新载体方面，出台了包括创立十大基础研究机构，建设十大科学实验室，引进十大诺贝尔奖获得者的三项“十大行动计划”，并以其为依托，吸引国内外的优秀创新人才和创新团队，促进深圳科技力量的发展壮大；另外，深圳市科创委也重视发展普惠性载体，鼓励众创空间、创客空间建设，营造了一种良好的创新创业氛围，为相关人才、技术、资金的融合提供了有效的渠道。

较高的信息不对称和研发的不确定性是制约科技型中小企业从银行渠道获得资金的主要因素，常见的银行贷款往往基于企业的有形资产规模和盈利能力，科技型企业作为轻资产型企业，大量的资产是知识产权、研发人员等无法准确估值的无形资产，同时初创期研发投入巨大，以及产品尚未得到足够的认可，这使得中小微科技型企业在融资时受到极大的约束。没有资金就无法继续推动创新，以致科技成果到最终形成大众认可的产品这一环节无法打通，因此需要财政引导资金来撬动社会各方资金尤其是商业银行资金，为中小微科技型企业的发展注入流动性。通过财政拨款设立风险补偿资金，降低银行在对科技型中小企业贷款过程中的风险暴露水平，能够提高银行对科技型中小企业的贷款意愿。对此，广东省科技厅通过与银行进行合作，探索银行对中小微科技型企业的创新贷款模式，通过改变原有银行在贷款时完全依赖财务报表的方式，采用一个企业技术流、能力流、财务状况的加权评分法，对科技型企业的发展潜力和未来盈利能力做出一个比较客观的评估，其中能力流和技术流占据评分的60%，财务状况则只占40%，并且在 7 个地市试点的过程中根据各地的情况对企业的评分法则不断完善和改进。广州市作为一个试点地区，在2015年发布了《科技型中小企业信贷风险补偿资金管理办法》(以下简称《管理办法》)，推动银行加大对科技型中小企业的贷款支持力度，对合作银行为科技型中小企业提供贷款所产生的本金损失进行有限补偿。根据《管理办法》，广州市财政局负责科技信贷风险补偿资金的预算和资金安排，广州市科创委负责确定科技信贷风险补偿资金合作银行及信贷资金池重点支持产业和对象，具体的资金运作则交由广州市科技金融综合服务中心。科技金融

综合服务中心在合作银行设立资金专户并通过合作银行发放贷款。合作银行对中小企业贷款所形成的损失，与财政风险补偿资金池之间进行 1∶1 的分担。同时，通过市场化主体的运作，提高了风险补偿资金的使用效率，广州市科技金融综合服务中心作为一个国有控股的市场化主体，可以通过扩大经营范围，在广州周边地区建立分中心，与当地金融机构对接，进一步增强资金的放大功能。目前已为近 800 家科技型中小企业提供超过 70 亿元的科技信贷，规模位居全国前列。

通过财政资金和银行风险共担的模式，调动了银行贷款的积极性，降低了银行贷款的风险，从而使科技型中小企业的融资难、融资贵的问题得到解决。除了促进科技信贷发展，广东还积极发展风投、创投等直接融资。相比于深圳众多的民营风险投资机构，广州的风险投资机构数量较少，因此广东专门成立了一个全资的创业投资机构——粤科金融集团有限公司，这是广东省科技厅的下属国有机构，通过政府引导基金和市场化运作基金相结合的方式，既兼顾了战略性新兴产业发展的需求，也兼顾了集团的经济效益，通过不断地盈利来发挥更大的投资杠杆效应，达到进一步放大财政资金倍数的作用。同时，为了大力促进民营的风险投资机构在广州聚集，广州市于 2017 年正式发布了《广州市黄埔区、广州开发区促进风险投资发展办法》，设立高达 100 亿元的全国最大风险引导基金，对新落户的实缴注册资本达到 30 亿元以上的风险投资机构给予 2000 万元的落户奖。①

（五）整合供应链、产业链，打造企业发展良好生态

广东省根据自身资源禀赋积极提升区域产业竞争力，强调产业链条上的集中度和匹配度，通过产业链整合，强化了产业链上的薄弱环节和关键环节，提高了整个产业链的运作效能，将产业链的竞争优势转化为企业的竞争优势，为企业发展创造了良好环境。

首先，完善产业技术创新体系。广东省围绕产业链部署创新链，推进构建以企业为主体、政产学研用结合的新兴产业技术创新体系，具体措施包括强化重大科技基础设施建设、组织实施重大科技专项、加快重大创新平台建设。

其次，整合重点行业产业链。广东省按照“培育龙头企业、引进大项目、完善产业链、培育产业集群、打造世界级产业基地”的发展思路，积极出台相关政策推动信息技术产业，推动生物、高端装备与新材料、绿色低碳、数字创意等支柱产业链协同发展，通过优化增量和调整存量，推动新产业、新业态加快发展和集群发展，打造了一批产业链条完善、辐射带动力强、具有国际竞争力的战略性

① 《广州市黄埔区、广州开发区促进风险投资发展办法》，http://www.gz.gov.cn/qx/hpqrmzf/zcjd/zcjd/content/post_5651546.html[2019-04-11]。

新兴产业集群，形成规模效应、协同效应和叠加效应，将广东建设成为全国战略性新兴产业发展重要策源地。完善的产业链为当地科技型企业的发展创造了竞争优势。例如，深圳大疆创新能在国际无人机市场的竞争中胜出的一个重要原因就是得益于广东省内优越的产业环境以及完整的产业链，使其能够在研发效率和投产速度上领先其竞争者，实现研发与生产的无缝对接，研发成果及时落地实施。

四、广东推动科技与经济融合过程中面临的困难

（一）科教资源不足，制约产业进一步发展

广东的科教资源比较薄弱，与广东经济第一大省的地位明显不匹配。2017 年教育部公布的“双一流”建设高校一共有 42 所，其中北京有 8 所，上海有 4 所，陕西和湖南各有 3 所，广东仅有 2 所。两院院士和国家级重点实验室数量也明显少于江苏。深圳、佛山、东莞等经济大市缺乏本土名校。这是广东的历史发展路径遗留的问题，也是相比沿海和内陆其他科教大省所独有的问题。由于广东先发展产业后推动科技发展，广东的科教资源发展速度跟不上经济的发展速度，与北京、上海、江苏等地相比，广东的科技力量存在先天不足的缺陷，名牌高校、大院大所、大科学装置等科技资源相对较少，使得广东在吸引高新企业、研发机构、科技人才方面存在较大劣势，本土培养的科技人才数量也远远不能满足产业发展的需求，较大地阻碍了许多高精尖产业的发展。例如，广东省的医药产业基础很好，但是由于缺乏一些大型试验平台和相应的专业人员，大型医药企业都倾向在北京、上海发展，由此难以形成医药产业集群。因此，作为一个定位为全国科技创新中心的大省，未来广东应该从世界创新体系的角度来考虑问题，形成一批源头创新活跃的高校和科研院所。

（二）高素质人才的匮乏，缺乏创新的原动力

创新驱动本质上是人才驱动。近年来，区域人才竞争愈发激烈。广东作为改革开放的先行省份，在改革开放初期对人才有较大的吸引力，出现了“孔雀东南飞”的人才潮。这些外来人才对广东的科技和经济发展做出了重大贡献。但随着我国改革开放不断深入，经济社会不断发展，国内其他地区对人才的培养和吸引力度也不断加大，广东近年来对人才的吸引力已相对弱化。

一方面，广东受制于科教资源不足，本土培养的人才还不足以完全满足产业对人才的巨大需求。目前，广东劳动力的素质仍有待提高，每万人拥有硕士学位、

博士学位的人员数量位于国内省区市的中下游位置，高层次理工科类和金融类人才明显不足。因此，2017 年 12 月广东省委组织部、省人力资源社会保障厅等 13 个部门联合出台《关于加快新时代博士和博士后人才发展的若干意见》，明确表示将投入 63 亿元巨额资金，引进 5 万名博士和博士后。支持力度之大可见高素质人才之稀缺。①

另一方面，广东省人才流失受到生活成本、工资薪酬、发展机会、就业创业环境、配套设施等原因影响，特别是高房价阻碍了人才的集聚，其中以深圳最为明显。一是深圳高房价挤出中端人才。根据百城价格指数，2016 年 11 月深圳每平方米的房屋均价是 55 040 元，2015 年为 41 139 元，2014 年为 30 530 元，年房价涨幅 33.8%，两年涨幅 80%。高涨的房价令很多中端人才不得不向其他等生存成本较低的地区流动，导致深圳的人才结构呈现两头重、中间轻的格局，一头是“孔雀计划”“十大诺贝尔奖”等计划大量引进高端人才，另一头则是充斥在代工小企业的低端人才，作为中流砥柱的中端人才则相对缺乏，企业一旦开始成长，在产生中端人才需求时就会遭遇人才瓶颈，中小企业作为创新的生力军，人才的缺乏会造成创新过程受阻。二是教育、医疗等配套资源不足，与城市地位不匹配。深圳的基本公共服务，无论是质还是量都有很多短板，特别是教育和医疗这两个领域。前者存在“学前教育总体水平偏低、监管不到位，中小学优质学位紧、班额大”，后者存在“医疗资源总体不足，医生缺、床位紧，基层医疗服务能力不强，千人床位数仅为 3.6 张，低于全国平均水平，三甲医院数也远低于北上广”等问题。上述配套资源的欠缺，在一定程度上阻碍了深圳创新的发展。

（三）政策设计缺乏顶层安排，条块式的政策不能形成合力

广东市场化程度较高，有利于企业发展和科技成果产业化。但是由于创新存在较大的不确定性和外溢性，企业对创新的积极性还不够高，需要政府通过制定政策进行引导和激励。广东在引导和激励企业创新方面取得了较好的效果，如广州通过产业创新联盟的方式发挥了企业的创新主体作用，深圳市也在“十三五”规划中提出在科技项目的选择方面要充分发挥企业决策的作用。但是广东的政策制定还存在一些不足，需要进一步完善顶层设计，提高不同部门的政策协调性，健全政企沟通机制。以广东的医药行业为例，一方面，生物医药行业对政策环境的要求比较高，但广东省政府主管医药的部门一直在变化，以前是广东省经济贸易委员会主导的，现在是发改委在管，但由于生物医药不是一个成熟的产业，体

① 《关于加快新时代博士和博士后人才发展的若干意见》，http://www.gdhrss.gov.cn/gsgg/20171222/10711.html [2017-02-22]。

量相对来说也不大，所以以往政策的支持力度不高。尽管现在广东省对生物医药行业非常重视，经常出台一些政策，也成立了由省政府牵头的一个联席会议制度，像工业和信息化委员会、科技厅、经济和信息化委员会、市场监督管理局这些部门都是会议成员，但对于企业而言，这些部门都是平行的，没有一个牵头的、能够真正来思考产业发展的部门去做顶层设计，因此政策的支持不能在很大程度上改变生物医药行业的发展状况。另一方面，生物医药行业是研发密集型的行业，需要有大量的实验平台和人才支持，企业很难建成这样的平台，因此需要政府多从企业的需求方面进行顶层设计，从根本上为医药企业提供良好的发展土壤。

（四）新型研发机构身份模糊，国有资产管理仍存束缚

新型研发机构作为科技成果转化的“特种兵”，相比传统高校和企业合作进行成果转化的模式具有更加灵活的体制和先进的做法，但仍然无法完全脱离国有资产管理体制的束缚。目前广东的新型研发机构在发展的过程中还存在三个主要的问题：一是新型研发机构的身份模糊导致考核管理体系匹配困难。以深圳清华大学研究院为例，由于其“四不像”的定位，导致其不能完全按照高校或企业的标准进行考核，相适用的财务管理方法也无法确定。此外，许多政策制度都是按照主体的身份类别设置的，若存在多重身份，则相应的政策优惠就会无从适用。二是相关国有资产审批程序复杂，审批周期长。以广东华中科技大学工业技术研究院为例，经理事会批准组建的持股孵化平台公司，其科技成果转化创办的企业的相关国资管理，在程序上须报经华中科技大学批准，并经其报教育部批准，这导致审批程序复杂，审批周期长，审批难以及时。类似的问题也存在于广东其他由高校、科研院所与地方合作的新型研发机构中。三是国有股份须转持社保基金，导致科技成果转化实现股权收益的盈利模式无法实现。新型研发机构在无财政供养、无编制的前提下，实行企业化运作，通过科技成果转化持有股权获取长期股权收益。广东省的新型研发机构大多由高校、科研院所参与建设，这使得新型研发机构本身具有一定的国资背景，所以要依据《办法》的相关规定进行落实。该《办法》规定新型研发机构利用科技成果创办的企业上市时，新型研发机构所持股权须转由社保基金持有，社保基金享有转持股份的收益权和处置权，且禁售期在新型研发机构法定和自愿承诺禁售期的基础上再延长三年①，由此导致通过科技成果转化所创办企业实现股权收益的营利时间被大幅滞后，严重挫伤了新型研发机构科技成果转化创办企业的积极性。

---

①《境内证券市场转持部分国有股充实全国社会保障基金实施办法》，http://www.ssf.gov.cn/flfg/tzflfg/201205/t20120529_5275.html[2012-05-29]。

（五）知识产权保护立法仍落后实践发展

目前广东知识产权保护立法仍落后实践发展，即使是发达城市也存在很大的改善空间。例如，深圳在知识产权的创造、运用、保护、管理与服务方面都走在全国前列，早在2008年便率先出台了全国第一部综合性知识产权保护的经济特区法规——《深圳经济特区加强知识产权保护工作若干规定》（以下简称《若干规定》）。但是，随着时代的发展，《若干规定》的部分条款和内容已无法与当前深圳的创新实力相匹配，实践过程中仍会经常出现一些恶意侵权的行为，但是针对侵权行为的立法目前还不完善，反复出现的问题有非实体恶意侵权、反复侵权、专利流氓、非对称专利竞争、非核心专利技术对抗核心专利技术等。而且目前知识产权维权举证难、周期长、成本高、赔偿低、效果差的现象还普遍存在，很多时候企业即使胜诉了也错过了市场机遇。这一系列法律问题对于高科技研发企业的经营和生产产生了持续的恶劣影响。正是加强知识产权保护的紧迫性，深圳市政府法制办公室于2017年公布了《深圳经济特区知识产权保护条例（征求意见稿）》，力争率先在全国建立最严格的知识产权保护制度。

五、广东推动科技与经济融合实践的启示

（一）完善科教体系，发展人才队伍

科教资源不足是人才不足的重要原因，因此进一步丰富科教资源是解决人才缺乏问题的根本大计。因此，广东省应该继续做好以下几方面工作：一是要继续大力开办高水平大学。近年来广东高度重视高水平大学、高水平理工科大学建设，不仅投入巨资，也给予了许多重磅支持，取得了较好的成效。但其他地区近年来也相当重视高校的建设，“逆水行舟，不进则退”，广东省要继续坚持对高校建设的重视和投入，积极拓展院校、科研机构等载体建设，包括加大引进国外优质高等教育资源力度，加快建设为生物、互联网、新能源、新材料等重点产业发展服务的特色学院。二是要不断完善职业教育体系。科技创新不仅需要高层次人才，也需要高技能人才等中端层次的人才。广东是国内职业教育规模最大的省份，职业教育建设走在全国前列。广东要继续深化职业教育教学改革，不断提高技能人才培养质量，为广东的产业发展提供技能人才支撑。三是继续争取引进和建设大科学装置和大科学平台。广东具有良好的产业基础，引入和建设大科学装置与大科学平台，虽然前期投入较大，但长远来看，大科学装置和大科学平台的投入既是经济增长到一定水平后寻找新的增长点的必然选择，也是国家科教兴国战略的

具体实施。四是继续重视人才培养和引进政策。广东2017年12月出台的《关于加快新时代博士和博士后人才发展的若干意见》，在全社会引起了广泛的关注。广东要继续加大对人才的投入力度，同时也要积极营造良好环境，不仅要"待遇留人"，也要"环境留人"。五是营造崇尚科技创新的文化氛围。全面推进科普工作，让科学教育进学校、进机关、进社区、进工厂、进农村。建议借鉴和推广华大基因、大疆创新的"企业培养人才"经验，华大基因以产业带动教育，创新校企合作、联合培养模式，效果显著，实现了多赢；大疆创新通过夏令营的模式培养中小学生对无人机和机器人的兴趣爱好，打造极具观赏性的全国大学生机器人大赛RoboMaster，挖掘和培养工程技术精英。

（二）优化人才集聚环境，降低人才生存成本

为减少生存成本高企对于广东省人才集聚的影响，建议广东省政府在以下方面做好建设：一是尽快形成覆盖全社会和具有较强竞争力的基础型人才扶持政策体系。二是提升人才服务水平，充分吸纳和聚集基础型人才。三是推进公共就业服务均等化。简化人才引进的办事流程，提供高效、便捷的就业创业服务，比如建立涵盖职业指导、职业介绍、技能培训、创业指导、补贴发放等服务的质量标准体系，稳步推进公共就业创业服务的规范化和标准化建设，为相关人才在全市提供统一规范的就业、创业服务。四是扩大住房、租房政策的人群覆盖范围。针对广东省的高房价，目前广东省已制定相关住房、租房政策和措施，但相关政策略倾向于高端领军人才，中端人才的住房压力依旧很高。未来广东省应继续加大人才住房、租房补贴的覆盖范围，并向中端人才、技术蓝领、基础人才等对象倾斜，采取实物配置和货币补贴等多种补贴方式，改善人才居住条件（实物配置包括免租住房、产权赠予、租住公共租赁住房和购买安居型商品房等形式；货币补贴包括购房补贴和租房补贴等形式）。五是加快补齐医疗、教育等短板，营造良好的生活环境。广东省应该加大对医疗卫生、基础教育、公共交通等公共服务的投入，完善配套设施，加大人才安居保障力度。

（三）深化科技体制改革，形成政策合力

为了进一步提高科技创新政策的效率和协调性，广东需要进一步优化政策顶层设计，增强不同部门政策的协调性，帮助企业实现创新"惊险的一跃"，可以借鉴上海市的做法。一是进行"大部制"改革，在联席会议制度的基础上，整合科技厅与经济和信息化委员会，从创新链、产业链融合的角度考虑如何服务企业及如何制定政策；二是加强对科技创新工作的统筹管理，统筹管理科技创新和产业

化，加强政策协调，提高执行效率；三是推行科学技术委员会与经济和信息化委员会的“两清单合作机制”，如科学技术委员会将“十二五”期间布局的成熟项目列成清单，由经济和信息化委员会承接并推动产业化，而经济和信息化委员会从产业需求角度列出清单，由科学技术委员会在“十三五”期间重点布局，以此从技术供给侧和需求侧合力推动产业前瞻性研发项目落地；四是围绕创新链条设置机构，根据创新链条和当地实际情况，对内设机构进行调整，有助于更好地服务创新驱动，补齐科技创新链条上的短板。同时，建议广东以“粤港澳大湾区国际科技创新中心”建设为契机，以国家科学中心建设为抓手，探索地区间的合作、协调机制，提高国际化水平，推动“一国两制”的实践创新。

（四）创新新型研发机构考核体系，突破国有资产管理的藩篱

针对新型研发机构新颖的组织架构以及灵活的项目运行方式，需要设计出一套相匹配的考核制度和财务管理制度。对于考核体系，可以借鉴科技型企业贷款的综合评分法，在新型研发机构申请技术研究项目的时候按照院士（教授）的数目和营业收入等指标进行加权平均。对于财务管理制度，需要结合新型研发机构在实际运营当中的业务模式特点，选择一个与之相容性最好的财务管理制度，对于旗下设立了投资平台等独立法人的新型研发机构，可以考虑“一院两制”的财务管理模式，使得研究院能够更方便地整合政府和市场两种形式的资源。在国有资产管理方面，对于通过科技成果转化创办企业的审批程序需要进一步简化，以适应瞬息万变的市场竞争环境。对于科技成果转化创办的上市企业中国有股权部分，由于需要由社保基金转持而存在禁售期，可以考虑缩短禁售期限以提高新型研发机构股权收益实现的便利性，调动新型研发机构创办企业的积极性。

（五）加强知识产权保护，为企业创新营造良好环境

广东省应考虑以深圳经济特区立法权为突破口，深化知识产权保护体制机制改革，针对目前知识产权保护中存在的突出问题，在制度建设层面进行一些突破性尝试，率先在全国建立最严格的知识产权保护制度。

（六）继续发扬敢为人先的精神，杜绝小富即安思维

广东作为改革开放的前沿阵地，很好地发挥了窗口作用、试验作用、排头兵作用，并在过去几十年取得了辉煌的成就。从“广东制造”到“广东智造”，作为全国第一大省，广东已经在现代制造业的多个领域实现了从跟跑到领跑的转变，

其实践充分说明了创新驱动发展战略的科学性。未来，广东省要积极挖掘经济增长的新动力，继续发挥敢为人先的积极进取精神，坚决杜绝小富即安的思维，坚持社会主义市场经济改革方向，加快完善现代市场体系，促进科技与经济深度融合。广东要充分利用粤港澳大湾区和“一带一路”的历史性机遇，将广东至于全球产业链的位置上思考问题，勇于先行先试，大胆实践探索，巩固东莞“世界工厂”的地位，将深圳打造成与硅谷齐名的世界级创新中心。

第二节　北京推动科技与经济融合的实践

北京是全国科技创新中心，在促进科技与经济融合发展方面发挥先行先试优势，取得了较好的成效。

一、引言

习近平总书记 2014 年 2 月视察北京时，明确了北京“四个中心”（全国政治中心、文化中心、国际交往中心、科技创新中心）的城市战略定位。[①]其中，全国科技创新中心是国家在新的发展阶段对北京提出的新要求，具有重大且深远的战略意义。近年来北京通过改革和完善体制机制，促进科技与经济融合发展，取得了较好的成效。课题组对北京多个政府部门、园区和不同类型企业进行了实地调研，对北京推动科技与经济融合的主要政策措施进行了梳理和总结。

二、北京的科技创新环境

北京的经济活力强，科技资源丰富，创新创业活跃，科技创新对经济增长贡献较大，引领辐射作用较明显。

① 《北京市检察机关服务保障北京“四个中心”建设和城市总体规划实施方案》，http://legal.people.com.cn/n1/2018/0326/c42510-29888795.html[2018-03-26]。

（一）经济活力强[①]

2016 年北京实现地区生产总值 24 899.3 亿元，按可比价格计算，比上年增长 6.7%。人均地区生产总值位居全国前列，2016 年人均地区生产总值达到 11.5 万元，比全国人均国内生产总值平均值高出近一倍。

（1）经济结构持续优化。服务型经济特点明显，2016 年服务业占地区生产总值的比重达到 80.3%。新经济孕育成长，2016 年全市新经济实现增加值 8132.4 亿元，按现价计算比上年增长 10.1%，占全市地区生产总值的比重为 32.7%。高技术产业增加值增长 9.1%，战略性新兴产业增加值增长 10.7%。北京优势产业包括金融、文化创意、信息、科技服务、汽车、医药等。2016 年，金融业、文化创意产业、信息技术业、科技服务业占全市地区生产总值的比重分别达到 17.1%、14.3%、10.8%、8.4%。

（2）大型企业众多。2017 年北京有 58 家总部企业进入世界 500 强榜单，世界知名企业在北京设立跨国公司地区总部达到 161 家，“总部经济”效应明显。

（二）科技资源丰富

北京高校、科研院所众多，共有 92 所高校，其中 37 所隶属于国家部委，拥有北京大学、清华大学、中国人民大学等顶尖学府。北京有 400 多家科研院所，数量庞大。国家重点实验室有 144 家，约占全国总数的一半。国家级科技创新基地超过 300 家，约占全国的 1/3。

北京拥有大量人才，聚集了全国约一半的“两院院士”和近 1/4 的人才，全市研究与试验发展活动人员有 36.2 万人。

北京科技成果丰富。2011～2016 年的五年来，在京单位主持完成的获得国家科学技术奖励的奖项近 400 项，占全国获奖总数的 31%左右[②]。全国领跑世界的技术成果中，在北京产生的技术成果占到 55.7%。

（三）创新创业活跃

北京研发投入和专利产出水平较高。2016 年，北京研发投入约占地区生产总值的 6%，位居全国最高水平。北京每万人发明专利拥有量达到 76.8 件，是全国平均水平的 9.6 倍。2016 年，专利申请量增长 21.0%，其中发明专利申请量增长

① 《2017-2022 年中国文化创意行业运行态势及行业商机研究报告》，http://www.gyii.cn/plus/view.php?aid=196904[2017-05-08]。

② 《北京科技型企业总数达 44 万家》，https://www.bbtnews.com.cn/2017/0630/199740.shtml[2017-06-30]。

17.7%。国际专利申请量 6589 件，是 2011 年的 3.5 倍[①]。

北京聚集了大量科技企业。北京科技型企业总数 44 万家。2016 年新增科技型企业 8 万家，占当年新增企业总数的比重为 36%。北京有独角兽企业 65 家，占全国独角兽企业数量的一半，数量在全球排名第二，仅次于美国硅谷[②]。中关村有瞪羚企业 535 家，占全国高新区瞪羚企业数量的 1/4[③]。

北京技术交易较活跃。2016 年技术合同成交额达到 3900 亿元，占全国总量的 34.6%，技术交易增加值占地区生产总值的比重为 9.5%[④]。企业是技术交易的主体，2016 年企业输出和吸纳技术合同成交额占比分别超过九成和六成。技术交易领域主要是电子信息、现代交通、城市建设与社会发展、环境保护与资源综合利用。

北京科技创新对经济增长贡献较大。2016 年，北京科技创新对经济增长的贡献率超过 60%。

（四）辐射带动作用较突出

北京引领京津冀协同创新发展。北京、天津、河北合作打造京津冀科技创新园区链，建设了一批具有辐射带动作用的园区和创新平台，推动区域协同创新和产业联动发展。2016 年，北京向津冀输出技术合同成交额达到 154.7 亿元，是 2011 年的 2.3 倍。尤其是流向河北省的技术合同成交额快速增长，2016 年增长了 83.0%[⑤]。

北京服务全国创新发展。目前北京已与多个省区市建立了科技合作机制，搭建跨区域创新合作网络，技术合同成交额有一半辐射到全国 350 余个城市，为全国实施创新驱动发展战略提供了重要支撑。

北京逐步成为全球创新网络关键枢纽。北京拥有 58 家国家级技术转移服务机构和 103 家国家级国际科技合作基地，有外资研发机构 548 家。北京引导企业在"一带一路"沿线国家和地区布局，2016 年出口企业 1552 家，开展境外投资企业 150 家，对境外直接投资额 248.3 亿元，在基础设施互联互通、优质产能合作、

---

① 《北京科研支出超过发达国家平均线》，https://tech.sina.com.cn/d/2017-06-14/doc-ifyfzhpq6965201.shtml[2017-06-14]。

② 《北京中关村独角兽企业数量仅次于美国硅谷》，http://caijing.chinadaily.com.cn/finance/2017-03/01/content_28396105.htm[2017-03-01]。

③ 《中关村瞪羚企业达 535 家全国居首》，http://www.sohu.com/a/116294512_161623[2016-10-17]。

④ 《首都科技创新发展指数实现三级跳跃 具有全球影响力的科技创新中心建设加快推进》，http://kw.beijing.gov.cn/art/2017/4/28/art_2332_55434.html[2017-04-28]。

⑤ 《许强主任出席北京建设全国科技创新中心成果新闻发布会》，http://kw.beijing.gov.cn/art/2017/6/29/art_6344_465206.html[2017-06-29]。

改善沿线国家人民生活水平等关键领域发挥了重要支撑作用。

三、北京推动科技与经济融合的举措

北京充分发挥全国科技创新中心先行先试的优势，积极探索完善体制机制，形成了多点突破、全面开花的局面，进一步推动了科技与经济融合发展。

（一）改革科技管理体制，推动政府职能转变

北京分别在政府层面、园区层面和科研机构层面对科技管理体制进行改革，处理好政府和市场的关系，推进机构改革和政府职能转变，增强服务意识。

（1）改革政府管理体制，设立“一处七办”①（一个秘书处、七个专项办）的跨部门组织架构，统筹协调科技创新工作。科技创新的链条较长，涉及多个政府部门，需要一个跨部门的组织架构进行统筹协调，避免条块分割、政出多门、九龙治水的问题。而且，北京有丰富的中央科技资源禀赋，需要与中央有关部门进行深度协调合作。因此，在国务院科技创新中心建设领导小组框架下，北京市政府和 10 个国家有关部门成立了北京推进科技创新中心建设办公室（以下简称北京办公室），设立“一处七办”的组织架构。“一处”即北京办公室秘书处，“七办”指重大科技计划、全面创新改革与中关村先行先试、科技人才、中关村科学城、怀柔科学城、未来科学城、创新型产业集群与“中国制造 2025”示范区等 7 个专项工作部门。北京办公室主任由北京市领导和科技部领导担任，北京办公室秘书处秘书长由市政府副秘书长担任，7 个专项办负责人来自北京市科学技术委员会（以下简称北京市科委）、市发改委、北京市经济和信息化委员会、中关村科技园区管理委员会（以下简称中关村管委会）、海淀区政府、怀柔区政府、未来科学城管委会等。北京办公室“一处七办”建立了抓督查落实的工作台账，以及“月滚动、季督查、年评估”工作机制，有利于工作任务落细落实。

（2）改革园区管理体制，组建中关村创新平台，采取特事特办和跨层级、跨部门联合审批模式。国家针对园区出台了许多先行先试政策，但在不少地方由于部门不协同、政策不协调，政策落不了地。为了探索建立跨层级、跨部门的协同创新组织模式，构建有利于政策先行先试的管理服务体制机制，国家有关部门和北京市政府在 2010 年 12 月共同组建了中关村创新平台（即中关村科技创新和产业化促进中心）。平台整合在京科技创新资源，采取特事特办、跨层级联合审批模

---

① 《北京推进科技创新中心建设办公室“一处七办”工作会议召开》，http://kw.beijing.gov.cn/art/2019/11/22/art_1140_463040.html[2019-11-22]。

式。平台根据创新链条设立了 8 个工作机构，覆盖了科技成果转化、科技金融、科技人才、科技服务等多个方面，19 个国家部委相关司局和 31 个北京市相关部门派驻人员到平台办公，围绕重大科技成果转化和落实国务院同意的各项先行先试改革政策等事项开展工作。

（3）改革科研机构管理体制，探索灵活体制模式，打通产学研资的全链条通道。传统的高校、科研院所多为事业单位，以发文章或承接课题作为评价体系，与产业、资本结合得不够紧密。而新型科研机构就像是产学研资的“黏合剂”，联通原始创新与成果转化和技术应用。近年来北京成立了一批新型科研机构，如北京大数据研究院、北京石墨烯技术研究院、北京脑科学与智能技术研究院等。这些机构具有“四不像”的特点，大多具备独立法人资质，资金来源比较多元，背靠“大院大所”。政府通过放权、松绑，引导这些机构在激励机制、引才机制、融资机制、项目筛选机制等方面进行突破探索。以北京大数据研究院为例，北京大数据研究院于 2015 年成立，由中关村管委会、海淀区政府、北京大学、北京工业大学共同支持建立，具有以下特点：一是采用民办非企业的灵活体制，研究院自身具备造血功能，将科技成果转移到产业，充分调动科研的原创力，促进科研成果落地转化；二是坚持“以用立研”的研究导向，研究院的研究大多从市场、社会中提出问题；三是强化对科研人员的激励，研究院规定对高端研发人才等重要贡献人员奖励不低于收益的 50%；四是采用“双聘制”的用人模式，由北京大学、北京工业大学等院校提供高级研究人员编制，并由研究院社会化聘用，允许研究人员同时在体制内和体制外开展工作，有利于高级人才兼顾科研创新和产业转化，也解决了高校体制内薪酬低于高级人才市场薪酬的问题；五是建立市场化的成果转化机制，研究院设立了股份制的科技成果转化中心和博雅盛景创投基金，孵化出了普林科技、墨奇科技、北正云鼎等大数据企业。

（二）完善激励机制，调动创新主体积极性

中关村、国有企业、高校、科研院所是北京重要的科技创新力量，北京出台了相应的政策，通过“松绑 + 激励”，切实增强各类创新主体的获得感，调动各类创新主体科技创新、科技成果转化的积极性。

（1）激励中关村单位进行科技创新和成果转化，在国务院支持下出台了中关村“6+4”系列先行先试政策，在下放科技成果处置权、成果转化收益留存、实施股权激励、税收优惠等方面予以政策支持。“6”指六项先行先试政策，包括中央级事业单位科技成果处置权和收益权改革试点政策、股权激励试点政策、税收试点政策、科研项目经费管理改革试点政策、高新技术企业认定试点政策、建设全国场外交易市场试点政策等。“4”指四项税收政策试点，即高新技术企业认定中

文化产业支撑技术等领域范围试点政策、有限合伙制创业投资企业法人合伙人企业所得税试点政策、技术转让企业所得税试点政策、企业转增股本个人所得税试点政策等。其中，科研项目经费管理改革试点、中小企业股份转让代办系统试点、研发费用加计扣除政策、股份和分红激励试点等十余项政策已在全国推广。

（2）鼓励国有企业开展科技创新和成果转化，探索完善国有企业创新考核评价机制和容错机制。近年来，北京对国有企业进行了一系列改革探索，除了深化董事会建设、分类考核、信息公开试点等，也强化了对科技创新和成果转化成效的考核。2017 年 7 月，北京市国有资产监督管理委员会修订印发了《北京市市属国有企业负责人经营业绩考核暂行办法》①，明确鼓励国有企业创新投入，探索容错机制，在以下方面进行了探索：一是完善创新投入考核机制，实行研发费用利润化，引导企业妥善处理创新投入与当期效益的关系，鼓励企业加大创新投入；二是完善创新分类考核体系，针对市属科技创新重点企业，按照年度考核当期研发投入强度、任期考核新产品开发和科技成果转化能力原则实施创新考核；三是完善创新容错机制，对企业在落实疏解非首都功能、京津冀协同发展以及发展“高精尖”产业等工作中，因承担全市重点任务、发展战略先导型产业发生投入支出导致的业绩影响，予以视同处理。②

（3）调动高校、科研院所的科技创新和成果转化积极性，制定《加快推进高等学校科技成果转化和科技协同创新若干意见（试行）》（以下简称《京校十条》）、《加快推进科研机构科技成果转化和产业化的若干意见（试行）》（以下简称《京科九条》）、《北京市进一步完善财政科研项目和经费管理的若干政策措施》（以下简称《科研项目 28 条新政》）等系列政策，在下放科技成果处置权、提高成果转化收益奖励比例、设立科技成果转化岗位等方面予以政策支持，同时鼓励开放科技资源，探索建立科技报告、科技成果登记和科技项目储备制度，改革科研经费管理制度。2014 年，北京制定《京校十条》，在以下方面进行突破：授予高校对科技成果转化事项的审批权限，试行高校科技成果公开交易和事后备案管理制度；高校科技成果转化收益奖励比例下限从 20%提高到 70%；支持高校开放实验室资源，允许探索重大仪器设备以租赁费、使用费等方式作价入股科技型企业；鼓励在高校设立科技成果转化岗位，在人员编制、落户等方面给予支持；建立高校科技创新和成果转化项目储备制度；制定高校在校学生创业支持办法等。③2014 年，

---

①《关于修订印发〈北京市市属国有企业负责人经营业绩考核暂行办法〉的通知》http://gzw.beijing.gov.cn/xxfb/zcfg/201912/t20191228_1535380.html[2017-07-20]。

②《北京市国有及国有控股负责人经营业绩考核暂行办法》，http://www.chinalawedu.com/falvfagui/fg22598/61153.shtml?from=singlemessage[2004-01-01]。

③《北京市人民政府办公厅关于印发加快推进高等学校科技成果转化和科技协同创新若干意见（试行）的通知》，http://zgcgw.beijing.gov.cn/zgc/zwgk/zcfg18/bjs/1149/index.html[2004-01-11]。

北京出台《京科九条》[①]，在以下方面进行了探索：科研经费可用于产业化，转化收益 70%可用于奖励（过去一般不超过 20%）；可以自主设置科研岗位，可以年薪制聘任高层次人才；探索建立科技报告和科技成果登记制度；试行科研机构科技成果公开交易制度；政府采购可订购新产品；鼓励科技资源对外开放等。这些政策取得了较好的效果。截至 2016 年底，100 余项股权激励试点方案获得批复，400 余名科研和管理人员获得股权，激励总额约 2 亿元，平均激励金额约 55 万元；800 余个国家级或市级重点实验室和工程中心的总计价值 227 亿元的仪器设备向社会开放共享，年均服务收入超过 20 亿元。[②]2016 年，北京在全国率先贯彻落实全国科技创新大会和《中共北京市委办公厅 北京市人民政府办公厅印发〈北京市进一步完善财政科研项目和经费管理的若干政策措施〉的通知》精神，出台了《科研项目 28 条新政》，[③]不仅全面落实中央的政策，还在科研经费管理、科研院所支持力度等方面进一步突破，并新增加了加快科技成果转化与推广应用方面的政策，进一步深化科技成果转化收益分配方式改革、加强对科研人员离岗创业的政策保障、加大新技术新产品（服务）采购力度等。

（三）引导大企业搭建创新平台，构建协同创新网络

要促进科技和经济紧密结合，需要构建协同创新网络，而搭建创新平台是重要的抓手。北京市政府布局了多种类型的创新平台，其中一个显著特点是推动大企业布局创新平台，不仅明确强调企业在创新中的主体地位，而且充分发挥大企业的引领作用，带动中小企业、高校、科研院所协同创新。

（1）推动大企业牵头建设产业创新中心，推动产业链上下游企业、高校、科研院所联合投资组建实体研发机构，合作攻克行业关键共性技术难题。北京在全国率先提出建设产业创新中心，2016 年 8 月北京市经济和信息化委员会发布实施《北京市产业创新中心实施方案》[④]，围绕重点领域牵头建设产业创新中心，目标是增强产业技术创新能力、解决行业共性技术难题、推广新型通用技术、创制核心技术知识产权和标准。产业创新中心是采取企业化运行的法人单位，由注册在北京的龙头型、平台型企业发起，联合产业链上下游企业、高校、科研院所等机

---

① 《加快推进科研机构科技成果转化和产业化的若干意见（试行）》http://kw.beijing.gov.cn/art/2014/7/1/art_2384_2446.html[2014-07-01]。

② 《北京市人民政府办公厅关于印发〈加快推进科研机构科技成果转化和产业化的若干意见（试行）〉的通知》，http://kw.beijing.gov.cn/art/2014/7/1/art_2962_12910.html[2014-06-09]。

③ 《北京市进一步完善财政科研项目和经费管理的若干政策措施》，http://kw.beijing.gov.cn/art/2019/5/23/art_2824_114710.html[2019-05-23]。

④ 《关于发布〈北京市产业创新中心实施方案〉的通知》，http://www.beijing.gov.cn/zhengce/zhengcefagui/201905/t20190522_59441.html[2016-08-30]。

构采取联合投资方式合作组建。成员单位通过资金入股方式投入，企业制法人发起单位资金投入规模不低于 1000 万元，全部组建资金不低于 5000 万元。产业创新中心自主决策、自我管理，以产业共性需求为导向，通过合同研发、专利授权等多种方式开展业务。产业创新中心积极整合核心层、伙伴层、辐射层的资源，构建协同创新伙伴关系。其中，核心层是参与创新中心组建的股权投资主体单位，伙伴层是和创新中心开展项目、业务合作的非股权投资主体单位，辐射层是接受创新中心科技创新成果转化应用的成果受让主体单位。按照《北京市产业创新中心实施方案》，到 2020 年北京建设 10~20 个覆盖重点领域的产业创新中心，按照“高精尖”产业发展方向，主要围绕新能源智能汽车、集成电路、智能制造系统和服务、自主可控信息系统、云计算与大数据、新一代移动互联网、新一代健康诊疗与服务、通用航空与卫星应用等八大专项的重要创新领域和企业绿色化、智能化、服务化、高端化转型发展的通用技术领域进行布局。北京市经济和信息化局按照成熟一个、启动一个和一企一例、一例一策的原则逐步推动，并将其纳入重点支持范围，并每年委托第三方对其规划实施和运行管理情况进行年度评估和考核。目前已组建先进动力电池系统创新中心、工业大数据创新中心、北京智能车联产业创新中心和石墨烯产业创新中心等 4 家市级产业创新中心。

（2）引导大企业牵头组建产业技术联盟，推动产业协同开放创新和共同制定行业标准，避免同质化恶性竞争。产业技术联盟是由产业链上的产、学、研、用等上下游相关方以一定的契约结成的联盟，盟主一般由龙头企业担任，联盟成员间一般没有资本关联，地位平等。联盟的合作方式比较灵活、开放。联盟以共同利益为纽带，以契约作为保障，通过联盟成员优势互补、利益共享、风险共担，共同研发关键技术、制定技术标准、开发市场等。北京市科委联合相关部门于 2011 年 5 月发布实施《关于促进产业技术创新战略联盟加快发展的意见》①，扶持产业技术联盟的方式主要包括：出思路，帮助制定联盟的发展方向；出资金，支持联盟承担政府的科技项目；出政策，在融资、政府采购等方面给予支持。在政府的大力推动下，北京涌现出许多知名的产业技术联盟。闪联成立于 2003 年，是北京最早的产业技术联盟之一，如今已成为电子行业的一面大旗。在原信息产业部支持下，联想、TCL、康佳、海信、长虹 5 家企业发起组建了闪联标准工作组，目的是解决 3C（计算机、通信和消费类电子产品）融合、三网（电信网、广播电视网、互联网）融合过程中的设备互联互通问题。闪联制定了 IGRS（Intelligent Grouping and Resource Sharing）标准，并推动该标准产业化。该标准已成为国家行业标准和国际标准，填补了我国在该国际技术领域的空白，增强了我国信息产

① 《关于印发〈关于促进产业技术创新战略联盟加快发展的意见〉的通知》，http://zgcgw.beijing.gov.cn/zgc/zwgk/zcfg18/bjs/998/index.html[2011-05-09]。

业在国际上的话语权。目前闪联会员包括众多3C生产企业、运营服务商、高校、科研院所。北京新能源汽车产业联盟于2009年成立，是我国首个新能源汽车产业联盟，由北京汽车工业控股有限责任公司、北京公共交通集团、北京理工大学等发起。联盟龙头为整车企业北京汽车股份有限公司和北汽福田汽车股份有限公司，联盟成员涵盖了产业链的上、中、下游各环节，包括中信国安盟固利新能源科技有限公司、北大先行科技产业有限公司等电池企业，中山大洋电机股份有限公司、精进电动科技（北京）有限公司、上海大郡动力控制技术有限公司等电机企业，南京邦奇等自动变速箱有限公司，北京理工大学、清华大学、中国北方车辆研究所等高校、科研院所，AECOM、康明斯、伊顿等国际知名零部件企业，北京公交集团、天津市公交公司等24个城市的30家公交公司，以及清能华通、西郊新能源咨询等服务型企业。联盟通过聚集产业发展中各领域的利益相关者，形成了“以整车企业为龙头、多主体协同发展”的开放式技术创新模式。中关村智联轨道交通运营产业联盟成立于2017年，是在中关村管委会支持下，由神州高铁、北京交通大学等牵头成立，联盟理事长由神州高铁董事长担任。联盟成员包括神州高铁、佳讯飞鸿、和利时、千方科技、北京交通大学等，涵盖了轨道交通各专业领域。联盟致力于打造“技术+市场+资本”的科技创新服务平台，强化全产业链资源整合，共同推动海淀轨道交通产业的发展。目前北京中关村的产业技术联盟已达167家。中关村还成立了产业技术联盟联合会，是中关村示范区重点扶持的两大“枢纽型”社会组织之一。

（3）推动大企业设立“双创”服务开放平台，向创新创业团队开放共享科技资源，构建大中小企业协同共进的生态系统。航天云网、大唐网络等国有企业孵化器变革传统运营模式，转型升级为产业创新创业孵化平台；中航工业集团、北京北方车辆集团等军工企业产业转型升级，服务军民融合科技成果转化；腾讯、小米科技有限责任公司（以下简称小米）等龙头骨干企业开放产业链资源和大数据资源，吸引小微企业和团队在平台上开发面向市场应用的产品和服务①。以航天云网为例，其运营单位中国航天科工集团是中央直接管理的国有特大型高科技企业，定位是工业互联网平台、开放创业平台、生产性服务业平台和军民融合平台。通过航天云网可以实现网上企业资源的充分共享、智能制造能力的高度协同、全产业链各环节的业务协同，实现在线互联与共享。例如，贵阳南明老干妈风味食品有限责任公司为了推行防伪追溯系统，四处寻求技术合作，但迟迟没有收获，后来公司把需求发到航天云网产业服务平台，很快就收到反馈，与行业内优势企业开展了方案对接。据悉，目前该平台注册企业数达到近80万户，中小微企业占

① 《北京多部门合力助推全国科技创新中心建设》，http://finance.china.com.cn/roll/20170707/4279394.shtml [2017-07-07]。

比超过 90%，私营企业占比超过 90%，线上协作需求发布约 1000 亿元，协作成功约 400 亿元，嵌入云平台企业有 1500 余家，设备接入云平台有 6000 余台。

（4）打造企业技术中心升级版，提升企业技术中心能力，进一步发挥企业技术中心的作用。虽然我国的企业技术中心发展较快，但与国际先进水平还存在较大的差距。北京市经济和信息化委员会 2016 年 10 月发布实施《进一步加强北京市企业技术中心建设实施方案》①，打造高标准、高层次的企业技术中心升级版，强化功能定位，聚焦“高精尖”主攻方向，进一步提升标准和知识产权的创制运营、“高精尖”产品创造、协同创新、资源整合、机制创新这五大核心能力。政府对能力建设成效显著、核心指标提升较快的企业技术中心予以奖励，对企业技术中心重点项目予以持续支持。

（四）发展“双创”服务体系，创新科技型中小企业培育支持方式

“双创”服务体系是促进科技与经济融合发展的重要支撑力量。北京大力构建创新创业服务体系，充分发挥市场在资源配置中的决定性作用，为科技型中小企业提供了良好的成长土壤。

（1）支持“双创”服务机构发展，充分发挥市场作用。北京有大量“双创”服务机构，科技企业孵化器、大学科技园、众创空间、专业开放平台等达到 400 余家，海淀区形成了“集中办公区—孵化器—加速器—产业园区”全链条的服务体系。北京的主要政策：一是加大资金支持力度，北京除了落实税收优惠政策，还设立了科技服务业专项资金，中关村也设有现代服务业试点扶持资金；二是引导社会资本加大投入，北京充分依托社会力量来发展“双创”服务机构，比如近年来北京就涌现出了一大批众创空间，其中绝大多数都是依托社会资金、社会主体兴办；三是促进集群发展，北京通过统一规划、政策协调和引导，在中关村核心区打造了“一城三街”格局——中关村软件城、创新创业孵化一条街、科技金融街、知识产权与标准化一条街，优化了“双创”服务机构空间布局；四是制定我国第一个科技服务业团体标准，北京市科学技术协会、首都科技服务业协会、中关村天合科技成果转化促进中心、中国标准化研究院 2016 年 7 月联合发布了《科技成果转化成熟度评价规范》，有利于为科技成果转化工作提供评价依据和操作规范，引领和规范科技服务业发展。

（2）搭建首都科技条件平台，整合和开放高校、科研院所的科技资源。多年来，我国高校、科研院所存在科技资源分散、重复建设、闲置等问题。2009 年，

---

① 《北京市经济和信息化委员会关于印发〈进一步加强北京市企业技术中心建设实施方案〉的通知》，http://jxj.beijing.gov.cn/ztzl/ywzt/jscxfwpt/jscxzcwj/201911/t20191113_509502.html[2016-10-10]。

北京市科委联合 12 家高校、科研院所共同组建首都科技条件平台，整合和开放仪器设备、科技人才、科技成果等科技资源。此后首都科技条件平台不断“扩军”，功能也逐渐丰富，除了开放共享科技资源，还提供测试检测、联合研发、技术转移等服务。截至 2016 年底，已促成北京地区 801 个国家级、北京市级重点实验室、工程中心，价值 227.9 亿元、4.33 万台套仪器设备向社会开放共享，整合了 721 项较成熟的科研成果促进其转移转化，聚集了 11 672 位专家，产生了 18 199 项知识产权和技术标准。首都科技条件平台还以市场需求为导向，梳理出 38 个服务功能模块，跨单位、跨部门、跨行业整合相同服务功能实验室形成 107 个功能服务平台，初步形成机构及仪器服务群。

（3）实施首都科技创新券政策，支持小微企业和创业团队购买高校、科研院所的服务。为了降低中小企业的技术创新成本，引导科研机构的科技资源、研发活动更多地向市场需求倾斜，2014 年北京开始实施首都科技创新券政策①，支持小微企业和创业团队购买高校、科研院所的科研服务，促进产学研相结合。创新券由政府发放，企业使用创新券可以向指定的研发服务机构购买服务，研发服务机构再持创新券到政府部门进行兑现，从而实现对科技型小微企业的精准扶持。首都科技创新券政策创新了财政支持方式，改变了以往由政府决定研发内容、企业申请经费的模式，转变为由企业自主研发，政府给予配套资金并搭建服务平台的模式，突出了企业在技术创新中的主体地位，分担了创新的风险，并推动高校、科研院所科技资源开放共享，从而促进科技成果转化。首都科技创新券政策具有以下特色：一是引入第三方中介机构提供服务，通过推荐机构对小微企业开展前期引导、培训、组织申报等工作；二是发挥首都科技条件平台作用，首都科技条件平台为实施首都科技创新券政策提供了重要的支持，创新券的指定研发服务机构和第三方中介机构主要来自首都科技条件平台；三是采用可控的超额发放机制，避免财政资金的闲置和无效性。首都科技创新券自启动以来，北京已累计投入 1.4 亿元财政资金，累计支持 1998 家小微企业和创业团队、共计 2156 项创新创业项目。中科院、清华大学、北京大学等近 30 家单位、600 余家实验室参与创新券接收工作，近 80 家孵化器、行业协会等科技服务机构成为推荐机构，为小微企业和创业团队申请创新券提供专业化服务。

（五）推动科技金融深度融合，助力科技型中小企业融资

北京科技金融服务体系较发达，针对科技型中小企业的经营特点和风险特征，建立起投资、贷款、担保、保险、结算、资产管理等服务在内的一体化金融服务

① 《首都科技创新券》，http://kw.beijing.gov.cn/col/col1852/index.html[2018-04-09]。

体系，较好地为科技型中小企业提供金融服务。通过发展科技金融，北京引导财政资金逐步向“拨改投”“拨改贷”方式转变，优化财政资金使用绩效。

（1）以中小企业信用体系建设营造良好的信用环境。中关村是国家批复建设的首个国家科技金融创新中心。中关村的科技金融体系可以总结为“一个基础、六项机制、十条渠道”：“一个基础”是指以企业信用体系建设为基础；“六项机制”是指技术与资本高效对接的六个机制，包括信用激励机制、风险补偿机制、以创业投资为核心的投保贷联动机制、银政企多方合作机制、分阶段连续支持机制、市场选择聚焦重点机制；“十条渠道”是指支持企业不同发展阶段需求的融资渠道，包括天使投资、创业投资、新三板挂牌、境内外上市、担保融资、直接融资、并购重组、信用贷款、信用保险和贸易融资、小额贷款等。于2003年在全国率先成立的企业信用协会——中关村企业信用促进会则在促进中小企业信用体系完善方面发挥了积极作用。该组织是由中关村园区内的高新技术企业、各类金融机构、信用中介或保险机构等共同组成的企业信用自律性社团组织，成为中关村信用体系建设、发展科技金融的支撑平台。依托该平台构建信用评级制度，对于遵守制度的企业，其信用会随之提升；对于积极关注企业的金融机构，政府对其的扶持力度也会随其星级而加大。

（2）与金融机构合作，推动金融机构围绕科技项目联动。北京市科委推动银行针对“中小企业促进专项”的企业开发“科技贷”，并邀请数家银行参与“中小企业促进专项”的过程管理，以减少信息不对称问题。中关村管委会每年也会开展调研，更新瞪羚企业名单，为金融机构信贷、投资提供参考。

（3）制定培育和风险补偿政策，鼓励科技金融机构进行产品和服务创新。2017年4月北京发布《中关村国家自主创新示范区促进科技金融深度融合创新发展支持资金管理办法》①，主要措施包括：支持互联网金融发展，给予互联网金融企业房租补贴，支持关键性平台和基础设施平台建设，支持企业获得金融业务资格；支持绿色金融发展，对“绿色企业”提高贷款融资贴息比例，对发行绿色债融资的企业提高贴息上限；支持天使投资和创业投资发展，根据实际投资额给予一定比例的风险补贴；支持多层次资本市场发展，对在新四板标准板、科技创新板挂牌企业给予资金支持，提高新四板挂牌企业贷款融资贴息的比例和直接融资贴息的上限；支持科技信贷业务发展，给予企业贷款贴息支持，给予银行、担保公司一定比例的风险补贴支持，对出现的不良贷款或代偿本金部分给予一定比例的风险补偿；支持担保机构提供“零担保费”服务，支持担保机构采取担保附加认股权、期权等方式，为企业债务性融资提供“零担保费”服务，降低中小微企

① 《关于印发〈中关村国家自主创新示范区促进科技金融深度融合创新发展支持资金管理办法〉的通知》，http://zgcgw.beijing.gov.cn/zgc/zwgk/zcfg18/sfq/183249/index.html[2019-03-07]。

业的融资成本。

（4）开展“投贷联动”试点，推动风险和收益匹配。中关村在全国率先启动“投贷联动”试点工作，通过投资收益补偿银行发放科技信贷的风险和损失。截止到2017年6月末，已有4个“贷款+直投”项目和116个“贷款+远期协议”项目相继落地，参与投贷联动试点的银行共发放贷款13.64亿元，较2017年年初增长76.91%，投资1.75亿元，较年初增长360.53%。

（5）以创业投资政府引导基金建设为抓手，促进初创期科技企业发展。中关村管委会在全国率先以财政资金为基础，设立政府引导基金，支持创业投资。

（6）牵头建设科技金融综合服务平台，实行科技金融专员制度。北京市科委牵头建设分领域的科技金融综合服务平台，作为网格化服务科技领域企业的抓手，通过平台组织政策宣贯、培训、对接、调研、一对一辅导工作等，目前已基本覆盖生物医药、高端装备、现代农业等领域，并实行科技金融专员制度，实现责任到人的服务，拉近科技企业与金融机构的距离。

（六）创新人才发展体制机制，打造创新创业人才高地

创新驱动的本质是人才驱动，人才是促进科技与经济融合发展的关键。北京创新人才发展体制机制，大力支持各类人才尤其是高端领军人才创新创业，致力于打造全球性的创新创业人才高地。

（1）实施中关村“人才特区”政策，吸引全球高层次人才聚集。2011年，北京与国家有关部门联合发布了《关于中关村国家自主创新示范区建设人才特区的若干意见》，在中关村特定区域为高层次人才制定了一系列特殊政策，包括重大项目布局、境外股权和返程投资、结汇、科技经费使用、落户、医疗、住房等。2016年，公安部推出支持北京创新发展20项出入境政策措施，措施包括设立中关村外籍高层次人才申请办理永久居留“直通车”，畅通外籍高层次人才从就业居留向永久居留资格转换机制，给予在中关村创新创业外籍华人申请永久居留便利等。[①]北京的人才政策吸引了大量高层次人才聚集，截至2017年5月底，5位诺贝尔奖获得者在京设立研究院，领衔开展科学研究和人才培养。

（2）完善人才梯度培养机制，探索差异化的人才扶持政策。北京制订了“北京市科技新星计划”“科技北京百名领军人才培养工程”“北京学者计划”“高层次创新创业人才支持计划”“中关村高端领军人才聚集工程”等人才计划，培养科技创新人才。实施“优秀企业家集聚培养工程”，培养世界级产业领袖、优秀企业家

① 《关于中关村国家自主创新示范区建设人才特区的若干意见》，http://cyfd.cnki.com.cn/Article/N2013070057000249.htm[2011-03-31]。

和专业管理人才。实施“高技能人才培养带动工程”，推动技能人才队伍发展壮大和整体素质提高。

（3）重视青少年创新能力培养，支持高校学生创新创业。为了培养青少年的创新实践能力，北京制订了青少年科技创新“雏鹰计划”“翱翔计划”。北京也支持高等学校开展创业教育、创业训练营等活动，鼓励实施“大学生创业引领计划”，带动大学生自主创业。北京还支持企业建立高等学校学生实践训练基地，强化产学研联合培养研究生的“双导师制”，增进教学与实践的融合。

（七）完善区域协同创新机制，发挥辐射带动作用

支持京津冀协同发展、服务全国创新发展、形成全球创新网络关键枢纽是北京建设全国科技创新中心的重要任务。北京不断完善区域协同创新机制，积极发挥辐射带动作用。①

（1）构建京津冀协同创新共同体，推动科技成果在天津、河北落地转化。北京市近年来发布实施建设京津冀协同创新共同体的工作方案和中关村行动计划，积极探索在京津冀区域实现高新技术企业互认备案、科技成果处置收益统一化、推行创新券制度等，推动中关村国家自主创新示范区政策在京津冀相关地区落地，建立资源共享机制，构建区域协同创新平台、战略合作功能区、产业承接合作平台、科技创新园区链等，推动建立第三代半导体研发创新平台、汽车产业区域协同创新产业布局、汽车模具协同设计云服务平台等一批具有辐射带动作用的创新载体。

（2）促进资源成果共享，服务全国创新发展。北京与其他省区市建立了跨区域合作创新机制，在内蒙古、宁夏、重庆、云南等省区市搭建了首都科技条件平台合作站和技术市场窗口，与贵州共建贵阳大数据应用展示中心，有利于推动北京的科技成果在全国转化落地，带动全国创新驱动发展。

（3）加强国际交流合作，打造全球创新网络关键枢纽。北京建设国际技术转移中心和国家技术转移集聚区，举办中国（北京）跨国技术转移大会、中意创新活动周等活动，吸引微软加速器、ARM 安创空间、毕马威创新中心、Plug& Play 等全球知名的孵化器和创业服务机构在中关村落地，建设中关村硅谷创新中心等海外平台、分支机构，为实施“引进来、走出去”战略提供了重要支撑。同时，北京引导企业在“一带一路”沿线国家和地区布局。

---

① 《北京全国科技创新中心建设成就辉煌》，http://www.chinahightech.com/html/paper/2017/0703/418447.html[2014-09-08]。

四、北京推动科技与经济融合面临的困难

北京在推动科技与经济融合发展方面取得了较好的成效，为我国实施创新驱动发展提供了强有力的支撑。但在现阶段，可能还存在一些问题，还需要政府不断全面深化改革、进一步完善体制机制。

（一）政策体系还需要进一步完善

北京已经形成较完善的政策体系以支持科技与经济融合发展，但还有一些政策需要进一步完善。

一是不少政策偏向于“锦上添花”，而不是“雪中送炭”。北京出台了不少支持创新创业、科技成果转化的支持政策，力度较大，但不少政策采取成功后奖励的形式。对于创新主体来说，真正最需要政府扶持的是在研发、转化过程中。政府还需要出台“雪中送炭”类型的支持政策。

二是政策的实施和监管还需要完善。一些政策还不太透明，通知申报项目预留的时间不够长，有些项目实施过程中监管不完善，在某些领域出现了政策套利、骗补骗贷的问题。此外，在执行政策时，有些政策也被过于简化，政府还需要进一步完善政策的实施环节和监管环节。

三是科技服务机构还需要加强规范和监督。北京有大量的科技服务机构，但一些孵化器、技术转移中介等机构运行不规范，影响了行业口碑，使得一些企业不愿与科技服务机构合作。政府还需要进一步加强对科技服务领域的规范和引导，维护科技服务行业的良好声誉。

（二）高校、科研院所还需要深化体制机制改革

北京高校、科研院所资源丰富，为促进科技与经济融合发展提供了很好的条件和支撑，但高校、科研院所还需要进一步深化体制机制改革。

一是高校、科研院所的评价体系还需要进一步完善，切实提高科技成果的质量。在调研中，不少企业表示高校、科研院所的科技成果转化率不高，最大的问题并不是缺乏产学研的沟通协作渠道，也不是高校、科研院所研究天然具有的前瞻、基础属性，而是高校、科研院所不少研究成果本身质量就不高。因此，政府需要探索完善高校、科研院所的评价体系，让高校、科研院所切实提高自身的科技成果质量。

二是推动高校、科研院所进一步开放，加强产学研的交流互动。目前高校、科研院所还是有些封闭，需要进一步优化产学研的沟通交流机制。

（三）区域联动协作机制还需要进一步完善

北京作为全国科技创新中心，需要在京津冀地区，乃至全国发挥辐射带动作用，进行跨地区协同合作。但目前跨地区协同合作还是会遇到一些问题。

一是考核导向和观念还需要进一步转变。北京有许多科技成果是在北京孵化、外地产业化。孵化过程最为困难，产业化则产生经济效益。因此一些外地政府会通过优惠政策来吸引已经或即将孵化成功的北京企业。从全国来看，北京的科技成果在外地产业化，可以带动其他地区发展，这是一件好事。但这就需要有相应的考核制度作为支撑，更需要转变观念，不能简单地以经济效益来评价一个区域的贡献。

二是区域协作机制还需要进一步完善。北京一些厂房搬到外地后，外地政府管控不严，出现了污染加剧的问题。而且，现在跨省的数据传输费用较高，北京许多机构不愿意把服务器放到河北。这就需要国家完善区域协作的机制。

三是地区文化差异还需要进一步缩小。除了建立区域协调协作制度，地区间文化的差异也需要引起重视。

五、北京推动科技与经济融合实践的启示

北京在促进科技与经济融合发展中，有很多好的经验，带给了我们许多启示。

（一）重视顶层设计

北京在促进科技与经济融合发展中，明确首都战略定位，重视顶层设计布局，发展思路明晰、重点明确，充分发挥了我国的制度优势。

在行动方案方面，北京确立了建设全国科技创新中心的“顶层设计图”“组织架构图”“施工任务图”，并进一步细化落实，形成了一揽子的行动计划和推进体系。这有利于全面统筹推进，提高政策的协调性。

在空间布局方面，北京打造了“三城一区”（中关村科学城、怀柔科学城、未来科学城、北京经济技术开发区）格局。四个园区定位明确、各有侧重、相互协作。其中，中关村科学城主攻前沿性的原始创新，怀柔科学城聚焦基础科学研究，未来科学城着重建设重大共性技术研发创新平台，北京经济技术开发区对接科技创新成果并推动转化落地。这有利于发挥各园区的协作作用，促进原始创新和成果转化落地。

在产业布局方面，北京聚焦“高精尖”领域，舍得“白菜帮”，专心做好“白

菜心”，并在各个环节都坚定执行。这使得北京在产业转型升级、环境治理、推动京津冀协同发展等方面取得了显著的成绩。

（二）完善科技管理体制

北京全面深化科技管理体制改革，不断增强服务意识。“一处七办”的跨部门组织架构，有助于部门协作，统筹协调推进工作、落实政策，避免出现部门间各自为政、政策无法落实的问题。中关村创新平台采取跨层级、跨部门的协同创新组织形式和特事特办、联合审批的工作模式，有利于落实先行先试政策。新型科研机构探索灵活的体制模式，打通产学研资的全链条通道。

（三）通过“松绑＋激励”调动创新主体的积极性

北京出台了中关村“6+4”先行先试政策、《京校十条》、《京科九条》、《科研项目 28 条新政》等一系列激励创新的政策，并探索完善国有企业创新考核评价机制和容错机制。通过“松绑＋激励”，增强了各类创新主体的获得感，有利于调动各类创新主体科技创新、科技成果转化的积极性。

（四）发挥大企业的引领带动作用

北京充分认识到企业在创新中应该处于主体地位。通过引导大企业搭建创新平台，构建协同创新网络，北京致力于发挥大企业的创新引领作用，带动中小企业、高校、科研院所协同创新。由于是由企业牵头进行科技创新，既可以保证科技创新的市场导向，又可以实现科技成果的产业化，提高了科技创新的经济效益，从而实现了科技和经济的良性循环，减轻了政府财政负担。

（五）营造有利于创新创业的环境

北京高度重视营造良好的创新创业环境，为科技与经济融合发展提供良好的土壤。

在制度创新方面，北京坚持科技创新和制度创新双轮驱动，不断突破体制机制障碍，优化政府服务管理，以深化改革促进科技与经济融合发展。

在“双创”服务方面，北京高度重视开放共享高校、科研院所的科技资源，发展科技服务业和科技金融，涌现出一大批市场化运作的服务平台、载体、机构，用市场的力量促进信息和科技资源流通，解决科技型中小企业的融资问题，促进了科技成果转化、产业化。

在人才发展方面，北京高度重视培养和发展人才，大力创新人才发展体制机制，打造全球性的创新创业人才高地。

第三节 上海推动科技与经济融合的实践

促进科技与经济的深度融合，关键在于通过制度创新解放科技生产力，打通产学研用的中间环节，破解科技经济“两张皮”问题。上海在科技与经济融合过程中的创新载体和体制机制建设上走在了全国前列。上海的探索与实践，不仅为国家层面的顶层设计与其他省份推进科技经济融合的体制机制改革提供了宝贵的经验，其面临的困难与瓶颈，也为进一步促进科技与经济的深入融合提供了新的切入点。

一、引言

上海市积极加大研发投入促进科研创新，2016 年上海市用于研发的经费支出为 1030.00 亿元，相当于上海市地区生产总值的比例为 3.80%（苏晓静，2018），并且上海研发经费投入保持平稳较快增长，研发经费支出结构不断优化。正是由于科研的大力投入，其科研成果产出也在稳步增长。2016 年，上海市全年专利授权量为 64 230 件，增长 5.9%，其中，发明专利授权量为 20 086 件，增长 14.1%。全年国际专利受理量为 1560 件，比上年增长 47.2%。至 2016 年末，全市有效发明专利达 85 049 件[①]。与此同时，上海市加快科技成果转化的脚步，使得科研成果转变为生产力，全市科技小巨人企业和小巨人培育企业共 1638 家，高新技术企业 6938 家，技术先进型服务企业 272 家[②]。在科技产出稳步提升的带动下，多项创新发展战略下的体制机制建设初见成效，战略性新兴产业制造业产值增长较快。2016 年全年，上海战略性新兴产业制造业总产值 8307.99 亿元，比上年增长 1.5%，占规模以上工业总产值的比重为 26.7%，同比提高 0.7 个百分点[③]。根据对长三角

① 《上海专利申请量为 119937 件 每万人口发明专利 35.2 件》，http://sh.sina.com.cn/news/b/2017-04-14/detail-ifyeimqc3528963.shtml[2017-04-14]。

② 《上海年鉴 2017》，http://www.shanghai.gov.cn/nw2/nw2314/nw24651/nw43437/nw43463/u21aw1311723.html[2019-01-11]。

③《2016 年上海市国民经济和社会发展统计公报》，http://www.shanghai.gov.cn/nw2/nw2314/nw2318/nw26434/u21aw1210720.html[2017-03-06]。

地区全要素生产率的测算，上海全要素生产率的 Malmquist 指数长期稳定在 1.05 左右，科技对经济增长的贡献率为长三角地区最高，并远高于区域均值 0.99。

在此背景下，课题组通过实地考察，对上海科技与经济融合状况进行深入了解，调研对象包括政府主管科技、产业及金融的职能部门、高新区与功能型平台、行业协会、上市公司与中小企业等。在此基础上，课题组总结其经验及问题，并形成本节。

二、上海科技创新环境

与我国其他省区市相比，上海的科技创新环境有以下特点。

（一）科技创新资源丰富

上海市科技创新资源丰富，拥有众多高校、科研院所、研发与转化功能型平台，为科技创新的深入发展提供了基础保障。其主要表现在以下几点。

（1）高校、科研院所集中，创新基础好。上海市共有 86 所高校，其中有十余所“双一流”大学。上海市目前有 57 个“双一流”学科，在 2012 年教育部全国学科评估中，上海市有 4 个一级学科排名第一。与此同时，上海市一直积极引进高校人才，以高峰高原学科建设为基础推动高校发展。上海市正是依托这些高校资源从而建设了涵盖自然科学、人文科学等前沿领域的研发机构。截至 2016 年，上海市依托高校等资源共建设了 44 个国家重点实验室，涵盖了信息领域、生命科学领域、材料领域、工程科学领域以及地学领域。

（2）科创人才集聚，科研氛围浓厚。上海市围绕引才、育才、用才制度进行改革，目前已初步形成具有国际竞争优势的人才制度，站在了创新创业人才集聚的战略高地。通过落实《关于深化人才工作体制机制改革促进人才创新创业的实施意见》（以下简称《人才 20 条》）与《关于进一步深化人才发展体制机制改革加快推进具有全球影响力的科技创新中心建设的实施意见》（以下简称《人才 30 条》），推进国家和市级高层次人才计划实施，不断完善青年科技启明星计划、青年科技英才扬帆计划、优秀学术/技术带头人计划、浦江人才计划等在内的立体式、多层次梯度资助体系，上海市优化了人才创新创业的环境与空间，进一步激发了人才的科研活力，营造了良好的人才成长环境。

（二）战略性新兴产业领军，企业创新主动性强

1. 战略性新兴产业带动上海产业结构转型升级

2016 年上海市经济平稳快速发展，与此同时经济结构、质量和效益持续向好。具体表现为第三产业增加值占全市地区生产总值的比重提高到 70.5%，其中战略性新兴产业增加值占全市地区生产总值的比重达到 15.2%，战略性新兴产业制造业产值占全市工业总产值的比重达到 26.7%。

提高战略性新兴产业的比重，是上海经济转型升级的一条必由之路。上海市发展战略性新兴产业的重点有以下两点：一是根据《上海市关于加快培育和发展战略性新兴产业的实施意见》[①]，在战略性新兴产业 7 大领域中重点推进 15 个专项，即大规模集成电路、新型显示、下一代网络（互联网、通信网、广电网）、物联网、云计算、智能制造装备、民用航空、卫星导航、新能源高端装备、智能电网、新能源汽车与汽车电子、新兴产业技术创新、生物医药与医疗器械、电子商务与新型贸易现代化、高技术服务业等。二是结合近年来科技创新中心建设工作的展开，重点支持民用航空发动机与燃气轮机、大飞机、北斗导航、高端处理器芯片、集成电路制造、大数据及云计算等一批重大产业创新战略项目建设。

上海遵循高端化、智能化、绿色化、服务化的发展思路，持续推进新型产业体系建设。而产业结构的转型升级依赖于科研创新，上海市通过加大科研创新投入，推动产学研的深入融合，探索大众创业、万众创新的大平台，实现创新链与产业链的有机融合，不断优化产业结构，加快产业升级步伐。预计到 2022 年战略性新兴产业增加值占全市地区生产总值的比重达到 20%以上，战略性新兴产业制造业产值占全市工业总产值比重达到 35%左右。

2. 企业科技创新积极性较高

企业作为研发的主体是科技成果转化的关键环节，也是上海科技工作的重点。从调研情况来看，上海企业的研发积极性较高，主要体现在上海企业自主研发意识较强，研发经费支出占比较大。从占比结构来看，2015 年上海研发经费支出中企业经费支出占比最大，为 60.80%。从经费来源来看，企业也是上海研发活动的投入主体，2015 年上海研发经费支出中来自企业的资金为 540.89 亿元，占比 57.8%。

---

① 《上海市关于加快培育和发展战略性新兴产业的实施意见》，http://www.wendangku.net/doc/823040dfa58da0116c174920.html[2012-02-14]。

三、上海推动科技与经济融合的举措

上海为实施创新驱动发展战略，在创新载体和体制机制建设上进行了重点突破。具体而言，以全国科技创新中心建设为抓手，以制度建设为保障，推动科技与经济融合。在科技创新中心建设上，上海着重夯实科技创新的“四梁八柱”，以产业战略和经济发展为导向发展科技。在制度建设上，上海在管理体制上做出有益探索，推动“大部制”改革、尝试“两清单”机制，提高管理效率；同时，出台科技成果转化条例及配套行动方案，破除转化障碍。

（一）建设张江综合性国家科学中心，提升源头创新能力

2016 年 2 月 1 日，国家发改委、科技部批复同意建设张江综合性国家科学中心。2016 年“两会”期间，习近平总书记参加上海代表团审议时明确要求：“要集中力量把张江科学中心建设好，把体现国家战略的大科学装置、大科学研究中心和各方资源聚集到张江，迅速做实做强、做出影响。”2018 年 11 月，习近平总书记到张江科学城视察，他强调：“要增强科技创新的紧迫感和使命感，把科技创新摆到更加重要位置，踢好‘临门一脚’。”要以全球视野、国际标准推进张江综合性国家科学中心建设，加快建立世界一流的重大科技基础设施集群。①

张江综合性国家科学中心的战略目标为通过建设大科学装置集聚群，聚焦国家重大战略需求和世界科技前沿，最终实现以科学原创力推动产业科技发展。规划中的张江综合性国家科学中心由“四大支柱”构成，分别是：①张江综合性实验室。它以重大科技基础设施群为依托，是国家科学中心的核心力量和基础支撑。②创新单元、研究机构和研发平台。重点开展系统性强、开放协同程度高的研发活动，是国家科学中心的主体和载体。③创新网络。从点、线、面上布局网络化协同创新，是国家科学中心的放大器和倍增器。④大型科技行动计划。积极组织、主导、参与全球科技竞争与合作计划，是国家科学中心的牵引力和推动力。

为推动综合性国家科学中心建设，上海市与中科院联合在管理体制上进行了深入探索。一是市长挂帅，解决统筹协调难题。成立上海张江综合性国家科学中心办公室，由上海市市长兼任办公室主任，科学技术委员会、经济和信息化委员会等职能部门负责人兼任副主任，解决建设中的统筹协调问题。二是发挥大院大所和重点高校的骨干作用。中科院上海分院以及在沪各研究所利用学科综合优势和创新人才优势，在国家科学中心建设中发挥骨干主力军作用。例如，在张江综

①《改革开放 40 年 | 张江，用“科技梦”承载“中国梦”》，https://www.sohu.com/a/282915607_195713[2018-12-18]。

合性国家科学中心的建设上，以中科院上海高等研究院为承建主体，将上海光源、国家蛋白质设施等一批重大科技基础设施全部划转至中科院上海高等研究院统一管理，突出基础设施的集中管理优势和协同发展潜力。知名高校凭借自身的学科发展优势和创新人才网络，积极参与创新单元、研究机构建设。例如，上海交通大学承建和托管对标波尔研究所的李政道研究所。三是设立全国性科学基金会，募集社会资金资助科学研究和技术开发活动，为科学中心建设提供专项资金支持。浦东新区正在研究设立国家科学中心专项资金，支持创新功能平台和重大基础设施建设。

（二）建设功能型平台，促进技术研发与成果转化

研发与转化功能型平台建设是科技创新中心建设的关键节点，也是促进产学研合作的重要举措。研发与转化功能型平台主要有两种类型：一类是研发与转化型平台，这类平台主要是为相关领域的科学研究和新技术、新工艺、新产品的研发与转化提供基础性支撑；另一类是创新服务型平台，这类平台主要围绕信息共享、科技成果转移、科技金融、检测认证、科技咨询等服务环节的需求，为创新创业提供多方位的软硬环境支撑。

2017 年 2 月，上海首批规划的 18 个研发与转化功能型平台正式确定，研发与转化功能型平台是按照产业发展需求和成果转移转化短板来部署的，分布在电子信息、生物医药、高端装备制造等重点领域，涵盖上海 12 个区县。[①]目前已取得成效的平台包括上海产业技术研究院（以下简称上海产研院）、生物医药产业技术功能型平台、石墨烯产业技术功能型平台、微技术工业研究院和国家技术转移东部中心等五个。

相比传统创新平台，上海所建的研发与转化功能型平台具有三个突出特点：一是自上而下，即平台的布局是由政府根据产业发展战略确定；二是管理机制活，原则上不建事业单位，而是政府引导社会参与；三是“一台一策”“一事一议”，从而提高了不同领域平台的专业性和规范性。上海研发与转化功能型平台的创新成绩取决于以下四点。

1. 以企业为运营主体

包括上海石墨烯产业技术功能型平台、上海产研院等在内的功能型平台通过以企业为运营主体，采用市场化运作，提升了平台运营效率。例如，上海石墨烯产业技术功能型平台，以上海超碳石墨烯产业技术有限公司作为运营主体，实行

---

①《上海首批 18 家研发转化平台已规划》，http://shzw.eastday.com/shzw/G/20170215/u1ai10339695.html[2017-02-15]。

企业化运作，平台为科研团队提供场地、设备、工程人员、资金、产学研合作牵线等支持，如果项目成功并进入产业化阶段，双方按一定比例分配收益（任志宽和张百尚，2018）；上海产研院通过吸引金融和产业资本、争取政府资助等形式对技术链的各个环节进行支持，尤其是金融资本作为上海产研院的主要投入形式之一，早期参与项目的立项和研发，一旦研发获得成功，这些金融资本能够满足应用技术成果后期转化和产业化的资金需求，通过“技术链”和“资金链”的有效联动，降低了金融和产业资本的投资风险，提高了科技成果的转化效率（李小丽等，2013）。政府引导、社会多元投入的市场化运作模式通过改革政府创新投入管理方式，充分发挥市场配置资源的决定性作用，加强需求侧政策对创新的引导和支持，释放全社会创新活力和潜能。

2. 建立综合性服务平台体系

包括上海石墨烯产业技术功能型平台、上海生物医药产业技术创新服务平台等在内的功能型平台为打通从研发到转化的路径，在平台内部打造了“1+X”的平台体系。“1”为发挥管理与协调作用的核心子平台[①]，“X”包含产品研发、共性关键技术研究、成果转化、投融资服务、信息咨询和专业培训等各个环节的子平台。通过在功能型平台内部建立“1+X”平台，有效打通从产品研发到产业化的通道。此外，“X”平台的作用也可以由专业化的创新服务平台提供，如国家技术转移东部中心下设了四个功能平台——技术交易基础功能平台、全国高校技术市场、国际创新收购平台、技术转移渠道网络平台，引入资本力量与专业服务，加快技术转移与成果转化实施进程，为功能型平台提供全方位的服务。

3. 推行合同科研制

为突破传统项目组织方式的局限，功能型平台创新项目组织方式，推行合同科研制等新型组织方式。以上海产研院为例，采取“合同科研”方式，围绕一项战略前瞻技术或重大需求技术，面向上海高新技术产业发展需求，承接、开展各种企业委托的应用技术研发和科技服务任务；接受行业协会、产业联盟等的委托，研发产业共性技术项目[②]。通过招标形式组织产、学、研、用各方“结盟”攻关，此时上海产研院的运营场所可以是大学、科研院所、企业等不同地方；产研院也可依托自有平台，引进研发团队集中攻关，而项目完成后，团队可离开上海产研院，实现人才流动。当合同兑现时，通过知识产权、研发报酬、转化收益等不同形式，合作方均可获利益回报。通过实行合同科研制，引导功能型平台加快技术

① 上海石墨烯产业技术功能型平台的核心子平台为“产业技术研究院”；上海生物医药产业技术创新服务平台的核心子平台为上海市生物医药科技产业促进中心。

② 《补上上海创新体系“短板”》，http://news.ifeng.com/c/7fd0nR8MJk1[2012-08-23]。

与市场对接的步伐，突破以往的项目组织方式，从而发挥市场在创新资源配置中的决定性作用。

4. 事前审批改为事后考核

政府在为前沿和共性技术类平台提供资金支持时，由传统的重事前审批模式转变为重事后考核模式，提高资金的使用效率和产出效益。以上海微技术工业研究院为例，为上海首个将事前报批制改为事后考核制的单位。在前期研发阶段，政府给予稳定支持，定期进行考核，平台拥有经费使用自主权，采用政府投入与单位绩效挂钩等制度，即公司运营收入高，政府投入也高，反之政府投入就少。该机制使得华中科技大学工业技术研究院能够有效适应传感器短暂的更新周期，减少购买设备的审批流程，迅速抓住市场时机，从而实现“超越摩尔”的目标。通过完善创新业绩考核，激发市场主体的创新动力。

（三）建设科技创新集聚区，培育创新集群

科技创新集聚区是上海建设科技创新中心的重要承载区。上海确定了浦东张江核心区、闵行紫竹高新区、杨浦、徐汇漕河泾开发区、嘉定新城和临港新城六大科技创新集聚区，突出各自特色，发挥比较优势共同为上海建设具有全球影响力的科技创新中心营造创新环境①。上海市科委负责人认为，“这次集聚区不是简单的招商引资的概念，第一，是把系列的政策环境做了一个设计；第二，是更注重社会环境，为创新提供比较好的条件；第三，就是注重为特色产业提供一个大家可以共享的平台”。

六大科技创新集聚区按照规划定位，挖掘自身优势资源，聚焦创新关键领域环节，一方面突出区域创新的“长板效应”，另一方面从“补短板”角度，完善区域科技服务体系，提高科技发展与城市创新的承载能力。比如，嘉定区的特色定位是围绕集聚新兴产业，形成了集成电路及物联网、新能源汽车及汽车智能化、高性能医疗设备及精准医疗、智能制造及机器人四大新兴产业。张江核心园以张江科技城为核心，着力打造浦东中部创新走廊，结合汽车、大飞机、北斗导航、传感器与物联网等高端制造产业基地建设，推动形成若干特色产业创新中心。徐汇漕河泾开发区的定位是科技创新服务集聚区，着力打造以智慧商务、智慧社区、智慧政务为重点的智慧城区建设。临港新城的创新集聚区定位是智能制造产业集聚区，为上海制造业转型升级探路。闵行区通过建设紫竹创新创业走廊，推动高校、科研院所的优质创新资源向区域创新创业企业和团队开放。

---

① 《国务院关于印发上海系统推进全面创新改革试验加快建设具有全球影响力科技创新中心方案的通知》，http://www.gov.cn/zhengce/content/2016-04/15/content_5064434.htm[2016-04-15]。

嘉定区作为科技创新集聚区建设的典型，其经验可以概括为探索打通科技创新“三个一公里”。①打通“最先一公里”，对应的是激发科技创新活力。在布局符合产业导向、社会专业运营的众创空间时，嘉定区不仅聚焦优势领域和重点产业，而且重点呼应创客需求，引导区域内的众创空间差异竞争、凸显特色。同时，嘉定区也于 2017 年 9 月 18 日正式启用嘉定创新创业大厦，通过整合归并全区科技政策及科技企业服务资源，集聚更多市场化、社会化平台，为科技企业提供人才保障、政策咨询、公共平台对接、科研成果转移、创业辅导、投融资等一门式全方位服务。②打通“关键一公里”，对应的是培育科技创新主体。利用“嘉定创投”等政府引导基金的杠杆效应，嘉定区通过撬动各类社会资本，重点投资智能制造等新兴产业，支持信用良好、实力雄厚的企业有序、健康发起设立小额贷款、融资性担保、商业保理等新兴金融企业。③打通“最后一公里”，对应的是推动产学研成果转化。嘉定区通过发挥中科院上海国家技术转移中心与产业基地的作用，初步建立科技成果在嘉定展示、交易、转让和转化的市场化、常态化机制，深化“院地”之间的合作协同和创新。

（四）建设自主创新示范区，激发双创活力

张江自创区是上海建设具有全球影响力科技创新中心的核心载体。2011 年，国务院批复支持上海张江高新区建设国家自主创新示范区，同时赋予张江深化改革、先行先试使命。截至 2020 年 7 月，张江自创区包含 1 区 22 园，总面积 531 平方千米，汇聚 7 万余家创新型企业，覆盖上海所有区县。目前，张江自创区已成为中国创新资源最密集的区域之一，发挥着集聚、示范、引领、辐射的巨大作用。

张江自创区是上海建设具有全球影响力科技创新中心的核心载体。张江自创区充分发挥先行先试作用，探索机制创新，推动创新创业，产生了一系列有借鉴意义的做法。

1. 建立分级管理模式

为了促进张江 1 区 22 园的全面发展，张江自创区建立了统筹协调和分级管理的体制机制。国家和全市层面主要发挥统筹协调的作用。张江自创区整体层面为各分园提供指导服务，重点履行规划统筹、政策支持、协调推进和考核评估等主要职能。各分园的管理机构则根据区县政府和上级主管部门赋予的职能定位，自主开展园区管理体制机制创新、组织创新政策落实、建设新兴产业集群等工作。此外，各分园采用政企分开的运行模式，赋予园区运营主体更加充分的管理权和经营权。

2. 探索建立跨国联合孵化器，推动了创业企业与跨国企业资源对接和联动

目前，张江已经持续引进全球科技创新发达区域机构在园区兴办或联合兴办国际孵化载体 30 余个，其中，最有张江特色的是全国首创跨国联合孵化平台，充分发挥跨国公司资源集聚优势，带动张江乃至上海整体创新创业水平提升。该平台辐射全园，主体位于张江国际创新港，面积约 3.8 万平方米。目前已建好的跨国联合孵化器包括：通用电气公司（General Electric Company，GE）的爱迪生创新工社、博世汽车与智能平台、能源与建筑平台等。

张江跨国联合孵化平台的建设推动了创业企业与跨国企业资源对接和有机联动：对跨国企业而言，利用中小企业资源为自己造血；对创业企业而言，跨国企业通过提供需求、开放技术平台、商业资源导入、驻场指导等方式，联合本土孵化器共建创新中心，使得创业企业站在“巨人肩膀”上发展。同时，跨国企业长远的战略眼光、较好的判断力和畅通的商业渠道优势，可以帮助园区具有技术壁垒和商业前景的优质企业获得更多的资源、更大的助力。张江跨国联合孵化器运营至今，已取得显著成效，孵化模式渐趋成熟、多元。目前，平台内跨国企业形成了多种孵化模式：一是张江跨国企业联合设立孵化平台模式，目前合作的跨国公司有陶氏化学公司、GE 公司、博世等；二是跨国企业设立直属孵化器模式，如微软设立的微软云暨移动应用孵化器、英特尔设立的机器人创新中心、阿里巴巴设立的阿里巴巴众创基地等；三是知名国际孵化企业孵化模式，如曾孵化过谷歌、Paypal 等全球顶级企业的硅谷著名孵化器 Plug&Play 在平台中设立孵化基地，发掘、孵化优秀创业企业；四是跨国企业与园区企业合作设立创新中心模式，如亿贝与浦东科创集团合作设立创新中心，共同推动基于亿贝生态的创新孵化。目前已形成“1+N”的张江跨国联合孵化平台模式，平台内跨国企业实现资源共享、联合孵化，极大地提升了孵化效率。

3. 成立上海张江高校协同创新研究院，促进高校成果转化

上海张江高校协同创新研究院（以下简称上海协创研究院）由上海市教育委员会和张江高新区管委会联合指导成立，是一个服务上海高校，服务张江高新园区和上海区域经济的协同创新公共服务平台。具体来讲，上海协创研究院有以下特点：一是采用市场化运作模式，该院虽是上海市教育委员会与张江高新区管委会联合建设的区内协同创新机构，但自建立之初就以民办非企业单位身份运营，是一个新型的社会机构，摆脱了传统政府机构的体制机制约束，提高了运作效率。二是提供“一站式”的校企科技成果转化服务。在促进高校科技成果转化上，上海协创研究院开展了“一站式”服务。首先，研究院到高校去挖掘好的人才和项目；其次，将所挖掘到的项目和成果转化包装推介给市场；最后，将市场的需求

反馈给高校，尤其是相关的科研团队。研究院利用市场评价机制对科研团队的科研成果进行评估，主动对接高校管理部门与团队，有效化解科研成果价值难定价的问题；在此基础上，推动高校的成果与市场对接，促进科研成果转化。三是充分整合资源，共建校企公共服务体系。上海协创研究院有效利用上海张江示范区创新资源和政策优势，开展重大成果转移转化平台、协同创新和试点平台建设，在各园区打造成果转化专业服务中心，与资深评估、咨询单位合作共建知识产权服务平台，为上海高校与张江示范区提供一体化、协同化的公共服务。

上海协创研究院成立至今，在推动上海高校科技成果转化上取得了明显成效：研究院重点打造上海理工大学的“太赫兹技术产品中试基地建设”、华东理工大学“抗体和疫苗生物制造技术应用服务平台及原材料和装备国产化中试基地建设”、复旦大学附属肿瘤医院“精准抗肿瘤治疗创新服务平台建设”三个张江重大专项，获得张江专项资金支持 1.1 亿元。目前这三个项目均已在张江进行了产业化转化，成为上海高校为张江示范区产业化建设开展技术转移转化的典型示范。

（五）完善管理体制和评价机制，为科技创新提供制度保障

上海市政府注重科技管理的统筹协调，强化政策的协同性和一致性。上海市推出“三个视同于和一个单列” 的国有企业考核办法（“三个视同于”指企业可将收购创新资源、模式创新和业态转型都视同于利润，“一个单列”即企业可将境外的投资项目视同于利润并在考核中单列）。引导国有企业加大创新投入；鼓励国有企业建立容错机制，消除决策责任顾虑。此外，上海市探索对市属国有企业实施长效考核机制，以此注重对国有企业的长期盈利能力的考核，减少企业的短视行为，推动企业加大研发投入，鼓励企业与高校、科研机构进行研发合作，促进成果转化与技术运用。

1. 强化统筹协调，为科技创新提供体制保障

为打破政出多门、条块分割的枷锁，加快实施创新驱动发展战略，上海在科技管理体制机制上全面改革、多点突破，形成了多项可借鉴经验：一是深化“大部制”改革。2016 年 8 月，上海合并上海市浦东新区科学技术委员会与上海市浦东新区经济和信息化委员会，成立上海市浦东新区科技和经济委员会，“从创新链、产业链融合的角度考虑如何服务企业，如何制定政策，如何布局产业”①，更好地促进科技与经济结合。二是调整领导分工体系。由同一副市长统管科学技术委员会与经济和信息化委员会，统筹管理科技创新与经济信息化，提高政策协调性，

① 资料来源：课题组赴上海市调研，2017 年。

提高执行效率。三是构建灵活有效的合作机制。为深化分工、协调管理，政府职能部门间构建了多种灵活有效的合作机制。例如，科学技术委员会与经济和信息化委员会推行“两清单机制”，分别从技术供给侧和需求侧，合力推动产业前瞻性研发项目落地和科技成果转化；科学技术委员会牵头，联合发改委、经济和信息化委员会、国家教育委员会等 15 部门建立科技成果转化“联席会议”机制，督促各项规划、计划和任务的落实，协商解决科技成果转化中的瓶颈问题和制度障碍；经济和信息化委员会与国家教育委员会签订全面合作框架协议，由经济和信息化委员会、国家教育委员会分别支持企业侧与高校侧，实现产学研精准对接。科技管理体制机制的统筹协调为研发与转化功能型平台的高效运营提供了良好的制度保障。

2. 完善考核评价机制，提升国有企业成果转化效率

上海市政府提出以创新为导向的国有企业考核评价机制。首先，制定了将创新转型费用视为利润的政策（“三个视同”之一）。对于通过认证的企业和项目，其研发投入和创业转型费用视同于考核利润。其次，实施了《市管国有企业法定代表人创新转型专项评价实施方案》，要求企业的创新结果与法定代表人任期相挂钩。此外，推动国有企业建立容错机制，如上海汽车集团、上海（纺织）集团有限公司等企业将容错机制编入企业章程，并制定了相应的操作细则，对国有企业采取“鼓励创新、宽容失败”的态度，消除相关人员的决策责任顾虑。

上海市还探索了对市属国有企业实施长效考核机制，以管理团队、核心业务骨干为主要对象，依据考核目标完成情况和价值贡献大小，积极、稳妥地实施专项奖励和中长期激励，建立与长效激励相配套的业绩挂钩、财务审计、延期支付和追索扣回等约束机制。

（六）为成果转移转化提供制度保障

为促进和规范科技成果转移转化，自 2015 年年底以来，上海市领导多次召开专题会议研究成果转化机制障碍、解决路径，上海市科委会同相关委、办、局开展高校、科研院所、企业和服务机构调研，并连续两年试点开展科技中介服务体系建设，在调研实践中梳理出科技成果转移转化的短板，包括企业创新能力比较薄弱、高校、科研院所科技评价体系有待完善、服务机构专业化能力不足、服务人才缺乏、金融资本活跃度不够等[①]。

---

① 《上海市促进科技成果转移转化行动方案（2017-2020）》，http://www.shanghai.gov.cn/nw2/nw2314/nw2319/nw41893/nw42230/u21aw1237868.html[2017-06-20]。

2016 年年初，上海市人大常委会将《上海市促进科技成果转化条例》[①]列入立法工作计划，上海市科委、市政府法制办公室、市人大教育科学文化卫生委员会、市人大常委会法制工作委员会组成立法起草小组，开展深入调研和研究起草。2017 年 4 月 20 日，《上海市促进科技成果转化条例》经市人大常委会表决通过，于 6 月 1 日起施行，并于 5 月 29 日印发《上海市促进科技成果转移转化行动方案（2017-2020）》[②]。

《上海市促进科技成果转化条例》与《上海市促进科技成果转移转化行动方案（2017-2020）》的主要亮点包括以下几方面。

1. 为科技成果转化收益分配问题提供解决方案

《上海市促进科技成果转化条例》为研发机构、高等院校和科技人员等多方主体的收益分配提供了指导，有利于调动多方主体的积极性。《上海市促进科技成果转化条例》明确了科技成果作价入股的三条路径：一是科技成果完成后，单位以本单位的名义对科技成果作价投资，目前中科院上海分院和中科院上海有机化学研究所正在实践；二是可通过资产划拨方式将科技成果转移到本单位独资设立的资产管理法人，并以法人的名义进行作价投资；三是单位和成果完成人对科技成果作价投资所形成股份或者出资比例的分配做出事先约定的，企业以单位和个人名义共同投资，先拿奖励协议去工商部门注册，单位、个人和投资方三方都持股，目前上海海事大学正在实践。

2. 建立科技成果转化披露与管理制度

《上海市促进科技成果转化条例》要求上海市属高校及科研机构提交科技成果转化情况年度报告，作为绩效评价、获得财政资金支持的依据之一。报告内容包括科技成果取得、科技成果转化以及转化收益分配等情况，此举有利于提高高校和科研院所参与成果转化的积极性。此外，推动高等院校、研发机构结合实际形成有效的科技成果管理体系，建立包括发起、初审、评估、论证、决策、公示和实施等的科技成果转移转化流程，明确决策、执行、咨询和内控等机构与权责机制，完善相应的岗位管理、考核评价、收入分配、激励约束等制度。

---

① 《上海市促进科技成果转化条例》，http://www.spcsc.sh.cn/n1939/n1948/n1949/n2329/u1ai145921.html [2017-04-27]。

②《关于印发〈上海市促进科技成果转移转化行动方案（2017-2020）〉的通知》，http://www.most.gov.cn/kjzc/dfzcjx/zcwj/201706/t20170629_133847.htm[2017-05-29]。

（七）完善扶持科技型企业的科技金融体系①

上海积极发展科技金融为企业科技创新提供保障和支持，其主要经验体现为搭建园区科技金融平台、探索风险补偿政策。例如，上海的张江自创区通过各园区管理机构自建或依托专业机构建立科技融资服务平台，提供多样化的金融产品，破解企业融资约束问题。同时，上海也积极发挥政府引导基金作用，推动“双创”体系建设。张江自创区在“双创”建设的过程中，除推动各园区建设孵化器、创客家等载体外，十分重视科技与金融、人才相结合。在调研访谈中，上海高新区管委会发展规划处负责人认为“有些项目和新的技术一定要用资金去扶持，实际上产业是源于科技的，产业要发展成功，一定要与金融、资本、人才结合起来，不然就算有再好的技术和产品，要实现产业化也可能比较困难”。

四、上海推动科技与经济融合过程中面临的困难

上海市拥有众多知名高校和科研院所，创新资源相对丰富，具有较大的科技创新与科技经济融合潜力，能够为创新驱动战略发展提供科技原动力。但政府职能部门间的统筹协调仍需进一步加强，科技创新的供给与需求不匹配，导致科研成果的转化能力不足，形成典型的经济科技“两张皮”问题。上海科技与经济融合的难点主要表现为以下四个方面。

（一）科技创新的管理体制仍不完善

科技创新的管理体制仍不完善，具体表现为：①职能部门间的统筹协调有待进一步加强。科技向经济转化通常涉及多个部门，部门间的政策协调度不够，“政策打架”问题突出。对于科技成果的转移转化工作，一直由科技口的职能部门主推，但受到国资部门和纪检部门的政策制约，主要涉及国有资产流失判定、投资失败责任认定等问题。创新政策涉及部门较多，政策流程可能存在不匹配及难以对接的情况。例如，需要国资成果的证明材料时，没有部门能够出具该证明材料，导致政策不能落实。此外，创新相关政策的制定、实施、反馈与修订缺乏协调性，导致政策难以实施，包括以下方面：部分上位法之间存在冲突，缺乏相互协调，下位法与相关政策就难以制定与落实，立法机构与政府部门在制定相关法律法规时须考虑其他相关法律法规，避免上位法冲突导致的下位法失效问题。②创新政

① 上海科技金融发展的具体做法和经验请参考第五章第四节。

策缺乏弹性。现行科技政策基本上是正面清单，即规定哪些是可以执行的，政策缺乏弹性，负面清单能够有效明晰权责，提升管理协同性，但较少纳入科技口相关政策的考量范围。③部属科研院校难以融入上海创新体系。上海市科委对中央在沪高校的支持力度很大，但上海市科技与经济相关职能部门与部属高校及中科院系统科研院所之间无隶属关系，存在沟通与协调等方面的困难，难以将这些具有丰富科研成果与创新能力的科研机构融入地方创新体系。

（二）成果转移转化的体制机制难题尚待进一步突破

科技成果转化受制于科技管理体制与国有资产管理体制，具体表现为：①缺乏完善的容错机制。科技成果转化条例中的容错机制不够具体和全面，其中“勤勉尽责”的界定比较模糊，高校、科研院所的决策者在成果转化决策时还存在决策责任等方面的顾虑。②缺乏经验丰富的估值辅助机构。缺乏合适的第三方机构或单位对科技成果价值进行评估，工商部门也缺乏针对性的评估制度安排，无法对成果采取合理定价；科研成果转化是否产生价值只能在事后进行验证，事前的定价就会陷入两难困境，要么定价过高转化失败，要么定价过低导致国有资产流失。③科技成果作价入股的规定不够完善。例如，作价入股模式还面临退出方式与退出机制不完善的问题。④缺乏科技成果转化的信息平台。科研院所的成果资源开放度还不高，技术供需对接难，企业对于高校、科研院所的成果不了解，高校、科研院所对企业的需求也不了解。在市级层面建立成果转移转化的数据库、资源库还未落实，还需对科技成果进行梳理、加工，使科技成果对整个社会开放，进一步提高科技成果的开放性和透明度。⑤存在“假转化”问题。在科技成果转化过程中政府部门难以区分“真转化”与“假转化”，部分企业以科技成果套取政府补贴，甚至存在上市公司通过购买成果获取公告效应，并进行内幕交易的行为，需要有关部门密切关注与重点打击。

（三）科技金融对科技型企业的支持力度不足

目前上海市科技金融对科技型企业的支持仍不足，具体表现为：①财政资金扶持中小微初创企业的门槛还比较高。中小微企业是技术转化与技术孵化的生力军，在初创、研发、中试和产品上市各个阶段都容易面临资金和人才等方面的瓶颈，在产业化阶段更是困难重重。但国家和上海市的一些补贴政策与企业上交的税收金额、固定资产投资相挂钩，使得一些初创型、轻资产企业不容易享受到政策的好处，导致财政资金的直接补贴没办法惠及最需要资金的中小微企业。②金融基础设施建设不足。科技金融的基础设施还有待进一步建设，尤其是金融信用体系的建设和完善。因为科技创新企业的信贷记录和信用记录相对较少，所以要获得融资支持并不容易。

（四）人才引进的激励机制仍不完善

近年来，上海先后推出了《人才 20 条》与《人才 30 条》，现行政策逐步向科技人才倾斜，但多项政策仍未落地。①户籍是影响人才引进的最大障碍。上海作为一线城市，户口政策和产业支持政策的出台都极具难度，部分科技人才难以落户，导致一些企业，尤其是包括互联网行业在内的高新技术产业，长期面临人力资源需求无法得到满足的困境。②成果转化的高端复合型人才短缺。科技转化要求复合型人才既懂科技成果，又熟悉整个创新链条与转化链条的运作机制。由于科技成果的专业性与专用性极强，复合型人才必然是由科技人才转型而来。由于具体激励机制的缺位，科技人才转型存在较大困难，导致复合型人才非常短缺。③草根型人才发展的环境还有待完善，上海生活成本比较高，对草根型人才产生了明显的挤出效应。政府在营造创新创业环境时，可以考虑具有创业特征的草根型人才的相关保障机制与配套措施。

五、上海推动科技与经济融合实践的启示

上海作为我国的经济中心和科技创新中心，在促进科技与经济融合的体制机制建设上做出了深入探索。上海获得的经验与存在的问题，既为国家及其他省区市推动科技与经济融合的体制机制改革提供了参考和借鉴，也为如何进一步深化相关改革指明了方向。

（一）完善科技管理体制机制，推动科技创新及成果转化

一是积极推动“大部制”改革，推动科技与经济管理部门合并，提升创新政策与产业政策协调性。二是调整领导分工体系，由同一领导统管科技与信息化，便于统筹科技管理工作，以解决跨部门的协调难题。三是探索灵活、高效的部门间合作机制，如两清单机制、联合行动机制、联席会议制度等，为部门间分工协作提供渠道，降低沟通与协调成本，提高政策执行效率。四是尝试在地方政府与部属高校、中科院系统科研院所之间建立协调机制，将高校和科研院所的创新能力与科技成果融入地方创新体系，为当地经济服务。五是探索建立科技管理的负面清单制度，增强创新主体的自主性，激发创新主体的潜力和活力。

（二）搭建研发与转化功能型平台，引领产业创新发展

一是围绕重点发展产业，建设研发与转化功能型平台。可采用“政府引导、企业运营、社会资本参与”的市场化运作模式，创新项目组织方式，如合同科研制，为共性技术研发、成果转化和产业引领提供统筹、支撑和服务。二是建设创新服务功能型平台，围绕信息共享、成果转移、科技金融等环节的需求，引入资本力量与专业服务，营造良好的创新创业环境，打通高校、科研机构、企业间科技成果转化的通道。

（三）建设创新集聚区，集聚创新资源和要素

一是明确创新集聚区的空间布局和功能定位，围绕各区产业发展重点和重大创新任务，让各区错位发展，实现创新链与产业链的联动。二是在创新集聚区内部整合归并全区科技政策及科技企业服务资源，集聚更多市场化、社会化平台，为科技企业提供人才保障、政策咨询、公共平台对接、科研成果转移、创业辅导、投融资等一门式全方位服务。三是充分利用高校、科研院所的科技创新资源，建立科技成果在创新集聚区进行展示、交易、转让和转化的市场化、常态化机制，推动产学研成果转化。

（四）推动建设自主创新示范区，促进大众创业、万众创新

一是建立跨国研发孵化器，推动创业企业与跨国企业资源对接和联动。引导跨国企业通过提供需求、开放技术平台、商业资源导入、驻场指导等方式，联合本土孵化器共建创新中心，让创业企业站在“巨人肩膀”上发展。二是建立高校协同创新中心，促进高校成果转化。协同创新中心可采取市场化的运作模式，利用市场评价机制对科研团队的科研成果进行评估，有效化解科研成果价值难定价的问题，并在此基础上推动高校的成果与市场对接，促进高校科研成果转化。

（五）突破科技成果转化瓶颈，提高成果转化效率

一是要解决成果转化中的国有资产处置难题，建立科技成果转化过程中的容错机制，消除高校、科研院所的决策者在成果转化中的决策责任顾虑，并探索科技成果作价入股的合理退出模式和退出机制，调动研发机构、研发人员与企业接受作价入股的积极性；二是完善成果披露与管理机制，降低技术需求方的搜寻成本，完善科技成果评估服务，为科技成果的作价提供科学与合理的评估；三是推

动大院大所融入地方创新体系，促进协同创新，推动科技成果转化。

（六）完善金融服务体系，破解科技创新企业融资难题

一是降低财政资金扶持中小科技创新企业的门槛，探索以风险投资和股权形式对其进行资金支持。二是完善金融基础设施建设，如科技金融服务平台、征信系统，对接科技企业与金融机构，提高借贷双方的信息透明度，降低信用风险，提高资金的配置效率。三是创新金融工具，通过政策性融资担保、科技保险、投贷联动等方式支持企业创新。四是加强政府部门与金融机构的合作，如税务部门与银行合作，以减少企业与金融机构之间的信息不对称问题，降低科技企业的资金获取难度。

（七）完善人才吸引和培育机制，为科技创新集聚智力资本

一是完善户籍制度。户籍是制约人才集聚的重要因素，具有很强的激励效应和导向作用，可通过落户指标的分配，吸引创新创业人才。二是细化人才分类政策，满足各类创新创业人才的基本需求。例如，区分高端型人才和草根型人才，为高端型人才提供创新创业的资金和人力支持，为草根型人才提供住房补贴或公共租房服务。三是改革人才培育模式，建立高校学科专业、类型、层次和区域布局动态调整机制，推进部分高校向应用型转变，优化创新型科技人才培养模式。

第四节　江苏推动科技与经济融合的实践

江苏省在推动科技与经济融合方面走在了全国前列，通过创新科技管理体制、创新公共技术服务平台运营模式等一系列措施，有效搭建起从科研机构到企业之间的桥梁，打通技术创新到技术应用之间的通道。

一、引言

江苏是全国科技经济大省，具有相对良好的科技创新环境。2016 年，江苏地区生产总值 7.6 万亿元，科技进步贡献率达 61%，区域创新能力连续 8 年位居全国第一。课题组通过实地考察，对江苏省及其下属苏州市科技与经济融合状况深

入了解，调研单位涉及政府部门、工业园区或高新区、新型研究机构、专业镇、企业等。在此基础上，课题组总结其经验及问题，并形成本节内容。

二、江苏科技创新环境

与我国其他省区市相比，江苏省科技创新环境具有以下三方面优势。

（一）科教资源丰富

江苏省科教资源丰富，有着全国领先数量的高校和科研院所。以高校为例，截至 2015 年，江苏省共有 163 所高校，位列全国各省（自治区、直辖市）首位。从高校类别来看，本科高校 49 所，专科高校 89 所，独立高校 25 所；从高校隶属单位看，其中 7 所是教育部直属（南京大学、东南大学、中国矿业大学、河海大学、江南大学、南京农业大学、中国药科大学），3 所部委直属（2 所工业和信息化部直属：南京理工大学、南京航空航天大学；1 所国家林业局直属：南京森林警察学院），另外 153 所是地方高校；从高校所处地域看，南京的高校最多，为 57 所，苏州其次，为 23 所。

江苏省的高校和科研院所水平较高，拥有两所“双一流”大学、18 个国家重点实验室和 1 个国家实验室。在 2012 年教育部全国学科评估中，省内 13 个一级学科排名第一，21 所高校的 77 个学科进入最新一期基本科学指标（Essential Science Indicators，ESI）数据库全球同类学科前 1%行列，并且江苏省仍在不断引进高校和人才，加快与国际接轨的步伐，如苏州市已引进 29 所高校（大部分与国际合作）。

由于江苏省的科教资源优势突出，中央科技资源在江苏省的配置也很多。以 2016 年为例，江苏省高等学校拥有科技经费 144.99 亿元，仅次于北京；高等学校研究与发展拨入经费 78.51 亿元，仅次于北京；而江苏省高等学校的研发成果应用及科技服务经费最多，为 30.61 亿元。

（二）产业体系完整，龙头产业突出

江苏省战略性支柱产业主要有光伏、装备制造、电子信息、医药四类。江苏省作为我国光伏产业重要的生产、研发、设计基地，已经形成了配套齐全的光伏产业链。2016 年，江苏共有 297 家规模以上光伏企业，产值超过 50 亿元的光伏企业共 15 家，超过 100 亿元的光伏企业共 6 家，以苏州、无锡、常州为代表的苏

南光伏产业产值占全省比重近一半[①]。可见，江苏省光伏产业集中度高，龙头企业引领作用明显。

装备制造业是我国的战略性产业，是制造业的核心组成部分，在推进产业科技创新、支撑产业转型升级过程中处于关键核心位置。江苏省装备制造业企业多分布在无锡、徐州，如天奇自动化工程股份有限公司、徐州工程机械集团有限公司等。近年来，全省航空航天装备、轨道交通装备、智能制造装备、高端专用装备等高端装备制造业继续快速发展。“十二五”期间，全省装备制造业加快自主创新体系建设，加大技术进步投入力度，年均研发投入占销售收入比重达到 1.3%。截至 2019 年 5 月，江苏省累计组织实施 47 个重点领域关键装备的技术突破和水平赶超项目，并通过建立高端装备研制赶超项目库等形式，加大加快技术攻关力度，以分步骤、系统性地解决一批关键技术装备“卡脖子”问题。[②]

电子信息制造业作为下一代产业革命的引擎，持续推动着制造业生产范式的不断转变，因此也成为新一轮全球科技竞赛的必争之地。江苏省电子信息制造企业多分布在苏南地区，智能制造、物联网、大数据等高新技术企业层出不穷。2016 年江苏省电子信息行业整体运行呈现稳中有进态势，全省电子信息产品制造主营业务收入达到 3.35 万亿元，同比增长 7%；其中，新一代信息技术产业、物联网产业、集成电路产业业务收入均实现不同程度增长。[③]

医药产业是江苏省重点培育发展的成长性好、发展活力强、竞争力明显的优势产业。2016 年江苏省医药制造产业主营业务收入为 4472.81 亿元，增长率高达 28.55%，达到近 5 年峰值；利润为 489.57 亿元，增长率为 34.91%，主营业务收入和利润总额占全国的 13%左右。“十三五”期间，江苏医药产业在规模以上工业产值、利润，新上市药品数、医疗器械数、创新药品数，以及药品生产企业数等 6 项指标上连续五年稳居全国第一，医疗器械生产企业数在 2020 年跃居全国第一。相关数据显示，2020 年，江苏省规模以上医药工业实现营业收入 4356.84 亿元，同比增长 12%。全省 185 个三类医疗器械产品获批上市，9 个产品通过国家创新医疗器械审查[④]。

---

① 《新常态下江苏光伏产业发展现状与策略分析》，http://www.sohu.com/a/157198358_146940[2017-07-14]。

② 引自《全省装备制造业一季度营收同比增 5.1%》，http://www.jiangsu.gov.cn/art/2019/5/14/art_60095_8335695.html [2020-05-14]。

③《2016 年全省电子信息产业收入达 3.35 万亿元》，http://www.jiangsu.gov.cn/art/2017/1/13/art_33686_2312968.html[2017-01-13]。

④ 引自《“十三五”期间江苏医药产业连续五年保持两位数增长》，http://js.people.com.cn/n2/2021/0203/c360301-34563386.html [2021-02-03]。

（三）民营经济发达，中小企业众多

江苏省民营经济发达，在加快转型升级中保持平稳、健康发展。民营企业增加值占比逐年攀升，2017 年江苏全省民营企业增加值 47 589.10 亿元，占全省地区生产总值的比重达 55.4%。规模以上民营工业成为全省规模以上工业重要支柱。2017 年全省规模以上民营工业企业数占全省规模以上工业企业的 77.2%，民营工业对全省工业经济增长贡献率达 58.0%[①]。

2017 年，江苏有 82 家企业入围中国民营企业 500 强，仅次于浙江的 120 家。其中，前 20 名占 4 席，6 家江苏企业突破千亿元。入围企业主要来自房屋建筑业、黑色金属冶炼与压延加工业，分别达到了 12 家和 9 家。此外，纺织服饰、服饰业相关企业总数达到 8 家。而这些行业也一直是江苏民营经济中的“拳头”产业[②]。

由于江苏省民营经济是其地区生产总值的主要贡献者，相对应的中小企业也很多，形成了一大优势特色。截至 2016 年年底，江苏省中小企业总数达 248.2 万家，占江苏省企业总数的 12.5%，位居全国首位。其中，工业企业 55.3 万家，并且规模以上中小工业企业有 46 367 家，位居全国第一[③]。

三、江苏推动科技与经济融合的举措

江苏省拥有全国一流的科技成果产出能力，以 2016 年为例，江苏省高等学校研究与发展项目共计 32 560 项，位列全国第三，其中基础研究 15 509 项，位列全国第一。高等学校研发成果应用及科技服务项目共计 10 428 项，居全国第一。除国际级验收项目数外，江苏省的高校科技成果数量均位于全国首位。在科技成果产出表现突出的情况下，江苏省面临的现实问题就是加快科技成果转化速度，提高科技成果转化效益，充分发挥科技第一生产力的引领作用。

（一）以管理体制创新推动新型研发机构发展

新型研发机构是促进区域创新的新抓手、产学研结合的新业态，新型研发机构的建设为破解我国科技与经济发展“两张皮”提供了宝贵路径。在井喷式发展

① 《江苏民营经济 40 年：已占全省 GDP 比重 55.4%》，http://finance.sina.com.cn/china/dfjj/2018-11-05/doc-ihnknmqx2152263.shtml[2018-11-05]。

② 《【砥砺奋进的五年】这 82 家苏企入围 500 强，江苏民营经济为何成绩亮眼？》，http://www.dydaily.com.cn/2017/0825/30711.shtml [2017-08-25]。

③ 《中小企业年度数据发布》，http://xh.xhby.net/mp3/pc/c/201702/16/c281981.html [2017-02-16]。

的新型研发机构中，江苏省产业技术研究院独树一帜，快速发展，仅用四年左右的时间，成了一家拥有35个专业研究院所的产业技术攻关平台，创新绩效斐然。

江苏省产业技术研究院成立于2013年末，其建设的目的在于解决江苏省从科学到技术之间有效转化的问题，旨在搭建起从高校行政事业管理体制到企业市场运作体制之间的桥梁。作为新型研发组织，江苏省产业技术研究院由位于南京的院本部和分布于江苏省各市的专业研究所构成，实行理事会领导下的院长负责制。理事会之上由江苏省产业技术研究院建设工作领导小组指挥，领导小组的组长由常务副省长兼任，理事会的理事长由分管科技的副省长兼任，理事会的成员有十余人，由省里主要部门（科技部门、经济和信息化部门、财政部门、发改部门）的主要领导、部分高校及企业的领导、投资机构、科学家以及产业研究院本院和研究所的代表构成。目前，研究院已经设立的研究所包括实施共建制的智能液晶技术研究所，实施加盟制的包括华中科技大学无锡研究所，以及行业领军企业，如徐州工程机械集团、盐城悦达汽车共建的企业研究所，涉及主体性质范围包括地方政府、事业单位、国有企业、民营企业以及外资企业。江苏省产业技术研究院创新成绩斐然取决于以下四点，其中最核心的为容错机制和一所两制。

1. 容错机制

江苏省产业技术研究院的成立得到了省委、省政府的重视和大力支持，“他们（省委、省政府）认为思想要解放，要不然的话做这件事的时候还是有难度的”（研究院负责人）。因此，成立之初省委、省政府就给研究院确定目标，研究院负责人反映，“作为一个江苏科技体制改革的试验田，什么事都可以先行先试，就这么小块，错了大不了再回来就是了”，“我们只要是探索地、程序合法地去做了，虽然未来可能会出现问题，但不是个人原因造成的，都不追责（研究院负责人）”。同时，江苏省委印发《关于建立容错纠错机制激励干部担当作为的办法（试行）》，以条例的形式进一步明确了容错机制[①]。容错机制给予了研究院创新创业的信心和积极性，也为研究院财政经费使用、管理体制改革、运营体制创新等一系列举措提供了有效支持，成为后续改革和创新的铺垫。

2. 一所两制

在促进科技创新与市场融合方面，政府和市场各有利弊。政府可以协调和调动高校、科研院所、产业等各类科研创新主体以及资金、政策资源，但却容易遇到管理体制僵化、政策不灵活等问题，对科技成果的产业化形成抑制；企业则能

① 《关于建立容错纠错机制激励干部担当作为的办法（试行）》，http://www.hn.xinhuanet.com/2019-07/15/c_1124752882.htm[2019-07-15]。

积极把握市场需求，提升科学技术的产业化运作效率，但所掌握各项资源有限，易导致持续创新能力不足等问题。因此，协调好政府和市场两类资源，是促进科技创新与经济发展深度融合的重点。江苏省产业技术研究院创新管理体制，实行一所两制，即分别对人事关系仍处于科研院校的研究人员采用事业单位管理制度，对研究院招聘的专职从事二次开发的研究人员实行市场化的考核机制。“一所两制”的改革释放了科研人员的创新活力，大大促进了高校、科研院所研究人员的创新成果向市场转化；同时，“一所两制”也有助于研究院协同起政府和市场两种资源，以市场需求促进技术创新，以政府资源保障持续发展。

3. 项目经理制

江苏省产业技术研究院建立和实施项目经理制，推动重大科研项目组织方式创新。首先，推动财政资金使用方式创新，围绕产业需求，以市场化方式和国际化视野，全球招聘具有较高的知名度和影响力、是国内外相关产业和技术领域中一流的领军人才，组织实施集成创新项目。其次，在领军人才和团队引进后，赋予领军人才（项目经理）自主组织团队、申请课题、决定经费分配的权力。目前，通过实施项目经理制，已成功组建机光电技术研究所、脑空间信息技术研究院等五个研究所。科技项目组织模式的创新有效促进了科研院所由“跟跑”向“并行”，再到“领跑”的转变。

4. 合同科研制

江苏省产业技术研究院积极改革财政科技资金支持方式，突破传统的财政资金补贴方式，不再按项目分配固定的科研经费，而是根据专业性研究所服务企业的科研绩效来决定经费的分配方式，通过实施合同科研管理机制来引导和加快专业性研究所与市场需求对接的步伐。专业性研究所的科研绩效由纵向科研绩效、衍生孵化企业绩效等构成。

在“市场化导向、公益性职能、企业化运作”总体思路下，江苏省产业技术研究院突破体制障碍，形成了“事业法人与企业法人互补运行、公益性职能和市场化手段相互促进”的发展模式。通过市场化运作和资本市场的手段，加速产业链、创新链和资金链的融合，集聚全球创新资源，全面提升产业技术研发能力，为产业转型升级和引领产业发展提供技术供给。

（二）以经营机制创新提升公共技术服务平台运营效率

公共技术服务平台的构建旨在企业实施技术创新过程中，为企业开展检索、查询、实验、测试、中试等活动提供设备、仪器、场地、咨询等支持，降低企业尤其是中小企业创新创业的成本和风险，提高创新效率。同时，公共技术服务平台的建立还有助于吸引和集聚研究机构、创新企业，通过集聚效应促进研究机构、企业的协同创新，为实体经济快速发展提供科技创新原动力。江苏省南京高新生物医药公共服务平台以及由中科院苏州纳米所所搭建的纳米系列平台则各具特色，高效运营，不仅吸引高端、前沿项目落户，也为区域生物医药产业的发展、纳米技术新兴产业的培育提供了强有力的平台支撑。

1. 推进平台体制改革，打造市场化、专业化的新型公共技术服务平台

江苏省南京高新生物医药公共服务平台位于南京高新区生物医药谷中丹生态生命科学产业园内，是由南京市科学技术委员会支持的重大公共技术服务平台。该平台成立于 2012 年 8 月，由南京高新区政府及南京生物医药谷联合出资组建。目前，该公司拥有全资控股的南京明捷生物医药检测有限公司，以及实验室服务平台、科技信息服务平台和技术转化平台，承载全方位的生物医药企业创新、创业服务，成为生物医药的深度孵化器，帮助园区生物医药企业的优秀医学健康技术成果尽快实现产业转化。作为公共技术服务平台，江苏省南京高新生物医药公共服务平台建设和运营的经验包括：①以体制改革为手段，实现公司的全市场化运作。推进建设公共技术服务平台是地方政府积极促进企业创新的重要举措，这也决定了在公共技术服务平台建设过程中，政府需要投入大量建设资金，用于高新技术设备的购置。南京高新生物医药公共服务平台在建设初期，所需要的设备同样由财政资金采购，并成立专门的公司“南京高新生物医药公共服务平台有限公司”经营。但是，公司运营所采取的收取手续费方式，却“效率低下，入不敷出”（南京高新区主管部门负责人表示）。面对此状况，政府决定通过推进体制改革来厘清产权关系，为平台的未来发展增添后劲。2017 年 5 月，平台公司推行完全市场化改组，代表政府股权的南京生物医药谷建设发展有限公司作为股东退出服务平台，由公司管理团队成员的自然人担任第一大股东和法人代表。国有股权的退出使得企业产权关系更为清晰，激励机制更为灵活。平台公司实现完全市场化运作也为后续企业战略投资者的引进，以及企业未来上市做好了铺垫。②转换平台资产设备经营模式，通过租赁进一步厘清平台经营公司与政府的关系。改组前，公共技术服务平台所需的资产设备由财政资金投入，作为国有资本投入公司运营；改组之后，服务平台的仪器设备，则由政府出资购买，再以租赁的方式授权平台公司经营。作为公司市场化改革的结果，资产设备使用方式的改变进一步明晰了公司与政府之间的关系，提高了公司的独立性。③引进海外管理团队，推进平台专业化、国际化运作。为实现南京高新生物医药公共服务平台的快速发展，公司在股权结构市场化改组过程中，同时引进由业内资深人士和海外归国人员组成的专业化、国际化的管理团队，对公司进行运营管理。而且，管理团队持有绝

对大数股份，充分激发了服务平台的运作活力。

市场化改革使得南京高新生物医药公共服务平台进一步厘清了平台经营与国有资产管理之间的关系，避免了平台越发展、国有股权退出越难的传统问题，为其实现专业化、国际化运作提供了有效保障；同时，也因其股权结构和管理模式的差异，成为区别于传统的新型公共技术服务平台。截至目前，南京高新生物医药公共服务平台已经逐步减少对政府补贴的依赖，成功引进战略投资者，做到新增仪器设备自购，为传统公共技术服务平台的转型发展提供了宝贵的借鉴经验。

2. 依据产业链打造创新链，提供专业化、一体化服务

中科院苏州纳米所是由中国科学院、江苏省人民政府、苏州市人民政府和苏州工业园区共同出资创建的国家级科研机构，旨在为我国现代制造业与高新技术产业发展不断提供新的知识与技术，发挥国家研究机构的骨干与引领作用。与南京高新生物医药公共服务平台存在显著差异，作为事业单位，中科院苏州纳米所以苏州工业园区国内领先的纳米产业链为依托，发挥其科研服务功能。其特色包括：①构建专业化、一体化的公共技术服务平台，促进前沿学科交叉，服务纳米产业链的科研创新。苏州工业园是目前中国纳米技术产业资源集聚度最高的区域之一，科技创新是纳米产业发展的决定因素。为促进纳米产业科技创新，2006 年 3 月 27 日，中科院纳米所共建方签署备忘录建设公共技术平台，包括纳米加工平台、测试分析平台、纳米生化平台、计算平台等。纳米所的公共服务平台建设充分发挥国家研究机构的核心骨干与前沿引领作用，通过纳米科技将信息科学、生命科学、物理以及化学等学科交叉融合起来在纳米技术、生物医药、电子信息等领域形成系列平台群，涵盖从研发、小试、中试放大到生产报批创新链全流程、专业化、一体化的平台服务体系，面向纳米科技前沿，服务高端创新团队，产出重大原创成果。②以联盟为载体，集聚资源，推动区域纳米技术产学研合作。苏州纳米所同时利用其平台优势，促进纳米所、科研机构、高校和企业在研发、中试、生产和目标市场等各方面的综合优势集合，面向纳米技术，创立专业联盟，并积极走出去参加其他联盟和协会，与产业链上下游企业结成战略合作关系，共同开拓新技术、新成果的应用市场。目前，纳米所作为主要创导者，组织创立联盟 10 家，参与其他联盟或协会组织 7 家，牵头成立了成员单位达 140 余家的“江苏省纳米产业技术创新战略联盟”，并根据纳米产业的特征，重点组织了 4 个专业联盟，其中“微纳加工与制造产业技术创新战略联盟”于 2013 年被批准为科技部国家产业技术创新战略试点联盟，充分发挥了苏州纳米所在国家战略性新兴产业发展及产业转型升级中的创新引领作用，提升了纳米技术产学研合作效率，促进了科技与产业发展的深度融合。

（三）以科技资源引导机制改革，激发大院大所创新引领作用

大型科研院所具有更强的创新体系、创新能力，在地区科技创新资源相对缺乏的情况下，积极引进知名、大型的研究院或研究所（以下简称大院大所），是目前中国很多地区在促进地区科技创新和产业发展中常用的方法。苏州市在大院大所引进中，充分发挥大院大所的引领作用，不仅服务于区域产业发展，而且也形成了有效的协同创新和集群创新效应，提升了区域创新能力。苏州引进大院大所的做法包括以下几方面。

1. *以产业基础为导向，引进模式灵活*

以产业链布局创新链，苏州市政府主管部门及苏州工业园区首先确定围绕推动本地经济发展的三大产业——生物医药、纳米产业和人工智能进行资源引进，通过多种手段，招揽以这三个产业为主的高科技公司入苏。苏州工业园园区下辖的科技招商中心，甚至直接在部门设置上根据这三大产业建构，包括生物医药处，智能制造处等科室。在大院大所引进具体策略上，不惜重金“首选与中科院共建系列研究所，如纳米所、生物医学工程技术研究所，其次也积极与高校合作，推动高校的研究院和研究生院落地苏州，实在不行，则促进高校的科技成果在苏州落地转化”（苏州主管部门负责人表示）。

目前，苏州市已建立产学研创新载体 94 家。其中，苏州市和中科院合作的研究院所及下属院所有纳米所、生物医学工程技术研究所等 21 家，占中科院在全国布局总数的 20%；苏州市与清华大学合作的研究院所则包括清华大学苏州汽车研究院、清华苏州环境创新研究院等 13 家；苏州市可列入江苏省产业技术研究院序列的专业研究所有 10 家（全省总量为 35 家）。94 家产学研创新载体形式多样，从编制上分，有事业单位编制和企业编制两种。从合作模式上分，则包括以下四类：①政府主导类，如清华大学苏州汽车研究院、北京大学苏南分子工程研究院、浙江大学苏州工业技术研究院等，政府主导的创新载体投资规模相对较大，发展较好。②校企合作类，这类载体是企业和高校合作到一定程度的产物。一些高校认为有必要在苏州设立一个研究院，而该研究院可起到辐射苏州相关产业创新的作用，如北京化工大学的苏州研究院，最初由苏州两家企业投资新建，此后政府也提供了一定的支持。③团队类，这类载体实质是院士团队或者知名专家团队在苏州建立的产权创意载体，目前该类载体发展要纳入江苏省产业技术研究院序列，但落户于苏州。④国际合作类，是苏州市与国际知名高校的合作载体，如与新加坡国立大学合作的苏州工业技术研究院、与加利福尼亚大学洛杉矶分校合作的先进技术研究院等。

大院大所的引进在苏州形成了引领效应和集聚效应。例如，由中国科学院院

地合作局与苏州工业园区管委会共建并于2009年成立的育成中心，以中心为平台载体，成功吸引中科院系统的各研究院所在苏州设立分所或成果转化中心，目前已引进包括中国科学院大连化学物理研究所、中国科学院上海药物研究所、中国科学院电子学研究所、中国科学院兰州化学物理研究所、中国科学院上海硅酸盐研究所、中国科学院生物化学与细胞生物学研究所在内的6个所级平台，总投入超过30亿元。此外，还引进了包括中德纳米器件中心、中国新西兰国际创新中心在内的两个国际技术转移中心。同时，育成中心还充分发挥天然协同创新平台优势，整合各方资源，鼓励企业与科研院所共建联合研发单元，目前成立的机构包括欧菲光·中科院柔性光电技术联合实验室、大化所飞翔集团共建苏州飞翔新材料研究院等，有效实现了各所间协同创新和集群创新，带动了区域产业发展。

2. 抓龙头、重领军，以核心人才带动创新团队建设

苏州在引进大院大所的同时更注重领军人才的引进。从2007年开始，主要针对国内外高层次人才落户本地，苏州推出创新创业领军人才计划。县市两级财政共投入14亿元左右，从2007年开始引进领军人才930人，人才的引进促进了苏州创新土壤的逐渐肥沃。苏州人才计划的不同之处在于，苏州从一开始就不只关注单个的人才，而是把人才和项目结合起来，即把人才和他的工作平台结合起来给予支持，要求人才一定要带着相关项目团队，甚至资金来苏州。

3. 鼓励科研人员创新创业，为其技术的孵化和产业转化提供配套支持

苏州积极鼓励和支持引进科研人员进行创新创业。例如，中科院苏州纳米所不但鼓励科研人员依赖其科研成果进行创业，同时成立专门的技术转移中心，服务于科研人员的知识产权和成果转移转化管理工作。中科院苏州纳米所建所以来已有20余项专利技术或专有技术实现产业化，通过整合政府、企业、社会以及国内外各种资源，引导资本市场加大对科技型企业的支持力度。同时积极探索"扶上马、送一程、走出去"的转移转化机制，先后孵化培育产业化公司10余家，涉及半导体光电技术、显示技术、新能源、新材料等科技含量高、对产业链影响大的高技术领域，为科技服务于经济发展，促进地方经济发展方式转变做出了较大贡献。育成中心也不断探索创新团队管理新模式，中心专门支持产业化前1~2年，尚处在产品研发阶段、经过培育能够对产业发展起带动和引领作用的项目团队，经费通过育成中心平台支持到团队，实行"拎包入驻"模式，该模式已经取得了显著成效，培育了一批优秀项目及优秀领军人才。

（四）创新政府职能部门服务机制以保障科技创新资源

信息不对称是制约市场和企业之间资源要素有效配置的重要难题。作为轻资产企业，科创类企业经营依赖于技术人员的智力资本，而大量的研发投入尤其是处于研发阶段的投入难以资产化，从而使得企业固定资产不足。而从银行管理和考核机制来看，其资金贷放往往需要资产抵押，从而形成科创类企业融资难的问题。同时，随着地区经济的快速发展，以及环保监管要求的逐渐严格，土地等资源要素日益紧张，这一问题在经济发达地区尤为显著，如江苏苏州，随着土地新增量不断减少，工业用地供应持续趋紧，同时由于所属区域是太湖流域，较高的环保要求也导致苏州产业准入门槛较高。土地等资源作为重要的生产要素，是企业技术创新和经营的重要外部保障。需要寻找有效的方法，促进资金、土地等资源的优化配置，引导其往科技创新企业流动，为企业创新提供基础支持和有效保障。为此，苏州市相关管理部门开拓思维、积极创新，利用政府部门所掌握的信息优势，搭建信息平台，促进零散信息汇聚集中，为金融资本、土地等资源向高科技创新企业、战略性新兴产业配置提供支持和保障。

1. 整合地方企业征信信息，提高金融资源配置效率①

以企业在创新发展过程中存在的融资难题和金融机构在支持企业融资发展过程中存在的问题为导向，苏州市出台《苏州市金融支持企业自主创新行动计划（2015-2020）》（以下简称《行动计划》）及《关于苏州市金融支持企业自主创新行动计划的实施细则（试行）》，其服务对象是所有符合苏州市创新驱动发展方向的企业。《行动计划》提出建设苏州综合金融服务平台、地方企业征信平台、企业自主创新金融支持中心三大平台，②其中，地方企业征信平台作为苏州综合金融服务平台的核心，重点解决的是金融机构与企业之间信息不对称的问题，其建设经验包括政府主推信息系统建设、企业授权助力信息系统运营等方面，综合金融服务平台的搭建提高了资金供需双方信息沟通的效率。

2. 以资源集约化信息系统为依据，提高土地资源配置效率

为了实现资源的高效配置，将有限的资源用于具有更高创新效率的企业，苏州市通过探索，建立资源集约化信息系统，用于提升资源配置效率，把土地等资源更多地投向新兴产业企业。

苏州市搭建工业企业资源集约利用信息系统，细到苏州下属每个乡镇的每家

---

① 关于苏州科技金融发展的经验和模式请参考本书第五章第四节、第十章案例1部分。

② 《苏州市金融支持企业自主创新行动计划（2015-2020）》，http://www.suzhou.gov.cn/szsrmzf/zdzxghyjzjhjd/201512/4OWRDJSHMU0XZLL7SM3QSV0O0XVH9CIB.shtml[2015-12-31]。

工业企业的运行情况，诸如亩均税收、亩均销售、单位用电税收、单位能耗销售、单位销售税收等相关数据一目了然。系统堪称“一网打尽”苏州工业企业，目前除姑苏区以外，苏州所属9个板块、13个部门2014年、2015年、2016年的数据已全部归集，累计700多万条，做到了对全区大、中、小、微所有工业企业全覆盖①。这样政府可以掌握企业单位占地面积产出及企业的创新情况，如研发费用信息等，通过给予加计扣除的税收数额，切实反映出企业当前的研发投入，以甄别出企业发展潜力。从实施效果来看，苏州市工业企业资源集约利用信息系统平台在评价原则上，突出亩均效益，并把“亩均论英雄”与“创新论英雄”相结合，建成运行全市工业企业资源集约利用大数据平台，入库企业11万家，归集数据700多万条，综合评价、激励约束、预测决策等机制基本建立，平台分析结果在“263”专项行动、沿江化工整治等工作中发挥了重要作用，也为促进资源向创新企业的配置提供了依据和积极保障。

四、江苏促进科技与经济融合过程中面临的困难

江苏在科技与经济融合过程中，也面临着不少困难和挑战。其中一些困难和问题并非江苏独有，更是在全国范围内具有普遍性和共性，主要表现在以下几方面。

（一）政府创新导向仍需加强

推动科技创新，促进科技与经济融合，提高科技创新对经济增长的贡献率，这些目标的实现需要有坚定的创新意识和导向。然而，在实践中，地方政府的创新意识和导向往往会受到各种因素的制约。虽然江苏省的民营经济发达，具有浓厚的促进创新的土壤环境，但政府部门受限于传统的外向型经济发展思维和生产总值考核压力，导致江苏省政府长期将三外指标（利用外资、对外贸易、对外经济合作相关指标）和引进央企作为重要考核指标，因而对民营企业尤其是极具活力的创新型中小企业产生了一种挤出效应，抑制了民营经济的进一步发展。

（二）科技管理体制有待完善

科技管理体制的问题主要体现在以下几个方面：①江苏省科技管理体制存在政出多门，资金分散，九龙治水的现象。例如，传统产业的转型升级资金支持很多部门都有，部门过多，职能有所交错，反而使得资金分散、效果不明显，企业

---

① 《苏州为11万家工业企业建数据运行平台系统》，http://www.sohu.com/a/126893224_114731[2017-02-22]。

也不知道自己该申请哪个资金。②各部门画地为牢，协调性差，导致鼓励创新的税收减免、补贴的政策落实与实施仍会受到阻碍。③政策制定不精准，缺乏系统性，各部门条例内容相互冲突，对于各部门出台的政策，地方不知该对应哪个部门落实，导致政策落地不理想。

（三）政策执行效果亟须提升

首先，政府政策与企业需求脱节，政府政策与企业需求出现了“两张皮”的现象。以近几年为解决创业人才落地创业后中层技术人员不足推出的紧缺人才计划为例，该计划制订的标准往往被企业诟病。企业引入的博士、硕士可获得 5 万~10 万元的安家补贴，从政府角度看引才计划应该设一些门槛，比如学历、年龄等，但从企业角度看可能某个本科生更适合。其次，政府决策机制过于烦琐，导致科技成果转化审批时间长，知识产权评估方式不灵活，增加了企业科技成果转化的机会成本。例如，某高校在液晶电视刚出来的时候拥有一项液晶屏的显示技术，国家为了研发这个项目在此高校投入了将近 1 亿元。台湾“熊猫电子集团”愿意出 2000 万买这个技术，但是，走程序大概走了一年，该企业不想要了，最后该液晶屏显示技术只卖了 1000 万元[①]。

（四）高校与企业管理体制差异不利于高校科研成果转化

第一，评价机制差别。在实践中，高校面临的评价指标体系往往以学术论文、科研立项为引导，而企业对科技成果的需求则以应用和市场为导向，与经济效益紧密挂钩。第二，管理机制的差别。高校能做的事情很有限。尽管不少大学设有转化中心或创新中心，其转化工作也在各市布点基地，抑或是研究院所分中心等，但是它们做到一定程度就不能再往下做了，高校的力量有限。但企业需要的是经过孵化后的成果，高校则受限于孵化投入高等原因，如需要投入几亿元做产业基地、做创新基地，因此高校无法做孵化，从而导致其科研成果无法做到与企业需求的无缝对接。第三，高校人才创业与高校之间的矛盾。领军人才主要是高校、科研院所的教师，近几年国家也希望高校真正释放教师的动能，但在实施过程中仍存在一些问题。高校在教师出去兼职创业的事情上有所顾虑，“高校教师出去兼职创业，需要校长盖章，但是校长没法盖章，因为这对其他正常上课的老师不公平”。此外，近年来相关政策对高校中一定层级以上的领导创业进行限制，但是一定层级以上的领导往往手中有成果，并且协调能力更强，更容易整合团队。因此，

① 资料来源：根据调研获取信息整理，2017 年。

加快双进活动，增设产业教授，推动产学研合作，鼓励并扶持高校做与实体经济相关的课题，同时加快搭建中介机构与公共平台建设，架起高校与企业间孵化困难的桥梁。

（五）科创企业的税收政策有待进一步完善

税收问题是企业关注的重要方面，通过调研发现，对于创新类的高科技企业而言，其反馈较多的税务问题包括两个方面：①科技成果转化税率高。企业反馈江苏省对科技成果转化征收的实际税率高达45%，税率过高，建议科技成果转化按照偶然所得20%来征收相关税款。②营改增税制改革增加了企业税收负担。对于高科技企业而言，其拥有的竞争优势更多来源于技术人才的投入和储备，而非投入的研发材料，但这些人才投入却无法作为增值税进项扣除，从而导致企业实际税负加重。

课题组调研发现，苏州某企业纳米材料的生产，经过企业的“点金术”，廉价的材料经过纳米技术处理后，成为金贵的“纳米微球”。对于这样的企业而言，与智力成本相比，材料的成本几乎可以忽略不计。因为原材料成本低廉，可以抵扣的金额少，企业需要支付比较高的增值税。事实上，跟传统企业不同，大多数高科技企业的原材料成本都很低，有含金量的是生产过程中的智力成本。同时，研发往往是有风险的，研发周期长，人力资本投入高，研发如果不成功，则需要研发人员及公司承担较大的损失，若研发成功，由于可抵扣项较少，那么较高的增值税率就会成为企业较大的负担。过重的税负在一定程度上阻碍了研发人员的创新动力。

五、江苏推动科技与经济融合实践的启示

江苏作为科技创新大省，促进科技与经济的融合过程中，思路活，点子多，走在了全国前列。

（一）促进政府部门职能转变，提升政策制定和执行能力

第一，发挥政府的引导作用，明确经济发展的创新导向。长期以来，我国很多地区依赖外向型经济取得了快速发展，但是，随着我国经济增长达到一定水平，创新驱动成为促进我国经济进一步发展的原动力。因此，各地政府应当摒弃对经济效益传统增长模式的短期追求，应以科技创新促进经济发展为导向，加大科技研发力度，激发经济增长潜力。第二，明晰管理部门职能，集中分散资源，提高

资源配置效率，促进科技创新及其产业转化。分散的资源不仅无法形成促进企业及相关部门科技创新的动力合力，也增加了企业及相关部门在资源申请中的交易成本，资源的分散必然不利于企业创新，因此应通过体制改革，清晰界定各管理部门职能，并指定专门的部门，统一管理各项资源，让其在促进科技创新与产业融合发展中发挥积极引导作用并承担相应责任。在此过程中，应进一步通过简政放权，明晰各项政府资源申请程序，提高资源配置效率。第三，提高政策制定能力，职能部门在制定科技创新和人才政策时，应以企业需求为导向，做到精准对接，并明确执行细则，确保政策落地。

（二）创新科技管理体制，搭建起产学研交流的桥梁

受科技成果评价机制、管理体制等方面差异的制约，高校及科研院校与企业的科技成果对接仍存在一定障碍。对此，通过构建新型研发机构等科技创新服务平台，搭建起科研机构与企业之间的桥梁则成为可行路径之一。例如，江苏省突破体制约束，新建立的产业技术研究院，很好地协调了政府和市场两种资源，搭建起了高校、科研院所的科技创新与企业的市场转化之间的桥梁；南京江北新区的生物医药公共技术服务平台则解决了单个中小企业创新能力不足的问题，极大地降低了企业创新的交易成本。

（三）细化科技企业税收方案，降低企业税务负担

针对科技成果转化中税率过高以及营改增增加了高科技企业税收负担等问题，建议通过以下措施予以改善：第一，通过实地调研，深入了解企业科技成果转化状况以及税收负担，制订切实可行的方案，降低企业税负，调动科研人员创新的积极性；第二，组织专家研讨，针对高科技企业材料成本低，但是研发人工成本高的实际情况，制订补充方案，通过核定的方式，增加高科技企业增值税的抵扣项。在这其中尤其需要注意的是，政府部门应该做好对企业税务的服务工作，而非借此机会，收受额外的咨询或管理费用。另外，将企业的税收在生产或成长环节延后也是一个可能的做法，即减轻高科技企业在生产、经营环节中的税务负担，而将税收在征收环节上，转移至获利之后，提高所得税的征收比例，以弥补前置环节税收征纳的不足。

（四）完善社会服务配套，促进创新主体能力发挥

第一，金融服务保障。高效率的金融服务是促进企业创新的重要保障，而高

科技企业则普遍面临固定资产不足、抵押能力较差等问题，这与商业银行传统的信贷评估标准存在差异。对此，金融主管部门及金融机构应积极创新服务模式，在国家政策框架下，灵活地构建适合地方需求的金融服务平台、征信系统等，提高借贷双方信息的透明度，为企业融资提供有效保障。同时，金融主管部门和金融机构还应针对高科技企业经营特征，创新金融工具，通过科技金融的发展促进科技创新。第二，生产要素保障。与其他类别的企业一样，高科技企业在创新、生产过程中，需要大量的要素投入。在当前土地等生产要素普遍紧缺的情况下，各地方政府应结合产业发展的需求，为引进的高科技企业创新发展所需的资源要素提供有效保障。第三，生活服务配套保障。高科技人才的引进不仅需要有适合其事业发展的创新创业环境，还需要有相配套的生活环境与之保障，才能协调一致，促使高科技人才安家落户。因此，各地区在制定各项经济、金融和科技政策吸引高科技创新人才时，还应加强社会环境建设，综合引进各类人才，实现科技创新和经济社会的协调发展。

第五节　四川推动科技与经济融合的实践

四川是系统推进全面创新改革试验的八个区域之一。本课题组通过对四川的实地调研后，总结了五个方面的启示，以供借鉴。

一、引言

实施创新驱动战略，需要打通科技与经济融合的通道，处理好政府与市场的关系，更好地发挥政府的作用，推动政府职能从研发管理向创新服务管理转变。2015年9月7日中共中央办公厅、国务院办公厅印发《关于在部分区域系统推进全面创新改革试验的总体方案》[①]，将四川纳入所规划的八个区域，要求四川依托成（都）德（阳）绵（阳）地区，实施创新驱动发展，推动科技创新，破除科技与经济融合的体制机制障碍，并且在打通科技与经济融合通道方面有先行先试的特权。近年来，针对中央战略构想及要求，四川在科技金融服务科技型中小微企业，推进军民深度融合发展等方面，锐意改革，大胆创新，一些好的做法和经验可供复制和推广。

① 《中共中央办公厅、国务院办公厅印发〈关于在部分区域系统推进全面创新改革试验的总体方案〉》，http://www.gov.cn/zhengce/2015-09/07/content_2926502.htm[2015-09-07]。

二、四川科技创新环境

（一）科研院所众多，科教资源比较丰富

四川省科教资源丰富，经济发展较快。2016 年全年四川省实现地区生产总值 32 680.5 亿元，比上年增长 7.7%，经济总量全国省份排名第 6 名，全省居民人均可支配收入 18 808 元，同比增长 9.2%，高于全国平均增幅 0.8 个百分点[①]。

成都是国家创新型试点城市和知识产权示范城市，拥有四川大学、电子科技大学等高校 56 所，中科院成都分院等国有独立科研机构 108 家，包括高分子材料工程、电子薄膜与集成器件等国家级重点（工程）实验室、工程（技术）研究中心、企业技术中心等国家级研发平台 67 个。2016 年全市实现地区生产总值 12 170.2 亿元，第二产业实现增加值 5232.0 亿元，增长 6.7%；第三产业实现增加值 6463.3 亿元，增长 9.0%[②]。2016 年共申请专利 98 251 件，其中发明专利 39 500 件，实用新型专利 37 414 件。专利授权 41 309 件，其中发明专利授权 7202 件，实用新型专利授权 19 226 件。规模以上高新技术工业主营业务收入占规模以上工业主营业务收入比重 44.5%，技术合同交易项数达 17 129 项，技术交易总额 406.69 亿元，主要经济指标在中西部地区城市位居前列[③]。

绵阳是我国重要的国防军工生产基地，是国务院最早批准建设的科技城。根据四川省委、省政府的要求，绵阳科技城要建成军民融合创新驱动实验区[④]。2016 年，绵阳市内拥有中国工程物理研究院、中国电子科技集团公司第九研究所等国家级科研院所 18 家，两院院士 26 名，各类专业技术人才 21.7 万人。全市研发经费支出占地区生产总值比重 6.53%。2015 年，以四川长虹、四川九洲等企业为代表，全市军民融合企业达到 238 家，实现全市军民融合产业产值 1690 亿元，占工业总产值比重超过 66%。[⑤]

---

① 《2016 年四川 GDP 32680.5 亿元增速 7.7%高于全国平均水平》，http://www.thecover.cn/news/221933[2017-02-22]。

②《成都 2016 年 GDP 达 12170.2 亿元同比增长 7.7%》，https://sichuan.scol.com.cn/ggxw/201702/55832802.html [2017-02-21]。

③ 《2016 年成都市国民经济和社会发展统计公报》，http://www.cdstats.chengdu.gov.cn/htm/detail_51777.html [2017-05-24]。

④ 《奋力推进军民融合创新驱动试验区建设》，https://epaper.scdaily.cn/shtml/scrb/20140528/64490.shtml[2014-05-28]。

⑤《绵阳科学新城建设核心项目进入最终选址并设立全国唯一军民融合成果转化基金》，http://m.people.cn/n4/2016/0721/c1439-7259453.html [2016-07-21]。

（二）中小微企业为主，科技金融服务领先

成都经济结构的特点就是以中小微企业为主，民营经济较发达，而绵阳则主要以国有科研院所和企业为主。以固定资产投资为例，2016 年成都完成固定资产投资 8370.5 亿元，其中民间投资占比达到 55.5%[①]，政府投资相对较少，大多数领域都对民营企业开放投资。但成都民营企业体量不大，2015 年成都市只有 7 家企业能够上榜中国民营经济 500 强，与其经济实力不符。正是成都经济结构的特点，使得其服务中小微型民营企业的科技金融发展起来。

成都金融机构众多，科技金融比较发达。2015 年末，成都市共有各类金融、准金融机构 1800 余家，其中传统的金融机构 400 余家，准金融机构 420 余家，金融中介机构 850 余家，金融后台及服务机构 170 余家。2015 年全年金融业实现增加值 1254 亿元，占全市地区生产总值的 11.6%，在 15 个副省级城市中，占比排名仅次于深圳[②]。

成都市建立了省、市、区三级科技金融的服务机构，包括天使投资、创业投资、产业投资、债券融资和上市融资等多种投融资服务格局。2015 年末，成都市全市备案的投资基金及管理机构有 635 家，管理基金的规模超过了 1000 亿元。为进一步发挥产业引导基金的作用，成都于 2017 年 8 月 8 日宣布设立规模 1000 亿元的成都发展基金，并力争通过子基金群带动 5000 亿元社会资本投资支柱产业、优势产业和未来产业[③]。

（三）科技实力较强，但尚未形成优势特色产业链

成都和绵阳虽然科技实力较强，但是科研实力并没有转化成产业能力，科技对产业发展牵引力不够，科技能力有效供给有待提升。成都的市场化能力较弱，成果转化率不高，开放共享、协同创新不充分，科技优势转化为城市产业发展动力的效果有待提升。

首先，在电子信息产业，成都拥有电子科技大学、中国科学院光电技术研究所等多所国家级与电子信息相关的科研院所。2016 年，全市电子信息产业规模达 4800 亿元，增长 3.5%，其中软件业务收入 2300 亿元，增长 12%，但成都本土发

---

① 《2016 年成都固定资产投资 8370.5 亿元》，http://finance.chinanews.com/cj/2017/02-21/8155392.shtml[2017-02-21]。

② 《深度 | 专家建言：四大举措，推进西部金融中心建设》，http://www.sohu.com/a/149181499_695142 [2017-06-15]。

③ 《2016 成都新金融高峰论坛在蓉举行》，http://www.cs.com.cn/sylm/jsbd/201610/t20161015_5071877.html [2016-10-15]。

展起来的电子信息产业较少，多是招商引入，电子科技大学等高等院校相关专业毕业生的本地就业率相对较低①。其次，成都本地与三线建设相关的电子信息产业几乎没有，规模较大的大多是外来投资企业，如富士康科技集团（以下简称富士康）、英特尔和华为等知名企业，但是在成都没有形成较为完整的产业链，对于成都地方经济的贡献也相对较少。

在医药产业，成都也有较强的科研能力，特别是以华西医科大学为代表的一些研究机构实力强劲，但是相关医药产业的发展却不是很好，2016 年医药产业仅在全国排名第 19 位。在汽车产业，成都虽然有超过 1000 亿元产值的汽车制造业，但大众、丰田和沃尔沃等企业在成都只有组装车间，汽车关键零配件大多在外地生产，这类企业难以在成都扎根。成都近年来采取了一些举措，包括招商引资与“引智”相结合，不仅把外资留在成都，也希望能够把核心技术留下来。

三、四川推动科技与经济融合的举措及效果分析

（一）创新财政资金补贴方式，最大限度地发挥财政资金的引导支持作用

成都出台了很多相关举措，转变政府职能，改变政府出资模式，主要由政府直接出资，转变为政府搭建平台，通过支持中介机构，提升服务水平，促进科技与经济的融合。

（1）创新中小微企业科技支出的财政补贴方式。通过发放科技创新券（科创币）等方式支持科技创新。创新券是一种虚拟的货币，只能用于科技创新工作、研发支出、科技成果认证、检验检测等相关费用的支付，是一种支持科技创新的补贴形式。截至 2017 年 8 月，总计 1083 家企业成功获得科创币，企业使用科创币抵扣金额 697.24 万元，机构获得科创币抵扣金额 306.62 万元。

（2）支持设立科技成果转化中介机构，促进科研院所与企业之间的交流合作。成都市政府支持产业技术研究院、技术研究中心、重点实验室等机构的建设。按照“政府主导、企业主体、产学研结合、公司化管理”的模式运营，目前已经成立了轨道交通、信息安全、精准医学、大数据、能源互联网产业研究院等多个新型产业技术研究院，每个产业技术研究院政府财政给予最高 2 亿元的资金支持。

（3）支持成立协同创新联盟，开展产业链协同创新。以国家重点产业、区域

① 《2020 年电子信息产业将成我市首个万亿级产业集群》，http://news.163.com/17/0211/01/CCV67TMD000187VI.html[2017-02-11]。

支柱产业发展需要和公司业务需求为基础，与产业链上下游企业、高校、科研院所签订战略合作协议，形成产学研创新联盟，围绕产业技术创新的关键问题，开展技术合作，突破产业发展的核心技术，形成产业技术标准，实现知识产权共享，实施技术转移，加速科技成果转化，促进人员交流合作（司云波和鲍敬伟，2015）。

（二）打造全生命周期的科技金融服务体系，精准服务各类科技企业[①]

为了促进科技企业的发展，创新科技金融服务体系，覆盖企业的整个生命周期，初步形成了“创业投资+债权、股权融资+上市融资”的较为完整的科技金融服务体系。

（1）利用“新网银行”“科创贷”解决债权融资问题，通过政府引导基金、“盈创动力”、“创业天府行动计划”解决企业股权融资问题。债权融资方面，设立西部第一家互联网银行“新网银行”，为科技创新的中小微企业提供定制化的科技金融服务。成都市科技局面向科技型中小微企业提供“科创贷”，联合担保公司、银行和保险公司通过政府资金帮助企业增信，解决中小微企业融资难的问题。同时，成都还成立了“创业投资引导基金”“成都创业天府行动计划”“盈创动力”等政府引导基金和天使基金，为初创期企业的股权融资提供便利。

（2）通过“投贷联动”、“壮大贷”、成都发展基金等，解决企业成长阶段融资问题。2016 年 5 月，成都成为首批投贷联动试点地区之一。目前投贷联动主要采用三种模式：银行内部模式，银行自己设立投资公司和基金，对企业实行“小股权+大债权”的投资模式；银行与外部投资机构之间的投贷联动，与股权投资基金、风险投资机构和创投公司之间进行合作，共同承担风险并分享收益；创新“认股期权贷款”，贷款采用传统的模式，但是附加条件是创投公司能够额外获得一定比例的认股期权（李善民和梁星韵；2017）。此外，还有“壮大贷”、“银政保”和“成都发展基金”等多个项目或产品。

（3）通过深圳证券交易所西部基地、天府（四川）联合股权交易中心等机构，培育成熟期企业走向多层次资本市场。深交所西部中心，能够为企业提供上市前的服务工作，包括上市路演等都可以在该中心完成，还能对已上市公司提供包括增发、并购重组等融资服务。对于达到上市要求的企业，天府（四川）联合股权交易中心能够为各种类型中小微企业的股权、债权融资提供全方位服务。该交易中心是全国唯一一家跨省区市的区域性股权交易场所。此外，成都还建立了西南联合产权交易所、四川金融资产交易所、成都农村产权交易所等 9 家地方性要素市场。

① 成都科技金融发展的实践和经验具体内容请参考第五章第四节、第十章案例 3。

（三）建设“科创通”平台，提供一站式科技成果转化服务

“科创通”平台是成都市科技局设立，成都市生产力促进中心运营的，集项目申报、企业孵化、科技成果转化等功能的“一站式”服务平台。“科创通”平台的主要功能如下。

（1）提供企业孵化与科技项目申报指引。截至 2017 年 8 月，“科创通”平台上有 260 余家双创企业孵化载体供企业选择，包括成都各级孵化器、众创空间等。平台对所能提供的配套服务、优惠措施及联系方式都有详细介绍。政府科技支持项目、科技人才的资助项目，均可通过科技创新服务窗口进行咨询和申报。

（2）科技金融信息共享。平台上的“创业天府云超市”能够提供的服务包括企业融资、企业场地、科技成果的评价、成果交易等项目数据，并且也为投资机构和其他中介机构提供接入数据。截至 2017 年 8 月，平台上的天使基金已经有 11 家。平台还具有数据收集与整理功能，“科创通”通过收集政府部门的相关文件，并将这些文件都罗列在服务平台上，实现了政府资助信息收集与共享的功能。另外，“科创通”平台通过收集企业的营业收入与成本等相关的经营活动信息，并通过大数据计算实现信用评级，将这些信用信息共享给需要的相关部门，银行和投资机构也可以通过平台提供的数据来选择企业进行投资。

（3）提供科技成果转化服务。截至 2017 年 8 月，“科创通”平台上实现了科技成果转化 1623 项，累计技术交易额 1875 亿元，8 月当月累计交易额 9 亿元。“科创通”平台会撮合需求方与供给方之间的交易。科研院所可以将自己的研发成果发布在平台上，一些生产厂商或者投资者可以在平台上选择相应的项目进行洽谈，消除了双方之间的信息沟通障碍。平台还会对双方签订的科技成果转化技术合同进行认定，一经认定能够对科技开发方免征增值税，并且对于技术购买方也有一定的税收优惠。最后，平台还提供技术交易补贴，通过这些便利及服务提高科技成果转化的效率。

（四）打造“环大学知识经济圈”，推动高校、科研院所科技成果转化

高校在科技成果转化方面的问题及障碍表现在：一是科技人员对于专利成果没有所有权，所有权是属于高校的，科研人员要想将这些成果转化，会面临国有资产相关法律的监管等方面的问题。二是高校的评价机制使得科研人员将成果转化的积极性不高，科技成果的转化缺乏相应的激励机制。三是对于知识产权保护力度不够，知识产权的认定与申报周期太长，对于科技成果价值的认定缺少相应的评价机构。成都以西南交通大学为代表，通过科技成果的确权工作，突破了科

技成果转化当中的一些体制机制障碍，取得了一定的成效。

（1）建立科技成果转化的定价机制。以往科技成果的定价需要多个部门审批，往往需要较长的时间，而西南交通大学通过引入第三方评估机构，明确定价责任和处置机制，缩短了定价的时间。明确科技成果为双方共有产权，约定30%为学校所有，70%为团队所有。将科技成果统一按照“三七开”的比例分别归属于单位和科研人员，简化了相应的手续。确权改变了以往的科技成果奖励机制，确定了科研人员是科技成果所有权的主体。西南交通大学让科研人员直接持有相应的股份，变事后奖励为事前奖励，更是调动了科研人员的积极性。

（2）确定高校科技成果是资源而不是资产，从而可以不按照国有资产的管理办法进行管理。对于高校持有的30%的科技成果权利，西南交通大学通过成立全资独立法人——西南交大科技园管理有限责任公司来统一持有和运营。该公司完全实行市场化运营，取得了较好的收益。自2016年1月19日《西南交通大学专利管理规定》颁布以来，对168项职务发明专利进行分割确权，9家高科技公司成立，知识产权评估作价总值超过1亿元，带动社会投资4亿元。

（3）围绕高校建设“环大学知识经济圈”，鼓励高校和科研院所将科技成果转化。成都围绕西南交通大学、电子科技大学、西南财经大学等高校建立了“环大学知识经济圈”。通过改变一些荒废的教学用地的用途，将教育用地变成商业用地，通过大学成立相应的管理公司来运营，政府以土地划拨作为出资资产，将这片土地给予大学管理公司进行市场化运作，双方在没有投入较多资金的情况下，盘活了这部分资源。高校的科技成果可以在“环大学知识经济圈”内实现转化，高校还与政府合作建立了创新创业载体——“环交大菁蓉创业谷”，就地转化确权后的科技成果。

通过这些措施，加大创新资源整合力度，构建政府引导、企业主体、校院协作、市场驱动的政产学研用协同创新机制，构建新型产业技术研究院，促进科技成果转化，为创新创业提供制度、政策和载体保障。西南交通大学解决了科技成果转化中的三个主要问题：一是高校作为事业法人不可能成为科技成果转化的主体，而只有明确科研人员为主体，才能调动其科技成果转化的积极性。二是科技成果在没有转化之前只是科技资源，而不是资产，不能以资产的管理方法来管理科技成果。三是科技成果只有转化为真正的商品才能够体现其市场的价值，从成果到市场还有很长的道路，需要科研人员参与，但更需要市场的力量。

（五）推动“军民融合”发展，引爆军工企业服务地方经济的巨大能量

绵阳是国务院唯一批准建设的科技城，科技资源比较丰富，尤其是军工研发

能力比较强。为了促进军民融合，绵阳采取了一些改革举措。

（1）建立军民融合科技支行。2017 年 3 月 1 日，全国首家军民融合科技支行——绵阳市商业银行军民融合科技支行正式挂牌开业，实现了金融服务对军民深度融合发展的“输氧供血”功能。军民融合科技支行结合军民融合的企业特点，开发了包括军民融合订单贷、军民融合补贴贷、军民融合技改贷、军民融合研发贷、军民融合保贷通、军民融合供 E 融六款产品，对涉及军工企业的研发贷款、技改贷款和补贴贷款等提供特定的金融服务，同时在评级授信、利率、审批流程方面都予以倾斜，并且专门开通了“绿色通道”提升对军民融合企业的金融服务水平和效率。

（2）创新各类科技金融产品，解决军民融合型企业扩大再生产的资金问题。通过建立军民融合金融服务中心，完善科技金融服务体系，促进军民融合产业发展壮大。目前，四川省已成立 3 家军民融合金融服务中心，建立了全国首家军民融合保险支公司，设立了 5 亿元的军民融合产业发展基金和全国首支军民融合成果转化基金（规模 20 亿元）。绵阳市与商业银行进行合作，建立风险补偿机制，通过创新相应的信贷产品，帮助军民融合型企业融资。军工企业拥有大量的知识产权，通过推广知识产权质押贷款，为军工企业提供融资，推动军民融合。“订单贷”是基于订单来发放贷款的一个创新产品。军工企业有大量的订单，通过“订单贷”，加速军民企业现金流转，支持军民融合快速发展。

四、四川推动科技与经济融合过程中面临的困难

科技金融是成都和绵阳推动科技与经济融合的重要手段，是四川经验的主要特色之一。尽管通过发挥科技金融的作用，推动了科技型中小企业的成长和壮大，加速了科技成果转化为经济成果，但是成都与绵阳在科技与经济融合过程中仍存在困难和问题。

（一）科技创新的基础环境仍较差

在科技与经济融合的链条中，最前端是科技成果产出。所以，没有科技创新就无从谈起科技与经济融合。目前，成都科技创新的基础环境仍比较差。

（1）专利申请周期太长。依据《专利法》[①]，发明专利申请的审批程序包括：受理、初审、公布、实审以及授权 5 个阶段，周期较长，有的专利从受理到最后

① 《中华人民共和国专利法（2008 修正）》，http://www.sipo.gov.cn/zcfg/zcfgflfg/flfgzl/fl_zl/1063508.htm [2015-09-02]。

授权，时间长达 3 年之久。即使现在国家对生物医药、大数据等产业发明专利授权申请开通了绿色通道，但专利获批周期也有 1 年的时间。站在企业角度，专利获批程序依然较为烦琐，周期太长，降低了企业进行科技创新的热情。

（2）知识产权保护力度不够，维权成本太高。尽管中国知识产权保护的法律条文已经比较完善，但现实中知识产权保护的效果并不理想。企业普遍反映，被侵权后司法程序太烦琐，维权成本较高。因而，很多企业被侵权后选择不维权，一定程度上助长了不法企业和个人变本加厉地去实施侵权行为。特别是在新兴产业（如大数据），侵犯知识产权的行为比较严重，破坏了科技创新的基础环境，打击了企业进行技术创新的积极性。

（3）人才外流严重。成都拥有四川大学、电子科技大学、西南交通大学等高校 56 所，中科院成都分院等国有独立科研机构 108 家，但是本地企业对人才的吸引力较弱，很多大学毕业生都选择去深圳等沿海城市就业。加之本地人才奖励政策、配套基础设施等与沿海发达地区仍有较大差距，所以四川成了人才输出的"摇篮"，科教大省的优势并未有效转化为本地生产力。我们在调研中得知，在四川这个大学毕业生资源如此丰富的地方，长虹集团在绵阳的总部却很难招揽到重点高等学校毕业的大学生。

（4）高校、科研院所的科技成果转化率不高。成都拥有众多高校和科研院所，但是科技成果转化率并不高。以西南交通大学为例，2010~2016 年一共才许可、转让职务发明成果 14 项，收入 158 万元，而专利维持费、申请费等就支出了将近 900 万元。高校、科研院所现有的评价机制、科研成果的所有权、属性及定价等问题都不利于科技成果市场化。还有一个比较突出的问题，尤其在高校比较明显，一项新技术发明出来以后，到最终市场化，中间还有很长的过程。高校科研人员没有动力去做中试，企业考虑成本和风险也没有意愿去做，最终很多技术就被束之高阁了。

（二）核心产业的产业链仍不健全

（1）产业链对科技创新的支撑仍然较弱。以电子信息产业为例，该产业是成都重点发展的核心特色产业之一。成都也具备发展该产业的基础，拥有电子科技大学、中科院光电技术研究所、西南电子技术研究所（又称电子 10 所）、西南电子设备研究所（又称电子 29 所）、电信科学技术第五研究所、信息产业电子第十一设计研究院等众多的高校和科研院所，然而并未培育出该行业"巨无霸"的企业，没有形成企业集聚，产业链生态不健全。其后果是，产业链对科技创新的支撑作用非常有限。在调研中，有企业很有感触地讲，深圳是"十公里创新圈"，而成都恐怕是"几千公里创新圈"，企业有一个很好的创意，但是却找不到相关的能做出模具的企业，要到广东去找，这样创新的成本就大大提高了，创新的热情也就被逐渐磨灭了。

（2）缺乏行业龙头企业的辐射带动作用。行业龙头企业，尤其是行业龙头的民营企业，对于本地产业链的形成具有很大的推动作用。行业龙头企业会吸引产业链上相关企业、人才、资本形成集聚，最终建立起健康运转的产业生态圈。产业生态圈一旦建立，创新将会变得更加容易，因为创新所需的要素已经形成了集聚。比较典型的例子就是，华为、腾讯对于深圳电子信息、互联网产业的推动作用，阿里巴巴对杭州电子商务、跨境电商产业的引擎作用。目前，缺乏行业龙头企业，尤其是龙头的民营企业，仍是成都发展的短板。我们在调研中得知，成都本地成长起来且在全国知名的民营企业几乎没有。数据也基本支持了这一判断，2015 年成都市只有 7 家企业上榜中国民营经济 500 强。尽管成都也有规模比较大的企业，如富士康、英特尔、华为等，但是这些没有根植本地、并非本地土生土长的企业，在成都的分支机构更多是作为已经形成闭环的产业链条中比较低端的一个环节，辐射带动作用有限。

（三）科技金融仍面临制度性障碍

（1）科技部门和金融部门仍条块分割。目前，在各级政府、不同部门都有科技金融产品、平台和政策。在成都，成都市经济和信息化委员会有自己的科技金融产品“壮大贷”，有科技金融信息平台；科技局有“科创贷”，有“科创通”平台，有各类引导基金。同样，在高新技术开发区也有政策性贷款，也有科技金融平台“盈创动力”。而且，从省一级到市一级再到区一级，都出台了相应的科技金融政策，各类科技金融资助项目也如雨后春笋般涌现出来。然而，看似热闹的背后却是政出多门、行政成本高，平台之间独立运行，没有共享机制，科技金融产品功能重叠，项目重复资助，资源浪费。

（2）财政资金进入和退出存在体制性障碍。根据相关法规，财政资金需要在财政年度预算内支出，否则就会收回。目前，在科技金融的实践中各类政府引导基金，都要受这一规定的限制和约束。导致的结果是，这类基金面临两难的境地。一方面，必须尽快寻找合适的投资项目，以免财政资金收回。另一方面，必须保证投资项目盈利，实现国有资本保值增值，否则就会被问责。我们在调研中发现，很多政府引导基金就是因为上述原因而只能停留在文件里，而迟迟没有到位。同样，财政资金退出也存在体制性问题。由于科技创新投入的不确定性，企业何时盈利，何时引入战略投资者，何时上市都存在不确定性，所以财政资金何时退出应该由市场决定，而不是人为规定一个期限。

（3）企业信用体系仍不健全。现实中，中小型科技企业的“首贷”问题，是科技金融亟须突破的障碍之一。中小型科技企业处于发展的初级阶段，财务报表不健全。按照目前金融机构的信用评级体系，中小型科技企业很难获得授信。而基于大数据的企业征信体系又没有建立，所以传统商业银行，尤其是国有银行，很难大规模地对中小型科技企业进行贷款。中小型科技企业若无法获得“首贷”，就无法获得增信，没有信用评级，后续就更难获得银行贷款。不解开这样的“死扣”，政府推动科技金融就无法真正让广大中小企业受惠。另外，由于企业信用体系不健全，政府在对中小型科技企业提供担保、贷款贴息、税收优惠等支持时，无法甄别良莠企业，只能“撒胡椒面”，政策效果大打折扣。还有就是投资机构在做投资决策时，也很难高效识别标的企业的风险，只能采取保守的投资策略，从而错过了很多优秀的具有潜力的企业，同时也可能让企业错过了黄金的发展机遇。

（4）科技金融政策仍没有完全“下沉”。目前，地方政府出台了很多科技金融政策，但是企业的获得感不强。我们在调研中遇到了一家企业，访谈中发现成都市经济和信息化委员会推出的“壮大贷”非常适合这家企业，但是该企业负责人竟然对此政策一无所知。这种现象不仅在成都有，可能其他地方也存在。可见，地方政府制定了很多科技金融政策，但是这些政策仍未完全“下沉”到企业中去。究其原因，一方面，当地市场化的中介服务机构仍不够发达。中介服务机构是连接政府和企业的桥梁。如果中介服务市场比较发达，这些中介服务机构就会第一时间推介企业去申请政府的各类政策性资助和补贴，因为它们可以通过收取中介服务费来获益。然而，目前仍有很多中介服务机构是半官方化的，它们服务企业的动力不足。另一方面，科技金融政策的宣传和执行仍未到位。首先，政府和企业之间没有建立有效的沟通机制，如信息联络员制度，政府的很多政策挂在官网上，企业有没有看到，不得而知。其次，地方政府存在路径依赖的问题，设置了各类评审制度和比较复杂的申请流程，倾向去扶持相对成熟的企业，而很多小企业达不到门槛，便无法享受到政策红利。

（四）科技成果转化的财政支持和税收优惠作用有限

（1）地方政府对科技成果转化的“后补助”方式效果不理想。目前，地方政府对科技成果转化奖励采取的政策主要是“企业申报、专业评审、财政补贴”的方式。这种“后补助”方式是项目实施完成后达到一定条件才拨付资金，对于科技创新企业，尤其是中小型科技企业而言，更多的是锦上添花而不是雪中送炭。技术研发是一项周期长、投入大、风险高的活动。对于想进行技术创新的企业而言，最需要资金的是研发和市场推广阶段。纵然企业具备全额承担研发资金的能力，但是企业是逐利的，技术研发的高不确定性和风险无法分散，也会让企业对技术创新望而却步。因此，后补助方式对于鼓励企业进行技术创新的效果是非常有限的。而且，我们在调研中还了解到，创新型企业获得的政府补贴资金，还需交税。因此，后补助的效果就要再打折扣了。此外，对于基础研究或共性技术研究项目，由于其技术存在外部性、公共性和滞后性的特点，企业没有太强的意愿去承担此类项目，往往需要政府部门来牵头，承担较多风险，引导企业参与，所以后补助方式也不适合此类技术研发项目。

（2）税收优惠对科技成果转化的激励作用没有完全发挥出来。目前，企业所得税的优惠（“两免三减半”、减按15%或10%的税率）主要是以高新技术企业为对象的，而数量更多的中小型科技企业很难享受到该项政策。就算对于高新技术企业而言，现行的企业所得税优惠政策也存在一些问题。在调研中不少高新技术企业反映对“两免三减半”的看法，现实中，很多企业在申请到“高新技术企业”称号的前两年，往往净利润比较低，按照现行政策所得税减免，第三年净利润开始明显提高，但是免征所得税的优惠没有了，需要交纳所得税，尽管此时是减半征收。这样的结果是，高新技术企业对税收优惠的获得感不强，免减税的效果也就大打折扣。同时，增值税计征方式的科学性和优惠政策效果也需要提高。我们在调研中发现，很多科技型企业是轻资产公司，以智力劳动成本为主，产品附加价值高，所消耗的原材料、动力等成本多数在30%以下，不及传统加工型企业的半数，然而按照现行税收制度，这类企业能抵扣的当期进项税额十分有限，很大程度上抵消了增值税优惠政策的激励作用。再者，科技人才的个人税收激励效果不明显。目前个人所得税计征点过低，对于高科技人才尤其是科技领军人才、技术骨干人才而言，个人需要承担的税负较重，而现行税收政策又尚未充分体现对科技人才的足够补偿，最终变相增加了企业引进高端人才的难度。

五、四川推动科技与经济融合实践的启示

成都和绵阳在推动科技与经济融合方面的探索与尝试，最大的特色就是以科技金融为引擎，深挖科教资源和军工企业的内在潜力，优化人才引进、留川和回流政策，大力支持和培育核心特色产业，补齐产业链条，全方位引导和支持科技成果转化。成都和绵阳的实践经验及目前存在的问题，为其他地区推动科技经济融合提供了很多经验和启示。

（一）推动发挥各地生产力促进中心的职能和作用，搭建科技金融、科技成果转化的统一平台，提升科技经济融合的效率

目前，省市区县各级地方政府都有生产力促进中心。纵向来看，这是一个非

常庞大的机构。然而现状是，生产力促进中心的作用未能充分发挥，平时收集一下相关企业的信息、承担科技部门委托的一些课题，仅此而已，其作用并未达到设立之初的期望。如果能够赋予生产力促进中心更多的职能与责任，激活其作用，让其成为推动科技金融、科技成果转化的主要力量，那么在不增加人员编制、不增加财政预算的情况下，就可以形成一支专门推进科技经济融合的队伍。成都的做法就是如此。成都市科技局将成都市科技金融服务平台——科创通委托给成都生产力促进中心来运营，创新创业种子基金、科技成果转化风险基金、风险补偿专项资金等各类引导基金以及政府补贴也由生产力促进中心来管理。同时，科技金融政策的宣传、培训等服务也外包给生产力促进中心。这种做法的结果是，生产力促进中心的作用得到了充分发挥。一方面，科技局通过政府采购的方式购买生产力促进中心的服务，两者之间形成了市场化的关系，生产力促进中心多了一种收入来源，服务意识和服务能力会大大提升，而科技局则可以通过生产力促进中心提供更加专业的科技金融服务，服务效率和效果会大大提升。另一方面，生产力促进中心会逐渐发展成为专业的中介机构，地方政府不同部门的科技金融、科技成果转化等服务统一由生产力促进中心来实现成为可能。相关项目资金、政策仍由原先的部门来安排，而服务交由生产力促进中心来提供，即只有一个科技金融平台，所有与科技金融相关的政策、资讯和资源在一个平台上集聚。这样就可以解决部门条块分割的问题，降低政策相互冲突、重复资助的问题，最大限度地发挥科技金融加快科技经济融合的作用。

（二）破除高校科研成果转化的桎梏，打造“环大学知识经济圈”，释放高校在推动科技经济融合中的巨大能量

高校、科研院所拥有大量的科研成果，然而由于体制机制的障碍，大多数科技成果在评职称、评奖后就被放进了文件柜里，并未真正转化为生产力。如果这个“宝库”能被打开，那么科技与经济融合的进程将大大加快。目前，高校、科研院所科技成果转化的主要阻碍在于所有权不明晰，定价机制不健全，科研人员享受不到科技成果转化的收益，自然没有动力去进行科技成果转化。在成都，以西南交通大学为代表的职务科技成果混合所有制改革试点对职务科技成果进行确权、定价和收益分配，就是从源头上解决高校、科研机构科技成果转化不畅的问题。源头有了“活水”以后，还要有配套的“渠道”，才能滋养地方经济的“万亩良田”。“环大学知识经济圈”就是这个配套的渠道。以西南交通大学为例，“环交大智慧城”以西南交通大学为中心，区域内覆盖了中国电子科技集团公司第十研究所、中国电子科技集团公司第二十九研究所等多个科研院所，配套“环交大菁蓉创业谷”和科学技术研究院，围绕西南交通大学的王牌专业，实现科技成果就

地转化，逐渐形成以轨道交通、电子信息为代表的优势特色产业链，推动科技与经济深度融合。成都的“职务科技成果混合所有制改革+环大学知识经济圈”的做法，完全具备可复制推广的价值，尤其是对科教资源丰富的地区，如西安、武汉，具有很大的启发意义。就算是科教资源稍弱一点的地区，也可以复制推广。我国大多数地区都至少有一所双一流大学，这些大学都有一些优势专业，围绕这些优势专业来布局产业链，通过科研成果“三权改革”和配套基础设施建设，打造“环大学知识经济圈”。高校、科研院所的科技成果一旦可以迅速地转化为生产力，对于地方经济的推动作用将是非常大的。

（三）坚持军民融合战略，搭建军民融合科技成果转化平台，发挥重大科技成果对经济的引擎作用

军工企业是除高校和科研院所之外，最大的科技成果产出地和拥有者，是我国非常重要的一支科研力量。军工企业集聚了大量的科技资源，拥有国家级重点实验室、工程技术中心、创新平台等各类技术平台，以及大量的高端人才，积累了大量的科研成果。以四川九洲集团为例，截至课题组调研时间 2017 年中期，拥有授权专利 2085 项，其中发明专利 373 项，直接从事军工研发人员 1396 人，博士、硕士 830 余人，国务院政府特殊津贴专家 13 人，外聘知名专家 75 名（其中院士 5 名）。而且，军工企业还有其他企业所不具备的优势——很多科研成果都是具有重大突破、引领性的技术创新。这些重大的科技成果一旦能够实现民用化、商业化，不仅能够给经济发展提供巨大的动力，而且会改变人们的消费方式，推动新经济的诞生。因而，坚持军民融合战略，军工企业完全可以成为地方经济发展的新增长点，尤其是军工企业比较多的地区。现阶段，推动军民融合的抓手在于搭建军民融合科技成果转化平台。成都的“军民融合十条”对其他地方具有一定的借鉴价值。主要的启示包括：搭建军民融合技术、测试、标准、质量及信息交流、中介服务等公共服务平台，支持各类社会资本参与该平台的建设和运营[①]。整合军工企业的仪器设备资源，建设开放的军民融合协同创新平台，推动国家重点实验室、军工重大实验设施向民间开放。依托当地优秀的军工企业，建立军民融合产业联盟，围绕重点领域和核心产品打造覆盖研发设计、生产制造、市场应用等各环节的全产业链。

---

① 《成都市人民政府关于印发成都市促进科技成果转移转化行动方案的通知》，http://cdst.chengdu.gov.cn/cdkxjsj/c108807/2018-05/17/content_b31fd582adfc4d9bba6960b89a3ff317.shtml[2018-05-17]。

（四）发挥本地优势，留住大学毕业生，建立人才回流的绿色通道，吸引成熟人才服务家乡

人才基础决定了一个地区科技创新和经济发展的质量。现在很多地方的政府已经意识到了人才体系化及丰富性的重要性。以往以引进院士、海外学者、知名专家为主的做法已经发生了变化，现在更加注重人才基础的夯实，留住本地大学毕业生成为很多地方的人才政策核心。成都市政府提出“大学生留蓉工作，直接落户”“大学毕业生在蓉找工作，提供七天免费酒店”①，取得了明显的效果。这些政策思维的转变，说明了地方政府在人才引进方面更加理性和更加科学。高端人才位于金字塔的顶端，资源有限，各地都去竞争，显然经济发达地区优势比较明显。所以，对于中国的大多数城市而言，留住大学毕业生，做大人才基数，做实人才底蕴，才是根本之道。另外，建立人才回流的绿色通道，对于大多数城市尤其是科教资源丰富的地区而言，也是一个非常重要的人才引进方式。很多大学生毕业以后，首先选择去北京、上海、广州、深圳等经济相对发达的城市去就业，但是等他们拥有了一定的财富、地位和资源以后，大多都有回馈家乡或母校的想法。如果建立了人才回流的绿色通道，让那些有志服务家乡的人才快速引进来，那么也是一种非常重要的人才资源。这些人大多数是成熟的人才，对于当地的科技创新和经济发展可能贡献更大。对于中国大多数城市，尤其是科教资源短缺的中西部地区，留住大学毕业生和吸引人才回流，是一条现实且有效的聚集人才之道。我们调研了不同的对象得出，现阶段，做好这两件事的关键仍在于，制定出有关人才住房、子女教育及税收优惠等配套措施和政策。抓住了这个“牛鼻子”，留住大学生和吸引人才回流的效果就会日益显著。

（五）依托大数据，建立企业信用评级系统，解决中小微企业的融资难问题

成都的经验说明，科技金融是加速科技与经济深度融合的重要抓手。而成都目前面临的问题则表明，由于信息不对称引起的中小企业缺乏信用问题，已经成为科技金融深入发展的主要瓶颈。在很大程度上，企业信用评级体系已经成为影响科技与经济融合的关键因素之一。金融要发展壮大，一定需要信用来支撑。然而，在现行的金融机构信用评级体系中，中小微企业是很难获得授信的。没有科学的企业信用评级体系，科技金融要让广大中小微科技企业受惠，真正成为科技

---

①《〈成都市产业发展白皮书〉昨日重磅推出》http://www.chengdu.gov.cn/chengdu/home/2017-07/03/content_adfb9167a4ed4ce799d3b30cf285c06b.shtml[2017-07-03]。

与经济融合的加速器，基本上是很难实现的。现实中最典型的例子就是，中小型科技企业首贷难的问题。要打破这个瓶颈，就必须摆脱金融机构那套信用评级体系的束缚，建立起以大数据为基础的企业信用评级体系。首先，各地区要引入芝麻信用、腾讯征信、北京百度网讯科技有限公司（以下简称百度）、京东等大数据公司，或者培育当地的大数据公司，逐渐实现信用评级的市场化运作。其次，地方政府与这些第三方大数据公司合作，实现政府与大数据企业双方数据共享（不影响信息安全的前提下），利用大数据如网上消费、房租、水电费、交通处罚等对中小微企业进行信用评级，改变中小微企业没有信用评级的现状。最后，政府采用第三方大数据信用评级企业的信用评级结果，鼓励在科技金融的各个环节去应用这些信用评级结果，利用资金补贴等方式支持和鼓励企业去主动进行信用评级，支持金融机构采用信用评级结果。中小微企业的信用评级问题一旦解决，科技金融将真正成为普惠金融，可以让广大中小微企业享受到政策红利，一大批企业将发展起来，一些企业将成为独角兽企业，科技真正转换为生产力，成为地方经济可持续发展的源源动力。

第六节　浙江推动科技与经济融合的实践

浙江省通过建设重点企业研究院来提升产业链整体水平、建设杭州高新区（滨江）来促进创新创业、建设网上科技大市场等中介机构来完善科技成果转化的生态体系等措施，打通政产学研用金的中间环节，在促进科技与经济的融合方面走在了全国前列。

一、引言

浙江省创新能力较强，科技创新水平一直处于全国领先地位。在《中国区域科技创新评价报告 2016-2017》[①]中，浙江省综合科技创新水平排名全国第 6 位。2016 年浙江省研发经费支出 1130 亿元，占地区生产总值的 2.43%（高于全国平均水平 2.08%），且浙江研发经费投入保持平稳增长。正是由于科研的大力投入，其科研成果产出也在稳步增长。

---

① 《中国区域科技创新评价报告 2016-2017》，http://www.most.gov.cn/kjbgz/201709/t20170901_134714.htm [2017-09-01]。

2017年，浙江省专利申请量约38万件，授权量超过20万件，其中，发明专利申请量达10.7万件，总量稳居全国前列（表9-1）。据国家知识产权局统计，2016年浙江省研发支出的资本转化率（研发支出计入地区生产总值的比例）为68.4%，居全国第一，该指标主要反映在地方经济中研发活动所做的贡献，代表科技进步和技术创新的经济价值。

表9-1　2017年我国各省市（前五名）发明专利一览表

序号	省份	人口/万人	发明专利申请量/万件	每万人口发明专利拥有量/件	国际专利受理数量/万件
1	北京	1 961	18.5	94.3	0.51
2	上海	2 301	9.5	41.3	0.21
3	江苏	7 866	17.6	22.4	0.46
4	浙江	5 442	10.7	19.7	0.11
5	广东	10 430	19.8	19.0	2.68

资料来源：相关数据参考《中华人民共和国国家知识产权局专利统计年报2017》

在此背景下，课题组通过实地考察，对浙江科技与经济融合状况进行深入了解，调研对象包括政府主管科技、产业及金融的职能部门、高新区、上市公司等。

二、浙江科技创新环境

与我国其他省区市相比，浙江省科技创新环境具有以下特点。

（一）中央科技资源分布较少，科技资源多为地区投入

（1）中央科技资源分布较少。浙江相较其他科技大省，缺乏大院大所及大企业，科研条件和技术人才缺乏，国家层级的科研机构更是缺乏。高等教育方面，浙江省高校数量、质量和规模处于比上不足比下有余的水平，教育部直属高校仅有一所，且是本省唯一列入国家“双一流”工程的高校。省部属科研院所数量有限且大多规模不大，同时，浙江省在国家各类科技计划中，申请的项目资金总量偏小（《中央科技资源推动区域经济发展的组织方式研究》课题组等，2012）。

（2）地区科技投入与产出数量可观。虽然浙江省缺乏国家级的科技资源，但是在2016年，其区域创新能力居全国第5位，全省科技创新能力的提高和人才的引入都得益于浙江省自身对地区科技的大量投入。据统计，2016年规模以上工业企业研发经费支出达到935亿元，全社会研究与试验发展经费支出增长11.7%。在地区自身重视科技投入的同时，其产出也在不断增长，2016年新增发明专利授

权量 2.66 万件、高新技术企业 2595 家、科技型中小微企业 7654 家，全年地区生产总值 46 485 亿元，增长 7.5%。

（二）民营经济发达，经济转型升级新进展

1. 民营经济是浙江经济发展的主要推动力量

浙江民营经济发达，起步早，发展迅速，是浙江经济发展的核心力量。2000~2012 年，民营经济占浙江经济总量的比重就超过了 50%，达到 2/3。

“十三五”期间，浙江省民营经济份额不断扩大，2020 年，民营经济创造增加值 42800 亿元（初步预计数），占 GDP 比重 66.3%，比 2015 年提高 1.3 个百分点。民营企业发展质量不断提升，2020 年公布的中国民营企业 500 强中，96 家浙江企业位列其中，连续 22 年居全国第一，涌现出吉利集团、阿里巴巴集团等一批世界 500 强企业。“十三五”时期，规模以上工业中的民营企业增加值年均增长 7.4%，利润总额年均增长 13.2%，分别高于规模以上工业年均增速 0.6 和 1.7 个百分点；规模以上服务业中的民营企业营业收入年均增长 20.2%，利润总额年均增长 18.1%，分别高于规模以上服务业年均增速 1.4 和 4.6 个百分点。从总体来看，2020 年，浙江地区占全社会 2/3 的民营企业贡献了全省固定资产投资的六成、研发投入的六成半（2019 年数据）、税收收入的七成以上以及八成以上的外贸出口和接近九成的就业岗位，成为市场经济最为活跃的力量，是区域内生增长的源泉，也是科技需求较为集中的领域。①

2. 供给侧结构性改革是经济转型升级的主线

我国经济近年来发展速度放缓，资源和环境承载力接近极限，粗放型和劳动密集型的发展方式已难以为继，企业如果不进行技术创新和产业升级将面临发展停滞，甚至被淘汰的状况。因此，早在 2013 年，浙江省委、省政府就做出重大决策，加快“四换三名”（“四换”即腾笼换鸟、机器换人、空间换地、电商换市，“三名”即名企、名品、名家）政策的推进和落实，目的是让浙江经济逐渐由低端产业向高端产业发展，由资源密集型、劳动密集型向技术密集型、资本密集型经济转变，逐渐发展出适应新形势的新商业模式（李强，2014）。

“四换三名”工程的实施是浙江省转型升级组合拳的重要一环，是推进供给侧结构性改革的关键之举，在经济转型升级的大背景下，企业的科技创新能力得到显著提升。因为随着新旧动能的转换，产品质量和产出效率不断提高，企业能更方便

① 引自《“十三五”浙江经济结构变化分析：民营经济占 GDP 比重提高至 66.3%》，https://www.163.com/dy/article/G36D6EFB051481OF.html[2021-02-19]。

地融入科技创新氛围中，能用高质量产品去催生更高科技含量的产品。

（三）科技创新的积极性高，不断推动科技与经济融合

（1）企业创新主体地位凸显。浙江省大力实施创新驱动和工业强省战略，积极推进以企业为主体的技术创新体系建设，在企业技术中心建设、新产品新技术开发、产学研联合等方面取得了丰硕成果。企业技术创新由“十一五”规划末期的“五个 60%以上”提升到“十二五”规划末期的“五个 70%以上”，即全省企业的研发机构、研发人员、研发费用、研发项目和研发成果已分别占全社会总数的 70.6%、73%、71.9%、75.3%和 72%。“十三五”期间，企业技术创新主体地位得到进一步强化，全省企业的研发机构、研发人员、研发费用、研发项目和研发成果继续保持在全社会总数 70%以上的水平。全省规模以上工业企业 R&D 经费支出由 2015 年的 854 亿元上升至 2019 年的 1697.37 亿元，年均增长 18.7%；全省规模以上工业企业 R&D 经费支出额占营业收入比重由 2015 年的 1.35%提高到 2019 年的 2.3%，居全国第一。企业技术中心梯度培育体系不断完善，国家级、省级企业技术中心数分别由 2015 年的 93 家、895 家上升至 2019 年的 131 家、1069 家，新增国家技术创新示范企业 19 家，国家企业技术中心总数居全国第二 。同时，在单项冠军企业培育方面也不断取得新成就，累计培育相关企业 131 家，位居全国前列。[①]企业逐步发展成为技术创新活动的主体、技术创新投入的主体和技术创新成果产出的主体，全省企业技术创新工作迈上了新台阶。

（2）政府创新服务意识强化。在凸显企业创新主体地位的同时，政府的创新服务意识不断增强，通过摸索创新机制，坚持“群众和企业到政府办事最多跑一次”的理念和目标，不断促进科技创新和经济的融合，更好地服务于市场。为此，浙江省政府采取了成套的针对性办法，在多个层面和领域提升科技和经济的紧密度，促进其深度融合尤其在网上技术市场方面，政府通过政策引导、支持和培育等方法，推动了网上技术市场的建设、规范和完善，并取得了显著成效，截至 2018 年底，浙江网上技术市场已累计签约技术合同 4.44 万项，成交金额 483.6 亿元，[②]成为全国集聚科技资源最多、技术交易额最大的网上技术市场，总体规模和各项指标保持全国领先。

---

① 引自《回眸“十三五”｜浙江省技术创新发展成就》，https://www.sohu.com/a/439662469_763670[2020-12-21]。

② 引自《2018 中国浙江网上技术市场活动周开幕 科技成果签约额 2.47 亿》，中国新闻网（浙江），http://www.zj.chinanews.com/jzkzj/2018-12-12/detail-ifzatafz1508847.shtml[2018-12-12]。

三、浙江推动科技与经济融合的举措

浙江省在促进科技与经济的融合过程中，主要针对政产学研用金的关键环节进行突破，打通科技成果转化为生产力的关键链条。具体而言，通过建设重点企业研究院来提升产业链整体水平，通过建设杭州高新区（滨江）来促进创新创业，通过建设网上科技大市场等中介机构来完善科技成果转化的生态体系，通过搭建云平台来集聚创新资源，通过建立新型政企关系来推动区域内的科技资源集聚与科技金融深度融合。

（一）建设重点企业研究院，提升产业链整体水平

浙江省政府将创新驱动作为自身发展战略，积极开展新兴产业技术创新平台建设。2012 年，浙江省科技厅、发改委、经济和信息化委员会围绕纯电动汽车、光伏发电装备、智能纺织印染装备、智慧医疗操作系统软件、云服务和云工程、医疗设备等 25 条产业链联合启动了省级重点企业研究院建设。重点企业研究院是浙江省产业技术创新综合试点的核心载体，是技术创新体系建设的重要组成部分，其充分发挥在集聚整合创新要素，组织开展科技创新，支撑企业持续发展，引领行业技术进步中的作用，以攻克相关产业的核心关键技术、研究开发战略性产品为目标，为浙江省突破关键产业技术，填补核心领域空白，补足创新短板，整合产业资源起到了重要作用，形成了以企业为创新主体的产学研协同创新体系，走出了一条“企业出题、政府立题、协同破题”的协同创新发展道路（王桂良等，2014；方飞等，2016）。经验如下。

1. 创新体制机制，优化政府管理与服务模式

浙江省政府实行了省科技厅牵头，各部门协同的推进机制。浙江省政府通过省市县三级政府主管部门的协同联动，形成了共同支持研究院建设的管理创新服务模式。首先，创新体制机制，出台支持政策。浙江省政府有关部门出台了包括《浙江省企业研究院管理办法》在内的相关政策以支持重点企业研究院的发展，并在省科技体制改革与创新体系建设领导小组框架内，建立省重点企业研究院建设联席会议制度，负责协调落实企业研究院规划建设，审议技术难题，攻关项目，实施青年科学家培养计划等工作，并给予项目承担、人才培养与引进、载体建设等方面的政策支持。其次，联合省市县三级政府，加大财政支持力度。浙江省省级财政对每个重点企业研究院建设提供 500 万~1000 万元的建设支持经费，并且对其每个技术攻关项目给予每年 100 万~150 万元的研究经费，相关市县（市区）

安排等额配套资金，为研究院的运行解决了部分资金问题。最后，加强政企互联互通，提升政府服务能力。浙江省政府通过云平台的搭建，采用大数据处理技术对研究院进行科技信息化管理，可及时了解研究院相关动态，从而对研究院建设中出现的问题做到及时发现、研究和解决，实现了省市县管理部门与重点企业研究院的互联互通。

2. 出台相关政策，为重点企业研究院的发展提供制度保障

浙江省政府出台了相关政策支持省重点企业研究院建设，充分发挥省级企业研究院在集聚整合创新要素，组织开展科技创新，支撑企业持续发展，引领行业技术进步中的“排头兵”作用。首先，统筹规划、合力推进。浙江省政府研究制订了“产业技术创新综合试点工作和重点企业研究院建设计划”，各责任部门牵头各产业领域，省市县密切配合，各部门协同配合，给予省市县重大科技项目经费及配套支持。其次，政府引导、鼓励申报。政府一方面鼓励企业根据自身发展和技术研发的实际情况积极申报重点企业研究院；另一方面，出台了包括税收、补贴等相关优惠政策以鼓励相关企业加大对重点企业研究院的研发投入力度，并对攻克核心关键技术，开发战略性新产品进行奖励。最后，全程评价、滚动支持。责任书管理制度是重点企业研究院的核心制度。根据不同的标准，责任期的跨度不同，一般为三年，期限内，由省科技厅牵头，会同各部门及第三方评价机构对研究院的科技创新成果进行评价，其评价结果为后续经费划拨的重要依据。

3. 补齐产业链“短板”，提升产业链整体水平

重点企业研究院主要根据其所在的领域对创新链进行部署，以突破领域内的关键技术为重点，补齐补强创新链短板为目标，着重协助企业攻克技术难题，使整个创新链的自主性和整体水平得到提高。截至2016年底，浙江省重点企业研究院专利授权总量达1.7万件，其中有效发明专利授权量达到5009件；制定标准1130件；承担各级项目1770项；获得各类奖项606项，其中国家级奖项62项，使得一批重大关键技术得到攻克，补强了创新链短板，做强了产业链。特别值得借鉴的是，重点企业研究院建设优选了部分科技型、成长型中小企业，在一定程度上弥补了大企业在产业链上的空缺，做好了配套，补上了短板，起到了“小小秤砣压千斤”的作用，解决了核心技术“缺心少魂”的问题，提升了新兴产业和主导产业的技术创新能力和综合竞争力。例如，诸暨菲达集团研究院在燃煤电站$PM_{2.5}$控制技术领域取得重大突破，在国内，首次将低温电除尘器、电凝聚器等核心仪器设备突破100万千瓦机组级别；又如浙江医药研究院研发的维生素E含量从96%提高到99%以上，为国际领先水平。

（二）充分利用杭州高新区（滨江）载体，促进科技与经济融合

杭州高新区（滨江）是浙江省推动科技与经济深度融合的重要载体，在转变经济发展方式和调整经济结构中发挥了重要的支撑和引领作用。杭州高新区建于1990年，是国务院批准的首批国家级高新区之一；滨江区设立于1996年12月，由萧山划出的3个乡镇新建而成，行政区划面积73平方公里。2002年年中，杭州高新区和滨江区管理体制调整，实行“两块牌子，一套班子”；2015年8月国务院批复建设国家自主创新示范区。根据科技部火炬高技术产业开发中心公布的2016年度国家高新区评价结果，杭州高新区（滨江）在全国146个国家高新区和苏州工业园（共147个单位）中，综合排名升至全国第三，较上年上升了三位，仅次于中关村和上海张江高科技园区。

杭州高新区（滨江）内的主要经济活动就是研发活动，2016年高新区（滨江）的研发投入为122亿元，占地区生产总值的比重始终保持在13%以上（全国这一数字约为2.1%），此外，多年来研发经费同比增长速度保持在13%。杭州高新区（滨江）通过发挥两区合一体制机制优势，进行管理体制创新，优化政府职能；采取差异化政策，对不同发展阶段的企业进行精准扶持；在人才引进上，发挥市场力量，走“人才带技术、技术变项目、项目融资本、实现产业化”之路；通过发挥传统企业的物业资源作用，为园区内传统企业转型升级探索了一条可持续发展之路（陈文强，2018）。

1. 发挥两区合一体制机制优势，优化政府职能

2002年6月杭州市委、市政府对高新区、滨江区两区管理体制进行改革，实行“两块牌子、一套班子”，既按开发区模式运作，同时又拥有地方党委、政府职能，这不仅使高新技术产业有了新的发展空间，而且使“沿江开发、跨江发展”有了新的重要平台，高新区（滨江）通过发挥两区合一体制机制优势，不断创新管理体制，优化政府职能。①推行阳光政务，落实扶持政策。高新区（滨江）在落实企业的补贴政策上，以研发投入作为参考依据，与税务部门对接以验证企业研发投入的真实性，让真正投入研发的企业能够享受到相应的补贴政策。同时，对园区内能够享受到税收优惠或补贴的企业传达相应的政策文件，切实保障优惠政策的落实与实施，营造良好的商务环境。②建立土地“亩产效益”评价体系。高新区（滨江）建立了土地“亩产效益”评价体系，坚定实施亩均投资600万元、产出1000万元和税收100万元的供地标准。根据评价结果在用地、用电、用水、用能和城镇土地使用税、自用房产税等方面实施差别化政策，以此进一步引导企业树立“亩产论英雄”的集约发展理念，优化资源要素配置。相关政策的实施可以让相关产业的调整和企业的发展符合产业规划，土地建设权限只有企业实现自

立并成熟后才能获得，从而使土地效益得到有效发挥。③推行“1+X”多证合一商事登记制度改革[①]。围绕企业实际经营需求，高新区（滨江）推行“多证合一”商事制度，即把各个部门涉及企业管理的事项作为一个“商事整体”，打破各政府部门之间的框框，推进事项整合。高新区（滨江）实行 “一窗受理、集成服务”，采取“一表申请、一窗受理、一份证照、信息共享”的工作流程，让企业办事从“每个部门最多跑一次”转变为“每事最多跑一次”，达到“一事、一窗、一次”的“三个一”目标。

2. 采用差异化政策，对不同发展阶段的企业进行精准扶持

杭州高新区（滨江）关注企业痛点，持续修订完善并推出两轮“1+X”产业扶持政策体系[②]，对领军企业、成长型企业、科技型初创企业的政策做了差异化调整，对不同发展阶段和不同类别企业，采取不同的扶持政策，并针对不同对象，分别通过领军企业扩张工程、瞪羚企业提升工程和初创型科技企业成长工程，予以精准支持。

（1）促进领军企业跨越发展。领军企业面临的主要问题是如何实现进一步扩张，对此，高新区（滨江）对园区内列入“领军企业跨越发展计划”的企业，以入选年度上一年企业对区贡献为固定基数，按企业三年内每年对区财政实际贡献新增部分的50%安排资助，用于企业加大产业投资、提升技术创新能力、开拓海内外市场和引进新项目等。此外，高新区（滨江）还加大对领军企业自主创新产品首台套支持和示范应用支持力度，有计划地实施政府投资项目的示范应用工程，鼓励企业在本区率先建设重点示范项目。

（2）鼓励成长型企业发展。成长型企业面临的主要问题是如何进一步扩大发展规模，对此，高新区（滨江）对列入区重点培育企业（瞪羚企业）的企业，以当年对区贡献超上一年（最高年份）部分的100%用于支持企业研发投入、融资、市场开拓和租用生产经营用房等。对年营业收入超过3亿元（或税收超2000万元）且从业人员超过300人的瞪羚企业，可优先提供其产业发展用地。同时，高新区（滨江）加大对瞪羚企业自主创新产品首台套应用支持力度，对高新区（滨江）管委会、政府投资项目，同等条件下优先采购，经高新区（滨江）管委会、政府批准可以实行邀请招标。对区内企业应用瞪羚企业自主创新产品，政府可经约定

① “1+X”多证合一模式中的“证合”即已经整合的营业执照、组织机构代码证、税务登记证、社保登记证和统计证，已归并为加载社会统一信用代码证的营业执照，简称“一照一码”；“照”，即五证之外，政府部门信息采集、记载公示、管理备查类涉企证照，以及工商登记信息能够满足其管理需要的涉企证照。

② “1”是指综合性的关于进一步深化改革创新、建设世界一流高科技园区的若干意见，涵盖鼓励创新、创业、投资及鼓励做大做强等方面。“X”是指在鼓励领军企业、瞪羚企业、科技企业发展，人才引进激励，大学生创新创业，以及加强科技金融体系建设、知识产权工作等方面的若干专项扶持政策。

给予风险补偿。

（3）培育发展科技型初创企业。初创企业面临的主要问题是融资难和融资贵，对此，高新区（滨江）为鼓励高校教师、科研院所专家及团队创办科技型企业，对列入市启动资金资助项目计划和市种子资金项目计划的企业，在经企业申请、市科技局等部门审核后，给予 20 万~100 万元资金配套资助。对列入“青蓝计划”的企业，除给予 20 万~100 万元的种子资金支持外，高新区（滨江）还按银行基准利率的 50%给予三年总额最高 50 万元的贷款贴息，有效解决了科技型初创企业在创立之初的融资难、融资贵问题。

通过差异化的扶持政策，杭州高新区（滨江）形成了从科技创新到成果转化、构筑产业、品牌打造的创新产业链条，使企业从初创到成熟，从小微到中大再到行业领军的政策扶持模式。

3. 建立“政府+市场”引才机制，坚持“人才+产业”发展路径

杭州高新区（滨江）始终把人才作为发展的最宝贵资源，把高端人才引进和培育作为经济工作的首要任务，在人才引进上，杭州高新区（滨江）建立了“政府+市场”引才机制，并始终坚持“人才+产业”发展路径。2016 年开始，高新区（滨江）实施新一轮“5050 计划”①，全面实施人才项目“市场认定、递进扶持”政策，人才项目的认定和评价一律交由专业化、市场化机构来完成，实现了从国外专家为主向国内国外并重、从定期评审向随到随评、从一评定音向动态评估、从专家主导向市场主导的转变。同时，高新区（滨江）聚焦于“人才+产业”的发展路径，根据产业发展规划，研究制定人才引进导向目录，走“人才带技术、技术变项目、项目融资本、实现产业化”之路。通过两轮海外高层次人才创新创业“5050 计划”，高新区（滨江）引进了大批符合高新技术主导产业特别是信息产业发展急需的“高、精、尖、缺”人才和团队，形成了以人才带项目、建公司的模式。

4. 推动传统企业转型升级，探索可持续的发展模式

杭州高新区（滨江）除推动高新技术企业发展外，还采取了一系列措施来推动传统企业的转型升级：①引导传统企业转型为孵化器。高新区（滨江）充分利用传统企业的厂房和设备优势，将传统企业逐渐培养成一个园区，在此基础上申请国家孵化器，并按照国家孵化器的标准来对园区进行改变，从而为园区内的高科技型初创企业提供发展的物理场所和政策支持。以华业高科技产业园为例，该

① 2010 年，杭州启动首个“5050 计划”，计划“5 年内引进年收入超千万元的留学人员企业达到 50 家”。2016 年，杭州高新区（滨江）推出新一轮“5050 计划”，该计划更加聚焦人才这一关键要素，力争 5 年内，新建人才众创空间 50 个，人才创投基金 50 支，新引进各类人才 10 万名，其中硕士及以上高层次人才 1.5 万名。

产业园的前身为园区内的“高铁”牌水泥厂，为进行转型升级，2002年，该水泥厂负责人华水芳便关闭了水泥厂，开始做符合高新区产业导向的园区——华业高科技产业园，转型至今10多年间，华业高科技产业园里孵化出了聚光科技等众多信息经济明星企业。除华业高科技产业园外，万轮、金盛等产业园也均是由传统企业转型发展而来。②鼓励传统企业为初创企业提供金融支持，破解信息不对称难题。在孵化企业的过程中，传统企业可以利用自己对孵化企业的信息优势，为孵化企业提供金融支持，比如说传统企业可以联合其他机构对孵化的企业进行投资。例如，华业高科技产业园成立了3000万元规模的基金，过半用于园区内400多个项目的风投。

通过发挥传统企业厂房、土地等传统物业资源的作用，高新区（滨江）不仅有效推动了传统企业转型升级，还为初创型企业提供了充分的创新创业空间与融资支持，从而助力高新区（滨江）打造成一个高端产业、高新产业、战略性新兴产业和高端人才的聚集地。

（三）建设浙江网上技术市场，完善科技成果转化生态体系

中国浙江网上技术市场是我国集聚科技资源最多，覆盖面最大，影响最广泛的产学研合作信息平台，同时也是浙江省科技成果转化生态体系的重要组成部分（今日科技，2012）。浙江网上技术市场是由科技部、国家知识产权局和浙江省主办，并经科技部批准的全国首家网上技术市场，于2002年10月16日正式投入运行。从发展历程来看，浙江网上技术市场主要经历了三个发展阶段：第一阶段，形成技术市场的雏形。政府通过创建网上平台来发布研发单位的技术信息和企业市场的技术需求，同时引入技术中介机构，由此形成了网上技术市场的雏形。第二阶段，明确技术市场的主导地位。政府通过搭建网上技术市场服务平台，引入社会资本，实行市场化运作，逐渐使网上技术市场代替政府在技术转移过程中占据主导地位。第三阶段，实现网上技术市场和实体技术市场的功能互补。针对网上技术市场与实体技术市场脱节的情况，2012年根据浙江省领导的指示，开始建设“展示、交易、交流、合作、共享”五位一体的浙江科技大市场，并于2014年12月正式落成启用。浙江科技大市场是一个展示和交易科技创新成果与专利技术的平台，该平台的设立是为了打通科技成果转化的“最后一公里”，以切实解决科技经济“两张皮”的问题（王立军，2017）。该平台分两批引进了43家中介机构，使平台具备技术转移、咨询评估、投融资等方面的功能，初步为企业提供了一站式服务，实现了实体技术市场与网上技术市场功能的互补。截至2016年，浙江网上技术市场已形成由省级中心、11个市级市场、94个县分市场和29个专业市场构成的体系架构。

成立至今，浙江网上技术市场取得了显著的运行成效。截至 2017 年 10 月，浙江网上技术市场已累计发布技术难题 8.5 万项，征集并发布科技成果 19.5 万项，成交并签约项目 4.1 万项，成交金额 446 亿元，在线企业近 17 万家，高校、科研机构 3.1 万家，中介机构 1.2 万家，总体规模和各项指标均保持全国领先，成为到目前为止国内资源集聚最多、技术交易最活跃、绩效最明显的网上技术市场之一。近年来，浙江网上技术市场保持良好的发展态势，2016 年浙江网上技术市场上线了成果（专利）33 755 个，收到 5638 个技术创新需求，最终合同签约数 3240 个，总金额 57.12 亿元，较 2015 年增长 9.6%。

浙江网上技术市场和浙江科技大市场的建设经验主要体现为采用以企业为主体的市场化运作机制，建立科技成果转化综合服务体系，创新科技成果转化服务模式三点，具体如下。

1. 建立市场化运作机制

浙江网上技术市场和科技大市场以浙江伍一技术股份有限公司（以下简称伍一公司）为运营主体，实施企业化运作。伍一公司是以省科技信息研究院、省科技开发中心两家厅属单位作为国有出资控股，吸收阿里巴巴、华数、浙大网新等 5 家企业，共同组建而成。以企业化为主体的运作模式解决了以往技术市场体制机制不顺畅、市场化运营主体不明确等问题，有效提高了网上技术市场和科技大市场的运营效率，同时也将互联网平台与技术成果转化、科技金融、中小型科技企业的培养紧密地结合起来（今日科技，2017；李伟，2018）。

浙江省、市、县一级的科技大市场在试点运行的过程中，通过建立市场化的运作机制，逐步破解一些长期制约技术市场发展的体制机制障碍，具体表现在：一是运营主体从事业单位向企业转变。第一批 25 家通过验收的科技大市场试点单位有 7 成以企业运营为主体，约为 18 家。二是从政府主导向市场主导转变。首批 25 家试点单位把企业的需求作为第一要务，逐渐将公共服务与市场化服务相结合，探索新路径。同时，政府对运营主体的支持方式从直接补助向购买服务转变，经费支持幅度与服务绩效挂钩。25 家试点市场的科技中介服务收入中政府委托收入为 2251.3 万元，占比达 34.38%。三是从综合性服务向专业化服务转变。浙江省各区市县积极进行传统产业的改造升级，根据自身产业升级战略，建立了一批以工业设计、生物医药、现代农业等具有地方特色和产业特色的科技大市场，为相关产业的发展提供专业化服务，并把技术、资本等组合服务融入其中，初步形成了各具特色、差异化的服务模式。例如，浙江科技大市场萧山区市场将农业技术转化与应用普及作为突破口，富阳区科技大市场将工业设计作为核心竞争力。各地科技大市场采用了以企业为运营主体的市场化运作机制，显著提高了运营效率，也调动了企业、高校、科研院所参与科技大市场的积极性。

2. 建立科技成果转化综合服务体系

为了实现科技成果供给与需求的有效对接，浙江网上技术市场在供给侧与需求侧均采用了有针对性的措施：在成果供给侧，浙江网上技术市场借助各类学会组织，收集自身所需的人才信息和专利技术，构建精确到细分领域的科技成果数据库；在成果需求侧，浙江网上技术市场通过深入企业，收集真实、准确的技术需求，建立企业创新档案，为企业提供精准的专家、技术、专利等信息和对接服务。同时，浙江网上技术市场打造了具有技术众拍、技术众缘、技术众创、技术众包、技术众筹等功能的成果转化平台，并通过利用人工智能技术实现平台的成果、需求等的精准推送、匹配、对接，使平台成为汇集各类科技资源、供需智能对接的成果转化平台，通过汇集技术、成果、资金、人才等供需信息，推动交易成果转化落地。

浙江科技大市场积极引入关于知识产权、财务管理、法律咨询等为科技创新服务的中介机构，全力将其打造成一个全要素、全链条的科技成果转化综合服务体系。伍一公司作为浙江网上技术市场和科技大市场的运营主体，为利用科技大市场进行交易的企业提供综合服务：相关企业在通过该平台履行协议、拍卖等程序，完成专利转让和技术交易后，伍一公司会继续对其进行跟踪，做好后续服务，同时联合中介服务机构，协助企业进行科技转化。各地科技大市场在试点的过程中，也为科技成果转化建立了综合的服务体系，如浙江科技大市场杭州高新区（滨江）市场则由政府免费为企业提供办公场所，通过吸引服务内容涉及金融、评估、法律、知识产权等多个领域的35家技术中介机构入驻，形成了一个完整的创新服务链。

3. 创新科技成果转化服务模式

浙江网上技术市场根据技术供需实际和交易特点，依托自身平台，联合中介服务机构，为企业提供交流、展示、交易等服务功能。同时，通过科技成果竞价（拍卖）活动、网上技术市场活动周、“网上技术市场+孵化器”服务平台等形式，不断创新科技成果转化服务模式，调动了企业、高校、科研院所等创新主体参与的积极性，促进了科技成果转化（董大勇和曹嘉威，2019）。

由于科技成果属于特殊无形资产拍卖，浙江省科技成果竞价（类似于拍卖）活动在具体运作上与其他拍卖相比有所不同，平台的服务部门和引入的中介机构会在技术竞价前与相关企业进行对接，做好技术提供方和技术需求方的信息沟通工作，解决信息不对称的问题。科技成果竞价（拍卖）活动的形式使得参与竞拍的企业在创新、转型中受益匪浅，自主寻找创新产品的需求更加迫切，而科研院校在价高者得的拍卖中也取得了良好的经济效益，科研创新的积极性大幅提高。

浙江省科技成果竞价（拍卖）活动从开始举办至今，取得了显著成绩：2012 年起至 2016 年秋，在已竞拍成交的 920 项科技成果中，有 402 项成功实现产业化，企业实现销售收入 299.253 亿元、利润 19.7854 亿元，贡献税收 14.4146 亿元。科技成果竞价（拍卖）活动也通过采用形式多样的竞价方式促进科技成果的成交，以 2017 年浙江省秋季科技成果竞价（拍卖）系列活动为例，该活动产生科技成果共 198 项，总起拍价达 1.64 亿元，浙江全省 430 多家企业参加竞拍，最终成交 188 项、金额 2.36 亿元，溢价率 44%。同时，浙江省科技成果竞价（拍卖）活动也成了国内规模最大、成果种类最多、涉及领域最广、成效最显著的技术交易活动。

浙江省还定期举办“网上技术市场活动周”这一科技成果转化盛会，截至 2017 年，该活动已连续举办 15 届，成效明显。该活动通过推动科技成果开幕式现场签约，举行科技成果竞拍活动，开展省属企业产学研对接等活动，推动企业、高校和科研院所的深度合作。此外，各地科技大市场配合实体市场的建设，建立了一批“网上技术市场+孵化器”“网上技术市场+众创空间”“网上技术市场+示范推广基地”等平台，实现了线上线下密切结合，整合创新资源，提供全套服务的功能。

（四）搭建云平台，集聚创新资源

云平台是浙江省促进科技资源开放共享、简化服务流程、降低中小企业创新成本的重要举措。作为浙江省政府部门第一个云服务平台，云平台由浙江省科技厅主导运行，自 2015 年 3 月 9 日上线运行以来，云平台不断丰富、拓展功能，实现了综合业务管理系统（载体、企业、项目）、创新地图、创新券服务系统、数据管理与监测平台等系统的开发和推广应用，目前已基本建成领域布局合理、功能层次明晰、支撑作用显著、创新链条全面，具有浙江特色优势的科技创新平台体系（今日科技，2015）。云平台的建设经验主要体现为建设统一标准的科技创新服务平台，打造“一站式”的科技网上办事大厅，完善网上政府功能三点，具体如下。

1. 建设统一标准的科技创新服务平台

浙江省按照统一、整合、共享、服务原则来建设云平台，整合了省内包括科技厅科研项目、重点企业研究院、网上技术市场等平台信息。该平台实现了省内大部分科技数据、系统、资源的整合，成为企业申报项目、查询、评价、服务的唯一入口。建成以来，云平台已整合了 152 家省重点企业研究院、335 家省级企业研究院、282 家省重点实验室（工程技术中心）、2217 家省高新技术企业研发中心、84 个平台及 79 家科研院所等创新载体；同时，2.1 万余家高新技术企业、科技型中小企业和创新型企业，以及省级全部 12 类科技计划项目等已被全部整合进平台。通过云平台，企业和个人可申报科创项目，寻求和提供科技资源，展示高新技术产品，实现技术、成果“云上的交易”。与此同时，浙江省首次将科技报告制度与技术供需信息实行并网运行，取得了明显的效果。2015 年披露的数据显示，国家科技报告共享系统 4 万余份报告中，首批 6 个试点省份共上线报告 3739 份，其中浙江上线 1532 份，位居全国首位。

2. 打造“一站式”的科技网上办事大厅

云平台提供科技项目申报、评审、动态数据填报、绩效评价等“一站式”网上服务，使科研部门（企业）和科技管理部门提高了项目审批效率。此外，云平台还为相关参与主体提供可视化信息查询服务，浙江省推出的“浙江科技创新数据地图”结合地理信息系统，对大型科学仪器设备以及重点实验室、重大科技创新平台等服务资源进行定位，使技术创新各参与方从地理分布中了解浙江的区域创新优势和发展状况，并对科技资源及服务进行查询与预约，从而实现科技创新服务的智能化。云平台还通过推出网上众创空间功能，为科技创业者与创业投资机构提供良好的创业环境，科技创业者可以在云平台上获得资源、资金、创业经验等方面的信息，而创业投资机构可寻找合适的创业者，从而形成范围广泛的网上众创空间。此外，云平台中的创新券运行系统还可以为企业和创业者提供在线查询、预约开放共享的科研仪器设备和技术服务。

3. 完善网上政府功能

云平台除了将政府信息实时推送，还利用大数据对各级政府科技计划项目及项目牵头人进行技术查重，对科研项目及其经费使用情况进行公开，并组织专家组进行评估。相关流程均在“云”上公开，使政府实现了全程管理和全程监管，提高了政府服务效率，实现了决策智慧化和管理智慧化。同时，云平台通过全过程、痕迹化的管理，将科技创新项目从申报、评审、公示到中期检查、验收、绩效评价等的流程进行了优化，缩短了项目周期，降低了项目运营成本。此外，浙江将各类省级创新机构的相关仪器设备，以及服务企业信息上传至云平台，以作为其年度考核的重要依据。云平台通过对大数据的分析提炼，及时地挖掘出科技数据的潜在价值，从而提升了政府科学决策的能力，进而提高了政府管理服务效能。

浙江省政府通过搭建云平台，实现了省内科技资源、科技数据、科技服务和科技管理的互联互通与开放共享，整合了公共创新资源，为科创类企业和人才提供技术创新、业态创新、营销模式创新等产业公共服务的创新平台，有效地推动了浙江省传统经济转型升级和创新驱动发展战略的实施。

（五）建立新型政企关系，推动科技资源集聚与科技金融深度融合

浙江省拥有包括阿里巴巴集团、新华三集团等在内的多家高新技术龙头企业，这些企业以其特有的平台经济、创新能力与金融实力，通过创新产业集聚、科技企业孵化、科技金融服务与创新基础服务为科技型中小企业提供了市场与服务，形成了浙江独特的新科技经济生态圈，为杭州、浙江乃至全国推动创新战略实施与经济科技深度融合提供了支持。为充分发挥高新技术龙头企业在科技创新、金融支持与科技服务上的积极作用，浙江省与杭州市积极转变政府职能，建立与科技龙头企业的战略合作机制，将全省经济促进杭州市科技集聚的“虹吸效应”，逐步转变为科技领先地区带动全省经济发展的“辐射效应”。具体表现在，依托高新技术龙头企业集聚创新产业，协同高新技术龙头企业推动科技金融发展，借力高新技术龙头企业完善公共服务三个方面。

1. 依托高新技术龙头企业集聚创新产业

浙江省与杭州市充分发挥阿里巴巴等高新技术龙头企业在区域内高新技术产业上的集聚效应，依托平台经济吸引产业集群，引导人才、信息、创意、生产与服务集聚，以科技需求推动创新型企业孵化，推动技术转化，具体措施如下。

（1）推动政府职能转变，构建新型政企关系。浙江省与杭州市政府建立了年度联席会议机制，并设立协调推进小组负责政府与阿里巴巴的日常对接工作，充分发挥阿里巴巴等高新科技龙头企业在企业孵化、科技金融与创新基础服务的作用，推动市场提供创新基础服务。在 2014 年底的第二次联席会议上，时任杭州市委书记的龚正指出：“阿里巴巴要让所有的中小微企业没有难做的生意，要为中小微企业当好‘店小二’，我们政府也要给阿里巴巴这样优秀的企业当好‘店小二’。”①通过政府职能转变与协调对接机制，浙江省与杭州市为阿里巴巴的发展提供保障与支持，促进科技龙头企业带动区域经济发展。

（2）依托龙头企业，建设特色小镇，提高服务水平，推动产业集聚。浙江省的特色小镇建设在全国领先，是浙江省产业发展政策的一个突出亮点（罗如意等，2017；孟祖凯和崔大树，2018）。例如，与阿里巴巴集团合作创建的云溪小镇与梦想小镇，通过专业化服务建设特色产业，吸引人才、信息与资源集聚。截至 2016 年底，共计入驻企业 1.9 万余户，2016 年入库税收 160.7 亿元，同比增长 13.5%，平均纳税额超过 1 亿元；其中税收收入 132.2 亿元，同比增长 14.5%，远高于同期全省税收总体增幅，展现了强劲的发展势头。

① 《杭州市与阿里巴巴集团战略合作第二次联席会议召开》，https://hznews.hangzhou.com.cn/chengshi/content/2014-12/30/content_5590198.htm[2014-12-30]。

浙江省提出，从2018年开始建设第一批具有高新技术特色的小镇，力求通过三至五年时间，提升其专业化技术水平，打造其完整产业链，实现生产、生态、生活的融合。其特点在于突出高端技术，实行小镇之间差异化竞争，并在未来五年内投入30亿~50亿元进行技术引进；同时，各小镇根据自身产业，制定相关优惠政策，针对性引入各类科学技术人才。

（3）建立政府与高新技术龙头企业的战略合作机制，主动融入新经济生态系统。浙江省与杭州市通过与阿里巴巴等高新技术龙头企业建立长效合作机制，促进了网络与实体商业的互补发展，协调了网络金融和网络信息产业的发展，加快了区域经济建设与科技经济深度融合。杭州市与阿里巴巴于2013年12月签订战略合作协议，围绕电子商务产业集聚区、互联网金融产业集聚区、云计算和大数据产业集聚区、跨境电子商务产业集聚区、智能物流产业集聚区及“信用杭州”诚信体系“五区一体系”展开合作；2017年杭州市与阿里巴巴进一步合作推进33个战略合作项目，为包括云计算大数据、“云谷”云计算产业园、菜鸟杭州在内的项目提供政策服务上的诸多支持，有效促进了浙江省新经济生态系统的发展。

（4）推进高新技术龙头企业自有的生态系统向生产领域延伸。浙江省通过与高新技术龙头企业进行战略合作，加快流通领域信息化、智能化速度，与生产领域进行智能化对接，阿里巴巴拥有的大数据独有优势与资本优势可以在其中起到关键性的作用，高新技术龙头企业能满足广大生产企业的需求，在资本与技术的支持下，稳步推进浙江与杭州的工业4.0 革命进程。

2. 协同高新技术龙头企业推动科技金融发展

在高科技企业集聚过程中，资金问题始终是初创企业面临的主要问题。现有风险投资基金和商业银行等资本的运作模式与高科技企业间存在较大信息不对称，无法准确评估初创型科技企业的价值，致使投资不足与投资失败。为进一步发挥高新科技龙头企业在科技金融服务中的作用，浙江省与杭州市通过引导高新技术龙头企业领投，以及建设风险投资集聚小镇，有效促进高科技企业与资本供给方的对接，极大地推动了区域内的科技与金融深度融合，具体措施如下。

（1）发挥高新技术龙头企业的领投作用，带动资本进入创新链上游。浙江省与杭州市为进一步缓解高新企业的融资难问题，通过基金小镇等具体模式，推动高新技术龙头企业进入创投领域，促进科技金融互促发展。高新技术产业的龙头企业对相关行业内的技术脉络及动向有较为全面的认识，能够通过领投机制释放积极信号，带动一般资本进入高新技术产业。政府引导基金主要通过风险分担机制与保险机制为资本降低投资风险，与政府的引导基金模式不同，科技龙头企业通过自身专业知识引导资本介入，从源头上解决信息不对称带来的风险问题，进而推进科技金融深度融合，促进金融推动科技发展（王卫彬和朱传波，2012）。

（2）建设基金小镇。浙江省依托高新技术龙头企业，促进高科技产业在本地集聚，充分发挥创新集群的信息优势，在杭州市建设了全国领先的杭州玉皇山南基金小镇，具体措施包括：引导构建“募”“投”“管”“退”产业链全方位平台服务；与各大银行、券商等机构建立直通端口，构建高效的 PE 基金产业链，引进以 Wind 金融数据咨询和彭博数据服务为代表的咨询服务公司，在完善硬件环境的同时，提供好相关软件服务（柒石，2017）。截至 2016 年 10 月，杭州玉皇山南基金小镇已累计入驻金融机构 1010 余家，资金管理规模达 5800 亿元，税收 10.1 亿余元，同比增长 200%左右；小镇整体投资已达 1600 亿元，项目 759 个，扶持 79 家公司上市，助推浙江科技经济发展。

3. 借力高新技术龙头企业完善公共服务

浙江省与杭州市加强配套措施建设，推动高新技术龙头企业进入创新基础服务领域。以云计算为例，浙江省通过建设杭州云栖小镇，推动高新技术龙头企业对云计算产业进行投入，提供科研院所与科技企业所需的云计算服务。云栖小镇仅在建设后一年，就实现了 30 亿元的云产值，实现财政收入 2 亿元，累计引进企业 328 家。相关产业覆盖云计算、大数据等多个领域。具体措施包括：为浙江与杭州的云服务建设提供政策支持，包括企业落户、场地支持、金融服务等，进一步优化小镇创新创业环境，加快小镇涉云企业集聚，做大做强小镇云计算产业，促进云技术服务产业的发展，推动云计算为高新技术企业发展提供技术保障等。通过云栖小镇，浙江省与杭州市依托阿里巴巴，实现了云计算服务产业的群聚，为浙江、全国乃至全球的科技企业提供高速、便捷的基础运算服务。

四、浙江科技与经济融合中存在的问题和难点

浙江民营经济是浙江经济发展的主要动力。浙江省民营经济拥有较大的科技创新与科技经济融合潜力，是浙江省推动创新驱动战略的科技原动力，也是浙江经验的重要部分。浙江省尽管通过发挥民营经济的作用，推动了科技成果转化为经济成果，但在具体运作过程中，仍存在科技创新的供给与需求不匹配问题。

（一）科技金融机构的服务能力需要进一步提升

浙江省金融服务不足，其表现在精通科技和金融的专业人才匮乏。科技和金融服务的中介机构功能不足，公信力不够，加上科技保险、专利质押等相关服务不完善，致使科技金融机构的作用不能完全发挥。从调研情况看，浙江省民间存

在大量资本，但缺乏相关产业信息和中介服务，以至于民间资本想投却不敢投资科技创新和成果转化，下一步的工作中，仍需发挥浙江民营经济、民间资本的优势，着力引导民间资金推动浙江省战略性新兴产业的发展。

（二）高端人才的引进力度与培养水平仍有待提高

“十三五”时期是浙江省强化创新驱动、优化经济结构、提升产业竞争力的关键期，人才优势向科技优势、产业优势、竞争优势转化的态势更加明显。因此必须切实推进人才工作深化提升。但与此不相适应的是，浙江省的人才发展还存在一些障碍，尤其是高层次、高技能人才比例不高，顶尖人才、领军人才、基础性研究人才紧缺。主要原因包括：一是引进力度不足。其主要表现在两个方面，首先，浙江省人才政策宣传不足。虽然浙江省相继出台了《关于深化人才发展体制机制改革支持人才创业创新的意见》（又称“人才25条”）等人才政策，但政策的制定出台和宣传落实存在“两张皮”现象。主要体现在一些企业尤其是民营企业还没有形成“找人才政策、学人才政策、用人才政策”的习惯，造成企业和人才对相关人才政策不知情、不使用，无法形成供需双方的良好匹配，导致人才政策的使用频率和整体效能不高。其次，浙江人才评审制度存在缺陷。人才评审制度是引进人才的关键，其合理性直接决定引才的质量和成效。浙江省、市、县在人才引进的过程中，存在“不会评”或“评不准”的难题。同时，相关市、县（区）普遍采取定期受理、集中评审的方式，导致待引进的人才因“等不及”“耗不起”而流失。再加上缺乏人才引进相关中介机构的支撑，存在人才部门因担心引错人、用错人而不作为的情况。二是自身人才培养不足。浙江省院校人才培养存在错位，由于存在重仕轻工和重学历轻技能思想的原因，省内部分院校为社会输送的人才缺乏实际操作能力，再加上政府对于职业教育投入的不足，造成了人才供需错位，无法满足社会发展要求；同时社会人才引进短期化，由于“养才”成本比“用才”成本高，浙江省内企业特别是民营企业倾向短期引才、项目引才，其引才往往仅限于某个科技项目或产品研发攻关，存在项目结束放弃人才，变相降低待遇和擅自改变用人合同等问题，极大地降低了浙江省对人才的吸引力。

（三）浙江省科技大市场的市场化运作水平仍有待提高，网上技术市场仍存在技术商品定价难的问题

目前，尽管浙江省科技大市场都逐步采取了市场化的运作模式，但仍有部分科技大市场运营主体未达到建设目标预期，其中一些科技大市场运营主体是科技部门下属的事业单位，存在依赖主管部门、科技中介服务收入低、激励机

制不足等问题。部分科技大市场运营主体实力较弱，个别市县级科技大市场仅有 5 位工作人员；个别市县级科技大市场场地面积小，只有 2~3 间办公室，不利于开展线下的技术推广活动。此外，部分科技大市场还是以集聚资源促进供需对接为主，供需双方的交易在平台上体现较少，在下一步的发展中仍需引入更多市场化运作的专业中介机构。此外，目前浙江网上技术市场仍存在技术商品定价难的问题，技术商品具有首创性的特点，缺乏可比性，此外，技术商品分类复杂，种类繁多，国内外都没有形成统一的定价标准，这些都制约了网上技术市场的进一步发展。功能完善的中介机构是解决技术商品定价难的重要手段，而我国技术市场中的中介机构发展水平很不平衡，且存在职能交叉、结构不合理等诸多问题，缺乏从事技术评价、代理、融资及市场调查等方面的专业机构。相当多的中介机构存在服务手段落后、服务能力不强等问题，这一系列问题在下一步发展中仍需重点突破。

（四）重点企业研究院发展定位仍有待明确，政府支持重点企业研究院的政策仍有待完善

重点企业研究院建设至今，时间不长，仍是一项新生事物，其在建设发展过程中不可能一帆风顺，在建设和运行过程中许多困难和问题已经逐渐凸显，迫切需要进一步解决。主要表现在以下两个方面：①重点企业研究院发展定位有待明确。重点企业研究院主要依托于省大型企业、具有组织和开展科技创新活动能力的综合性研究开发机构，其在技术创新体系及产业发展中的定位还需要进一步明确。一方面，需要明确发展模式上与孵化器、成果转化中心等传统研发机构或平台的异同。主要表现在重点企业研究院在地方经济结构调整与产业升级中发挥了什么样的独特作用，其功能和定位是否具备不可替代性。另一方面，省、市、县三级政府在重点企业研究院建设过程中，虽然有一些新的探索和举措，但缺乏顶层设计和考虑，以至于出现“缺啥补啥”、盲目跟风的现象。在重点企业研究院的建设和运行过程中，有的研究院功能类似于孵化器，有的更多承担着成果转化平台角色，与既有的传统研发平台没有实质性区别。②政府支持重点企业研究院的政策有待完善。政府的持续推动是重点企业研究院发展成功的重要因素。从重点企业研究院建设和运营来看，其问题主要体现在政府支持力度不够，具体措施不详，仍处于摸着石头过河的阶段。主要体现在，一方面政府的各项投入与重点企业研究院发展需求存在差距。虽然浙江省政府逐年加大了对重点企业研究院的投入，但仍与研究院快速发展不匹配。另一方面，高端创新人才短缺是制约重点企业研究院发展的重要原因。近年来，浙江省政府虽然出台了《浙江省中长期人才发展规划纲要（2010-2020 年）》及《浙江省青年科学家培养计划实施方案》等相

关政策，并与相关省级重点企业研究院签订了责任书，但在激励机制、用人机制等方面缺乏具体措施，导致重点企业研究院各自为政，相关人才的引进、培养和使用均呈现较大差别，效果也各有优劣。

五、浙江推动科技与经济融合实践的启示

（一）建设重点企业研究院，发挥行业引领作用，提升核心创新力

重点企业研究院作为高水平企业研发机构，是促进企业做强做大，引领行业发展的新举措。在建设重点企业研究院的过程中，应注意以下两个方面。

一是明确目标定位，强化引领作用。首先，研究院可通过整合创新要素打造创新集聚地。研究院可以通过创新要素的集聚，整合企业周围的创新资源，同时营造有利于创新人才交流的环境，建立良好的机构管理制度和运行机制。其次，坚持自主创新，完善产品研发。研究院在不断引进前瞻性技术的同时，应注重提升自身创新能力，推动企业由模仿技术和拿来主义向自主创新转变，开发出具备自主知识产权和核心技术的产品。最后，要坚持企业主导创新，坚持市场引领。研究院应该根据战略性新兴产业的技术需求，发挥其在相关产业的技术优势，集中人力、物力，突破关键技术瓶颈，补足创新短板，突出创新链中的核心地位，推动行业共同进步。

二是集聚高端人才，提升核心创新能力。研究院应根据战略需要和本地区产业发展规划，加快高端人才的引进。首先，应加快引进符合自身特点的高端人才，强化领军人才队伍建设；其次，加快创新团队建设，特别是基础研发人才队伍的建设，推动建立公平、公正、公开的人才选拔制度；再次，建立研发团队培育基地，引进相关服务中介机构，并为其做好各方面配套工作，提高研发人员的创造性；最后，结合重点企业研究院自身优势，积极引进“大院名校”共建创新载体，大力实施“青年科学家”“海外工程师”计划，吸引高端人才，为实施重大科技项目攻关，研究开发新技术、新产品、新装备做好人才储备。

（二）优化人才引进机制，促进大众创新、万众创业

一是针对不同发展阶段企业采取不同的支持政策和非对称路径，予以精准支持。针对领军企业，政府可按企业贡献财政收入的较大比例进行资助，用于企业加大产业投资、提升技术创新能力、开拓海内外市场和引进新项目等，促进领军企业跨越式发展。针对成长型企业，政府除根据其贡献的财政收入，按一定比例

进行资助外，还可以优先提供发展用地，加大对企业自主创新产品首台（套）的支持力度，对企业的研发项目进行风险补偿，鼓励成长型企业发展。针对科技型初创企业，政府可对列入市启动资金资助项目计划和市种子资金项目计划的企业给予种子资金支持，以及进行一定额度的贷款贴息来解决科技型初创企业在创立之初的融资难、融资贵问题。通过构建综合政策服务体系，形成企业从孵化到裂变再到产业化、从小微企业到瞪羚企业再到行业领军企业的创业扶持模式。

二是建立“政府+市场”引才机制，坚持“人才+产业”发展路径。在引进人才时，充分发挥市场的作用，通过实施人才项目“市场认定、递进扶持”政策，将人才项目的认定和评价一律交由专业化、市场化机构来完成，从而实现“从国外专家为主向国内国外并重、从定期评审向随到随评、从一评定音向动态评估、从专家主导向市场主导”的转变。此外，将引进人才和发展产业有机结合起来，根据产业发展规划，研究制订人才引进导向目录，走“人才带技术、技术变项目、项目融资本、实现产业化”之路。

（三）建设网上技术市场，完善科技成果转化体系

一是明确网上技术市场的运行主体。可借鉴浙江经验，建设以网络平台为载体的技术交易市场，接受政府委托，市场监督，每年政府在对其考核后予以一定的经费支持。其运营主体可进行市场招标，委托企业进行商业运营。

二是组建产权交易机构。可以参考北京、上海等成熟的经验，通过政府引导，与企业共同出资，组建技术产权交易中心，对创新成果和技术专利进行交易拍卖。

三是加大培育扶持中介机构的力度。政府应出台相关优惠政策积极引入相关机构和人才。同时，鼓励高校科技人员到中介机构工作或兼职，并从政策上引导、培育和扶持相关科技服务中介机构，为其发展扫清障碍，提供助力。

（四）发展高科技特色小镇，推动生产、生活、生态相互融合

一是结合粤港澳大湾区要素禀赋和产业发展战略，选择特定高端产业，发展高新技术特色小镇。例如，通过划出特定区域或板块来发展智能制造、生物医药等高新技术特色小镇，让各个特色小镇错位发展，互为补充。二是成立特色小镇专项基金。通过财政资金杠杆撬动社会资本，推动创新资源集聚，进而推动小镇内产业发展和科技创新，从而充分发挥特色小镇的专业化优势。三是根据特色小镇的产业定位和创新需求，制定针对性、差异化的人才政策。实施差异化的人才政策才能吸引高端人才加盟落户，激活创新创业。最终通过“小镇+资金+人才”模式，推动产业内的分工与协作，进而带动创新链、产业链和价值链的协同发展。

（五）积极推动政府职能转变，构建新型政企关系

我国各省区市在推动科技与经济融合的过程中，政府通过体制机制改革、财政补贴、税费减免与科技金融等手段，始终发挥着较积极的作用。一方面，确实促进了科技进步与技术转化；另一方面，大部分省区市在科技创新与转化领域存在“强政府、弱市场”的现象。浙江在转变政府职能方面成效显著，通过与高科技龙头企业签订战略合作协议，构建新型政企关系，做好企业的“店小二”，推动市场自发地进行研发、转化与应用，引导高新技术龙头企业进入公共服务与创新服务领域，促进创新驱动战略发展与科技金融深度融合。

第七节　湖北推动科技与经济融合的实践

湖北省科教资源丰富，科研实力强。为了全面贯彻落实习近平总书记关于实施创新驱动发展战略的一系列重要讲话精神，湖北发挥科教资源优势，制定了多项改革措施与创新举措，大力发展科技创新型企业，并取得了一定的成效。

一、引言

湖北省科教资源丰富，科研实力强。以武汉市为例，武汉拥有 2 所双一流大学，5 所双一流学科建设高校，20 个国家重点实验室，3 个国家工程实验室，27 个国家级工程技术研究中心，两院院士 68 人。另外，拥有国家级科技企业孵化器 30 家，国家 863 计划成果产业化基地 10 个，专利申请 44 826 件，每万人发明专利拥有量 23.05 件。

为了全面贯彻落实习近平总书记关于实施创新驱动发展战略的系列重要讲话精神，积极实施《中共中央 国务院关于深化体制机制改革加快实施创新驱动发展战略的若干意见》[①]，近年来武汉在推进科技与经济深度融合的实践中，立足自身实际，激活科教资源，通过机构改革和制度创新，走出了一条富有武汉特色的实践道路。

课题组对湖北省科技厅、湖北省经济和信息化委员会，以及武汉市相关单位、企业进行实地调研，梳理了一些值得借鉴和推广的做法与经验，也发现了一些问

① 《中共中央 国务院关于深化体制机制改革加快实施创新驱动发展战略的若干意见》，http://www.gov.cn/xinwen/2015-03/23/content_2837629.htm[2015-03-23]。

题，结合课题组的分析，最终形成本节。

二、湖北科技创新环境

近年来湖北省经济发展速度较快。2017 年，湖北省实现地区生产总值 36 522.95 亿元，同比增长 7.8%，位居全国第七位。湖北的科技创新资源集聚在武汉市。与全国其他地方相比，武汉市具有以下三个特点。

（一）拥有良好的产业基础，新兴产业发展较快

武汉是我国的工业重镇，拥有较好的产业基础，汽车制造业、钢铁产业、船舶制造业、军事工业等都具有很强实力，形成了较为完备的工业产业布局。并且，近年来新兴产业发展迅猛，面向未来的生物制造产业、光电子产业、国家储存器基地为代表的半导体产业发展较快，成为武汉产业发展的新名片。2016 年武汉共有高新技术企业 2177 家，比 2015 年新增 521 家，在 15 个副省级以上城市中排名第四位。全年“四上”[①]高新技术企业实现产值 8446.11 亿元，增长 12.6%，“十三五”期间，创新引领实现新突破，国家存储器基地、国家航天产业基地、国家新能源和智能网联汽车基地、国家网络安全人才与创新基地、大健康产业基地五大产业基地建设全面推进，集成电路、新型显示器件、下一代信息网络和生物医药等四大产业入选国家首批战略性新兴产业集群，高新技术产业增加值占比超过 25%，光芯屏端网、汽车制造及服务、生命健康等世界级产业集群初具规模[②]。武汉东湖高新区也是国家自主创新示范区，东湖高新区主要以光电子信息产业为主，在光电子信息领域，诞生了我国第一根光纤和第一个光传输系统。在生物技术领域研发出了全球技术领先的植物提取人血清白蛋白技术。城市的发展，需要产业支撑，“大武汉、大产业、大格局”为武汉未来科技与经济融合发展打下了坚实的基础[③]。

（二）具有地理及区位优势，物流产业基础较好

从地理位置上看，武汉是中国的中心，历来被称为“九省通衢”之地，是中

---

① “四上”是指规模以上工业企业、资质等级建筑业企业、限额以上批零住餐企业、规模以上服务业企业等这四类规模以上企业的统称。

② 引自《2021 年武汉市政府工作报告》，http://www.biganzijiayuan.com/home/document/20030 [2021-02-08]。

③ 《2016 年度东湖高新区统计报告》，http://www.wehdz.gov.cn/doc/2018/12/15/27729.shtml[2017-04-14]。

部地区最大的水陆空交通枢纽，是中国经济地理的“心脏”。无论是在铁路，还是在水运方面，武汉均具有独特的优势，2014 年 9 月，国家发布《国务院关于依托黄金水道推动长江经济带发展的指导意见》①，首次将武汉定位为长江中游航运中心。在公路及航空物流方面，武汉天河国际机场是中部地区最大的航空枢纽机场。已经建成的“环形+放射”高速路网，是全国高速路网的主骨架网络节点。正因为拥有良好的区位优势，武汉把物流产业作为其支柱产业，已经建成较为完善的物流服务体系和交通基础设施，为武汉的发展奠定了坚实的基础。

（三）科研院所集聚，科技成果较多

武汉市科研院所众多，科技实力强，包括武汉大学、华中科技大学两所双一流大学，中国地质大学（武汉）、武汉理工大学、华中农业大学、华中师范大学、中南财经政法大学几所进入双一流学科建设高校。2016 年末，武汉拥有国家重点实验室 20 个，企业国家重点实验室 6 家，国家实验室 1 个，国家工程实验室 3 个，国家级工程技术研究中心 27 个，两院院士 68 人，技术市场合同成交额 566.42 亿元，增长 39.8%。年末拥有国家级科技企业孵化器 30 家，国家 863 计划成果产业化基地 10 个。但科技人员市场化程度低，大部分属于体制内，超过 70%以上的科技人员分布在高等院校、科研院所及卫生系统。科技成果众多，2016 年全市登记科技成果 139 项，武汉地区获奖科技成果 237 项，其中获国家科技奖 27 项。专利申请 44 826 件，其中，发明专利 20 643 件，专利授权 22 967 件，每万人发明专利拥有量 23.05 件，指标数据在全国排名较为靠前，科技实力较强②。

三、湖北推动科技与经济融合的举措

（一）通过机构改革创新，凸显政府在科技与经济融合中的引导和连接作用

1. 成立科技成果转化局和院士专家顾问团，搭建科技成果在汉转化的连接桥梁

2017 年 8 月，武汉市在全国率先组建科技成果转化局及院士专家顾问团，推

① 《国务院关于依托黄金水道推动长江经济带发展的指导意见》，http://www.gov.cn/zhengce/content/2014-09/25/content_9092.htm[2014-09-25]。

② 《2016 年武汉市国民经济和社会发展统计公报》，http://tjj.wuhan.gov.cn/details.aspx?id=3439[2017-03-27]。

动科技成果本地化转化。目的是打造政产学研协调创新的服务枢纽，促进科技成果、资本与企业精准对接。武汉市科技成果转化局实行“虚拟机构，实体运作”的运营模式，挂靠武汉市科技局，机构人员从科技局现有人员、相关事业单位中调整而来，局长由市委常委兼任，各个副局长由组织部、发改委、财政局等分管领导兼任。科技成果转化局所起到的作用主要包括：出台一些促进科技成果转化的政策文件、规划及具体的措施；建立科技成果转化的服务体系和平台，培养科技中介及人才；对接科研院所与企业之间的科技转化项目；举办科技项目转化的各类活动，引导社会资本参与科技项目转化，并组织专家对科技转化项目进行评审评估。通过在政府体制与机制上的改革，打通科技成果转化的障碍，使得科技成果转化的投资人、科研人员、政府部门和中介平台能够形成强大合力，促进科技成果的转化。

2. 成立武汉招才局开展人才引进工作，出台“一留一回，两个百万”的人才政策

武汉市为了推进人才引进工作，专门成立了武汉市招才局，与武汉市人才工作领导小组合署办公，武汉市招才引智工作领导小组组长则由武汉市委书记担任，局长则由市委常委、组织部部长兼任，同时还有六位招才顾问，十位招才大使。实行“虚拟机构，实体运作”的政策，在不增加编制的情况下，推进武汉市的招才引智工作。主要的创新举措包括：在制度和运行机制上的创新，能够整合政府各个部门的行政资源，破除体制机制的障碍和壁垒；对一些特定的人才，量身定制招才项目和相关支持政策，做好人才服务与配套工作；开展引智推介活动，宣传武汉的人才政策，做好“一留一回，两个百万”。针对大学生毕业后留在武汉创业就业，落户武汉的较少，武汉市启动了“百万大学生留汉创业就业计划”，确保 5 年留下 100 万大学生，出台包括开放、无门槛大学生落户等配套政策。发挥校友资源多的优势，实施“百万校友资智回汉工程”，开展招商引资工作，2017 年 5 月 29 日，华中科技大学校友“回汉专场”签下投资 989.7 亿元。2017 年 8 月 27 日，武汉大学校友专场签下 1576.7 亿元，形成了“校友经济”这种新模式。

3. 在政府内部进行机制改革，清除科技成果转化中的体制机制障碍

在武汉科技局内部进行“三个部五个机制”的改革方案。“三个部”：一是信息部，负责信息的收集、传递与共享。二是项目部，建立相应的项目数据库，并且把项目责任明确到负责推进的具体部门。三是专家库，建立包括科技专家、管理专家等组成的综合专家库。“五个机制”：一是建立风险共担机制。政府设立的投资基金，政府与其他机构联合建立的投资基金等，需要与投资对象建立权责明

确、风险共担的机制。二是建立沟通机制，包括政府与企业、政府与研究机构、政府与投资机构、研究机构与企业之间的沟通机制，实现信息互联与共享。三是建立项目推进机制。建立高新技术企业库和项目库，选择项目进行对接与资助。四是建立专家评审机制。建立科技项目评审专家库，对于政府需要投资的项目进行评估，为科技计划项目管理提供相应决策参考。五是联合服务机制。联合多家部门为企业提供服务，提升服务质量和水平，减轻企业负担。

（二）出台组合政策措施，激活科技人才，培育新兴战略产业集群

1. 出台三个“十条新政”，促进科技成果确权及转化

科研院所的成果要想转化，需要其主管部门层层审批，往往需要一两年的时间。为了促进科研院所的科技成果转化，湖北和武汉都出台了相应的政策：一是湖北省政府在党的十八届三中全会后就出台了湖北科技“十条新政”，赋予科研团队研发成果的使用权、经营权、处置权和收益权，特别是关于“高校、院所研发团队在武汉实施科技成果转化、转让的收益，其所得不得低于 70%，最高可达 99%”的要求在全国首开先河。二是武汉市联合财政、检察院、组织部等九个部门出台了《市人民政府关于深化武汉地区高校、科研机构职务科技成果使用、处置和收益管理改革的意见》，被称为鼓励高校科技成果转化的“十条新政”，其中规定净收益可 100%归团队，并规定科研人员的非现金奖励不用缴纳个税；日后取得分红或转让股权时，才依法纳税。同时允许高校和科研机构人员既担任行政领导职务又担任专业技术职务，经批准后也可以在企业持有股份[①]。三是 2017 年 9 月，武汉市又出台了进一步促进科技成果转化的“十条新政”，包括设立 1 亿元专项投资引导基金，对于获得国家科技奖的成果在武汉地区就地转化的，给予不低于 100 万元的资金支持转化。同时鼓励校地、校企、企业之间产学研用协同创新。支持和鼓励科技成果评估机构、从事科技成果转化的中介机构的发展。

2. 通过“引领计划”“城市合伙人”吸引高端人才

2011 年湖北省委组织部、省科技厅等单位联合出台了《湖北省高端人才引领培养计划实施方案》，培养优秀中青年科技人才，每一批培养周期为 5 年。希望通过该计划能够培养一批两院院士、教育部长江学者和一些知名专家。从实施的效果来看，首批培养计划共有 63 名人员入选，培养了一批优秀的科研领军人才。而

① 《武汉：科技成果转化净收益全归科研团队》，http://www.chinanews.com/gn/2014/04-09/6042883.shtml [2014-04-09]。

城市合伙人则是为了推动海内外高层次人才来武汉创新创业，引进了一批能够推动产业发展，拥有关键技术和成果，能够带来巨大经济利益和社会效益的人才及团队，给予最高 1 亿元的资助。例如，来自加拿大的博士江仲瀚以“节能环保 LED 汽车前照灯的产业化”项目赢得了 100 万元的创业金。同时，经认定的城市合伙人将实行“一张绿卡全程服务”，凭卡可享受奖励补贴、创业扶持、居留落户、住房安居、子女入学、医疗社保等相关待遇和服务。

3. 实施“五谷共建”计划，利用大工程、大项目快速聚拢各类科技型企业，促进新兴产业集群发展

依据东湖国家自主创新示范区的成功经验，武汉提出“五谷共建”计划，主要包括以下内容。“光谷”（光电子信息相关产业、国家存储器基地等）：存储器基地、天马 G6、奇宏光电一期二期、中国医疗器械总部及生产基地等重大项目都在按照协议约定的工期和计划顺利推进，小米第二总部等项目顺利签约落地。“药谷”（医疗器械、血液制品等）：引进上海联影医疗科技有限公司设立总部基地，人福医药集团股份公司和 CSL 集团合作打造全球血液制品生产基地。“智谷”（机器人、人口智能等）：安翰胶囊胃镜机器人已成为全球唯一能够精准查胃的胶囊内镜，拥有近百项国内外技术专利。武汉奋进智能机器有限公司推出的上甑机器人，是国内白酒行业中第一台工匠机器人产品，填补了国内空白。“金谷”（发展科技金融，“光谷”金融中央商务区等）：大力发展科技金融，推动湖北省联合发展投资集团、湖北省宏泰国有资本投资运营集团有限公司、三环集团有限公司分别设立了融资租赁、商业保理和财务公司，推动各类金融机构、投资机构向“两谷一港”（资本谷、基金谷、金融港）集聚。“才谷”（人才优先发展战略和招才引智，创造便利的生活环境）：深入实施人才优先发展战略和招才引智“一把手工程”，全力推进“菁英招募、海创服务、海智回家、国际社区和多语光谷”五项计划，大力推动人才跨体制、跨区域、跨国界自由流动三项改革。通过大工程、大项目带动相关资源集聚，依托科教、资源与人才，发展新兴产业集群。

（三）通过体制机制创新，激活科研院所资源，促进产学研融合

1. 推动科研院所面向市场，进行企业化转制

科研院所转制过程中出现了烽火科技这类企业，提升了市场能力与科研水平。2000 年，国务院办公厅转发科技部等部门《关于深化科研机构管理体制改革实施意见的通知》（国办发〔2000〕38 号），要求部属事业单位的科研院所进行转制。武汉的一些企业在转制过程中，涌现出了以烽火科技（武汉邮电科学研究院控股）为代表的一批转制企业，在破除科研院所体制机制障碍方面进行了一些改进和创

新。主要做法包括：一是转制过程中全体人员彻底市场化，没有事业编制，完全自负盈亏。二是研发与生产的产品需要以市场需求为导向，在这过程中重视了解客户的需求，研发人员的收入与市场挂钩。三是建立激励机制，包括建立股权激励、期权机制、员工持股和合股合资等措施，特别是国有企业更要注重激励机制的建立，才能激发企业活力。四是集成产品开发过程中，研发人员、市场人员、财务人员、测试人员和消费者都参与其中，根据用户需求，在保障产品质量和性能的情况下，不断地优化和创新产品。

2. 成立产业技术研究院、技术创新联盟，实现资源整合与协同创新

对优质资源进行整合，促进人才、项目、平台、资金等要素集聚，为产业发展核心技术支撑平台的搭建提供支持。从 2009 年开始武汉市成立了 13 家产业技术研究院，由政府、高校、科研机构和企业共同组建。以武汉生物技术研究院为例，该研究院是由武汉大学、华中科技大学、华中农业大学、中科院武汉分院共同牵头组建的，武汉市政府投入了 2 亿元和 500 亩（1 亩 ≈666.67 平方米）土地，实行院长负责制下的市场化运作，研究目标以产业化导向为主。从建立后的运营情况来看，对产业发展发挥了很好的作用，能够提供国内最先进的仪器设备，仅武汉生物技术研究院就聚集了包括 8 名两院院士和 2 名外籍院士的科研团队。产业技术研究院推动了包括光电产业、生物产业、汽车产业等主打产业的发展，并孵化了多家高新技术企业。鼓励科研院所与企业之间建立技术创新联盟。提升相关产业的创新能力，在保障各方利益的基础上，建立优势互补、风险共担的技术创新战略联盟。此外，通过科研院所与企业之间的合作，加强联合企业技术中心建设，注重技术改造与技术创新相结合，引导企业在创新成果、发明专利转化运用中发现并挖掘优质的项目，将创新成果迅速转化应用到现有产业，将高新技术渗透到企业生产、经营的各个方面。

3. 破除高校科技体制方面的障碍，鼓励高校与企业合作

近年来武汉科研院所的横向项目逐年减少，科研院所与企业之间合作的积极性降低，而纵向项目数量和经费则在不断增加。武汉市出台了一些促进科研院所与企业之间合作的措施，一是出台相关的横向经费管理办法，科研团队可以根据合同来安排横向科研经费的使用。二是肯定科研人员的智力投入，科研人员从横向经费中获得科研劳务收入。三是在个人所得税方面给予一定优惠，科研人员科研劳务收入按一次性收入纳税，不按照绩效工资计算累进税率，并且不纳入到学校绩效工资考核标准中。四是建立科技成果转化激励机制，并建立以市场为导向的股权激励机制，允许科研团队获得 90%以上的股权激励，建立相应的转化机制。五是鼓励和引导高校科技资源为创新创业服务，创造条件使高校的科研成果在高

校周边的“双创载体”中实现转化。

4. 改革科研院所的人才与评价机制及流动机制，支持高校和科研院所人员到企业兼职

推进高校、科研院所人才流动机制改革。建立创新人才双向流动机制，鼓励高等学校、科研院所的科研人员携带科研项目和成果到企业开展创新工作或创办企业。支持高等学校、科研院所设立一定比例的流动岗位，吸引有创新实践经验的企业家和企业科技人才到高等学校、科研院所兼职。推动高等学校、科研院所按照“人员用时打通”原则进行去行政化改革。改革科技人才评价制度，加快建立科学化、社会化、市场化的人才评价制度，基础研究人才以同行学术评价为主，应用研究和技术开发人才突出市场评价，将知识产权作为应用型人才评价体系的重要指标。加强评审专家数据库建设，建立评价责任和信誉制度。深化职称制度改革，推动高等学校、科研院所和国有企业自主评审。探索制定高层次人才、急需紧缺人才职称的直聘办法，改革急需紧缺人才的职业资格准入制度。

（四）创新支持方式，激活科技企业能动性，培育科技企业快速成长

1. 设立政府引导基金，建立统贷统还平台

在政策创新方面，武汉市出台各种支持科技型企业培育发展的措施，积累了一些经验。一是政府使用财政资金设立引导基金。武汉市鼓励社会资本先行投入，引导基金后投入，即在政府财政参与投资的天使基金、引导基金方面，坚持“迟到早退”原则，“迟到”指的是社会资本进驻到位之后，财政资金才开始进入；而“早退”则是指财政资金需要比社会资本更早地退出投资基金。基金运行满 3 年后，由市级财政资金形成的天使基金部分，允许优先转让给社会资本投资人。二是建立科技型企业统贷统还平台。自 2009 年开始，依托信贷风险专项资金，武汉市科技局与国家开发银行、汉口银行等银行机构合作搭建统贷统还平台，为科技型中小企业提供低成本、低门槛、手续简便的专项贷款。专项贷款是一种商业性贷款，由市科技局下属国有平台公司——武科投作为借款人，向合作银行统一申请授信额度，武科投再分别将资金贷给具体用款企业。截至 2016 年底，统贷统还平台已累计为 71 家科技型中小企业提供专项贷款超过 10 亿元。三是在地方性股权交易市场中成立科技板块。武汉市在 2014 年专门成立了科技板块，专门针对科技企业融资问题，由省政府金融工作办公室（以下简称金融办）进行审批，科技板块对于企业上市条件要求较低，成立一年之后就可以挂牌，只需要通过省金融

办批准，截至2016年底，有800多家企业挂牌，融资额接近1亿元。

2. 创新科技金融支持中小微企业发展的方式

在科技金融方面，也采取了一些新的举措。一是建立科技担保体系。以市区共同担保平台、统贷统还平台担保、创业小额贷款担保等模式为科技型中小企业及创新创业者提供担保服务。截至2016年底，累计为400多家科技型中小企业担保贷款20余亿元，为1万名创业者办理创业小额担保贷款8亿余元。二是科技保险保费补贴。以分类后补贴和总额限制的方式对武汉地区符合要求的相关企业提供补贴，以促进武汉市高新技术企业发展，有效规避市场风险，营造良好的科技创新环境。三是小额保证保险贷款，指的是在约定的条件下产生违约的，或者双方约定其他条件成熟时，能够获得赔偿的一种保险方式，能够为中小企业信用背书。截至2016年底，累计发放保证保险贷款7.54亿元，较年初增长37.6%。四是贷款利息补贴。为降低科技型企业银行贷款的利息支出，市科技局设立了贷款贴息资金。2008~2015年，累计为279家科技型企业62.8亿元的银行贷款提供8256万元的利息补贴。五是投贷联动。武汉市政府设立总规模不低于100亿元的风险补偿基金，由过去的“松散”放贷变成“紧密”的投贷联动。投贷联动后，商业银行对科技型企业融资的风险和收益更加匹配，服务积极性将大大提高，将有效促进科技型中小企业融资。

3. 支持中小微企业发展，培育高科技企业后备军

支持和培育一批具有全球影响力的领军企业，主要采取的措施包括：一是营造创新创业氛围。武汉市政府主推以青桐汇、青桐计划和青桐学院为载体的“青桐三部曲”创新创业激励计划。“聚创业之智、造创业之势”，营造一个天天有咖啡，周周有路演，月月有青桐汇的良性循环的创新创业生态系统。二是财税方面的政府扶持政策。认真落实中小企业减税政策，增强实体经济活力。将小微企业、科技型企业视同劳动密集型企业，在小额担保贷款发放和贷款贴息等政策方面给予扶持和帮助。三是发行创新券。申领企业对象为年度营业收入不超过2000万元的三类企业，即高新技术企业、技术先进型服务企业、市级以上科技企业孵化器内并经所在孵化服务机构推荐的科技企业。创新券发放总额为3000万元，单个企业的申领上限为7.5万元，按照申领企业网上提交申请的先后顺序发放，发完为止。四是实施“小巨人”计划。选择一批符合国家产业政策、具有高成长性、能带动区域经济发展的中小企业作为“小巨人”企业，在生产要素协调、专项资金安排、贷款担保、社会服务等方面，优先给予扶持，提供优质服务，促进“小巨人”企业发展壮大。五是设立“环高校经济圈”。围绕大学周边布局研发机构、创新创业平台、风险投资机构和高新技术企业。沿大学周围建设智谷、创意产业园、

文化街、孵化器和创新谷，并与大学在科学技术、文化教育卫生事业、人才培养与教育、城市环境与办学条件等多个方面开展合作。

4. 通过“科惠网”“成果转化大会”推动科技成果交易

“科惠网”是国家技术转移中部中心与湖北省政府共同建设的，是国家技术转移中部中心的核心平台，是继北京、郑州、深圳、上海之后，国内第五个国家级技术转移中心，为科技成果的网上交易提供一站式服务。该中心的功能主要包括：①技术商城，科研院所和企业等发布技术成果和技术需求；②机构专柜，主要的高等院校、企业、科研院所等机构将所能够提供的服务信息发布在网上，包括服务专家、技术成果和研发平台等相关信息；③技术中介和技术智库，提供相应的科技成果交易服务；④还是科技咨询、技术转移与成果转化的公共服务平台，并开展线上和线下的活动，推动科技成果转化。此外，武汉还通过举办科技成果转化大会推动成果转化。武汉大学、中科院武汉分院、华中科技大学等高校和科研院所每年都举办相应活动，仅 2017 年 9 月 22 日，在第二批科技成果转化签约大会 · 武汉大学专场活动上，刘经南院士持有的全球首个“即时判”北斗高精度警保联动智慧系统，获 10 亿元投资签约，该会议共签约 26 个项目，总金额 14.29 亿元。招商银行、武汉农村商业银行也与武汉市签约，授信 300 亿元支持科技成果转化。

四、湖北推动科技与经济融合过程中面临的困难

（一）政府行政能力与效率有待提升

武汉电子政务发展较慢，行政效率仍然较低，行政审批流程仍需精简。主要体现在：一是政府信息的集成较低。信息分属于不同的部门，其他单位使用这些信息仍然存在障碍，信息只有集合公开，才能发挥其最大效用。二是电子政务发展较慢，网上审批和备案机制相对匮乏，网上办公、移动办公事项相对较少。三是进出口审批程序过于复杂。武汉对外贸易进出口量相对较少，但海关和检验检疫抽检率很高，过程当中还存在一些不必要的手续，通关效率还有待提升。四是政府在推动大项目和国有企业发展的同时，忽视了对于民营企业的培育与发展。武汉地区民营企业的营商环境还相对较差，民营经济缺乏活力，对于民营企业做大做强的支持力度和服务水平仍然有待提升。

（二）财政资金对于成果转化的支持力度较小

从科技成果到最终消费者满意的商品这个过程中间还有多个步骤，往往由于中间某个环节出现问题，两端无法实现对接，科技成果产业化的过程就会受阻。从财政支持上来看，主要问题在于：一是科技成果转化大多需要政府的配套资金支持，武汉支持能力较差。以武汉大学张俐娜院士“纤维素低温溶解技术”和华中科技大学谢庆国教授的世界首台全数字正电子发射计算机断层显像技术等为例，这些都是成熟技术，对接生产就能够实现产业化，但由于缺乏政府充足的财力提供相应的资金支持，项目没有在武汉得到转化。二是没有足够资金支持相关产业发展。科技成果转化需要有与科技成果相配套的相关产业，但武汉产业体系不够完善，没有足够的资金支持，导致一些关联产业发展较缓慢。三是对科研院所支持力度不够。以武汉的省重点实验室为例，市政府并没有提供财政资金支持，武汉市财政经费对于科研的投入相对较低，科研单位存在经费不足、科技人员流失较为严重等情况。四是科研成果评价体系不利于成果转化。科技工作长期重理论、轻应用，科研成果多追求论文和著作，高校更是以培养人才为目标，最后的着力点还是体现在教学和科研成果上。而企业是追求产业化的，是要把科技成果转化成商品的，因此存在目标体系不一致的现象。

（三）科研实力没有完全转化为产业能力

武汉科研实力较强，但与产业发展相比，仍然存在科研实力与产业能力不匹配的现象。一是市场导向、产品导向研发较少，科研院所“自娱自乐”情况较为严重。科研院所的一些研究并没有真正与市场相结合，没有考虑到市场的需求，产品研发出来大多被束之高阁，并没有形成产业能力。二是武汉企业对科研院所的科技成果需求较少。武汉高校、研究机构的很多研发工作并不是直接针对企业的需求，企业对高校和研究机构的科研成果兴趣不大，难以形成科研成果供需双方的良性互动。三是科技成果产业化配套条件不成熟。科技成果产业化涉及许多方面，包括资金、市场、人才等。武汉各个要素市场不完善，以金融为例，缺乏一批富有对高新技术洞察能力强的风险投资家。四是科技成果转化还存在行政体制上的障碍。湖北是第一个出台相关文件将三权下放到团队的省份，但是一些部署高校和国家级的科研院所仍然存在障碍，以部署高校为例，需要通过教育部和财政局层层审批，往往需要一到两年的时间，所耗费的时间太长。一些科研院所也相对封闭，与企业及其他科研机构的合作相对较少，科研机构的开放度和市场化程度仍有待提高。科研机构之间并没有串联起来，没有系统的集成开发。特别是一些大的集成协同开发，缺少相应的协调机制。

（四）科技中介机构发展较为缓慢

武汉科技中介服务总体上还处在发展初期，行业服务功能和服务质量有待进一步提高，科技中介服务机构欠发达（邵永发和贺广红，2014；杜兰英和曾祥胜，2018）。一是缺乏专业、市场化的中介机构。行业内专业分工不清晰，特色服务不鲜明，缺乏行业领袖和名牌企业。武汉市目前的科技中介以政府部门为主，缺少以市场为主体的专业科技中介机构，科研项目市场化导向不足。二是科技中介服务积极性较差。体制机制僵化，武汉科技中介服务机构大部分为“官办机构”，体制机制缺乏活力、效率不高、市场竞争力不强。三是科技中介服务机构收入来源有限。武汉多数科技中介服务机构的主要收入并非来自成功完成科技成果转化的中介费用，而多是从房屋出租、举办政府交办的各种科技活动中获得的。四是缺乏科技成果转化的中介人才。科技型人才在管理和市场开拓方面存在短板，这时就需要中介人才打通科技端和市场端来促进科技成果更好地对接产业。前几年武汉高校已实施的 147 项专利中，借助代理机构实施专利的比重仅为 12.9%，大部分高校专利技术是通过自行实施或与企业直接建立许可转让关系实施的。

（五）科技金融发展面临一些体制机制障碍

科技金融需要兼顾从企业设立之初到成长、成熟、退出各时期的一个完整的体系，武汉支持方式虽多，但缺乏整合机制。一是主要以国有金融机构为主，体制僵化。武汉国有银行比例比较大，金融体制僵化，很多国有金融机构不敢承担风险，很难为科创型中小微企业（轻资产企业）融资问题的解决提供方案。二是融资结构以银行债权融资为主，结构过度扭曲。武汉中小微企业的融资结构主要是银行借款，但资金需求方高风险、高回报的特点，与资金供给方低风险低回报的要求产生了较大的冲突，导致科技型企业在初创期、成长期等最需要资金的时候得不到来自银行的支持。三是金融改革“只给牌子，不给政策”。武汉是首批投贷联动试点地区，还头顶了很多改革的光环，但是涉及金融改革方面，大多需要“一行三会”审批，并且金融监管方面，我国的监管权力基本集中在中央，地方政府难以发挥作用，所以在科技金融方面很难进行创新。四是科技金融支持存在“九龙治水”现象。武汉市与全国其他地方情况基本相同，财政资金分散到科技局、经济和信息化委员会、发改委、金融办等各个部门。部门间各事其主，信息交流不畅，资金使用不能形成合力，没有产生规模效应。

（六）开放程度仍然不够

武汉深处内陆，与沿海城市相比，武汉的开放程度仍然不够。一是与国际上的其他国家和地区联系不紧密，对外贸易发展较弱。虽然有“光谷”这一个窗口，但是其他产业的外贸出口与交流相对较少，同时企业的国际化程度也不够。二是对于内陆地区辐射作用不明显。武汉的企业对于内陆其他地区的影响力也不够，虽然有交通上的便利性，但是产业辐射能力相对较弱。三是缺乏市场化人才。企业缺乏与生存经营相关领域的管理人才，既懂市场又懂技术的人才相对较为匮乏。四是体制上对于民营企业的发展还存在一定障碍。武汉的民营企业在一些政府投资的项目上还存在一些进入门槛，一些领域对于民营企业的开放程度还不够。

五、湖北推动科技与经济融合实践的启示

（一）转变政府职能，保持政策连续性

湖北和武汉各级政府在这一过程中不断地推进体制改革，转变政府职能，在政府内部改革上有很多创新举措。一是政府职能由管理型向服务型转变，树立牢固的服务意识。例如，东湖高新区是全国第一家政府部门实现集体办公，也是现在政务大厅的雏形。成立第一家成果转化局、第一家招才局等，这些大胆的改革举措，很好地促进了科技成果转化和科技人才的集聚。二是政府政策的连续性对于一个地区的产业发展至关重要。政府不管是在招商引资，还是在一些优惠政策的实施上，需要有连续的政策措施，建立政府的信用。三是产业政策及产业发展也需要有连续性和稳定性，以东湖高新区为例，从高新区成立之初就是“一件事情干到底，一任接着一任干”，在相对落后地区，通过“光谷”这一个点，推动整个产业的发展。

（二）赋予高新技术开发区更多的权限，实行区内一体化管理

高新技术开发区发展需要得到上级领导的支持与放权。一是对于武汉这类内陆地区城市来讲，需要找到一个经济发展的突破口。武汉争取不到中央的优惠政策，就从内部改革寻找突破口，正是抓住东湖高新区“光谷”这一个点，在政策上得到了优惠，并且各项改革措施都得到了领导的支持，很好地落实了权力下放。以东湖高新区为例，曾经六次拓展区域面积，土地出让金留在开发区内进行开发建设，开发区内的基础设施建设由自己决定等，赋予了高新区很大的发展权利。

正是通过各项权力下放，敢想敢做，才使得东湖高新区能够在众多高新区中脱颖而出。二是封闭运营，解决了行政区划分割等问题。东湖高新区能够在封闭的环境中运行，实现了城市管理、基础设施建设、环境保护和招商引资等一体化管理，消除了一些行政上的体制机制障碍，与地方政府也不存在利益纠葛，管委会还承担了包括社会服务、城市规划与管理的功能。高新区管委会具有更强的资源配置能力，能够从总体上进行发展规划。

（三）科研院所要进一步改制，改进激励机制

烽火科技等企业在生产经营中能够脱颖而出，其中一些好的做法能够带给我们一些启示：一是体制改革较为彻底。烽火科技在体制改革中，由原来的事业单位彻底地变为自负盈亏的企业，迫使企业只能到市场上去打拼，依靠市场来养活自己。二是企业的发展与科研能力提升相结合。烽火科技拥有自己的研究团队，拥有中国工程院院士赵梓森及高水平学者、教授、博士生导师 8 人和硕士生导师 160 余人，承担了 863 计划光纤通信领域和新材料及光电子领域的绝大部分重点课题，在一系列国家重点科研项目中做出了重大贡献，并拥有数百项重大的专有技术和专利，主导数百个国际标准、国家标准和通信行业标准的编制。正是因为拥有核心研发能力和关键技术，才使得这些企业能够做大做强。

（四）提升企业科研能力，破除科研人员流动障碍

一是目前我国国家级科技进步奖励、国家重大课题等，主要还是体制内的研究单位在获得或承担，应当允许企业和科研院所联合，或者单独申报国家重大项目。主要原因是企业科研项目更容易转化，如烽火科技 90%以上的科技创新成果均实现了产业转化。二是需要破除科研人员到企业兼职的障碍。武汉市出台了很多政策，鼓励科研人员到企业兼职，在很多做法方面大胆创新，包括允许科研团队拥有全部的科技成果，鼓励将这些成果自办或者拿到市场中去转化。从武汉达梦数据库有限公司这类公司的发展历程可以看出，正是由于武汉这种体制机制的突破，体制内的教授和专家才能够在外兼职创业。三是允许科研人员在产业技术研究院这类平台兼职。既能够了解最新技术发展态势，更好地培养与社会需求更为接近的科技人才，也会直接推动科技成果转化，产生社会效应与经济效应。但科技人员到企业就业仍然存在很多体制机制障碍，包括职称评定与认定、福利待遇、户籍制度等。

（五）建立科技资源共享平台、产业技术研究院与产业联盟

通过建立科技资源共享平台、产业技术研究院和产业联盟等，解决科研院所与企业之间的沟通问题。首先，应当建设科技资源共享平台。例如，建立科研设施与仪器、文献网络管理平台，并推动平台的统一开放，推行重点科研基础设施和大型科研仪器开放共享运行补助机制。其次，加大国家重点实验室、国家工程实验室、国家工程（技术）研究中心等向企业开放的力度。通过设立产业技术研究院和产业联盟，为行业的发展奠定基础。从武汉的发展经验来看，武汉是最早设立产业技术研究院的地区，发展过程中取得了一定的成效。以武汉生物技术研究院为例，通过该研究院的设立，不仅引进了 8 名两院院士、2 名外籍院士、83 个海内外高端团队，还承担了 10 余个国家重大研发项目，并且直接推动了武汉生物产业的发展。

（六）破除体制机制障碍，建立协同创新体系

未来的科学技术发展，更多需要跨学科的协调创新，这就要破除科研体系当中存在的体制机制障碍。一是产业技术研究院这类科研单位，应当通过完全企业化来运营，才能够解决体制内外“身份”上的模糊性问题。二是政府资助方面的转变。产业技术研究院在购买仪器、引进人才和科技成果转化方面，政府应当给予税收优惠与支持政策。三是应当实行完全市场化的运行机制，在人才流动、产权激励、技术转化等方面，都通过完全的市场化来运行，处理好企业与政府、高校之间的关系。四是建立利益共享机制，研究院的研究成果应当归股东所有，并且完全自负盈亏，需要处理好地方产业、高校、科研院所与科研人员自身发展之间的利益冲突，应当以研究院自身发展为重。

第八节　贵州推动科技与经济融合的实践

近年来贵州把发展大数据作为突破口，促进科技与经济融合发展，探索走出一条有别于东部，不同于西部其他地区的发展新路，取得了较好的成效。

一、引言

课题组调研了贵州多家单位和企业，对贵州发展大数据的探索和经验有了一定的了解。本节首先介绍贵州的基本情况，其次分析贵州选择发展大数据的原因，再次梳理贵州从无到有发展大数据的政策措施，并分析当前面临的问题，最后总结贵州发展大数据带给我们的启示，以期能对我国其他地区，尤其是欠发达地区探索因地制宜、创新驱动、绿色发展的新路有所启示。

二、贵州的科技创新环境

总体来说，贵州的经济不发达，科技基础不强。但近年来，贵州的经济和科技建设取得了不少进步，尤其是大数据的发展取得了较好的成效。

（一）经济不发达，但增长较快

2016 年贵州的地区生产总值为 1.17 万亿元，人均地区生产总值为 3.3 万元，与全国人均地区生产总值 5.4 万元相比有一定差距。但贵州的地区生产总值多年保持在 10%以上的增长速度，经济增速连续 6 年位居全国前 3 位。而且，贵州的产业结构也在不断优化，高新技术产业产值近年保持年均 20%以上的增长速度，高技术产品出口额占商品出口额的比重也快速提高①。

（二）科技基础不强

贵州的科教资源并不丰富。截至 2017 年，贵州省共 70 所高校，在全国各省区市中数量属中等，仅贵州大学为“211 工程”大学，没有“985 工程”大学，仅贵州大学化学学科进入 ESI（essential science indicators，基本科学指标）数据库全球前 1%。国家重点实验室仅 3 所，科研机构覆盖率不高。而且，贵州的研发投入强度也不高。以省会城市贵阳为例，2016 年贵阳的研发支出占地区生产总值的比重还不足 1.3%，与全国平均水平 2.1%有较大差距。

在科技部发布的《中国区域科技创新评价报告 2016-2017》②中，贵州的综合

① 《贵州：经济持续较快增长奋斗目标总体实现》，http://news.gog.cn/system/2017/04/13/015587163.shtml [2017-04-13]。

② 《中国区域科技创新评价报告 2016-2017》，http://www.most.gov.cn/kjbgz/201709/t20170901_134714.htm [2017-09-01]。

科技创新水平指数低于50分，排在全国第三梯队的较后位置，综合创新能力有待提升，但高新产业技术进步最快，在全国领先。

（三）发展大数据取得较好成效

近年来，贵州发展大数据取得了一系列瞩目的成就。

一是创下了多个“国内第一”：建设国内首个大数据综合试验区、建设国内首个国家大数据工程实验室、建立国内首家大数据交易所、出台我国首部大数据地方法规、率先举办大数据商业模式创新大赛、举办国内首个大数据产业国际博览会等。

二是大数据产业和相关产业快速发展。中国电信、中国移动、中国联通、华为等企业的数据中心先后落户，富士康服务器生产基地建成投产，与美国高通公司合资成立的贵州华芯通半导体技术有限公司等企业快速成长，贵阳大数据交易所交易额突破1.5亿元。2016年，贵州引进大数据电子信息产业项目400余个，大数据电子信息制造业规模以上工业增加值增长超过70%，软件和信息服务业收入增长达到35%，电子商务交易额增长达到30%。

三是政府数据开放共享取得了重大突破。贵州建设了国内首个省级政府数据共享平台——“云上贵州”平台，目前基于平台运行的政府应用系统已达664个，省市两级政府应用系统计划2017年底全部接入“云上贵州”系统平台。

四是信息基础设施和大数据应用平台建设取得较大进步。12个数据中心成为国家绿色数据中心试点单位，全国旅游大数据中心落户，数据中心服务器承载能力达到40万台。

三、贵州发展大数据产业的“道理”

习近平总书记2015年6月考察贵州时，在听取贵州大数据发展情况介绍后，对当地干部说道，“我听懂了，贵州发展大数据确实有道理”①。贵州省的经济和科技都不发达，选择大数据作为发展的突破口，可以说出人意料。但仔细分析贵州选择发展大数据的原因，就能懂得其中的道理。贵州发展大数据，充分体现了因地制宜、创新驱动、绿色发展的思路。

---

①《习近平考察贵州：贵州发展大数据确实有道理》，http://www.xinhuanet.com/politics/2015-06/17/c_1115651477.htm[2015-06-17]。

（一）经济迫切需要转型升级

一方面，贵州传统的产业是煤、电、烟、酒，这四个产业占全省规模以上工业增加值的比重达到了六成左右，但这些传统产业在新常态下面临巨大的挑战，也很难再取得大的突破。另一方面，贵州的经济不发达，贫困面较大，需要尽快找到脱贫致富的路径。这就倒逼贵州必须摆脱过去的路径依赖，寻找新的发展动能。

（二）自然条件独特

从自然条件来看，贵州发展大数据可以说是扬长避短。贵州省的自然条件并不优越，素有“八山一水一分田”之说，平原少，山地多，土地比较贫瘠，生态环境比较脆弱，交通也不太方便。因此，贵州发展传统的农业和工业并不容易。但是，贵州独特的自然条件却适合发展大数据。一是气候凉爽。贵州气候宜人，冬暖夏凉，气温变化小，空气清新，是天然的“大冰箱”，能为数据中心直接换风降温，具有节能效应。二是地质稳定。贵州远离地震带，有利于机房的数据存储安全。三是用电成本较低。数据中心需要大量电能，电力成本可以占全部支出的一半以上，而贵州能源丰富，用电成本较低，能降低大数据企业的运营成本。四是大数据产业对其他自然条件的要求较低。大数据产业是环境友好型产业，贵州发展大数据受自然条件的制约较少。

（三）初步具备产业基础

贵州产业基础不强。贵州早年为了发展进行了一些探索，为发展大数据奠定了产业基础。

1. 三线军工企业带动了相关产业发展

三线建设时期，在全国各地和国家各部委的支援下，大量科研单位、军工企业、科研人员、技术人员、先进设备和资金进入贵州，从根本上改变了贵州工业底子薄弱的局面，形成了以军工为主，包括煤炭、电力、冶金、机电、化学等行业在内的一定规模的工业基础。这些三线企业成为贵州工业化和信息化的重要基础。但是一开始，三线围墙内外反差比较大，“墙内精密仪器、墙外刀耕火种”①，于是贵州探索通过军民融合带动相关产业发展。

① 《三线建设对贵州工业发展的贡献及其启示》，https://wenku.baidu.com/view/34e7cdf0cd22bcd126fff705cc17552707225edd.html[2019-03-17]。

2. 数据中心的引进夯实了信息产业基础

2013 年，贵州先后引进中国电信、中国移动和中国联通在贵安新区设立数据中心。同时，贵州也引进了一大批呼叫中心。虽然数据中心属于大数据产业中的基础层次，但三大运营商的支持促进了贵州信息网络基础设施的建设，也带动了相关产业的发展。

3. 城市新区的建设拓展了发展空间

贵阳老城区比较拥堵，为了拓展发展空间，贵阳市政府在 2000 年开始规划建设观山湖区（原称金阳新区），贵州省政府也在 2011 年提出建设贵安新区。当前，贵阳观山湖区和贵安新区是贵州发展大数据和其他新兴产业的重要区域。

（四）拥有后发优势

贵州的经济不发达，反而在某些方面可以转化为后发优势。一方面，贵州的信息化建设相对落后，信息孤岛也相对较少；另一方面，贵州经济不发达，计划经济氛围还比较浓。在这种环境下，部门数据的利益相对较少，政府的决心反倒可以起很大的作用，也更容易打破部门的利益割据，实现数据汇聚。

（五）大数据发展机遇和带动作用

2013 年被称为“大数据元年”，全球众多互联网企业开始发展大数据业务。2013 年 9 月 30 日，政治局常委赴中关村集体学习，李彦宏为习近平总书记等国家领导人讲解了大数据的发展情况。大数据等现代信息技术深刻改变着人类的思维、生产、生活、学习方式，不仅会加快经济转型升级，还可以带动社会管理创新。大数据还处在发展初期，还没有形成成熟的发展模式，因此贵州选择发展大数据，与其他地区的差距相对较小，可能是一次后发赶超的好机会。而且，发展大数据不仅可以带动电子信息产业等相关产业发展，而且作为一种新技术、新理念，大数据还可以与传统产业转型升级、政府管理服务、民生工程等相结合，从而带动整个地区的经济和社会发展。李克强总理把大数据生动比喻为“智慧树”“钻石矿”，说明大数据发展具有创新性、成长性和系统性，而且大数据是十分宝贵的资源，其价值还有待挖掘、实现。

四、贵州发展大数据产业的举措

2016 年 5 月李克强总理参观贵州大数据发展成果展，并在随后的中国大数据产业峰会开幕式致辞时说道，“贵州可谓‘无中生有’，让‘无生了有’”①。贵州作为欠发达地区，在几年内从无到有地发展大数据，并取得现在的成绩，离不开政府的探索和推动。

（一）强调顶层设计，自上而下推动

由于贵州经济底子薄弱，可调配的发展资源有限，民营经济基础不强，市场化程度不高，如果不分重点、“眉毛胡子一把抓”，或者完全放任产业自由发展，都很难有好的效果。因此，贵州在发展大数据时，强调顶层设计，集中优势资源，聚焦阶段重点，自上而下推动。

1. 深度契合国家战略，得到中央大力支持

贵州大数据能发展起来，除了本身具有一定的基础，主要还与政府的战略决策推动和中央的大力支持有关。作为西部欠发达地区，贵州提出的“大扶贫、大数据、大生态”战略，在保护绿水青山的前提下，探索创新驱动发展的新路，争取实现同步小康，全面、深度对接国家战略，发挥了示范带动效应。贵州发展大数据也得到了中央政府的大力支持，国家领导人也多次亲赴贵州，对贵州发展大数据给予充分肯定，给贵州吃了“定心丸”，也提升了贵州大数据的知名度。

2. 遍访专家学者，研究产业发展规律

要发展大数据，先要懂大数据。由于大数据还是新生事物，社会各界对大数据怎么发展还没有清晰的认识。因此，贵州省政府一开始就遍访专家学者，研究大数据产业的发展规律，逐步形成了发展大数据的理论基础、总体思想、发展理念和战略路径，为后续推动大数据发展提供了重要的理论支撑。

3. 明确“345333”的总体发展思路，从数据存储起步，从政府数据开放共享切入

贵州发展大数据采用“345333”的总体发展思路，即围绕回答“数据从哪里来、数据放在哪里、数据谁来应用”三个问题，坚持“数据是资源、应用是核心、

① 《李克强从这个“大数据”展上看到了什么》，http://politics.people.com.cn/n1/2016/0526/c1001-28381848.html [2016-05-26]。

产业是目的、安全是保障”四个理念，重点打造“基础设施层、系统平台层、云应用平台层、增值服务层、配套端产品层”五个层级产业链，发展大数据“核心业态、关联业态和衍生业态”三大业态，实现“以大数据提升政府治理能力、以大数据推动转型升级、以大数据服务改善民生”三个目的，分三步走建设“国家级大数据内容中心—大数据服务中心—大数据金融中心”三个中心。要发展大数据，首先要解决数据来源的问题。而要民营企业拿出数据并不容易，因为数据包含了很多用户的隐私，本身也有很大的经济利益。因此，贵州从数据存储起步，发展数据中心；从政府数据开放共享切入，建立政府数据开放共享平台。

（二）改革管理体制，保障工作落到实处

1. 成立大数据发展管理局，统筹协调推进工作

由于大数据涉及面较广，需要多个部门紧密合作。为了统筹大数据发展工作，贵州成立了大数据发展管理局，这是我国首个省政府直属的正厅级大数据行业管理部门。而且，贵州也明确了由省长担任组长的省大数据产业发展领导小组统筹全省大数据发展工作，由贵州省大数据发展管理局（省大数据办）、贵州省大数据产业发展中心、云上贵州大数据产业发展有限公司、贵州省大数据产业专家咨询委员会组成“一办一中心一企业一智库”的推进机制。

2. 实行“云长”负责制，任务具体落实到个人

为了把工作落实到各个部门，贵州要求每个单位的一把手具体负责统筹这个单位的信息数据建设工作，按照统一的规划来设定数据。2014年贵州提出建设“7朵云”工程时（即电子政务云、智能交通云、智慧旅游云等云服务平台）就明确实行“云长”负责制，由省政府办公厅、省经济和信息化委员会、省商务厅、省交通厅等7个单位的主要负责同志分别担任“云长”。

3. 要求各级政府人员进行大数据的学习培训，转换思维

贵州省政府高度重视对大数据的学习，省、市、区、县、各部委都把大数据作为学习的重要任务，每个班子至少要配一个懂大数据、能推动大数据业务的人。

4. 领导带头，坚定不移推进

在产业基础较薄弱、不少人存在疑虑的情况下，贵州省领导坚持发展方向，自上而下地推动发展大数据，亲自带队进行招商、推动政府数据开放等工作。

（三）完善激励机制，调动企业和人才的积极性

贵州出台了一系列激励政策，扶持大数据企业发展。贵阳国家高新区是贵州发展大数据的主要阵地，截至 2017 年 8 月，共有大数据企业 2958 家，占到全省的 70%[①]。高新区近年出台了《大数据十条》(《贵阳国家高新区大数据产业招商引智十条政策措施》)、《科技十条》(《贵阳国家高新区促进大数据技术创新十条政策措施》)、《创客十条》(《贵阳国家高新区关于支持众创空间建设促进大众创新创业的政策措施》)、《金融十条》(《贵阳国家高新区支持实体经济(工业)发展十条政策》)、《国际化十条》(《贵阳国家高新区关于加快提升国际化水平十条政策措施》)、《区块链十条》(《贵阳国家高新区促进区块链技术创新及应用示范十条政策措施》) 等一系列政策，实施大数据“十百千万”培育工程。主要亮点包括以下几方面。

1. 设立大数据专项发展资金

2015 年 8 月发布的《贵阳国家高新区大数据产业招商引智十条政策措施》[②]，要求设立每年 5000 万元的贵阳高新区大数据产业发展专项引导资金，用于培育和引进大数据企业。2016 年 5 月出台的《贵阳国家高新区促进大数据技术创新十条政策措施》[③]，进一步加大扶持力度，区内从事大数据技术研发创新的研发平台及企业等创新主体，最高可获得一次性 500 万元的扶持奖励，而且涵盖创新全过程和多类创新主体。

2. 探索无偿资助创新创业项目

有些政府传统资助项目要求占有股份、派人进董事会等，而高新区探索的无偿资助项目不要求占有股份(但会对企业有其他方面的要求)，通过这个计划培育了一些企业。例如，贵州航宇科技发展股份有限公司是由科研人员团队建立的，他们掌握着领先技术，但是一开始没有资金支持，来到贵阳高新区之后，获得了无偿的投入，逐渐发展起来，目前在国际市场上有较高的地位。

3. 补贴电费扶持数据中心发展

数据中心是大数据产业发展的基础，是大数据“1+N”产业体系中的“1”。为了降低数据中心的运营成本，高新区提供一定的电费补贴。

---

① 《贵阳高新区加快大数据产业集聚》, http://www.xinhuanet.com/local/2017-08/27/c_129689833.htm[2017-08-27]。

② 《贵阳国家高新区大数据产业招商引智十条政策措施》, http://www.feiyiban.net/html/c1162720170830i815788.html[2017-08-29]。

③ 《贵阳高新区发布〈促进大数据技术创新十条政策措施〉》, http://www.xinhuanet.com/politics/2016-05/27/c_129022325.htm[2016-05-27]。

（四）建设“云上贵州”平台，推动政府数据开放共享

数据来源是目前发展大数据产业的一个主要瓶颈。我国在多年前就已提出数据信息的共享，但各地一直都没有太大的进展，许多地区的政府数据依然开放度低、互不相通。贵州提出要实现政府数据“聚、通、用”，认为大数据前提在“聚”，关键在“通”，目的在“用”，推动政府数据从“条”变“块”。为了推动政府数据实现“聚、通、用”（即集聚数据、融通数据、应用数据），贵州建设了国内首个省级政府数据共享平台——“云上贵州”平台。“云上贵州”平台由云上贵州大数据产业发展有限公司（以下简称云上贵州公司）建设和运营。云上贵州公司是2014年成立的国有独资公司，主要职责是促进贵州大数据产业发展，负责贵州大数据电子信息产业投融资平台搭建，发起管理大数据电子信息产业基金，孵化和培育大数据电子信息产业企业，承担建设和运营“云上贵州”系统平台任务，构建大数据产业生态体系。

1. 集聚数据，把省、市、县各个部门的数据都放在一个统一的云平台上

2014年贵州提出建设“7朵云”，并组建“云上贵州”统一数据平台。“云上贵州”平台与“7朵云”是“天空”与“云彩”的关系。2014年底，“7朵云”的41个应用系统迁入“云上贵州”平台。在此基础上，目前贵州正建设“20朵云”。通过将政府各部门的数据系统统一放在一个云平台上，贵州不仅打破了部门间的利益格局和数据壁垒，摸清了自己的数据家底，而且解决了以往各部门自建数据平台、数据库导致数据不统一的问题，便利了数据交换和共享。此外，与传统自建模式相比，“云上贵州”平台还可以降低政府信息化建设的投入成本，避免重复建设。像贵州省交警总队的“道路交通安全综合管理云平台项目”，按传统模式需要财政资金300万元，通过租用“云上贵州”平台的云服务，建设费用降低为15万元/年；人力资源和社会保障厅“医疗行为监管信息系统”，原投资841.4万元，采用云服务后降低到484.4万元。

2. 融通数据，建设数据交换平台，实现部门间的数据交换共享和业务协同

云上贵州公司建设了数据共享交换平台，形成了全省可共享的数据资源池，可对外提供人口、法人、空间地理和宏观经济四大基础数据及医疗健康、扶贫等主题共享数据服务。而且，贵州为了实现数据融通，还探索制定了数据标准，要求各单位按照统一规划来整合数据。2016年6月，贵州发布了由中国电子技术标准化研究院和云上贵州公司合作编制的贵州省《政府数据 数据分类分级指南（试行）》等4个规范文件。

3. 应用数据，包括政用、民用、商用等方面

在政用方面，利用大数据帮助政府进行决策、管理、服务等；在民用方面，利用大数据进行交通管理、旅游服务等；在商用方面，利用大数据帮助企业提高效率、转型发展、发展“数字经济”等。为了促进大数据的应用，云上贵州公司建设了贵州省政府数据开放平台，目前面向公众开放包括省卫生健康委员会、人力资源和社会保障厅、统计局、住房和城乡建设厅等67个部门共536项数据资源，开放实时的、可下载、可进行二次开发的数据集。

（五）搭建公共创新平台，攻克关键共性技术难题

贵州的科研、技术基础不强，是发展大数据的一个短板。贵州除了引进数据中心、与行业领先企业开展合作外，还探索通过搭建公共创新平台，解决技术难题。

1. 与中关村合作建设“中关村贵阳科技园”

2013 年贵阳与中关村科技园区管委会开始合作建设“中关村贵阳科技园”，有利于吸引人才、技术、资金等高新技术要素流向贵州。

2. 组建公共大数据重点实验室

2015 年贵州提出依托贵州大学组建公共大数据重点实验室，解决关键共性技术问题。公共大数据重点实验室的学术委员会委员由全国大数据领域的顶尖专家组成，专家来自上海交通大学、北京理工大学、复旦大学、北京航空航天大学等。实验室的研究方向与贵州发展大数据的技术需求紧密相关，目前已形成块数据理论与区域治理、多源数据融合与集成技术、公共大数据安全与隐私保护技术三个稳定的研究方向。未来，实验室将坚持“开放、流动、联合、竞争”的运行机制，开展高水平的科学研究及应用开发，并通过项目的产学研合作，培养出一支高水平的公共大数据科研团队。

3. 建设国家大数据工程实验室

2016 年贵州开始建设全国首个国家大数据工程实验室——提升政府治理能力大数据应用技术国家工程实验室。该实验室由中电科大数据研究院有限公司牵头，联合电子科技大学、国信优益数据有限公司、贵阳信息技术研究院、贵阳块数据城市建设有限公司等单位共同组建。该实验室建成后将为贵州发展大数据提供重要的技术支撑。

4. 面向全球发布大数据“技术榜单”

为了引进全球的领先技术，2017 年 4 月贵州依托公共大数据重点实验室，面向全球发布“贵州省大数据领域技术榜单”，支持在块数据理论与区域治理、多源数据融合与集成技术、公共大数据安全与隐私保护技术等三个主要研究方向开展基础与应用基础研究，拟资助 3 个研究项目，每个项目经费为 1000 万元，资助期限为 3 年。同时公共大数据重点实验室设置了开放课题，接受国内外学者申请。

（六）营造良好的发展环境，优化“双创”服务体系

贵州通过营造良好的大数据发展环境，培育和吸引大数据企业与人才。

1. 出台我国首部大数据地方法规，为产业发展提供法律保障

当前大数据的相关法律法规尚不健全，使用权属缺乏明确界定，这一方面导致大数据产业面临“野蛮生长”的困境，另一方面也导致政府和有关部门顾虑较多，信息的共享和开放程度不够，造成企业空有大数据技术和计算能力却无用武之地。贵州先行先试立法，于 2016 年 1 月出台了中国第一部大数据地方法规——《贵州省大数据发展应用促进条例》[①]，为大数据产业发展提供了法律保障。

2. 打造应用场景，培养产业生态

贵州通过打造大数据的应用场景，为大数据人才提供了施展拳脚的地方，为大数据企业提供了成长的土壤，有利于吸引大数据企业和人才到贵州。目前贵州已经形成应用场景比较丰富的 “电子政务云”，通过建设省级网上项目联审联批平台，缩短办理时间，提升政府的公共服务能力；“扶贫云”通过建设扶贫工作平台，精准识别贫困人口，密切监管扶贫资金，提升政府的扶贫工作效率；“智慧旅游云”，是指在旅游景区开展云应用，为游客提供一系列数字服务；“数据铁笼”，是指贵阳建设数字化公共权力监督机制，让权力在全程记录的“阳光”下运行；“医疗健康云”，是指由贵阳朗玛信息技术股份有限公司与贵州省卫生健康委员会合作建设，在确保数据和个人隐私安全的前提下，探索健康大数据应用方向，推进医疗协同，实现优质医疗资源向乡镇、社区、药店延伸。当然，贵州能打造这些丰富的大数据应用场景，离不开政府推动政务数据开放共享、提供法律制度保障等的支撑。

---

① 《贵州省大数据发展应用促进条例出台 系中国首部》，https://www.chinacourt.org/article/detail/2016/01/id/1792295.shtml [2016-01-17]。

3. 发展“双创”服务体系，创新培育支持方式

一是利用大数据优化服务管理；贵阳高新区搭建了“大数据精准招商安商云平台”“大数据+招才引智”平台等，通过大数据技术提升服务水平；二是扶持“双创”服务机构发展，贵阳高新区建成了贵州大数据产业孵化器、贵阳国际大数据创新中心等各类孵化器、加速器、众创空间 40 个，其中贵阳高新智慧运营管理有限公司入选 2016 年度国家级科技孵化器，成为全国首家大数据产业专业孵化器；三是支持创业团队使用数据中心，贵阳高新区对创业团队租用数据中心或云服务有专门的支持，可以降低创业的成本。

（七）创新人才发展体制机制，补齐地区人才短板

人才相对匮乏是贵州发展大数据的一个主要短板。贵州探索通过多种方式“引智”，并积极培养本土人才。

（1）重视“引进生态”，以环境和政策吸引人才。贵州积极营造促进大数据发展的良好环境，在全国各地广发“英雄帖”，并对不同类型人才给予资金、住房保障、科研项目、办公场所、职称评定、子女就学等多方面的优惠政策和配套服务。贵州还成立了专家库，请专家为项目审批或重要政策出台提供技术支撑。货车帮是一家“贵漂”的独角兽公司。公司打造了覆盖全国的公路货运信息平台，通过大数据让车找货、货找车，以此解决物流信息不对称的痛点，降低空驶率。公司原本在成都创立，2013 年落地贵阳，并继而将总部设在贵阳。作为贵州省大数据产业发展战略的重点招商引资项目，货车帮近年来成长迅速，截至 2017 年 5 月，货车帮诚信认证货主会员达 49 万户，诚信注册货车司机会员达 300 万人。

（2）树立“不求所有、但求所用”的用人理念，充分发挥兼职人才的作用。云上贵州公司研究中心提供入驻式和候鸟式的工作模式，入驻式就是科技人才加入到当地的一个研究团队，候鸟式就是科技人才平时在外地，有工作需要再过来。而且，贵州注重通过项目来引进人才。像“贵州省大数据领域技术榜单”就要求揭榜人每年在贵州省公共大数据重点实验室工作 8 个月以上，团队至少有 1/3 的成员进入实验室工作，贵州提供相应的人才引进待遇。

（3）重视培养本土人才，实行产学研一体化。贵州积极推进本地大数据的教育建设，像贵州大学组建了贵州省大数据产业研究院，并在原电子信息学院的基础上建设了大数据与信息工程学院，新建大数据科学与工程系；贵州财经大学组建贵阳大数据金融学院；贵州理工学院与阿里巴巴联合共建“贵州理工学院•阿里巴巴大数据学院”。而且，贵州实行产学研一体化，采用校企合作培养和订单式培养模式，云上贵州公司、贵阳大数据交易所等单位为在校生提供实习机会。

（4）积极凝聚在外工作的贵州籍人士支持家乡发展

贵阳市委统战部广泛收集整理省外贵州籍优秀代表人士信息，并拟成立联谊性统战组织方式凝聚在外优秀贵州籍人士，为家乡发展献策献计。

五、贵州发展大数据产业面临的困难

（一）人才短缺

人才短缺是贵州发展大数据面临的一个大问题。在贵州调研时，许多受访者都反映了贵州大数据人才短缺的问题。如何吸引人才、留住人才、培养人才，让“贵漂”成为“贵创”“贵定”，是当前贵州政府急切需要解决的问题。

（二）产业还较低端

当前不少人质疑贵州发展的不是大数据，而是“大硬盘”“大数据房地产”。贵州基础不强，因此发展大数据是从建设数据中心开始的。数据中心属于大数据产业的基础层次，对人才和技术的要求不是很高，符合贵州的发展条件。但贵州政府需要注意把握发展方向，增强源头创新能力，逐渐引导产业向更高层次发展。

（三）面临被赶超的风险

贵州从“大数据元年”就开始谋划大数据，并快速行动，取得了许多成果。但是现在国内其他地区已充分认识到大数据的重要性，发达地区有较强的人才基础、技术实力和资金优势，不少欠发达地区也正在谋划发展大数据。像内蒙古呼和浩特近年来也开始大规模推进大数据基础设施建设。另外，贵州的大数据要形成产业还需要时间。因此，贵州大数据面临被赶超的风险。

六、贵州推动科技与经济融合实践的启示

由于贵州发展大数据的时间还不长，全球的大数据产业还没有完全成形，贵州能否通过发展大数据实现弯道取直、后发赶超，还要看接下来的发展。但是，贵州发展大数据给我们带来了许多启发。

（一）重视顶层设计，发挥制度优势

贵州在发展大数据的过程中，政府十分重视顶层设计，因地制宜地选择发展大数据作为突破口，而且在充分了解产业规律的基础上，制定了各个阶段产业政策的重点。贵州在国家的大力支持下，克服经济和科技底子薄的困难，集中力量办大事，举全省之力发展大数据，强力推进大数据产业落地发展。

有关政府部门在促进科技与经济融合发展时，要重视顶层设计，做好调查研究，统筹兼顾、协调联动，运用辩证思维谋划经济社会发展，并充分发挥我国集中力量办大事的制度优势。

（二）转变政府职能，政府领跑、企业群跑

贵州在推进大数据产业发展时，明晰政府和市场的关系，强调以企业为主体，让市场发挥决定性作用，政府主要做好基础性、公共性的工作，形成政府领跑、企业群跑的良好产业生态。一是改革管理体制，推动政府数据开放共享，为大数据产业发展夯实基础；二是出台激励政策，优化创新创业服务体系，为大数据产业发展营造良好的政策环境；三是依托高新区、国有企业、高校和科研院所搭建公共创新平台，多举措吸引、培养、发展人才，克服技术和人才瓶颈。

有关政府部门在促进科技与经济融合发展时，要明确政府与市场的边界，不断完善体制机制，发挥市场的力量，营造良好的产业发展环境。

（三）统筹做好源头创新、科技成果转化和人才发展的工作

贵州发展大数据，在科技成果转移转化方面取得了较好的成效，国内外许多科技成果和科技企业在贵州落地、成长。但是贵州目前受源头创新和人才资源这两方面的制约比较明显。源头创新是产业可持续发展的动力，人才资源则是创新驱动发展的重要支撑。

有关政府部门在推动科技与经济融合发展时，要统筹做好源头创新、科技成果转移转化、人才培养引进等各方面的工作，不能仅追求短期的经济效益，要重视培育长期的发展动能。

第四篇　科技与经济融合：典型主体的作用

第十章　地方政府：引导搭建科技与经济融合的平台

地方政府是促进体制机制创新的主力军，在促进科技与经济融合中扮演了重要角色。本章以苏州市人民政府金融工作办公室（以下简称苏州市金融办）、苏州市经济和信息化委员会以及成都金融办为例，分别介绍其创新思路，突破体制机制障碍，为促进地方科技企业发展，提供有效支持。

苏州市金融办的经验在于打造多个基础服务平台，搭建完整的金融支持运营体系，有效破解科技小企业融资难问题，实现资金引流；苏州市经济和信息化委员会则在土地资源供给、促进重点产业发展方面，谋划策略，搭建工业企业资源集约利用信息系统，提高资源利用效率，为我国各地尤其是经济发达地区如何利用紧张的资源，促进地方经济发展提供了有效参考；与苏州市金融办的经验存在差异，成都的科技金融则全面推进，不仅建设完整的科技金融服务体系，搭建科技与金融相结合的服务平台，而且构建多层次资本市场，为企业的发展提供有效支持。当然，两地在促进科技与经济融合发展中也存在一些障碍，本章也对此进行剖析和探讨，并提出相关政策建议①。

案例 1　苏州搭建科技金融平台的经验及启示

苏州市正处于转型升级、创新发展、“爬坡过坎”的关键阶段，亟须进一步创新金融工具和金融产品，优化金融资源配置。苏州市政府通过打造苏州综合金融服务平台、苏州地方企业征信系统、企业自主创新金融支持中心三大基础平台，

① 本部分根据实地调研资料整理。

构建完善的支持运营体系，截至 2017 年已接入近 50 家金融机构、1.3 万多家企业，解决了 6000 多家企业超过 2000 亿元的融资需求问题，有效破解了中小微企业融资难的问题，增加了金融的有效供给，并引导了资金流向实体经济、流向创新产业。本书系统整理了苏州市金融办在经济与科技融合过程中在金融支持方面所采取的措施与已取得的经验，并在此基础上提出政策建议。

一、背景

截至 2016 年底，苏州实现地区生产总值 1.54 万亿元，按可比价计算比上年增长 7.5%以上。年末全市金融机构总数 774 家，金融从业人员 7.5 万人，金融总资产 4.4 万亿元，①。基于我国金融体制现状，苏州市金融办针对科创类企业融资难问题，在申请跨境金融试点、工业园区金融创新的试点、发展跨境人民币贷款业务、发展股权投资基金等方面进行了探索和创新。特别是综合金融服务平台的搭建，使苏州市在金融创新服务领域取得了进一步的突破。

二、苏州市金融办促进科技与经济融合的经验

苏州市金融办为满足科创企业资本和资金的核心需求，以市场为导向、杠杆为导向、联动为导向、问题为导向，整合政府资源，驱动金融资源，创建了以苏州综合金融服务平台、苏州地方企业征信系统、企业自主创新金融支持中心为主体的金融支持体系，有效解决了金融机构在为企业服务的过程中信息不对称、考核机制不合理、合作不默契、金融工具组合不灵活的诸多问题，并在轻资产企业、科创类企业获取首贷、首保上提供了新的渠道，逐步形成了政府、机构、企业三者良性互动的金融服务机制，全面提高了对企业的金融服务效率。

（一）优化金融资源配置，建立苏州综合金融服务平台

苏州综合金融服务平台是为所有符合苏州市创新驱动发展方向的企业搭建的涵盖丰富金融产品和增值服务的一体化互联网+综合金融服务平台，其精准的功能定位、创新的服务模式和配套机制的建设为该平台的良好运营打下了基础，其主要经验如下：一是明确了平台功能定位。苏州市金融办为科创类企业提供更好的金融服务，建立了互联网+综合金融服务平台，有效缓解了企业与金融机构信息不

① 《苏州市 2016 年国民经济和社会发展统计公报》，http://www.tjcn.org/tjgb/10js/35183_2.html[2017-05-11]。

对称的问题，使企业和金融机构能在平台上实现双向选择、双向对接，让企业能快速找到资金，机构能方便对接客户，做到了“前期走网络，后期走马路”，提升了金融服务效率，实现了金融产品和相关增值服务的有效对接。二是实现了平台服务模式创新。该平台对传统的金融服务模式进行了创新，在线下为企业完善服务，积极进行调研和走访，根据企业需求整合资源，为企业提供定制化融资方案；积极开拓线上服务，即时发布金融机构、金融产品及配套服务，积极对接企业融资需求，以市场为导向，实现企业和金融机构的有效对接。三是完善了平台配套机制建设。该平台利用互联网和信息通信技术，建立了企业、机构与平台之间的信息传送和沟通机制，提高了服务效率；同时为企业和金融机构提供信息沟通平台，增进了双方的互信，加强了二者之间的合作。四是其建立的信息披露机制，定期对金融产品、业务范围、服务案例和融资企业相关情况进行披露，通过相关规则和金融机构与企业之间的互评互选，相互督促，相互制约，逐渐形成诚信、高效的合作环境。

（二）夯实企业融资基础，建设企业征信系统

苏州地方企业征信系统重点解决的是金融机构与企业之间信息不对称的问题。推动企业信用信息在融资环节的应用，有利于培育企业的诚信文化，也有利于转变金融机构一味追求抵押、质押和担保的传统业务模式。让数据变信用、让信用变财富是建设该平台的主要目的，其主要经验包括：一是建立企业信用评价体系。苏州市政府鼓励企业参与企业信用评价体系建设，积极推进本地区企业加入政府主导的征信系统，同时进行企业信用信息的收集，构建了一个全方位、多维度的企业信用信息数据库，并进行实时更新。该数据库的建立使苏州公共信用信息平台、中国人民银行企业信贷信息系统和苏州地方企业征信系统的数据得到了整合，提升了对企业的专业分析能力和效率。二是建立信用激励机制。苏州地方企业征信系统定期对信用状况良好和信用违约企业进行公示，对信用良好的企业进行鼓励和扶持，对信用不好的企业进行制约和惩罚，培育了一批诚实守信、遵纪守法的企业，形成了良性循环，促进了相关企业的发展。

（三）突破传统服务模式，建立企业自主创新金融服务专营机构

苏州市金融办为解决金融机构对于中小微企业金融服务动力不足以及缺乏精准性、专业性问题，建立了完整的金融支持体系。一是建立了以企业自主创新金融支持中心为代表的专营机构。该类机构由苏州市金融办筹划，联合中国银行保险监督管理委员会等金融监管机构并会同中国人民银行等金融机构共同为其制定

相关标准。该中心的设立，有效缓解了以往金融机构授信评审系统落后，专业人员缺乏，考核制度建设滞后等问题，有效推动了金融机构的改革和管理模式创新，提高了对企业金融服务的效率和精准程度。二是加强了金融机构同业和混业合作。为了使企业自主创新金融支持中心得到更好的运行，苏州市政府为其配套成立了相关的商业银行和保险公司。同时，联合了苏州信托有限公司、东吴证券股份有限公司、苏州产权交易中心等金融机构，通过组建共保体、投贷保联合体等多种形式进行同业和混业合作，发挥了集群优势，打破了金融分业经营的困局，形成了金融产品差异化竞争的新局面，从而为有融资需求的企业制订解决方案。

（四）激发市场创新活力，形成企业自主创新综合金融服务机制

苏州市政府积极进行信用可量化、风险可计算试点，鼓励金融机构为具有高成长性、轻资产的企业提供信用贷款。其主要经验有以下三个方面。

首先，建立风险分担机制。在苏州市政府的推动下，银行等金融机构综合评估企业履约和偿付能力，为初创、科创企业提供最多为 500 万元的信用贷款，政府每年按新增贷款总额的 5%对金融机构予以奖励，同时为金融机构信用贷款业务量配置一定比例的政府资源，并设立专项资金，对风险和损失进行对冲。

其次，建立支持企业创新发展的投入机制。苏州市政府充分调动政府资源，联合金融机构，发挥市场作用，实现了“小资金撬动大金融”的杠杆作用，缓解了企业首贷难、首保难的问题，积极投资创新型企业，扩大融资总量，具体做法如下：一是建立 10 亿元信保基金，为成长型、轻资产企业的总金额不超过 500 万元、期限为半年以上的贷款提供增信，信用保证基金与银行、担保公司（保险公司）以 65∶20∶15 的比例共担风险，降低了企业获得银行及金融机构贷款的难度和成本，拓宽了企业外部融资渠道。二是设立投贷（保）联动引导基金。苏州市政府选择有相应总部支持的金融机构推行“一行（司）一基金”，设立投贷（保）联动引导基金，首期为 1 亿元，其主要为有成长性但尚不完全符合贷款条件的企业提供“投资+信贷”“投资+保证保险”等金融组合产品。该基金将商业银行与风险投资、PE 等风险投资机构的资源进行沟通和整合，在扩大银行收益的同时降低了银行授信风险，使中小企业特别是科创型企业融资方式有了更多的选择。三是推动首贷、首保（担）。苏州市政府为鼓励金融机构扩大为科创类企业提供首贷、首保（担）的规模，为其配套了一定的政府资源，降低了金融机构的相应风险，同时降低了企业融资成本。

最后，建立和推行风险分散的服务模式。苏州市政府充分发挥金融资源集合优势，推动金融机构加强合作创新，具体做法如下：一是进行联合授信。苏州市政府推动“一行主办、联合授信”的银团模式，即具体由一家银行进行牵头，多

家金融机构共同组团，为风险较高的企业提供信贷支持的联合授信机制。该机制以牵头银行作为授信主体，对相关企业定期进行测算与核定，并联合各参与授信银行在授信总额内对企业进行授信管理，引导企业合理控制对外融资担保总额。该机制一方面发挥了牵头银行的核心作用，分散了授信个体风险；另一方面，采取“整体接盘式”的参与原则，鼓励金融机构通过对某一企业适度增加授信置换其他银行的贷款，以降低企业的授信机构数量，进而使企业财务杠杆趋于合理。

二是采取共保模式。该模式同样由一家保险公司作为牵头承保人，并与多家保险公司进行联保，形成商业共保体，为风险较高和融资需求较大的科创企业提供贷款担保服务，形成了“一家主保，风险共担”的机制。该机制能保证各参保公司在风险可控的条件下，为风险较大的企业提供贷款担保服务，从而为企业顺利融资提供条件。

三是苏州市政府鼓励科创企业积极对接资本市场优质资源，利用多层次资本市场融资发展，通过并购引导基金、企业上市、集合债券等形式在市场上进行融资，以此实现资源的优化配置，促进企业科技创新和快速发展。

三、苏州市金融服务平台在服务科技创新企业时面临的问题

苏州市金融办通过苏州综合金融服务平台、苏州地方企业征信系统、企业自主创新金融支持中心三大基础平台和相关配套政策与保障措施的制定，在一定程度上破除了企业特别是中小企业、科创企业融资难的困局，但也存在以下几方面问题。

（一）科创类企业借贷成本较高

中小微企业发展调查数据显示，中小微企业贷款业务成本过高，主要体现在虽然相比于其他融资方式，银行贷款利率较为稳定，但是夹杂着如担保费、保险费、保证金等一系列其他费用，虽然相关收费可以在一定条件和时间内退回，但减少了企业现金流，无形中增加了企业的运行成本。

（二）针对科创类企业的借贷配套体系有待完善

大部分科创类企业为轻资产企业，缺乏符合银行借贷标准的抵押品，银行受限于固有体制机制，难以放开手脚进行借贷。当前我国借贷配套体系建设处于起

步阶段，有待完善，主要存在以下几方面的问题：首先，抵押制度亟待创新。现行抵押评估机制僵化，抵押品种类多为固定资产，而有相当比重的科创类企业属于轻资产，抵押借贷存在困难。其次，抵押评估机构程序复杂，缺乏灵活性。我国信用担保机构参差不齐，发展情况差别较大，且担保机构的市场准入制度缺乏法律监管，当银行信贷出现问题后，通常会将相关风险和责任转嫁到担保公司，从而挫伤了担保公司对科创企业进行担保的积极性。最后，企业征信体系建设需进一步完善。征信体系构建的难点前期主要体现在机构组成、规制设计以及法律法规方面，而更加困难的是难以有效获得科创企业的相关信息，即便可以获取相关信息，也存在滞后性，且真实性也难以保证。同时，我国在征信体系建设方面并未出台专门的法律法规，致使征信机构在进行信息采集过程中，相关环节缺乏法律条文上的支持和有效的监管。

四、进一步讨论

尽管苏州市在建设科技金融平台方面进行了积极探索并取得了宝贵经验，但是不可避免地存在企业融资成本高、科技金融配套体系有待完善等问题。对此，应从体制机制方面进行创新突破，不断解决问题，完善科技金融平台体系。

（一）创新抵押担保方式，完善配套体系

一是创新抵押方式。科创类企业由于其经营特点，缺乏严格意义上的抵押品。为了促进科创类企业发展的同时分散和降低金融机构的风险，亟须完善抵押制度，创新抵押方式。苏州市在创新抵押方式方面做了很多探索，如将抵押品从有形资产转化为无形资产（股权、应收账款、金融资产等）；同时，将抵押品从实物转变为“权”，如专利权等。

二是创新担保方式。金融机构在对科创企业开展金融服务时，往往面临一些不可控风险，单依靠其自身能力，很难对风险进行管控。因此，加强各个担保机构之间的合作，创建新型担保制度，完善现行担保体系，才能将风险进行有效分担。一方面，金融机构应积极与政府建立风险管控的合作关系；另一方面，企业要主动创新，以企业联保、企业互保或组合担保等方式，将科创类企业的贷款风险降至最低。

（二）建设专业队伍，畅通融资渠道

一是建设专业化队伍。对于金融服务机构而言，对科创类企业进行贷款相较普通企业对产品创新、业务管理、风险控制等方面有着较高的要求，而解决这一问题的关键是建立一支专业化的人才队伍。一方面，通过引进金融、财务和管理专业人才，带动从业人员专业水平的提升；另一方面，要对员工进行培训，增强员工的风险意识、服务意识，切实提高从业人员的业务综合素质，从而为科创类企业融资提供精准服务。

二是优化审批流程。标准化、批量化的业务审批流程有助于降低业务操作成本，提高审批效率，降低管理成本。一方面，要建立审批标准，应针对科创类企业建立区别于传统企业借贷的新型借贷模式；另一方面，缩短审批时间，让科创类企业能够快速获得贷款。

三是要完善激励约束制度。首先，在金融机构中建立新型激励机制，如在年度绩效考核标准中，可以降低科创企业经济资本在资本计量方案中的比例，并鼓励其对科创类企业提供金融服务。其次，应当将对科创企业提供金融服务纳入从业人员的绩效考核中，调动其积极性。最后，应根据科创类企业不同的特点开展差异化的金融服务，比如可以实行差异化的利率体系，对于信用良好、及时还贷的企业予以激励，如提供低利率贷款等。

案例 2　苏州建设资源信息化集约系统的经验及启示

苏州市经济和信息化委员会全面贯彻落实国家、江苏省的各项要求，紧扣“两聚一高”发展主题，着力推进供给侧结构性改革，深入实施《中国制造 2025 苏州实施纲要》[①]，以打造具有国际竞争力的先进制造业基地为目标，确定了新能源、新材料、生物技术和新医药、节能环保、软件和服务外包、智能电网和物联网、新型平板显示和高端装备制造等八大战略性新兴产业，同时，成立多级企业技术中心，打造智能制造工厂。特别是苏州市政府联合多部门建立苏州市工业企业资源集约利用信息系统，推进以全要素生产率提高为导向的工业企业资源集约利用综合评价机制，有效地促进了苏州市产业转型升级和创新驱动发展战略的实施。

① 《〈中国制造 2025 苏州实施纲要〉发布》，http://mp.ofweek.com/robot/a745643121746 [2016-01-08]。

一、苏州市经济和信息化委员会引导和促进科技创新产业发展经验

苏州市经济和信息化委员会积极落实国家创新驱动发展战略，通过制定优惠政策，布局创新链，营造科技创新环境，设立创新载体，支持校地合作，鼓励中小企业发展，打造智能制造工厂，加强各创新参与方互联互通，打通产学研用的中间环节，有效地解决科技经济“两张皮”问题。

（一）加强总体谋划，制定出台系列文件

苏州市政府出台《中国制造 2025 苏州实施纲要》，明确了苏州未来 10 年制造业发展的总体目标、主要任务、发展重点和保障措施。围绕总体目标，苏州市政府于 2016 年制定了《苏州市人民政府关于实施打造具有国际竞争力先进制造业基地四大行动计划的决定》（新兴产业跨越行动计划、传统产业质效提升行动计划、生产性服务业振兴行动计划、绿色低碳发展行动计划）和《关于打造先进制造业基地的若干措施》，在措施中明确了对首台（套）、企业技术中心等重点项目给予财政奖励。2017 年 7 月初，苏州市政府召开全市制造业大会，进一步明确了将工业经济转型升级作为未来方向和抓手，并出台了《关于促进军民融合产业发展的意见》、《关于进一步促进金融支持制造业企业的工作意见》和《关于进一步加强质量品牌建设的意见》等文件。相关系列文件的出台，为苏州市传统产业升级和实施创新驱动发展战略提供了有力的制度保障。

（二）瞄准新兴产业，布局优势创新链

苏州市围绕新兴产业跨越发展，聚焦八大新兴产业，注重产业规划引领，注重产业集聚集群发展，着力构建制造业高端发展的产业生态。主要做法如下：一是实施新兴产业集群发展计划。其重点培育打造一批制造业新兴产业骨干企业、优势产业链、高端产业集群，围绕产业链部署创新链。二是支持各市（区）重点发展 1~2 个主导产业或未来高成长产业。苏州市政府积极加强与中国工程院合作，深化“院士苏州行”活动，重点推进“工程院院士（科学家）未来产业领衔计划”。同时，政府积极创建以工业软件为特色的中国软件名城，对接和引进阿里巴巴、腾讯、百度、紫光集团有限公司等国内行业领军企业，加快工业云和工业大数据发展，并在信息技术产业、高档数控机床和机器人、人工智能等 10 个重点领域实施工业大数据应用。三是瞄准国家工业强基工程。重点在第三代半导体材料氮化

镓、人工智能、纳米及微纳制造、新能源汽车材料、新一代显示技术、智能电网及超导材料、量子通信等领域突破一批关键产品和前沿技术。经过苏州市政府的努力，苏州已初步完成了制造业升级和创新产业链布局。

（三）主攻智能制造，带动工业整体升级

苏州市制定出台《关于加快智能装备和物联网应用的若干政策》及《关于加快建设国家智能制造示范区的意见》，推动企业智能装备升级，通过“诊断免费、技改补贴、示范奖励、申报优先”等支持手段，开展智能制造“十千百万”工程，免费为超 300 家企业提供智能车间诊断服务。2020 年 4 月《苏州市智能制造三年行动计划（2020-2022 年）》发布，提出要加快新一代信息通信技术与先进制造技术深度融合，提升苏州制造业竞争力和可持续发展能力。具体而言，行动计划的主要目标为：“到 2022 年末，全市智能制造发展关键技术装备进一步突破，两化融合水平进一步提高，系统集成能力进一步增强，创新应用能级进一步提升，智能制造生态体系取得明显成效，进一步完善和丰富‘智能制造苏州方案’。”①

（四）围绕自主创新，打造行业领军企业

苏州市人民政府出台《苏州市鼓励自主品牌大企业研究院与领军企业设立先进技术研究院的实施意见》（苏府〔2017〕56 号）②，第一批计划重点扶持本市 20 家企业设立先进技术研究院，加强自主创新。同时，大力支持原创制造，推进重大装备和关键部件首台（套）研发应用，到 2020 年全市新获认定首台（套）项目不少于 100 个。鼓励和支持企业尤其是中小创新企业专注细分市场，实施“隐形冠军”培育计划，打造中小企业“隐形冠军”，重点培育形成 1000 家小而精、小而优、小而特的中小创新企业集群。积极推动发展自主品牌服务型制造，引导和支持制造企业由主要进行产品制造向提供产品和服务转变，推广集成总承包、全生命周期管理、在线支持服务等新模式，累计获评省级以上服务型制造示范企业 18 家，占全省示范企业近 1/4。

---

①《苏州市智能制造三年行动计划（2020-2022 年）》，http://www.suzhou.gov.cn/szsrmzf/szyw/202004/8705e510ddfd42bc9f6efea88ae7dfa5.shtml [2020-04-19]。

②《苏州市鼓励自主品牌大企业研究院与领军企业设立先进技术研究院的实施意见》，http://szeicwap.suzhou.gov.cn/news/show/587.html[2017-05-12]。

（五）设立新型创新载体，提高企业核心竞争力

苏州市政府通过出台的《苏州市鼓励自主品牌大企业与领军企业设立先进技术研究院的实施意见的通知》，以构建以产业前沿技术研究为主线，以重大关键技术产业化为目标，由政企合作共建、市场化运作的新型创新载体，鼓励大企业与领军企业设立先进技术研究院，并积极实施“中国制造 2025”和“互联网+”战略，鼓励产学研各类机构加强产业链创新，积极申报省级制造业创新中心。目前，苏州市微纳制造、智能机器人及成套装备、小核酸技术应用等 3 个创新中心列入江苏省制造业创新中心以进行培育。

（六）支持校地融合发展，推进产学研协同创新

苏州市政府通过引进以清华大学为代表的国内外高校，建立了以苏州工业大数据创新中心为代表的一系列科创中心，积极进行与此相关的产业链上下游产业生态建设，打造出了苏州制造业与互联网深度融合的新型创新载体；同时，加快苏州工业研究院建设，与苏州大学合作，首期推进建设现代纺织工业研究所、智能制造与装备研究所和新一代电子信息产品与技术研究所等三个研究所。

（七）鼓励中小企业创新发展，营造创新创业良好氛围

苏州市在努力营造创新创业环境和鼓励中小企业创新发展方面进行了不断探索。一是着力打造中小企业创新发展梯队。鼓励和支持中小创新企业专注细分市场，实施“隐形冠军”培育计划，重点培育形成 1000 家小而精、小而优、小而特的中小创新企业集群。二是着力打造小微企业创新创业成长平台。依托全市近 300 家星级服务机构，鼓励各类机构为小微企业提供全方位、深层次、专业化的创新创业服务，促进创新创业项目快速落地、高效转化，重点支持符合苏州市产业导向的种子期、初创期成长型小微企业发展，促进小微企业发展壮大，鼓励创新成果在苏州落地生根和开花结果。三是着力打造高效融资服务平台。拓展中小企业融资途径，引导融资担保机构重点支持中小微企业。加快市级应急转贷资金平台与各区平台对接，缓解中小企业资金过桥难题。推进“专精特新”企业纳入市金融支持自主创新行动计划扶持范围。四是着力打造企业家交流提升平台。举办标杆企业游学项目，坚持高标准、高层次，力求培养一批具有全球战略眼光、开拓创新精神、管理创新能力、互联网思维和社会责任感的优秀企业家。举办职业经理人培训，结合苏州市民营企业家新老交替，加快民营企业人才梯队建设。举办创客训练营，提升创客创新创业能力。

（八）支持企业智能化提升，打造新型制造工厂

一是实施智能制造发展工程。大力推进智能车间建设，以实施智能制造“十百千万”工程为抓手，大力推动企业智能装备升级，大力运用机器换人，企业的自动化、网络化、智能化水平逐步提高。大力支持原创制造，推进重大装备和关键部件首台（套）研发应用，到2020年全市新获认定首台套项目不少于100个。积极搭建智能制造服务载体，成立苏州智能制造产业联盟。制定并出台《关于加快建设国家智能制造示范区的意见》，全力推动苏州制造向苏州智造转型。二是实施企业互联网融合提升工程。组织开展大中型企业宽带“企企通”工程，截至2017年上半年，完成了“企企通”试点园区22家，实现了G级宽带接入，完成“企企通”试点企业261家。三是持续推进两化融合贯标和评估诊断工作。2017年，苏州市新增8家国家两化融合贯标试点企业，全市共有近千家企业通过了两化融合评估系统。加快推进苏州工业云建设，积极推进与阿里巴巴、紫光集团有限公司等知名企业的战略合作，以能源、数控、环保等应用为突破，打造互联网+工业生态系统试点示范。

二、资源集约化信息系统建设经验

苏州市政府面对日益严峻的资源、环境硬约束，运用工业企业资源集约利用大数据平台，以亩均效益为核心，建成了工业企业资源集约利用信息系统平台，建立以亩均效益为核心的企业评价机制、以资源要素差别化配置为重点的激励退出机制、以大数据为支撑的预测决策机制（以下简称一个平台三项机制）（何佩云，2018），对企业进行分类评价，引导企业绿色、高效发展，推动产业转型升级，其做法如下。

首先，建成了全市工业企业资源集约利用大数据平台。该平台可以精确到苏州市下辖的每个乡、镇具体相关企业的运行情况，如亩均销售、亩均利润、亩均税收、亩均能耗等，能做到对苏州市规模以上企业“一目了然”。截至2017年底，该平台已经收集2015～2017年三年的700多万条数据，做到了大中小微工业企业全覆盖。通过该平台，政府可以掌握企业单位占地面积产出和企业的创新情况，得到能给予加计扣除的税收数额，可甄别企业的发展潜力。该平台可帮助政府掌握全局性的企业数据和当前情况，同时也能够引导企业朝正确的方向发展。

其次，建立了以全要素生产率提高为导向的工业企业资源集约利用综合评价机制。该平台将“亩均论英雄”与“创新论英雄”相结合，以六项指标论“英雄”。该评价体系主要分为六项指标，并分配相应的权重，其中又以“亩均收益”作为

核心指标对企业进行评价。除此之外还有“亩均税收”“亩均销售”“研发经费占销售比重”“单位能耗增加值”其他几个指标。

再次，建立以资源要素差别化配置为重点的激励退出机制。苏州市经济和信息化委员会相关负责人表示：“在科学评判的基础上，推进企业发展要素的价格差别化配置，把政府的发展导向性通过市场化的价格机制传递给企业。让企业明白，企业发展得越好，就越能以优惠的价格拿到资源要素，反之就越贵，甚至被淘汰出局。”[①]苏州市通过该指标体系对境内企业进行综合评价，分成Ⅰ、Ⅱ、Ⅲ、Ⅳ四类企业，并制定差异化的政策，对Ⅰ类企业的发展进行优先扶持，对Ⅱ类企业支持发展，对Ⅲ类企业进行提升发展，而对于Ⅳ类企业进行限制发展甚至直接关停，这里说到的限制工具主要包括工业用水用电价格、污水处理费、土地使用费等，促使相关企业进行技术升级和整改，直至其变为Ⅰ~Ⅲ类企业或直接出局。另外，建立大数据预测决策机制。政府通过政策上的调整，如税收政策，企业常规运行费用上的调整，对企业进行正向激励和反向倒逼，督促企业进行产业升级和技术创新。

最后，制定和落实了综合评价制度。苏州市政府根据目标任务，首先按照评价体系的相关规定，对数据来源进行梳理、收集、分析，对全市规模以上企业资源集约利用情况进行评价分类；政府根据评价结果制定相对应的政策，对本地产业进行分类管理和高精准的服务；推进信息系统的维护运行，建立部门与部门之间，市、区、乡镇之间的信息高速公路，并制定安全保密、共维共享的管理制度，确保各项工作的高效运行。

目前，苏州市工业企业资源集约利用信息系统已经初步建成，其以网络平台为依托构建了以亩均效益为核心的企业综合评价机制、以资源要素差别化配置为重点的激励退出机制，以及以大数据为支撑的预测决策机制（何佩云，2018）。苏州市政府将在现有系统基础上，与该市征信系统、科技创新系统、金融系统相叠加，形成更加完备的工业大数据平台（何佩云，2018），从而推动苏州市传统产业升级和创新驱动发展战略的实施。

三、促进科技创新企业发展中面临的问题

（一）要素制约问题突出

苏州市科创类、成长性企业发展面临诸如水、电、气等生产要素的制约，特别是由于土地存量不足，工业用地供应持续趋紧，加之苏州市全域属于太湖流域，

① 《一张“体检表”透视苏州大转型》, http://www.xinhuanet.com//local/2017-07/06/c_1121272838.htm[2017-07-06]。

环保要求较高，导致其产业准入门槛抬高。目前整个苏州市的工业开放程度已经超过了29%，接近30%红线，存在给予创新类、成长类企业的发展要素支持不足的问题。

（二）企业家投资信心不足

当前，国内劳动力成本不断攀升，特别是创新类企业、成长性企业融资成本普遍较高，相关投资盈利前景不明，投资面临招工难、贷款难、盈利难、回款难等多种困难，与之形成鲜明对比的是，近年来金融业盈利状况显著优于实体企业，资本逐利，越来越少进入制造业领域，企业因优先解决生存问题，致使创新投入下降，企业投资者信心缺失。

（三）省级层面政策存在局限性

苏州企业数量众多，运行质量逐年提升，自主创新能力不断增强，符合政策支持条件的企业较多，但是在争取中央、省级的财政扶持资金过程中，苏州的申报限额与其他城市的申报限额基本一致，导致苏州企业不能公平地享受中央和省级政策扶持。

四、进一步讨论

资源信息化集约系统有效提高了要素配置效率，但仍不可避免地存在一些需完善之处。针对这些问题，本书提出以下建议。

一是加快创新体系建设。虽然我国创新所涉足的领域越来越多，创新规模不断扩大，但也出现了创新活动孤岛化和碎片化等问题，政府应在鼓励高校和科研机构继续改革的同时，调动大中小微企业等各创新主体的创新积极性，促进各创新主体进行优势互补，差异化竞争，提升整体的创新效能。

二是构建政府与市场之间的新型关系。政府应该加快简政放权，加快从管理型政府向服务型政府转变，遵循经济规律，以市场需求为导向，优化配置资源，创新激励体制，做到放管结合，积极引导，优化服务，为创新主体减负松绑，清除障碍，搭建平台。

三是加强创新宏观引导。政府应在尽量少干预市场的情况下对创新进行适当的宏观引导，主要是做好该区域的科技创新规划，加强技术检测，深入市场考察，对中长期创新方向进行合理引导。同时，联合相关企业对行业标准、技术规范进行制定和修改，并制定规范的市场准入制度，为创新提供良好的环境。

四是加快构建创新体系。政府应该成立专门的领导小组，由主要部门牵头，相关地区分管领导牵头，协调各部门、各行政区域之间的关系，进行合理分工，推进科技与经济政策的制定和落实，使供给侧和需求侧更加匹配，使创新成果转化渠道更加通畅。

五是营造创新发展环境。政府应该加强创新土壤的培育，比如加强知识产权保护、出台优惠创新政策、建立良好的市场秩序，更好地保护和维护创新品牌与创新者价值。同时，构建与之相配套的法律保障体系，规范创新环境，使耕者有其田，居者有其屋。

案例 3　成都“一站式”投融资服务的经验与启示

近年来成都在探索科技金融促进经济创新发展方面走在了全国前列，并形成了自身特色。在成都市政府的主导和推动下，搭建了多个科技金融服务平台，并发展利用多层次资本市场，为科技创新企业提供“一站式”投融资服务，支持企业全生命周期发展。

一、成都发展科技金融的主要做法

（一）构建多层次的资本市场

成都市在构建多层次的资本市场上做了一些努力和尝试，初步形成了“创业投资+债权融资+上市融资”较为完整的科技金融服务体系。

1. 通过建立“引导基金+服务平台”的模式，解决“双创”企业初期融资难问题

在创业投资的初期，通过政府主导与市场结合的创业投资引导机制，建立了包括“创业投资引导基金”“创业天府行动计划”“盈创动力”等政府引导基金和天使基金，建立了包括“科创通”“菁蓉创新创业网”等创新创业的服务平台，平台上有天使基金与种子基金申请接口，平台也搜集企业信用数据可供银行授信使

用，为初创期的企业融资提供方便。

2. 科技成果转化阶段通过“股权、债权融资+产业基金”，解决企业成长阶段融资问题

在科技成果转化阶段，通过股权融资和债权融资来解决融资难的问题，政府通过担保基金、贴息贷款、“科技贷”、“银政保”等措施解决科技创新投入资金不足的问题。对于产业发展，2017 年 8 月 8 日建立了规模 1000 亿元的“成都发展基金”，以此促进相关产业做大做强。

3. 通过上市融资、地方股权交易所等多种形式，建立成熟期企业的退出机制

对于企业成熟期退出机制的建立，成都市政府主动与国内外交易机构建立联系机制，鼓励企业在国内和海外资本市场上市，并给予一定的奖励，对于一些不满足上市条件的企业，也可通过天府（四川）联合股权交易中心进行挂牌交易。

（二）搭建科技与金融相结合的服务平台

为了能够聚合各类的科技金融要素资源，成都市通过鼓励科技金融服务平台的建设，搭建投融资信息的分享与交易、政府公共服务的提供、征信体系的建设和企业路演、培训等多功能的综合科技金融服务平台体系。

1. “盈创动力”——物理与信息平台的载体

“盈创动力”物理载体主要以“盈创动力”大厦为代表，有超过 6 万平方米的物理空间，吸引了 50 余家金融服务机构和 100 家投融资机构入驻，形成了科技金融的服务集群。创建“盈创动力”平台下的“天府之星”企业信息数据库，发布与更新企业基本信息、融资需求和发展动态等信息。构建“盈创动力”平台下的三大服务体系：一是债券融资的服务体系，实现政策性贷款产品、融资担保、小额贷款等统借统还。二是股权融资平台，包括天使投资、创业投资、PE 股权投资的服务体系。三是对企业提供增值培训服务，包括投融资培训、上市培训、项目对接和论坛沙龙等都能在平台上实现。

2. “科创通”——创新创业的综合服务平台

“科创通”是成都市支持双创工作的主要平台，该平台的功能包括：双创项目的发布平台，为创业者和投资者提供撮合交易的平台；双创载体的集合平台，提供包括招商信息、载体活动和企业动态等相关信息；通过双创学院与创业导师平台，对创业者进行指导，也是组织双创活动的平台载体；双创服务平台，提供

包括科技金融、科技咨询、知识产权、检验检测、研究开发等服务。该平台还提供包括科技奖励、研发资助等政府项目的申报，通过“创业天府云超市”，双创企业基本可以解决在创业当中遇到的大部分问题。平台还通过收集企业的大数据信息，为企业提供相应的投融资服务。

（三）重视科技金融工作，建立了较为完整的资助与发展体系

1. 政府财政资金支持科技金融

成都市出台和完善了《成都市科技金融资助管理办法》（成科字〔2016〕165号）[①]，旨在通过发挥财政科技资金的引导作用，对科技型企业在创新创业活动中所获取的金融支持予以资助，其资助的形式采用后补助的方式，目的是完善成都市的科技金融服务体系，提升科技企业的投融资能力，助推企业科技创新发展。根据该资助办法，仅在2017年就对453个科技金融资助项目立项资助。此外，政府还在金融人才落户、成立金融业发展的专项资金、推动现代金融服务业发展、防范金融风险等方面出台了专门的政策文件。

2. 规划金融产业集聚区，推动西部金融中心建设

成都市的规划包括：在金融总部商务区和东大街金融一条街，发展总部金融、资产管理业务，吸引一些传统的金融机构入驻；在骡马市金融服务业集聚区集聚金融商务、国际合作等金融服务业；打造金融高科技园区，运用大数据、云计算、区块链等科技手段，建立金融科技、服务外包等产业的科技园区。在天府国际基金小镇和环西南财大财经智谷，发展基金产业集群与资产管理业务，搭建金融创新孵化器与创新平台。通过这些措施形成集聚效应，推动金融产业发展和西部金融中心的建设。

3. 创建金融科技产业园，服务科技金融

新一代互联网银行“新网银行”的设立，能为科技创新的中小企业提供定制化的科技金融服务，也是西部第一家互联网银行。一些传统的金融服务机构也通过金融产品的创新，为科技金融提供相应的服务支持，成都银行还专门成立了成都银行科技支行为科技金融服务。同时为了发展金融科技，成都市打造了“金融梦工场”“赢创动力科技金融服务平台”等创新服务平台，支持金融科技企业的发展，已经形成了包括三方支付创新、数据征信画像和区块链技术的运用等为核心

---

① 《关于印发〈成都市科技金融资助管理办法〉的通知》，http://gk.chengdu.gov.cn/govInfoPub/detail.action?id=1636569&tn=2[2017-05-16]。

的金融科技产业集群。

二、成都科技金融工作存在的困难

成都市的科技金融工作采取了很多措施，并且取得了一定的成效。特别是对于“双创”企业的科技金融支持体系的构建，是全国做得较好的地区之一，孵化了一大批科技型小微企业。但从科技金融的整体来讲，还存在一些问题，这些问题具有一定的普遍性。

（一）资助项目“先征后补”给企业运营带来一定的压力

成都市政府对于企业科技创新投入的税收优惠大多采用的是先征税后补助的措施，企业的科技投入支出增加本身就增加了企业的财务压力，税收的“先征后补”政策并没有完全满足企业短期流动性的需求。政府财政支出中与科技金融相关的资助，也是通过后续的申报补助，对于企业的科技投入刺激没有前期投入强，并且后补助也会给企业带来很多不确定性因素。

（二）各级政府部门独立运营，资助项目繁多，行政成本高

在调研中发现，成都市各级政府都有自己的科技金融资助项目，从省一级到市一级再到区一级，天府新区和成都高新区等都出台了相应的科技金融政策，并且各个部门也会出台针对性的措施，如科技局的扶植措施和科技金融的融资平台，而金融局也有相应的融资平台和资助项目，各个平台之间独立运营，互相重叠，并且相互之间数据没有共享，企业申请政府科技创新资助程序烦琐，各级政府功能重叠，行政成本高。

（三）财政基金投入不到位，退出机制存在障碍

政府引导基金属于财政投入，根据相关法规财政资金需要在财政年度预算内支出，否则就会被收回，寻找合适项目成了政府引导基金面临的困难之一，寻找项目的过程也会增加相应的投资风险，使得很多引导基金投资没有到位。而由于科技创新投入自身收入不确定，政府基金也会存在退出机制的问题，区域性股权交易市场容易出现非法集资、虚假财务报告、虚假交易等问题，而被投标的企业在主板市场上市难度较大，使得引导基金的退出较为困难。

（四）科研实力与产业能力不对等

以电子信息产业和高铁产业为例，虽然拥有成都电子科技大学、西南交通大学等实力雄厚的科研院所，但成都的电子信息产业仍然是以为国外品牌代工为主，没有形成自己的电子信息产业品牌。成都的创新主体大多以小微企业为主，很难发展壮大。

三、成都科技金融工作的启示

（一）前期需要政府投入，后期主要靠市场运营

从“盈创动力”的发展经验可以看到，早期是政府为了解决投融资问题而建立的载体，发展到后期就变成了独立运营的公司，不断发展壮大。而当前“科创通”主要是政府运营的一家公司，平台发展遇到了一定的瓶颈，主要原因也是其受到行政体制的牵绊，虽然有很好的平台和内容，但是不能够发展壮大，可以看出市场化运营对于科技金融的平台至关重要。

（二）提升行政效率并推进数据共享

“科创通”等服务平台通过收集企业和各个部门的数据，并将这些数据提供给一些投资机构及银行，就能够给企业提供科技金融方面的服务，并使得效率得到极大的提升。可以看出，对各个政府部门的数据共享与整合，对于行政效率提升较为重要，成都各级政府之间功能交叉较为严重，缺乏主动服务的功能机制，使得政策落地较为困难，企业也反映对于本企业所应享受的扶持政策不是很了解。

（三）产业发展更需要有市场运营能力

成都很多科技企业在创业初期都能够得到政府很好的扶持，但做强做大的企业相对较少，对于企业做强做大的支持相对不够，成都开始设立产业基金鼓励相关产业发展；科技企业难以做大做强可能的原因还包括产品市场的辐射能力相对较弱，对于企业的市场运营能力不足，市场运营人才较为匮乏，产业集聚能力不强以及与没有形成完整的产业链有关。

第十一章　科技园区：促进科技与经济融合的载体

科技园区作为高新技术企业孵化的“重镇”，担负着从要素集中、企业集聚的产业基地到创新型产业集聚的重任，是实现从工业经济向知识经济、创新文化和现代生态文明和谐社区增长极跨越的“火车头”。课题组深入调研了北京、杭州、南京和武汉等地的科技园区，发现科技园区对我国高新技术企业的发展发挥了重要的作用，是实现创新驱动战略的关键举措。基于调研资料，课题组对国内各园区的先进经验进行总结，并选取典型案例，包括：北京中关村通过实行政策先行先试来完善科研人员激励机制、布局重大项目和创新平台推动科技成果转化孵化；南京江北新区围绕搭建政策平台体系、培育创新创业服务载体和聚焦重大项目建设三管齐下。同时，课题组还梳理了调研过程中园区管委会反馈的问题，并在此基础上提出了针对性政策建议①。

案例 1　北京中关村打造政策先试先行高地的经验和启示

中关村科技园区积极推动体制机制创新，布局重大创新平台，打造政策先行先试高地。经过多年的发展转变，北京市中关村的创新创业已成为我国科技园区成功发展的典型。

① 本部分根据实地调研资料整理。

一、中关村科技园区发展历程

（一）改革起步期（1988 年至 1999 年）

中关村起源于 20 世纪 80 年代初“电子一条街”，是我国第一个国家级高新区和第一个国家自主创新示范区。1988 年 3 月，中央领导对《中关村电子一条街调查报告》做出重要批示，此后，国务院正式批复《北京市新技术产业开发试验区暂行条例》。党中央、国务院先后八次对中关村科技创新的发展做出重大部署。在这一时期，中关村打破了企业所有制区分的局限，对国营、集体、私营企业实行统一的管理制度和政策措施。

（二）改革升华期（1999 年至 2009 年）

1999 年 6 月，国务院批复中关村科技园区；2005 年国务院印发《关于支持做强北京中关村科技园区若干政策措施的会议纪要》。

这个时期主要是开展科研机构的企业化整治改革，代办股份转让系统，率先实施瞪羚计划、独角兽计划等。有很多政策一开始都是在中关村实施的，后来被其他高新区所引用。这个时期的代表性机构或企业有北京生命科学研究所、百度、360、中星微电子、神州数码等。

（三）全面深化改革新时期（2009 年至今）

2009 年 3 月，中关村正式升级成为首个国家自主创新示范区；2010 年 12 月，国务院支持中关村实施“1+6”系列先行先试政策；2011 年 2 月，国务院批复《中关村国家自主创新示范区发展规划纲要（2011—2020 年）》；2012 年 10 月，国务院批复同意调整中关村示范区空间规模和布局。2013 年 9 月 30 日，习近平总书记在中关村主持中央政治局第九次集体学习时指出，“面向未来，中关村要加大实施创新驱动发展战略力度，加快向具有全球影响力的科技创新中心进军，为在全国实施创新驱动发展战略更好发挥示范引领作用”①。2016 年 9 月，国务院正式印发《北京加强全国科技创新中心建设总体方案》，明确提出“以中关村国家自主创新示范区为主要载体”②。

---

① 《中关村：创新发展的一面旗帜》，http://theory.people.com.cn/n1/2019/0111/c40531-30516210.html[2019-01-11]。

② 《国务院关于印发北京加强全国科技创新中心建设总体方案的通知》，http://www.gov.cn/zhengce/content/2016-09/18/content_5109049.htm[2016-09-18]。

回顾历史，中关村一直秉承“发展高科技，实现产业化”的目标，以推动科技与经济结合为主线，充分发挥了改革“试验田”的作用，形成了具有中关村特色的创新创业文化精神。

二、中关村科技园区当前的总体情况

首先是一区十六园。中关村的空间格局和管理体制在发展过程中不断优化。目前，中关村示范区规划面积 488 平方千米，有十六个分园，覆盖北京市每一个区，核心区在海淀。

其次是在管理体制上，分园区实行“双重领导、以区为主”的领导体制，中关村管委会负责对分园的整体发展规划、空间规划、产业布局、项目准入标准等重要业务实行统一领导，核心职能是“规划、调研、统筹、协调、督办、服务”，无行政审批权和执法权。

最后是中关村创新资源丰富，科研实力雄厚。这里有 90 余所高等院校，400 余所各类科研院所，120 余家国家重点实验室，90 余家国家工程技术中心，300 多家跨国公司研发中心。中关村承接的国家科技重大项目超过 1300 项，约占全国 40%；承担的国家 863 项目约占全国的 1/4，973 项目约占全国的 1/3。

三、近年来中关村科技园区的主要举措

（一）政策先行先试

深入实施国务院支持的“1+6”“新四条”“新新四条”等先行先试政策，落实国家市场监督管理总局相关改革措施、试点政策，开展民政部支持的社会组织登记管理改革试点、国家市场监督管理总局支持的进境动植物生物材料检验检疫改革试点，推动出台实施《京校十条》《京科九条》等市级政策。2011~2014 年，技术转让（成果处置）项目累计 1756 项，收入约 116.5 亿元；截至 2015 年，105 项国有企业、高校和科研机构的股权激励试点方案获批，通过股权奖励、股权出售和科技成果入股等方式，405 名科研和管理人员获得股权，激励总额约 2.25 亿元，人均 55.4 万元。

（二）布局重大项目和创新平台

出台支持集成电路设计、智能硬件、智能机器人、虚拟现实等新兴产业的政

策措施。搭建高端协同创新平台，推动石墨烯科技成果孵化转化平台、中国科学技术大学“1+2”平台等创新平台建设。加强对领军企业与潜力企业的精准服务。通过公开路演等方式发掘并支持了商汤科技计算机视觉、寒武纪全球首个深度学习专用处理器架构指令集等一批前沿项目。实施互联网跨界融合创新示范工程，推动前沿技术研发、商业模式创新和科技金融创新相结合，不断催生新业态，制造业与服务业融合发展，制造业服务化趋势凸显。2016 年，中关村国家自主创新示范区现代服务业总收入 3 万亿元，占总收入的比重为 64.9%，六大重点技术领域总收入 3.5 万亿元，占总收入的比重为 76%。

（三）支持“大众创业、万众创新”

根据科技部火炬中心出台《“创业中国”中关村引领工程（2015—2020 年）》[①]，支持市场化、专业化、网络化“双创”服务平台建设，形成了由创新型孵化器、大学科技园和特色产业孵化平台为代表的创业服务体系。创业服务机构探索形成了十大孵化模式——大企业加速模式、天使孵化模式、股权众筹模式、创客孵化模式、创业社区模式、创业媒体模式、智能硬件供应链模式、互联网生态圈模式、联合办公模式、跨境孵化平台。在中关村创新创业浪潮中还涌现出了“新四军”：“90”后、大企业高管、连续创业者、留学归国人员。2016 年中关村新注册科技型企业高达 2.5 万家，是全国创新创业最活跃的区域。

（四）建设人才管理改革试验区

在公安部支持下，试点实施 10 项出入境政策措施，通过开通高层次人才申办永久居留直通车等方式，对中关村外籍高层次人才、创业团队外籍成员和外籍技术人才、外籍青年学生这四类群体进行支持，截至 2017 年 4 月中关村“绿卡直通车”政策办理申请 371 人，已有 305 人获得绿卡。推动中关村高层次人才聚集发展，截至 2017 年，有两院院士 764 人，约占全国的 48%；“海聚工程”590 人、“高聚工程”292 人（团队）。

（五）发挥辐射带动作用

一是引领构建京津冀协同创新共同体。聚焦“4+N”，构建跨京津冀产业园区链，加快对接雄安新区中关村科技园建设工作，天津滨海-中关村科技园签约项目

---

① 《“创业中国”中关村引领工程（2015—2020 年）》，http://www.most.gov.cn/gxjscykfq/wj/201509/t20150902_121500.htm[2015-09-02]。

投资额超 350 亿元，88 家企业入驻保定·中关村创新中心。推动京津冀产业升级，联合天津、河北有关部门印发《发挥中关村节能环保技术优势推进京津冀传统产业转型升级工作方案》等文件，实施动力源-邯钢焦化厂煤气余热回收利用等 20 余个项目。同时，中关村企业加快在津冀新设分支机构步伐，所设分公司、子公司数量累计数不断增加。

二是引领辐射全国创新发展。中关村已经与全国 26 个省市 72 家单位建立起战略合作关系，已建成 23 个科技成果转移转化产业化基地。2016 年中关村及北京市认定登记技术合同 74 965 项，成交额 3940.8 亿元，占全国 34.6%，近八成辐射到京外地区。中关村示范区 313 家上市公司收入中 3/4 贡献到京外。

三是打造链接全球创新网络的关键枢纽。注重“引进来”，截至 2017 年，示范区聚集留学归国人员 3 万余人，外籍从业人员近万人，跨国企业区域总部和研发机构近 300 家。吸引微软加速器、北京安创空间科技有限公司、毕马威创新创业共享中心、Plug& Play 等全球知名的孵化器和创业服务机构在中关村落地。实施中关村企业国际化发展行动计划，在全国率先设立了企业国际化发展专项资金和 300 亿元中关村并购母基金。同时，中关村拥有大量海外上市公司，联想、百度、小米、用友等一大批企业在海外设立研发中心。

此外，中关村加快建设国家科技金融创新中心，开展“投贷联动”试点、外债宏观审慎试点等金融创新服务。

虽然与硅谷相比，在风险投资、新创办科技型企业方面中关村紧追硅谷，但是在顶尖人才、领军企业、重大颠覆性技术、国际化水平以及人均收入和宜居环境等方面差距较大。例如，在有全球影响力的企业综合榜单以及在杰出人才方面，中关村与硅谷相比仍存在较大距离；在全球营商环境和开设企业便利度榜单上，中关村也落后于硅谷。

案例 2　南京江北新区培育创新创业服务载体的经验与启示

南京江北新区紧紧围绕江苏省建设具有全球影响力的产业科技创新中心和具有国际竞争力的先进制造业基地目标，全力引进国内外高端创新资源，着力培育创新创业服务载体，成功打造产业集群高地。南京江北新区聚焦于科技创新创业，确立了“4+2”的现代产业体系，即智能制造、生命健康、新材料、高端装备制造四大制造业和现代物流、科技服务两大高端服务业，已初步形成集成电路、新能源汽车和生物医药三大产业集群示范区。

一、基本情况介绍

南京江北新区于 2015 年 6 月 27 日经国务院批复设立，成为全国第 13 个、江苏省唯一一个国家级新区。在地理位置上，南京江北新区涵盖南京市浦口区、六合区和栖霞区八卦洲街道，囊括南京高新区和六合经济开发区等 5 个国家级、省级经济开发园区和南京港西坝、七坝 2 个港区，规划面积 788 平方公里，涉及江北 17 个街道，总人口 148 万人，其中城镇人口 130 万人。截至 2017 年，新区拥有多个国家、省级孵化器和国家级研究中心，创新创业资源密集，产业基础雄厚。2016 年，南京江北新区的地区生产总值达 1839.63 亿元，规模以上工业企业实现总产值 3988.74 亿元，全社会固定资产投资额为 1563.31 亿元①。

南京江北新区获批以来，得到了省委、省政府、市委、市政府的高度重视。江苏省第十三次党代会强调：“要集中力量建设南京江北新区等重要平台，集聚创新资源，加强分工协作，推进体制机制创新，打造人才高地、创新高地、产业高地。”② 2016 年 12 月 28 日，江苏省委常委会专题研究南京市工作，强调要高标准建设江北新区，努力将江北新区打造成为全省未来创新的策源地、引领区、重要增长极。南京市第十四次党代会强调，江北新区是南京市落实“一带一路”倡议和长江经济带发展战略的核心载体。

二、江北新区促进科技与经济融合的典型做法

新区管委会在解决科技与经济“两张皮”这一老大难问题上，重点围绕三方面进行突破。

（一）搭建政策平台体系

省、市、区三级政府为鼓励创新、强化科技支撑、加强科技成果转移转化，先后出台了《关于加快推进产业科技创新中心和创新型省份建设若干政策措施》、

① 《看南京如何走好“生态发展之路”》, https://www.kunming.cn/news/c/2017-07-05/4677625.shtml[2017-07-05]。

② 《李强在江苏省第十三次党代会上报告公布》, http://js.people.cn/n2/2016/1124/c360300-29358025-6.html [2016-11-24]。

《南京市争当江苏省产业科技创新中心排头兵和建设国家创新型城市若干政策措施》和《南京江北新区促进创新创业十条政策措施》(以下简称《江北新区创新政策10条》)。调研中管委会负责人强调,政策实施的效果好坏关键在于“顶天立地”。在“顶天”方面，新区管委会请中国科学技术发展战略研究院编制江北新区科技创新规划，在国家级新区中率先推出创新活力指数，全面评估江北新区的创新活力。在“立地”方面,《江北新区创新政策10条》出台后，仅2017年上半年，园区企业已获得省、市、区级科技政策奖励资金共计达9000余万元。

（二）培育创新服务载体

在培育一批创新创业服务载体方面，管委会负责人以南京生物医药谷作为典型例子汇报。南京生物医药谷位于南京市江北新区直管区，是南京市委、市政府高标准规划建设的专业化产业园区。2011年3月，南京生物医药谷正式成立，规划区域面积10.51平方公里，定位为以科技研发创新为基础的生物医药产业基地。截至2017年7月底，南京生物医药谷集聚生物医药企业370余家，其中103家生物医药研发及生产企业、97家医疗器械研发及生产企业、37家第三方检测服务企业、27家中药、保健食品研发及生产企业、46家化学药物研发及生产企业和60余家CRO生物医药服务外包企业，累计拥有规模以上企业20家，高新技术企业38家，江苏省民营科技企业50家。截至2016年底，生物医药谷已集聚生物医药从业人员11 000余名，其中南京市领军型科技创业人才95名、入选创新型企业家10名、江苏省“双创人才”16名、南京市高端人才团队2个。2016年南京生物医药谷实现产业收入280亿元，同比增长40%。

管委会负责人强调,生物医药谷的迅猛发展既得益于江苏省传统的产业基础,也归功于生物医药谷培育了一批创新创业服务载体。根据生物医药产业研发周期长、前期投入大、创业风险高的特点，为降低企业和个人创新创业的成本与风险，加快区域研发水平的提升，为更好地提升园区创新创业资源环境，生物医药谷搭建了以南京高新生物医药公共服务平台、南京高新精准医学检验所、南京高新工业生物技术平台为引导，企业专业化服务平台为依托的共18个专业化服务平台，形成了创新孵化、药物开发、毒理药理、药物代谢、检验检测、临床研究等生物医药产业发展所需的全产业链服务。

（三）聚焦重大项目建设

在引进行业龙头助推产业集聚发展方面，新区管委会在省委、省政府的领导下，成功引进了台湾台积电和上海上汽桥林汽车产业基地，助力集成电路和新能源汽车两大千亿产业的集群发展。

位于浦口经济开发区的台积电项目，是江北新区集成电路产业的关键一环，总投资达到 30 亿美元。借力台积电，江北新区一方面在集成电路制造、设计等关键环节上形成突破，使南京拥有国际领先水平芯片制造生产线。另一方面，以台积电为依托，江北新区将成为江苏集成电路的产业航母，包括原创技术培育、孵化，共性技术研发平台以及其他支撑性技术，促进南京市高校、研究所和台积电以及未来集成电路企业的产学研合作。从 2016 年 4 月到 2017 年 7 月，台积电 12 英寸晶圆项目落户一年来，已带动国内外 100 多家集成电路上下游企业前来落户，构建了一个集芯片研发设计、制造、封装、测试等环节的完整产业链。

同样位于浦口经济开发区的上汽集团桥林汽车产业基地项目，则是江北新区新能源汽车的领头羊，总投资达 73 亿元，占地 2500 亩。2016 年建成投产后，上汽集团桥林汽车产业基地拥有包括冲压、焊接、涂装、总装在内的整车制造四大工艺，具备发动机、变速箱、车桥等动力链核心总成的生产制造能力。

在谈及引进龙头企业的经验时，管委会负责人强调：“中国懂这个（新能源汽车）的人就十几个，圈子非常小。引进龙头企业，关键是要在引进这十几个人上狠下功夫。”

三、促进江北新区科技与经济深度融合的进一步讨论

随着省、市、区级科技创新政策不断落实，新区高端产业呈现加速集聚的良好发展势头。但目前新区集聚的企业仍属于价值链的中端，在市场竞争形势不断严峻的情况下，实现价值链从中端向高端跃升，就需要企业不断提升自主创新能力。2017 年，新区科技型中小企业的研发费用加计扣除已由 50%提升到 75%，高新技术企业享受税收优惠政策，科技创新券等一系列政策出台都是对科技型中小企业的资金支持。企业应抓住机遇，实现科技创新。

同时，江苏省科教资源雄厚，大院大所众多。如何打破政产学研用科技成果转移转化关键环节的沟通障碍，调动各转移转化主体的参与积极性，成为新区推动科技创新资源与园区产业实现创新共赢发展的关键之处，具体应做好以下三个环节的工作。

（一）完善公共服务平台建设

南京江北新区管委会以科创资源“创新、共享、协作、服务”为基本原则，以“服务科技创新，助推产业发展”为服务主线，不断整合、集聚科技创新资源，

为新区创新创业人才提供一站式公共服务，进一步完善公共技术服务平台、公共政务服务平台、公共转化平台、公共培训平台等促进科技成果转移转化的公共服务平台的建设。

（二）提升科技金融服务能力

为解决中小企业“融资难”“融资贵”等问题，促进科技型中小企业科技成果转移转化，新区管委会应从“政策性扶持”“创业孵化专项基金”“社会性金融服务”三方面建立科技金融服务体系，充分发挥政府引导作用，利用市场机制，聚集各种金融资源，为创新创业团队提供投融资平台。加快落实“灵雀”计划，对遴选出“灵雀”和“小灵雀”的两类企业，在股权投资、应急周转、贷款贴息、研发补助等方面进行全方位扶持。“灵雀”企业的年销售收入超过500万元，新区将通过信保基金和专项资金的引导与保障，降低信贷条件，提高新增贷款量，降低融资成本；“小灵雀”企业规模更小，高新技术产品和技术性收入要占销售总收入的30%以上，拥有自主知识产权或专有技术，科研经费投入不低于收入的5%，对这类企业，新区主要通过科技创新基金，对其采用引导投资和跟投等方式进行支持。

（三）构建专业服务体系

为更好地促进新区企业发展，管委会应进一步完善现有的服务体系，做到“专业化”、“精细化”和“体系化”服务，不断创新服务体系，促进企业经济发展。新区管委会应充分用好创新这把“金钥匙”，当好企业发展的“店小二”，提供全方面保姆式服务，切实推进科技与经济深度融合发展。

第十二章　新型研发机构：从科技创新到产业应用的“最后一公里”

作为我国科技体制改革的“试验田”，新型研发机构能够有效破除体制机制障碍，有效地跨界连接创新链、产业链、资金链，打通科技创新到产业应用的“最后一公里”。课题组深入调研了上海、江苏、广东、武汉、成都等地的新型研发机构，发现新型研发机构为破解科技与经济发展“两张皮”问题提供了宝贵经验。基于调研的一手资料，课题组对国内各创新研究机构的典型案例进行研究，包括江苏省产业技术研究院创新科技管理体制，搭建从科技创新到产业应用之间桥梁所开展的先行先试探索；中科院苏州纳米所发挥了大院大所作用，促进了科技与经济融合；深圳清华大学研究院探索建立科技创新、科技金融服务一体化的科技成果转化机制；华中科技大学工业技术研究院采用“三无三有”的创新机制，打造协同创新模式。同时，课题组也梳理了调研过程中新型研发机构反馈的问题，并在此基础上提出了具有针对性的政策建议。[①]

案例 1　江苏产业技术研究院创新科技管理体制机制的经验与启示

江苏省产业技术研究院成立于 2013 年末，是一家由省政府直属的新型研发机构，其建设目的在于解决江苏省从科学到技术之间有效转化的问题，旨在搭建起从高校行政事业管理体制到企业市场运作体制之间的桥梁。在井喷式发展的新型研发机构中，独树一帜，快速发展，仅用 4 年左右的时间，成为一家拥有 35 个专

① 本部分根据实地调研资料整理。

业研究院所的产业技术攻关平台，创新绩效斐然。江苏省产业技术研究院创新成绩的取得与研究院建设和运营中所实施的容错机制、一所两制、项目经理制、合同科研制不无相关。本书系统整理了江苏省产业技术研究院在经济与科技融合过程中所采取的措施与已取得的经验，并在此基础上提出政策建议。

一、案例基本情况

（一）成立背景

在产业创新链中存在着两个重要环节：从科学到技术的转化、从技术到产品的转化。近年来，通过产学研合作、促进成果转化等途径，江苏企业承接技术成果转移转化能力显著增强，技术到产品的通道基本顺畅，而瓶颈制约集中在科学到技术转化的环节，高校、科研院所不愿意做这个环节的工作，单个企业也做不了（周文魁和黄斌，2015；李玉玲等，2016）。为了疏通产业创新链中从科学到技术转化的瓶颈，推动基础研究成果的产业化，打通从科技强到产业强的通道，江苏省委、省政府经过深入调研，决定成立江苏省产业技术研究院，这就是产业技术研发机构的着力点。

江苏省产业技术研究院是以集聚创新资源、培育发展新兴产业、支撑传统产业转型升级为宗旨，以产业应用技术研究开发为重点，以引领产业发展和服务企业创新为根本，组织开展产业技术研究和集成攻关的新型研发机构。江苏省产业技术研究院作为江苏省创新体系的重要组成部分，同时也是江苏省产业技术研发转化的先导中心和人才培育的重要基地。

（二）组织结构

江苏省产业技术研究院由总院和专业研究所组成，实行理事会领导下的院长负责制，理事会上面有一个领导小组，领导小组的组长是由常务副省长兼任，理事会的理事长是由分管科技的副省长兼任，理事会的成员有十余人，主要是由省主要部门（科技部门、经济和信息化部门、财政部门、发改部门）的主要领导、部分高校及企业的领导、部分投资机构、部分科学家以及研究院与研究所的代表构成。江苏省产业技术研究院总院有 6 个部门，分别为综合管理部、产业发展部、资源开发部、研究所工作部、技术转移部和重点项目部，共 68 名管理人员，这 68 名管理人员均有事业编制，但其薪酬水平与市场接轨，内部按照市场化进行管理。总院是具有独立法人资格的省属事业单位，主要开展遴选研究所、业务指导、绩效考评、前瞻性科研资助以及重大项目组织等工作。

截至 2017 年中期，江苏省产业技术研究院已有 35 家专业研究所和 1 家参与共建的国家超级计算无锡中心，其中 23 家研究所属于加盟研究所，另外 12 家由研究所的研究团队与江苏省产业技术研究院、地方政府共建而成，这 35 家专业研究所分布在新材料、生物技术与新医药、高端装备制造、新一代信息技术和软件、节能环保等产业领域。专业研究所实行预备制和动态管理，是由江苏境内产业技术研发机构申请，并经审定后确认产生，与总院签署加盟协议，其原有机构性质、隶属关系、投资建设主体和对外法律地位等保持不变。专业研究所的主要工作是开展产业核心技术、共性关键技术和重大战略性前瞻性技术等的研究与开发，同时储备产业未来发展的战略性前瞻性技术和目标产品。专业研究所通过衍生企业、孵化企业和服务企业实现技术成果工业化，为江苏产业转型升级提供有力支撑。

江苏省产业技术创新中心也是江苏省产业技术研究院的重要组成部分，主要依托省内国家高新园区，按照“一区一战略产业”的布局原则，重点面向省内已有产业优势和创新基础的战略性新兴产业，以地方政府及高新区为主建设，主要开展的业务包括创新资源和要素整合、产业技术创新、产业技术扩散和企业孵化、产业创新投融资服务等。目前已在苏州、常州、南京、江宁等地的高新园区内布局建设了智能装备、纳米技术、激光与光电、医疗器械、通信与网络、环保装备 6 家产业技术创新中心，共引进近 120 家新型研发机构，近 1500 人的高层次人才，约 300 亿元规模的创投资金，启动了 20 余项重大产业技术创新项目。

（三）建设理念

江苏省产业技术研究院的建设理念独具特色，具体分为四个方面[①]。

第一，坚持一个方向。江苏省产业技术研究院以构建技术创新的市场导向机制为自身方向，坚持课题来自市场需求，成果交由市场检验，绩效通过市场评估，财政支持由市场决定，充分发挥市场对技术创新研发方向、路线选择、要素价格、各类创新资源要素配置的导向作用。

第二，突出两大功能。江苏省产业技术研究院把服务中小企业和突破产业共性技术问题作为自身的两大主要功能，开展合同科研、技术转移、国际交流等专业化服务，完善技术服务体系和开放性研究平台，为中小企业发展提供技术支撑。面向产业转型发展需求，创新科研组织机制，加强分工协作和统筹推进，集中突破共性、关键性和前瞻性技术，引领产业向高端、前端攀升。

第三，引导三类资源。江苏省产业技术研究院重点依托高校优势学科与创

① 根据实地调研成果及被访谈机构提供的资料整理。

新平台、科研院所研发力量以及海内外高层次人才等优质资源，加强产业研发力量统筹布局。通过创新体制机制，建立主要由市场决定技术创新项目和经费分配、评价成果的机制，引导三类资源服务中小企业和产业创新发展，使江苏省产业技术研究院成为高水平研发机构的共同体、高层次人才的集聚地和人才创业的缓冲带。

第四，实施四项改革。江苏省产业技术研究院不设行政级别，实行理事会领导下的院长负责制，完善法人治理结构，探索构建新型科研院所管理体制；借鉴美国国防部高级研究计划局的项目管理经验，改革财政科技资金的使用方式，推行项目经理制，由项目经理组织产业重大技术攻关；探索民办公助的社团法人管理模式，以会员制形式吸纳符合条件的独立研发机构加盟成立江苏省产业技术研发协会，根据研究所业绩给予必要的运行补贴和项目支持，进一步理顺政府和社会组织的关系，激发社会组织的活力；推进知识财产权分配制度改革，健全技术创新的激励机制，创新商业模式，大幅提高创业创新者在成果转化收益中的分配比例，促进科技成果的资本化、产业化。

二、促进科技与经济融合的典型做法

江苏省产业技术研究院及其下属研究所的核心业务主要包括技术研发、产业发展、资源集聚、技术转移四大方面。其中，技术研发主要包括纵向科研、合同科研、二次开发三种形式；产业发展中则强调与市场经济对接的项目经理制度；集聚全球范围内优质创新资源；并通过建设技术交易市场来打造集技术转移服务、知识产权服务、科技金融服务等为一体的完整链条。

（一）技术研发

江苏省产业技术研究院要求其下属研究所应具有国内领先的创新水平，主要体现在承担纵向科研的能力上。研究所牵头承担国家和省级科技计划项目数量、财政到账经费，获得省级以上科技奖项，取得发明专利等自主知识产权，均明显高于省内相同领域的科研机构，在国内甚至世界上处于一流水平。江苏省产业技术研究院总院对研究所承担的纵向科研项目进行统计，核实后作为研究所绩效考核的依据。江苏省产业技术研究院总院可作为项目主管部门，统筹组织各专业研究所申报省科技计划项目。

同时，江苏省产业技术研究院要求其下属研究所应具有比较突出的服务绩效，主要体现在承担合同科研的能力上。研究所主要面向企业和市场需求，向江苏及省外企业提供技术开发、技术转让等合同科研服务，具有优秀的服务业绩，并积极利用自有技术创办衍生企业和利用高水平的技术服务平台孵化企业。江苏省产业技术研究院总院对研究所开展的合同科研项目进行统计，核实后作为研究所绩效考核的依据。研究所与企业签订的技术合同可在江苏省产业技术研究院技术交易市场进行登记，按照有关规定享受税收等优惠政策。

二次开发项目为江苏省产业技术研究院总院和各研究所的重点工作，主要是由研究所面向市场需求和产业发展，结合自身重点研发方向，为研发出接近市场应用的中试产品、工程设备样机、成套生产工艺和整体技术方案而开展的项目。二次开发项目着力突破产业关键核心技术，优先转化来自研究所举办人的基础研究成果，在此基础上，通过购买等方式引进或转化其他高校、科研院所的基础研究成果。二次开发项目应建立面向市场的导向机制，主要从以下几方面体现：一是需求来源广泛。通过研究所原有渠道、总院技术交易市场、科技镇长团等方式，广泛征集二次开发项目需求。二是研发规划精准。研究所应加强二次开发项目工作的整体规划，通过研发规划、产业调研等形式，推动二次开发项目的系统、持续发展，并鼓励开展与江苏省优势产业吻合度比较高的基础研究成果的二次开发项目。三是项目组织灵活。二次开发项目探索实行项目团队、项目公司等多种形式，并通过项目经理制进行管理。研究所应进行完善的机制设计，保证原始技术转移的清晰、股权分配的规范、项目经理职责的明确等。四是承接渠道通畅。二次开发项目在立项、组织、实施的全过程中应充分考虑未来成果的承接渠道，通过在适当的时期征求产业意见、引入企业参与，保证研发出企业和产业真正需要的技术与产品，以利于成果快速转化和增值。

（二）产业发展①

江苏省产业技术研究院的产业发展遵循“弹性、现实性、可操作性”原则，以具体、清晰的战略规划为总院在全省产业领域布局、项目经理遴选、重大项目组织提供参考，为专业研究所的研发方向提供依据。

在队伍建设方面，与省内战略研究机构加强合作，以专业研究所战略规划人员为主体，成立产业技术规划研究编制队伍；通过产业技术研发协会组织产业发展与技术研发交流活动，为规划提供产业发展方向建议及技术研发需求。

在主动对接方面，以中国工程院“苏南制造 2025”战略规划编制为契机，围绕云计算、大数据和物联网等 15 个重点领域，编制产业发展路线图，为江苏省制造业战略纳入国家战略提供支持；对新材料、新能源等重点产业开展战略研究，

① 根据实地调研资料并结合相关文献整理。

为全省产业技术创新提供咨询服务。

（三）资源集聚

江苏省产业技术研究院围绕打造“世界有影响、全国最前列”产业技术研发组织的目标，积极探索提升国内外创新资源整合能力。在国内围绕各专业研究所核心需求，加强与高校、科研院所、研发机构的联系，针对性挖掘人才团队和原创技术成果，同时面向海外开展形式多样的国际合作，引进创新资源到江苏进行合作开发。

江苏省产业技术研究院与国内外一流高校合作。例如，与哈尔滨工业大学、四川大学、天津大学、华中科技大学、电子科技大学签订战略合作协议，共建高校技术转移中心江苏分中心，并在人才柔性引进、产业技术研发、共建产学研创新基地等方面实施具体措施。与澳大利亚八大名校之一的蒙纳士大学（QS 世界大学排名 67 位）签署战略合作备忘录，重点围绕该校药剂与药理学（全球排名第 21 位）、化学工程（全球排名第 22 位）等优势学科领域开展合作，推动澳大利亚创新资源集聚。此外，江苏省产业技术研究院还与香港城市大学、新加坡国立大学和斯坦福大学进行不同领域和程度的合作。

江苏省产业技术研究院还与专业研究所进行战略合作。通过创新的体制机制，打造一流的研发平台和一流的研发队伍，以需求为导向进行共性关键技术研发，以产品为目标汇聚创新成果进行二次开发，以企业为对象开展高质量合同科研服务，通过衍生企业、孵化企业和服务企业实现技术成果产业化，为江苏产业转型升级提供有力支撑。

江苏省产业技术研究院引进了国内产学研复合型人才和国际战略科学家人才。立足江苏省战略性新兴产业领域，面向国内顶尖高校院所和行业龙头科技企业，引进产学研复合型人才。通过聘请来江苏省产业技术研究院及专业研究所工作、聘任为江苏省产业技术研究院项目经理、联合申报国家和省重点项目、重大活动特邀参与、定期组织产业技术国际会议等形式，充分发挥优秀人才对江苏省产业转型升级的推动作用。

江苏省产业技术研究院还集聚了国内外基础科研成果。充分发挥各类国内创新成果集聚平台作用，建立国内产业技术研究成果信息库。重点促成具有自主知识产权、市场前景广阔的原创性研究成果进行二次开发。利用省“科洽会”暨省产研院技术转移对接会等契机，深化与国内重点高校院所和科技型企业的深度合作，打造国内知名的基础科研成果二次开发和产业化特色平台。同时，充分发挥各类海外资源集聚渠道作用，收集全球范围内江苏省重点产业领域的原创性研究成果信息，建立全球产业技术研究成果信息库。加强与国际知名的跨国技术转移机构联系，围绕江苏省产业基础较好、企业需求量较大的专业领域，引导江苏省高水平产业技术研发机构和龙头企业迅速融入全球技术成果交易市场。

江苏省产业技术研究院进行了海外研发机构建设。依托设立在美国硅谷的创源 InnoSpring 孵化器为实体，建设江苏省产业技术研究院（北美），打造省产研院在北美区域的工作平台，成为江苏省在北美区域展开创新工作及合作交流的重要窗口，为北美的创新企业、人才、项目到江苏省产业技术研究院进行应用研发以及商业化提供支持与服务。①

（四）技术转移

江苏省产业技术研究院为了促进技术转移工作，建设了技术交易市场。技术交易市场是一个整合多方资源建设的以大服务模式运行的合作、开放平台。技术交易市场通过线上、线下平台，致力于打造集技术转移服务、知识产权服务、科技金融服务等为一体的完整链条，加速科技成果转化，引领产业创新发展，推动产业转型升级。

“苏技 e”是江苏省产业技术研究院技术交易市场集技术转移服务与电子商务为一体的在线技术交易平台，“苏技汇”是江苏省产业技术研究院技术交易市场着力打造的线下服务品牌，寓意为人才、技术、资本等创新资源的汇聚、融合、共赢。每月通过举行技术对接、主题沙龙和项目路演三大品牌活动，集聚资源，精准对接，促进合作，加快技术转移和成果转化，实现“市场驱动创新、技术对接资本”的愿景。

三、促进科技与经济深度融合的经验

（一）容错机制

江苏省产业技术研究院的成立得到了省委、省政府的重视和大力支持，“他们（省委、省政府）认为思想要解放，要不然的话做这件事的时候还是有难度的”②，因此，成立之初省委、省政府就给研究院确定目标，明确研究院作为江苏科技体制改革的试验田。同时，省委办公厅印发《关于建立容错纠错机制激励干部改革创新担当作为的实施意见（试行）》，以条例的形式进一步明确了容错机制。

① 江苏省产业技术研究院：http://www.jitri.org/ziyuanjiju.html[2020-12-03]。
② 课题组赴江苏省调研，2017 年。

（二）一所两制

江苏省产业技术研究院创新管理体制，专业研究所实行一所两制（图 12-1），即分别对人事关系仍处于科研院校的研究人员采用事业单位管理制度，对招聘的专职从事二次开发的研究人员实行市场化的考核机制。一所两制的改革释放了科研人员的创新活力，大大促进了高校、科研院所研究人员创新成果向市场转化；同时，一所两制也有助于研究院协同政府和市场两种资源，以市场需求促进技术创新，以政府资源保障持续发展。

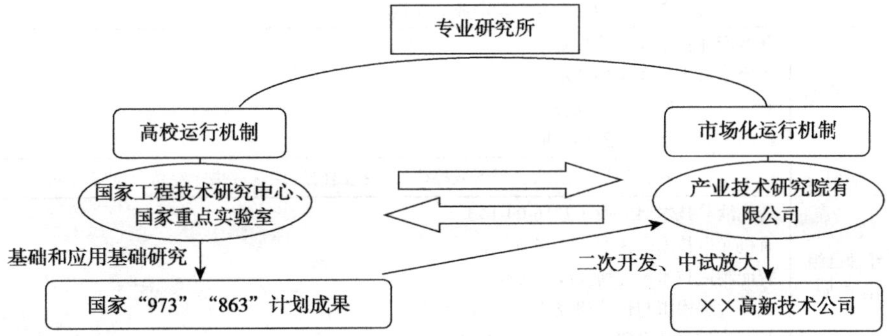

图 12-1　一所两制示意图

资料来源：江苏省产业技术研究院官方网站

（三）合同科研

江苏省产业技术研究院改革了财政科技资金的支持方式，突破传统的财政资金补贴方式，不再按项目分配固定的科研经费，而是根据专业性研究所服务企业的科研绩效来决定经费的分配方式，通过实施合同科研管理机制来引导和加快专业性研究所与市场需求对接的步伐。专业性研究所的科研绩效分别由纵向科研绩效、衍生孵化企业绩效等方面构成。

（四）项目经理制

首先，江苏省产业技术研究院推动财政资金使用方式创新，围绕产业需求，以市场化方式和国际化视野，全球招聘“具有较高的知名度和影响力，是国内外相关产业和技术领域中一流的领军人才”，组织实施集成创新项目（表 12-1）。其次，在领军人才和团队引进后，赋予领军人才（项目经理）自主组织团队、申请课题、决定经费分配的权力。目前，通过实施项目经理制，已成功组建有机光电技术研究所、脑空间信息技术研究院等五个研究所。科技项目组织模式的创新有效促进了科研院所由“跟跑”向“并行”，再到“领跑”的转变。

表12-1　项目经理的选拔制度、职责及其已建研究所情况

项目情况	具体内容
基本条件	（1）具有较高的知名度和影响力，是国内外相关产业和技术领域中一流的领军人才 （2）具有战略眼光，能够准确研判和把握产业技术发展方向，在战略必争领域和前瞻性领域布局实施产业重大研发项目 （3）具有突出的整合资源的能力，能够有效集成各类创新资源和要素，促进重大科技成果转化，创办科技型企业 （4）具有丰富的组织实施重大科技项目的经验，能够集聚高层次创新创业人才及团队，开展重大基础研究成果的二次开发及产业关键核心技术的联合攻关
基本任务	开展产业技术发展战略研究 集聚一流人才和顶尖技术 筹建专业研究所或研发公司 组织实施产业重大原创性项目
职责权利	赋予项目经理组织研发团队、开展战略研究、提出研发课题、决定经费分配等方面的自主权
项目经理已组建的研究所	智能液晶技术研究所（2016-04-14） 有机光电技术研究所（2016-07-13） 智能制造技术研究所（2016-08-10） 工业过程模拟与优化研究所（2016-09-22） 脑空间信息技术研究院（2016-10-08）

资料来源：江苏省产业技术研究院官方网站

（五）有限公司制度

江苏省产业技术研究院有限公司是按照“市场化导向、公益性职能、企业化运作”的思路，由江苏省产业技术研究院全资设立的。它是一个独立的企业法人，从而形成了事业法人与企业法人互补运行、公益性职能和市场化手段相互促进的发展模式。江苏省产业技术研究院有限公司以打造“研发”产业和推进“技术”商品化为目标，通过市场化运作和资本市场的手段，加速产业链、创新链和资金链的融合，集聚全球创新资源，全面提升产业技术研发能力，为产业转型升级和引领产业发展提供技术供给。表 12-2 列出了江苏省产业技术研究院有限公司的主要业务。

表12-2　江苏省产业技术研究院有限公司的主要业务

主要业务	具体内容
专业研究所投资	投资现有专业研究所，或通过出资与地方共建新研究所等方式，利用资本纽带加强与优秀专业研究所的联系。通过专业研究所合同科研、技术转让、技术入股等形式，实现技术升值收益
海外平台投资	根据江苏省产业发展需求，在海外设立研发平台，利用当地人才、技术资源，开展早期技术成果的二次开发，通过技术转移，实现海外技术的升值收益，使海外创新资源成为江苏省产业创新的重要源泉

续表

主要业务	具体内容
专业园区投资及运营	围绕产业需求，投资运营依托专业研究所建设的专业科技园区，加速技术关联和产业链上下游企业在专业园区的集聚，形成产业集聚效应，实现衍生和孵化企业的技术升值收益
技术交易平台投资及运营	充分利用市场机制开展技术成果、知识产权的运营和交易，通过技术贸易、技术投资、技术转让实现技术资源的流动与增值
管理研发投资引导基金	研发投资引导基金拟由江苏省产业技术研究院围绕自身职能定位发起，以市场化方式运作，重点关注产业技术研发阶段。主要投资方向：一是江苏省产业技术研究院引进到各研究所的二次开发项目；二是各研究所孵化成熟的即将产业化的项目；三是管理研发投资引导基金作为母基金，参股下属各研究所专业基金；四是与国内外风险投资机构进行联合投资，吸引优质创新成果到江苏落地

资料来源：江苏省产业技术研究院官方网站

（六）典型案例

目前，江苏省产业技术研究院采用“加盟+直营”的扩张方式组建下属的专业性研究所。其中，“加盟”方式是由江苏省内产业技术研发机构通过向产业技术研究院申请加盟，经审定通过后与总院签署加盟协议。目前，江苏省产业技术研究院在已有研发机构基础上不断进行机制创新，实现并完善共建制，改制了华中科技大学无锡研究所等旧所，还与行业领军企业积极合作帮助其转型升级，涉及主体性质范围包括地方政府、事业单位、国有企业、民营企业以及外资企业。

1. 共建制研究所的建所形式

共建制研究所的建设一般是多方共建（三/四方）、多元投入（地方为主）、混合所有、团队为主，其中团队需要投入现金参与建所。

以智能液晶技术研究所为例，该研究所于 2016 年 4 月 14 日由江苏省产业技术研究院、常熟市人民政府以及项目经理薛九枝团队三方共建，其法人单位江苏集萃智能液晶科技有限公司于 2016 年 5 月 26 日注册成立。

在资金方面，将地方投入的一部分资金用于科研资产设备的投入并放在研究所之外，做成一个公共服务平台，供研究所进行管理和使用。同时，共建方成立一个运营管理公司，进行研究所的运营管理，团队出 70%的注册资本金，产业技术研究院与地方政府出 30%的资金，常熟地方政府再安排 500 万元营运管理费，共支持 5 年，总额为 2500 万元。另外，常熟地方政府还提供研发流动资金，每年提供 1500 万元，作为项目研发投入的支持，若 5 年以后研究所能够独立发展，政府则不再投资。最后产业技术研究院提供 2000 万元资金支持，其中 1000 万元是建设经费，可以用于引人、买技术，也可以去买设备。其余 1000 万元作为项目经费，采取的不是直接拨款方式，而是拨改投、先拨后投、后转股，支持团队来做项目研发，若失败，则不追究责任；若成功，则转成股权。

在分红方面，江苏省产业技术研究院要求研究所在 5 年之内不进行分红。研究所每年的研发流动资金是 1500 万元，5 年总共 7500 万元，再加上江苏省产业技术研究院支持的 1000 万元，合计 8500 万元，5 年后超出 8500 万元的部分可以拿出来分红。

研究所的定位是围绕市场需求做市场产业需要的项目。截至 2017 年，智能液晶技术研究所已经有 5 个企业，4 个已经完成注册，有一个正在签协议，效果显著。

2. 加盟制老研究所的改制

在江苏省产业技术研究院合作共建的 35 家研究所中，有 23 家研究所为加盟制研究所，这些加盟制研究所大多是地方和学校共建的，地方与学校各占 50%，有明显的国有背景，这种机制导致研究所的教授没有充分的积极性，并不利于研究所的发展。为了调动研发人员创新的积极性，江苏省产业技术研究院大力推动这类研究所的所有制改革，目前华中科技大学的无锡研究所改成了由一个运营管理公司来运营，其中团队占 60%、华中科技大学占 15%、无锡惠山区占 15%、江苏省产业技术研究院占 10%的结构。在这样的所有制结构下，科研团队的回报直接与研究所的绩效挂钩，团队的积极性也就更高了。

3. 与行业的领军企业共建研究所

在建设新的研究所过程中，江苏省产业技术研究院发现省内还有一些行业的龙头企业也有这方面的需求，为了满足它们的需求并引导它们更加注重创新，江苏省产业技术研究院与行业的领军企业、地方政府一起来建设。这是一种新的模式，即与行业的领军企业共建研究所，这种模式下的研究所并不是只为这一个领军企业服务的，也不属于这个领军企业，而是一个多方共建的、开放的、为整个产业服务的研究所。

1）徐工集团——机械行业

徐工集团是一个国有企业，拥有自己的研究院，研究院下设 8 个研究所，共 400 多人。受限于国有体制的制约，其科技人员的活力无法完全释放出来，易被国外工程机械类的大公司挖走。因此，徐工集团急需一个新的模式，同时徐工集团也在考虑产业转型。之前徐工集团偏重于机械制造，在向高速公路维修方面转型，因此徐工集团与江苏省产业技术研究院成立了道路工程技术研究所，为徐工集团自身的转型提供服务，形成了“制造+工程+服务”的新发展方式，同时也帮助企业做一些在国有体制下无法开展的工作。

2）沙钢集团（张家港）——钢铁行业

沙钢集团是张家港规模非常大的民营钢铁企业，张家港每年40%的财政收入来自钢铁。尽管沙钢集团是民营企业，但是其管理模式与国有企业类似，内部研发人员自主做事空间非常小，创新受到很大的制约。同时，民营企业吸引高层次合作方难度很大。因此，江苏省产业技术研究院、张家港地方政府、沙钢集团与团队方共建了江苏冶金技术研究院。

3）悦达集团——汽车行业

悦达集团是盐城与韩国起亚汽车集团合资（中方相对投入更多）的国有企业，该集团面临向新能源汽车转型发展的需求，因此与江苏省产业技术研究院共建了相关研究所。

沙钢集团、悦达集团共建的研究所与过去建所方式还有一个不同点是，过去建所是先选人后建所，而与这两个集团共建的研究所是先建所后选人。两者的区别在于先建所一般是地方已有明确需求（定制），而先选人后建所的一般先进行团队路演，有需求再建相应的研究所。

四、促进科技与经济深度融合中面临的困难

江苏省产业技术研究院在建设之初便受到了上级的高度重视，省委、省政府大力支持，也被作为科技体制改革的“试验田”，省委、省政府甚至专门出台政策进行扶持，鼓励其先行先试，同时，下级财政部门也放宽了约束，使其相对自由地发展。在机制上，江苏省产业技术研究院为独立法人，便于分清权限，以避免后续不必要的纠纷。然而通过调研，也了解到江苏省产业技术研究院在发展过程中面临一些困难，如江苏省产业技术研究院的领导认为二次开发项目为江苏省产业技术研究院总院和各研究所的重点工作，该项工作的顺利开展需要与国外的科研机构、公司展开密切的合作，在实操上，江苏省产业技术研究院也因外汇的严格管制从而在发展上受到一定的制约，面临“钱出不去、好项目被抢走”的局面，所以江苏省产业技术研究院也希望国家外汇管理部门能够考虑到研发机构的相互合作所带来的外汇管制问题，为跨国科研合作减少障碍。未来江苏省产业技术研究院将继续加强与国外的合作，拟通过在香港设立公司等形式解决此类问题。

五、进一步讨论

在“市场化导向、公益性职能、企业化运作”总体思路下，江苏省产业技术

研究院突破体制障碍，形成了“事业法人与企业法人互补运行、公益性职能和市场化手段相互促进”的发展模式。通过市场化运作和资本市场的手段，加速产业链、创新链和资金链的融合，集聚全球创新资源，全面提升产业技术研发能力，为产业转型升级和引领产业发展提供技术供给。江苏省产业技术研究院的建设经验对其他地区促进科技与经济融合具有以下启示。

一是创新管理体制，搭建起产学研交流的桥梁。受评价机制、管理体制等方面差异的制约，高校科研成果的市场转化仍存在一定障碍。然而，这一状况在短期内难以改变。对此，通过构建新型研发机构，搭建起二者之间的桥梁则成为可行路径之一，如江苏省新建立的产业技术研究院，很好地协调了政府和市场两种资源，搭建起了高校、科研院所的科技创新与企业的市场转化之间的桥梁。

二是建立容错机制，解除创新主体的责任顾虑。受管理体制等方面的约束，创新主体在进行体制机制改革时往往面临国有资产流失等方面的责任顾虑，现行条件下，解除创新主体的责任顾虑是进一步发挥创新主体主观能动性的一大制度保障，建立容错机制，允许创新主体不断试错，是可行路径之一。在江苏省产业技术研究院的建设经验中，容错机制给予了研究院创新创业的信心和积极性，也为研究院财政经费使用、管理体制改革、运营体制创新等一系列举措提供了有效支持，成为后续改革和创新的铺垫。

案例 2　中科院苏州纳米所促进科技与经济融合的经验及启示

中科院苏州纳米所以苏州工业园区国内领先的纳米产业链为依托，组建专业化、一体化的公共技术服务平台，促进前沿学科交叉，服务纳米产业链的科研创新；引进大院大所发挥创新引领作用，形成协同效应和集聚效应；成立技术转移中心和全资资产管理公司，服务于科研人员的知识产权和成果转移转化管理工作；为创新创业构建全方位的配套政策体系，提供政策保障；以联盟为载体，集聚资源，推动区域纳米技术产学研合作。

一、基本情况

中科院苏州纳米所是中国科学院、江苏省人民政府、苏州市人民政府和苏州工业园区共同出资建设的国家级科研机构，旨在为我国现代制造业与高新技术产业发展不断提供新的知识与技术，发挥国家研究机构的骨干与引领作用。中科院苏州纳米所将纳米科技与信息科学、生命科学、物理以及化学等学科结合起来进行学科交叉，实现了纳米技术到其他技术的高效过渡。此外，为更好地集聚中科院及国内外科技创新资源，服务产业技术创新，中科院还依托苏州纳米所，与苏州地方政府合作成立了中科院苏州产业技术创新与育成中心（以下简称育成中心）。育成中心作为吸引中科院项目到苏州工程化、产业化的平台，负责技术项目引进、项目孵化与整合，搭建工程技术平台，推进产学合作、投资与中介服务、创业培训和技术培训。

二、促进科技与经济深度融合的经验

（一）组建专业化和一体化的公共技术服务平台

中科院苏州纳米所通过建立科研与产业紧密结合的转化平台——纳米加工平台、测试分析平台、纳米生化平台，加速形成知识创新、技术创新和产业化相融合的创新体系。截至 2017 年调研中期，中科院苏州纳米所拥有的三个平台累计服务机时达 40 万小时，总服务额超过 2 亿元，培训人员达 1.4 万人次。在不断完善现有的公共服务平台的基础上，中科院苏州纳米所继续拓展服务领域，提升支撑和服务能力，集聚中科院电子学研究所、中科苏州地理科学与技术研究院、大连化学物理研究所等 10 余家科研院所来苏设立实体平台，中科院在苏州人员规模达到 3000 人。

中科院苏州纳米所的公共服务平台将纳米科技与信息科学、生命科学、物理以及化学等学科结合起来进行学科交叉，发挥国家研究机构的骨干引领作用，在纳米技术、生物医药、电子信息等领域形成系列平台群，涵盖从研发、小试、中试放大到生产报批创新链的全流程、专业化、一体化的平台服务体系，面向纳米科技前沿，服务高端创新团队，产出重大原创成果（图 12-2）。

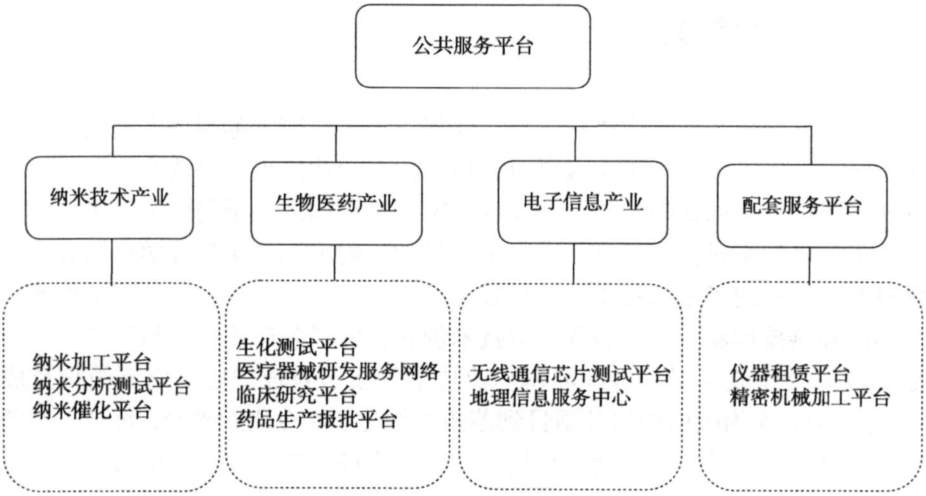

图 12-2　中科院苏州纳米所公共服务平台建设

资料来源：中科院苏州纳米所官方网站

（二）设立育成中心引进大院大所

依托中科院苏州纳米所，中国科学院院地合作局与苏州工业园区管委会于2009年共同建成育成中心。作为连接中国科学院与苏州工业园的平台载体，育成中心通过吸引全院各研究院所在苏州设立分所或成果转化中心，重点围绕纳米技术、生物医药、电子信息等领域，充分发挥各所协同创新和集群创新功能，带动区域产业发展。目前引进了包括大连化学物理研究所、中科院药物创新研究院、中科院电子学研究所、兰州化学物理研究所在内的4个所级平台，总投入将超过30亿元。此外，还引进了中德纳米器件中心这1个国际技术转移中心。育成中心还充分发挥天然协同创新平台优势，整合各方资源，鼓励企业与科研院所共建联合研发单元。目前成立的机构包括：中科院苏州纳米所-欧菲光柔性光电技术联合实验室、大化所飞翔集团共建的苏州新材料研究院等；目前育成中心也正在推动兰化所-华昌化工在纳米催化剂及相关技术领域共建研发实验室、药物所与保利协鑫能源控股有限公司合作共建苏州药物创新研究院。

在引进大院大所的同时，育成中心还探索了创新团队新模式，专门支持产业化前1~2年，尚处在产品研发阶段、经过培育能够对产业发展起带动和引领作用的项目团队，经费通过育成中心平台支持到团队，实行“拎包入驻”模式。育成中心以“创新团队”建设为抓手，承接上海国家综合科学中心的辐射效应、利用中科院在苏机构不断集聚优势、汇聚全中科院创新创业资源，充分挖掘人力资源和技术资源，培育了一批具有较大创新潜力，有望突破核心技术、提升产业水平、引领学科发展的优秀团队，遴选了一批具有产业化潜力，能产生显著经济和社会效益的重点项目，形成了科技成果转化"项目库"和创新创业"预备军"。目前，该模式已经取得了显著成效，培育了一批优秀项目及优秀领军人才。

（三）成立技术转移中心与全资资产管理公司

中科院苏州纳米所不仅鼓励科研人员依靠其科研成果进行创业，同时成立专门的技术转移中心和全资资产管理公司，服务于科研人员的知识产权和成果转移转化管理工作。

技术转移中心的主要职能是承担知识产权和成果转移转化管理工作，与产业界、企业保持紧密联系，深入开展市场新技术需求的研究，加强产业动态预测，把握产业转型和升级发展需求。

成立的全资资产管理公司为苏州纳方科技发展有限公司，负责研究所知识产权投资运营管理工作，代表研究所行使参股企业股权管理，为参股企业产业化发展提供协助和配套服务，促进参股企业产业化的良性发展。

技术转移中心与全资资产管理公司相互协调、互为补充，通过有效分配资源、激发科研人员的创新热情、解除科研人员的后顾之忧，共同促进了科技成果的转化工作。中科院苏州纳米所技术转移中心负责人介绍，"相当于技术转移中心以中科院苏州纳米所的主体作为投资获得股权，所获得的股权从法律上可用于奖励技术人员，因此，部分份额就奖励给个人；但是中科院苏州纳米所作为一个行政事业单位，不想自己占股，所以技术转移中心再把这一部分股权无偿划转到资产管理公司——苏州纳方科技发展有限公司。实际上技术转移中心多干一道活，就能通过这一道活避免法律风险，我们以后就按照此模式这么干"。

（四）构建全方位的创新创业配套政策体系

中科院苏州纳米所以市场需求和产业发展为导向，围绕纳米技术产业链部署创新链，促进产业链和创新链的高度融合，通过整合政府、企业、社会以及国内外各种资源，构建了全方位的配套政策支持体系，为科研人员创新创业提供了政策保障与支持。

在国家政策出台前，中科院苏州纳米所已经建立了"扶上马、送一程、走出去"的转移转化机制。"扶上马"指的是自公司成立起 3 年内，给予创业团队或人员与所内同等职位人员相同待遇，享受同样优惠的科研条件、平台资源，并减免公司房租；"送一程"指的是第一阶段后在 3 年内，房租由公司承担；"走出去"

指的是公司完全独立运行并逐步与研究所脱钩，研究所逐步以溢价房租方式推动公司逐步走向社会。通过该方式，中科院苏州纳米所先后孵化和培育 10 余家产业化公司，涉及新能源、新材料、半导体光电技术等科技含量较高、对产业链影响较大的高技术领域，为促进地方经济发展方式转变做出了较大贡献。

国家政策和中科院的配套政策出台后，中科院苏州纳米所又出台了有针对性的配套政策，具体包括以下三项：一是横向项目管理政策，即中科院苏州纳米所不再提取横向项目经费的管理费；给予除外协和购置固定资产之外部分 20%的匹配经费支持；年终考核时，横向项目经费按其总额的 4 倍计入业绩。二是收益分配奖励政策，即中科院苏州纳米所将知识产权和专有技术转让（许可）取得的现金净收益的 40%奖励给发明人团队；余下的 60%用作发明人团队的研发经费。三是无形资产投资政策，即中科院苏州纳米所允许知识产权和专有技术作价出资时，研究所获得的出资额或股权的 50%奖励给发明人团队。

此外，中科院苏州纳米所利用苏州政策、环境及产业优势资源，依托中科院苏州纳米所研发力量和人才资源，依靠公共服务平台的优势硬件，结合育成中心成熟的服务体系，专门成立天使基金，吸引有创新创业意愿的科技工作者，建设青年创业工场。中科院苏州纳米所给予有创新创业意愿的科技工作者的优惠政策还包括：提供基本办公条件的保证，提供专业技术导师的指导，提供具有多年行业经验的创业导师指导，配备专业设备及平台并提供操作指导，提供技术及商务公开课程，提供与专业投资机构、孵化器及创新创业大赛对接的平台，提供具有国际水平的行业学术交流平台，提供基本生活配套服务。

（五）创设技术创新战略联盟，发挥联盟的载体作用

中科院苏州纳米所以联盟为载体，有效集聚中科院苏州纳米所、科研机构、高校和企业在研发、中试、生产和目标市场等各方面的综合优势，面向纳米技术，创立专业联盟，同时积极参加其他联盟和协会，与产业链上下游企业结成战略合作关系，共同开拓新技术、新成果的应用市场，推动区域纳米技术产学研合作。

纳米所作为主要创导者，组织创立联盟 10 家，参与其他联盟或协会组织 7 家，牵头成立了成员单位达 140 余家的江苏省纳米产业技术创新战略联盟，并根据纳米产业的特征，重点组织了 4 个专业联盟，其中微纳加工与制造产业技术创新战略联盟于 2013 年被批准为科技部国家产业技术创新战略试点联盟，充分发挥了中科院苏州纳米所在国家战略性新兴产业发展及产业转型升级中的创新引领作用，提升了纳米技术产学研合作效率，促进了科技与产业发展的深度融合。

中科院苏州纳米所作为主要创导者，组织创立联盟 10 家，参与其他联盟或协会组织 7 家，充分发挥了其在国家战略性新兴产业发展及产业转型升级中的创新引领作用，提升了纳米技术产学研合作效率，促进了科技与产业发展的深度融合。

三、促进科技与经济深度融合中面临的困难

中科院苏州纳米所与育成中心在促进科技与经济融合的过程中存在若干困难，主要包括以下方面。

第一，中科院苏州纳米所作为国有单位，在投资具体项目或公司时会获得股权，而且大多为小股权，目前国家政策对国有资产管控较严，尤其在防止国有资产流失方面更为严格。此外，股权处理的审批流程较长，这给中科院苏州纳米所在这一方面的工作带来了挑战。

第二，科研人员积极性的调动问题。为了充分调动科研人员及研发团队的积极性，就需要给予科研人员和团队与研发绩效相挂钩的回报，中科院苏州纳米所也希望上级政府在保证国有资产得到有效利用的情况下，进一步放宽科研成果回报分配政策，从而充分调动科研人员的研发积极性。

四、启示

大型科研院所具有更强的创新体系、创新能力，在地区科技创新资源相对缺乏的情况下，积极引进大院大所，是目前中国很多地区在促进地区科技创新和产业发展中常用的方法。苏州市在大院大所引进中，充分发挥大院大所的引领作用，不仅服务于区域产业发展，大院大所之间也形成了有效的协同创新和集群创新效应，提升了区域创新能力；同时，通过构建科技创新公共技术服务平台，吸引高科技企业尤其是中小高科技企业的入驻，有效发挥了企业集群在提升本地企业科技创新能力中的积极作用。中科院苏州纳米所的建设经验对于其他地区促进科技与经济融合具有以下两点启示。

一是明确地方产业发展重点方向，引进高科技创新主体时应切合地方经济发展实践。高科技企业的成长需要有良好的创新环境，地方的相关产业基础良好，不但可以成为吸引大院大所、高科技企业落户的资源要素，也为促进这些科研机构及企业保持持续创新能力提供了有效支持。因此，各地区在引进科研机构及高科技企业时，应紧密结合地区经济发展的实际情况，实现大院大所或创新型高科

技企业的精准引进。

二是搭建和利用好科技创新公共技术服务平台，促进中小科技企业创新。中小高科技企业是创新的重要主体，其活跃度高，创新力足。但是，中小企业往往在创新过程中会遇到较多的问题，如资金实力不足，难以购买大型的技术检测设备，而向其他部门寻求帮助则费时费力，增加交易成本。为解决中小企业面临的实际问题，政府可通过集中前期的财政资金投入，搭建科技创新公共技术服务平台，吸引高科技企业尤其是中小高科技企业的入驻；在此基础上，形成本地产业发展集群，并通过政府科技主管部门的积极协调，发挥好企业集群在提升本地企业科技创新能力中的积极作用。

案例 3　深圳清华大学研究院建设科技创新孵化体系的经验与启示

深圳清华大学研究院作为广东省首家新型研发机构，建院以来一直积极探索如何将科研成果转化融入企业孵化，并取得了显著成效。

一、基本情况介绍

深圳清华大学研究院建于 1996 年 12 月，是深圳市政府和清华大学共建的并采用企业化方式运作的事业单位，双方各占 50%股份，深圳清华大学研究院实行理事会领导下的院长负责制。深圳清华大学研究院拥有多个国家重点实验室（中心）分室、省部级实验室、市级实验室，拥有两院院士、973 首席专家、专职研发人员各层次人才，科研投入超过 6 亿元。深圳清华大学研究院首创“四不像”的理念，“既是大学又不完全像大学；既是科研院所又不完全像科研院所；既是企业又不完全像企业；既是事业单位又不完全像事业单位”。在发展战略上，深圳清华大学研究院采用“四三二一”战略，具体包括“四个加强”，即加强与清华大学的纽带联系、与政府的互动、与金融的结合、与国际的合作；“三个重点”，即重点人才、重点项目和重点园区；“两个关系”，即开拓发展与规范管理的关系，集体利益与团队激励的关系；“一个核心”，即体制机制创新。深圳清华大学研究院有四个主要发展目标：一是推出一大批拥有自主知识产权、面向市场的科技成果；二是加速科技成果的转化；三是培育高科技创业企业；四是培养高层次人才[①]。

深圳清华大学研究院在发展理念中明确提出了四个结合：一是学校与地方相结合，体现在深圳清华大学研究院依托清华体系资源，通过拓展与其他高校、科研机构、海内外科技资源的对接，服务深圳与珠三角地区的产业发展；二是研发与孵化相结合，体现在深圳清华大学研究院采用 “技术项目—创业企业—成长企业—成功企业”的全方位孵化模式；三是科技与金融相结合，体现在深圳清华大学研究院组建了深圳市力合创业投资有限公司（以下简称力合创投），力合创投从建立至今，已创办、孵化和投资多家上市公司；四是国内与海外相结合，体现在深圳清华大学研究院不仅致力于国内科技资源的转化，还设立了北美（硅谷）、美东（波士顿）、英国、德国、以色列和俄罗斯 6 个海外实体创新中心来从事国际技术转移、国际企业孵化、海外团队引进工作，在促进国外先进科技成果在国内落地生根的同时，也将国内的优势科技项目推向国际。运行至今，深圳清华大学研究院在国家、省部级奖项、专利申请、孵化企业及培育上市公司方面，均取得了丰硕成果。

截至课题组调研时间 2018 年上半年，深圳清华大学研究院自主创新孵化体系实现了研发平台、人才培养、投资孵化、科技金融、创新基地和国际合作的六大板块互动发展。深圳清华大学研究院对内实行企业化管理，激励与约束机制实现有效互动；对外遵循市场化运作，实现深圳清华大学研究院、企业、政府三方共赢，已取得了良好的经济和社会效益[①]。深圳清华大学研究院六大板块互动发展关系如图 12-3 所示，其中，研发平台是深圳清华大学研究院的核心部门，宽带通信研究所等分别下设多个实验室和研发中心，这些平台均依据深圳市及国内外科技、产业发展趋势和企业需求而设立。此外，研发平台还包含若干分析测试平台和公共技术平台。人才培养平台中包括博士后工作站、研究生实践基地、企业家培训中心。投资孵化体系则由力合创投（总部创新平台）以及珠海、佛山、东莞创业中心构成。科技金融体系中包含科技担保、科技小贷、融资租赁三项主要业务。创新基地包含了深圳清华信息港、珠海清华科技园、数字信息产业园、力合佛山科技园、力合顺德科技园、力合清溪科技园。国际合作体系中包含了北美、欧洲、俄罗斯、德国、以色列等多个海外中心。六大平台通过技术、人才、资金和载体的有效对接，形成了“科技项目—创业企业—成功企业”链条，深圳清华大学研究院可以从企业上市、被并购或者独立发展中获得回报。

① 根据实地调研成果及被访谈机构提供的资料整理。

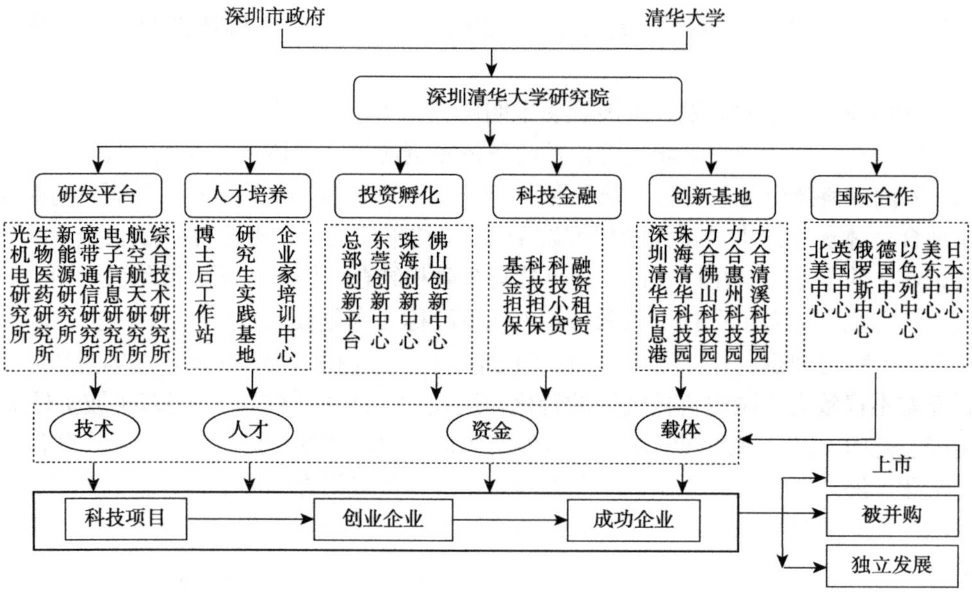

图 12-3 深圳清华大学研究院自主创新孵化体系

资料来源：深圳清华大学研究院现场调研

二、促进科技与经济深度融合的经验

（一）采用“把科技创新当饭吃”的机制，激发科研人员的创新动力

研究院创新体制机制，在体制创新上，研究院是以企业化方式运作的事业单位，属于“四不像”的新型科研机构。体制上的“四不像”既能够使研究院兼具科研机构、事业单位、企业在科技成果产业化过程中的优点，又能够帮助研究院克服这四种体制（大学、科研院所、企业、事业单位）在实现科技成果产业化过程中的弱点，从而能够打通“技术—企业—产业”这一技术产业化链条。在机制创新方面，研究院主要进行了项目决策、投入、用人、激励四方面的创新。在项目决策机制上，研究院让技术专家和投融资专家等专业人士共同参与项目判断，在进行决策时增加市场与收益的考量，即通过相关领域专家以专业视角对项目的市场前景进行判断，让项目在一开始就具有市场应用前景的属性，从而保证项目研发成功后能够真正在市场上创造价值；在投入机制上，研究院无财政拨款，完全依靠市场，滚动发展，具体表现为深圳市政府在研究院建立之初仅提供了免费办公地点，未给予资金支持，研究院的运营与发展经费均来自自身，研究院通过下设的力合集团形成造血机制，以分红等形式反哺研究院，促进研究院的不断发

展与壮大；在用人机制上，研究院除极个别院领导有事业编制外，其余人员均无事业编制，采用全员聘用的方式，具体表现在研究院仅有包括院长在内的 5 名人员具有清华大学编制，其余 200 余人均为聘用制；在激励机制上，研发团队可以分享技术股权，管理团队则合法持有股权，具体来看，研究院在绩效管理上不唯学历，学历仅会在较低程度上影响基础工资，而基础工资在科研人员的总体薪酬中占比较低，科研人员的总体薪酬水平主要来源于绩效奖励，该部分完全根据科研人员的科研成果在市场中创造的价值来进行绩效考核。研究院鼓励研发团队通过联合研发等形式进行技术入股，如可依托自有科研人员和平台，通过引进外来技术对有明确的市场需求的研发项目进行共同研发。待研发成功后，由原有研发团队与研究院共同分享研究成果，比如分配机制可以按照国家的标准来实行，70%给原有研发团队，30%给研究院与自有研发人员。若组建公司，研究院也允许自身研发人员“跟项目走”，这种灵活的形式极大地激发了研究院研发人员的科研热情。同时，研究院允许自身管理人员在一定比例内对科研项目进行投资，享受项目增值后的收益。总体而言，研究院采用的是一种“把科技创新当饭吃”的机制，没有创新和产业化，研究院的实验室就无法立足，相关研究人员收入也会受到明显影响。通过这一系列市场化的运作机制，研究院有效地激发了科研人员的创新动力。

（二）建立市场化与专业化的公司平台，完善科技创新孵化体系建设

科技成果的转化离不开资金的投入，研究院在 1999 年 8 月联合社会资本创建了深圳市清华创业投资有限公司，该公司在 2015 年更名为力合集团，从而建立起一个完全市场化、专业化的公司平台，这一平台在研究院的创新孵化体系中扮演了重要角色。

力合集团促进科技与经济深度融合的成效明显。截至 2017 年底，力合集团共计引进和孵化了 1600 多家高科技企业，培育企业市值超过 1500 亿元，其中有 20 家在 A 股成功上市，20 家在新三板挂牌。力合集团为高校深度参与创新驱动发展战略实施探索出了一条成功的路径，成为引领科技创新服务行业的一面旗帜，并于 2015 年与深圳清华大学研究院一起荣获广东省科学技术特等奖。

在发展过程中，力合集团逐步建立了完善的科技创新孵化体系，形成了科技服务、科技金融、科技产业、创新基地、投资并购、国际合作等业务板块齐头并进、深度融合的良好发展格局。

科技服务板块是力合集团的重点发展板块。在科技服务方面，力合集团依托研究院与清华体系资源，通过拓展与其他高校、科研机构、海内外科技资源的对接，凭借集团各业务板块的体系化能力，开拓轻资产业务，为科研成果转化、科技项目孵化、科技企业成长、科技产业集聚、区域发展提供创新服务，具体的服务包括科研技术对接、知识产权服务、教育培训咨询、投后增值服务、孵化培育加速、科技园区运营、明星企业计划、创业团队培养、企业家俱乐部等，如图 12-4 所示。

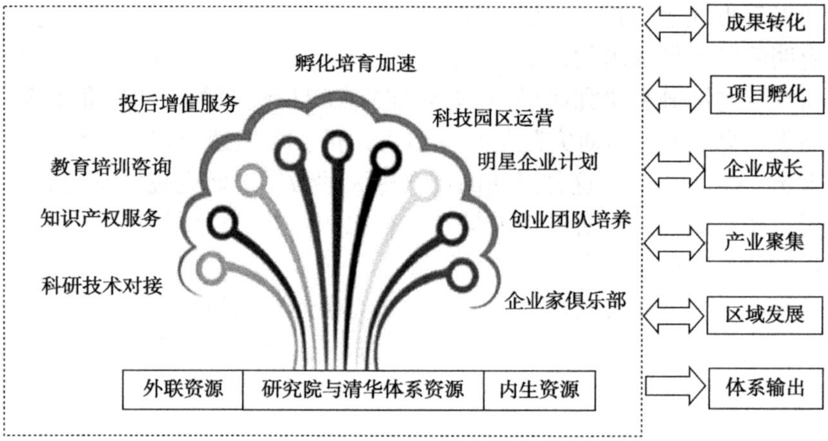

图 12-4　力合集团科技创新孵化模式

资料来源：深圳清华大学研究院现场调研

具体来看，力合集团具有以下有特色的运作模式。

（1）以清华大学、研究院及各地创新中心的科研平台为支撑，为高科技企业提供研发支持。一方面，力合集团与地方政府共建产业技术"逆创新"平台，通过政府出资引导、企业提出需求、高校研发创新的模式，实现产业创新需求与科技研发资源的有效对接，有效解决了科技与经济"两张皮"的问题，也为地方产业转型升级和科技创新发展提供了强有力的支撑。另一方面，力合集团与企业联合共建工程技术研究中心，解决中小微科技企业科研基础能力差、高端人才招聘难的问题，增强企业技术创新能力，加快技术研究和科技成果转化，结合企业的产品创新需求提供研发支持。十多年来，力合集团已与企业联合共建了 23 个工程技术研究中心，引进国际高端技术人才 30 余人，形成了近百项专利，有效地支撑了合作企业的快速发展。

（2）为高校深度参与创新驱动发展战略实施探索出了一条成功的路径。经过十多年的探索、总结和优化，力合集团逐步形成了以知识产权作价入股为主要路径的科技成果转化模式，打造了一支科技成果甄选、评估、谈判、服务的专业团队。自2015年《转化法》实施以来，极大地减少了高校、科研院所的科技成果转化障碍，因此科技成果转化也实现了迅速的发展。力合集团通过联合成立科技成果转化平台、设立科技成果转化基金等方式，把集团的成功经验和服务能力与其他高校和科研院所的特色学科与科技创新资源相结合，推动其科技成果转移转化和技术孵化，为地方科技创新发展和经济转型升级提供支撑。

（3）为科技型中小微企业提供全面的孵化服务，具体包括研发支持、技术转移、知识产权服务、金融支持、产业链服务、市场对接、管理咨询、人才招聘、教育培养、办公场地、国际合作等。

（4）帮助研究院进行知识产权管理，从而有效避免了科研成果划拨带来的一系列问题。例如，某公司需要研究院的技术，那么研究院拥有的这项技术要从技术变为现金，可以采取以下操作方式。首先该公司在融资的时候，要先与银行约定好，如5%的股权值500万元，该公司就释放5%的股权给力合集团，力合集团再用500万元去买5%的股权，同时该公司以从力合集团得到的500万元购买研究院5%的股权。从结果来看，研究院可获得500万元，力合集团获得了5%的股权，这样的处理方式有效避免了资产划拨的手续问题。若公司之后发行股份，研究院控股的力合集团拥有该公司股份的优先购买权利，相当于享有优先投资机会。

（三）采用灵活的项目组织形式，推动项目研发与转化

针对不同类型的项目，研究院设立了灵活的转化机制，进而推动不同科研项目的研发与转化。具体而言，研究院设立了三类成果转化机制，第一类是直接转让，即研究院将自身的部分专利直接转让给其他公司。第二类是培育转化，即研究院依托自有科研人员和平台，通过引进外来技术对有明确市场需求的研发项目进行共同研发。待研发成功后，由原有科研团队与研究院共同分享研究成果，比如分配机制可以按照国家的标准来实行，70%给技术团队，30%给研究院。此外，研究院有一个明文规定，由于技术的研发利用了研究院的科研人员与平台资源，无论该技术到研究院之后是成立实验室还是成立研发中心，研究院都在以后成立的公司中获得5%的股份，并且研究院下设的力合集团拥有对该公司的初始投资权。第三类是联合转化，为将国内外相对成熟且具有广阔发展前景的技术引进到国内，研究院为相应的技术团队提供资金、平台、市场推广与知识产权保护服务。为了推动联合研发的发展，研究院在海外设了六个研发中心，这些海外研发中心不是办事处，而是由高学历的专业人士组成的搜寻与对接海外高端技术的平台，其主要目的在于寻找中国需要的、世界领先的技术。同时，联合转化也可以采用灵活的发展模式，如海外的团队可以依托研究院建

立一个平台，然后在这个平台建设研发中心，利用研发中心进行产业化。在这个过程中，研究院通过占有一定比例原始股的方式获得创业公司股份，并且获得优先投资权，研究院与创业公司形成利益共同体。以第四代基因测序技术为例，罗氏公司基因测序部原副总裁田晖团队的第三代技术就已经被罗氏公司收购，该团队后来自己创业，并找到深圳清华大学研究院，达成合作关系后，由研究院来负责该团队技术在中国的知识产权保护与市场推广，由于研究院也在其中占有一定的股份，这种利益共同体的关系也促使研究院更好地服务科研团队。类似的例子还有智慧医疗诊断技术、等离子体生物芯片技术等。自 2010 年开始，研究院开始布局国际化工作，通过引进和并购海外优质项目与引进海外一流人才等模式，搭建起了一张卓有成效的国际技术转移网络。

三、促进科技与经济深度融合中面临的困难

深圳清华大学研究院在促进科技与经济融合的过程中也遇到了由“四不像”的主体认定问题带来的项目申请障碍、知识产权管理不明晰等问题，具体如下。

一是“四不像”的主体认定问题。到目前为止，我国包括项目申请、政策规定等在内的许多制度，都按项目的主体类别来设置，而深圳清华大学研究院作为一个“四不像”的机构，在主体认定上遇到了一定的困难。比如申请技术研究，如果是大学，则要按大学的标准去考核，那么院士、教授等指标就成了考核的关键；而如果说是企业，则要按企业的标准去考核，那么税收、营业收入等又成了考核的关键。此外，无论是省区市，还是国家一级的项目，都需要按照主体类别进行管理，若属于高等学校类的，则相应的财务管理办法就要按高等学校的管理，若划分为企业则按另一种办法管理。目前这种按主体类型的项目申请与管理办法对于这种新兴科研机构并不适用，从而制约了新型研发机构获取政府资源，也制约了新型研发机构对项目进行有效的管理。

二是知识产权的管理问题。目前，科技部等国家部委颁布了一系列促进知识产权转移的政策与办法，但是落实到地方工商、税务层面时，仍存在许多不明晰的地方。例如，现在的知识产权转移办法，对科技成果按三七开进行分成，70%归团队，30%归学校，对于归团队所有的科技成果的 70%收益，按目前的政策可以缓交所得税，但是学校分得的 30%，是否需要现在交税仍不明晰（目前按税务部门的说法是要交税的）。

四、启示

课题组认为，研究院的建设经验对于促进科技与经济融合具有以下两点启示。

一是在新型研发机构内部建设完善的科技创新孵化体系。新型研发机构可进行与科技发展需求相一致的金融体制创新，全面构建完善的科技创新孵化体系，并探索与地方政府、高校合作的新模式：①与地方政府共建产业技术“逆创新”平台，通过政府出资引导、企业提出需求、高校研发创新的模式，促进科技成果转化；②在机构内部建设专业化的资本平台企业，通过以知识产权作价入股为主要路径的科技成果转化模式，打造具有科技成果甄选、评估、谈判、服务不同职能在内的专业团队，对接科技成果转化。利用资本平台来实现技术研究的市场增值，或者通过分红来创造可持续收益，实现对科研人员的有效激励与新型研发机构的长期可持续发展。

二是可对新型研发机构的法人性质、功能定位和权利义务等方面进行细化和明确。鼓励像深圳清华大学研究院这样的“四不像”的机构申请政府项目，并根据新型研发机构特点提出有针对性的考核办法，在项目管理上充分考虑新型研发机构的运行机制，给予新型研发机构更大的自主权，保障创新主体自主发展空间。在知识产权的管理上，注重国家层面的条例与地方层面的条例的有效整合，切实解决目前有关知识产权转移过程中涉及的工商登记问题，对科技成果收入税收认缴提出切实可行的管理办法，以消除高校与科研工作者的制度担忧。

案例4　广东华中科技大学工业技术研究院带动地方产业转型升级的经验与启示

广东华中科技大学工业技术研究院以东莞国内领先的制造业为依托，与东莞相互成就，在促进东莞产业升级优化的同时，也推动了地区科技与经济的融合。

一、基本情况

2005年广东省在全国率先实施产学研合作，形成了教育部、科技部、工业和信息化部、中科院、中国工程院和广东省“三部两院一省”的产学研结合的大格局。东莞市政府、广东省科技厅和华中科技大学于 2007 年签约，开始共建广东华中科技大学工业技术研究院（以下简称华中科技大学工业技术研究院）。华中科技大学工业技术研究院是一个集科技创新、技术服务和产业孵化于一体的平台，旨在推动区域创新体系建设，提升广东省制造业的技术创新能力和综合竞争力，促进产业转型和升级。在技术研发、技术服务和产业孵化等方面，华中科技大学工业技术研究院也取得了较快发展，实现了“政府、高校、企业、团队”的协同创新，探索出了一条创新链、产业链和资金链三链融合的创新之路，被《人民日报》《焦点访谈》称为“新型科研机构的典型代表”（徐淑琴，2014）。华中科技大学工业技术研究院与东莞以制造业为主的市场需求相匹配，与东莞相互成就，促进了东莞产业升级优化，进而推动了科技与经济的融合。

经过多年来的发展，华中科技大学工业技术研究院已成为我国制造业领域知名的新型研发机构，发起了全国“数控一代”示范工程，建设了全国首批智能制造示范点和全国注塑机节能改造示范点，对我国制造业的转型升级发挥了积极作用。目前，华中科技大学工业技术研究院拥有一支 600 余人的技术团队和 1000 余人的产业化团队，共获批 3 支广东省创新团队，先后获得国家技术发明二等奖及广东省科技进步特等奖，为上万家企业提供了高端技术服务。华中科技大学工业技术研究院打造了华科城科技孵化器品牌，建设了 2 家国家级科技企业孵化器，3 家国家级众创空间，建设了 7 个产业园区，孵化面积达 30 余万平方米，孵化企业 370 余家，其中，包括 55 家自主创办企业、7 家新三板挂牌企业、3 家上市后备企业①。

华中科技大学工业技术研究院的组织架构如图 12-5 所示，由东莞市人民政府、广东科技厅、华中科技大学共同组建的理事会是华中科技大学工业技术研究院的最高机构，理事会下设院务委员会，同时设立技术咨询委员会和企业顾问委员员。华中科技大学工业技术研究院的运作包含六大内容，分别是技术研发、技术服务、产业孵化、人才培养、国际合作和行政服务。其中，技术研发机构包括数控装备事业部、电子制造事业部、信息技术事业部、成型装备事业部、材料模具事业部。技术服务机构包括设计服务中心、绘测技术中心、测量技术中心、激光技术中心、信息安全研发中心五个主要中心。行政服务机构则包含院务部、项目管理部、财务与投资部。其中，项目管理部的主要职能为项目申报、相关资质和荣誉申请、项目管理、知识产权管理、参加并布置展览会等，这三大部门负责华中科技大学工业技术研究院的日常运作。

① 根据实地调研成果及被访谈机构提供的资料整理。

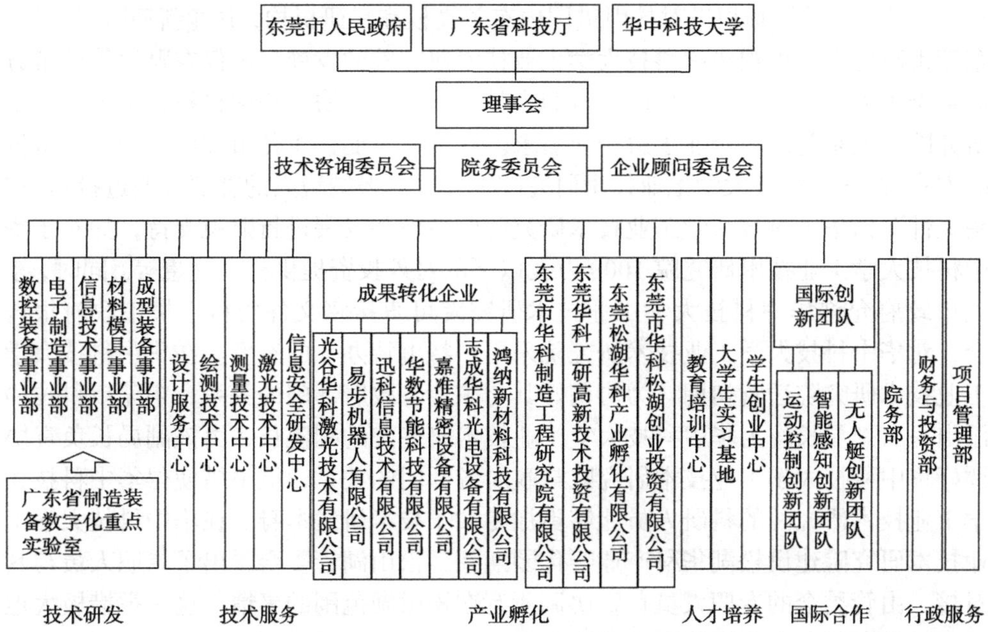

图 12-5　华中科技大学工业技术研究院组织架构

来源：华中科技大学工业技术研究院现场调研

五大技术研发部门是华中科技大学工业技术研究院的核心机构，各部门的职能如下所示：数控装备事业部主要从事新型高速高精度数字控制系统、新能源装备、轻工装备和环保装备等技术研究与装备研发；电子制造事业部主要职能为突破视觉测量、光机电集成等电子制造核心技术，研发 IC 封装装备、LED（light emitting diode，发光二极管）制造装备等电子制造关键装备；信息技术事业部主要职能为提供产品设计、虚拟装配、制造过程管理等软件开发和服务以及制造过程仿真、数字媒体多通道融合设备、大型设备模拟培训等虚拟仿真解决方案；成型装备事业部主要以制造装备数字化国家工程研究中心为技术依托，具有世界上伺服压力机最早发明者的人才储备，并有在国外主持过最大级 25 000 千牛顿伺服压力机设计的技术人才和相关技术。

二、促进科技与经济深度融合的经验

（一）政府大力支持，助力华中科技大学工业技术研究院与企业建立深入合作关系

为促进东莞市产业转型升级，东莞市政府通过结合本地产业发展需求和战略

布局，以市领导挂帅积极对接引进国内有关高校和科研机构，共建新型研发机构。东莞市政府十分重视华中科技大学工业技术研究院的发展，不仅在财税等政策方面给予了大力支持，还派出政府专职人员对接工作，协助华中科技大学工业技术研究院深入东莞地方企业了解企业需求。在财税方面，东莞市政府采用灵活审批的方式,给华中科技大学工业技术研究院下发了一般纳税人的牌照并通过批示“红头文件”为华中科技大学工业技术研究院的建设和发展进行财税支持，如对于华中科技大学工业技术研究院 1000 万元以下的对外投资提供税收优惠等。同时，东莞市政府允许华中科技大学工业技术研究院可直接将文件资料上报市政府报告会，对华中科技大学工业技术研究院采用“特事特办”的态度。在华中科技大学工业技术研究院运营初期，为协调好其与东莞各政府部门的关系，东莞市科技局派出一名副局长作为华中科技大学工业技术研究院的副院长，由该副局长负责协调好华中科技大学工业技术研究院与政府各部门的关系，该举措使得华中科技大学工业技术研究院的科研人员能够更加专注于技术研发本身。在华中科技大学工业技术研究院建设松湖华科产业孵化园期间，松山湖管委会派出了专职人员与其对接，由管委会的专职人员负责协调所有在松山湖范围的事情，这一举措极大地便利了松湖华科产业孵化园的建设。

由于东莞的企业分布于各个镇街，为克服由企业分散所导致的华中科技大学工业技术研究院与企业难以形成密切合作等问题，东莞市政府通过采取政府官员带领华中科技大学工业技术研究院的主要人员走进镇街去对接企业的方式，帮助华中科技大学工业技术研究院了解企业的需求，并与企业建立紧密的联系。据华中科技大学工业技术研究院的负责人回忆，“华中科技大学工业技术研究院在成立初期，与东莞当地企业对接的难度非常大，一是东莞的企业大多属于加工型企业，企业的所有者并不常驻东莞，使得研究院难以与企业对接；二是东莞的企业分布于各个镇街，极其分散，增加了与企业对接的难度。为解决这些问题，东莞市政府采取了一种行之有效的方式，即由东莞市科技局和松山湖的管理人员带领华中科技大学工业技术研究院的主要人员走进每一个镇街，并把每个镇街的排名前 20 到 30 的企业的负责人邀请到镇上的办公室与华中科技大学工业技术研究院进行接触，这一过程前后持续了三年，通过这一举措，帮助华中科技大学工业技术研究院基本摸透了东莞企业的基本情况”。通过实地走访企业的形式，既让华中科技大学工业技术研究院更加了解了企业的需求，也让企业了解到华中科技大学工业技术研究院等新型研发机构能为企业自身创造更多的价值，从而让华中科技大学工业技术研究院真正和产业结合到了一起，此举措也为东莞的企业与华中科技大学工业技术研究院后续展开广泛而密切的合作，乃至为华中科技大学工业技术研究院带动东莞地方产业升级创造了良好的先决条件。

此外，在华中科技大学工业技术研究院建设期间，华中科技大学也给予了诸多支持，帮助其迅速发展。例如，华中科技大学派出多名在校老师直接去企业驻扎一年进行实地协助，了解东莞市企业与华中科技大学工业技术研究院的需求，同时，在2007年学校出台了政策鼓励老师服务企业，明文规定老师到企业和研究院工作等同于出国，在职称评定的时候优先考虑，这一系列政策极大地调动了在校科研人员参与华中科技大学工业技术研究院建设的积极性。

政府和学校相当于“一个娘家、一个婆家”，毫无保留、没有任何代价地支持华中科技大学工业技术研究院的建设与发展，为华中科技大学工业技术研究院服务当地企业、促进地方产业转型升级搭建了良好的基石，从而更好地促进了科技与经济的深度融合。

（二）采用“三无三有”的创新机制，打造协同创新模式

华中科技大学工业技术研究院是按照“事业单位、企业化运作”新模式组建的新型研发机构，“事业单位”同时保障了政府初期投入建设经费的合法性和科技平台的公益性。“企业化运作”在减轻政府固定运行费负担的同时，也提高了华中科技大学工业技术研究院在面对市场竞争时的决策灵活性。这一体制上的设计，帮助华中科技大学工业技术研究院在协同创新上取得了较快的发展。

在体制机制创新上，华中科技大学工业技术研究院表现出“三无三有”的特点，“三无”指的是“无级别、无编制和无固定运营费”；“三有”指的是“有政府的大力支持、有市场化盈利能力和有创新创业与创富相结合的激励机制”。具体来看，“无级别”指的是华中科技大学工业技术研究院的工作人员无行政级别，按市场化机构进行运作；“无编制”指的是华中科技大学工业技术研究院的全部工作人员均为无编制，采用聘用制，而且工作人员有“三专”特征，即专业人士、专职、专注制造业；“无固定运营费”指的是华中科技大学工业技术研究院除建院初获得东莞市政府1.2亿元的启动建设资金外，没有获得来自政府其他财政性的资金支持，运营费均靠华中科技大学工业技术研究院“自力更生”获得。“有政府的大力支持”指的是华中科技大学工业技术研究院自建院以来获得了东莞市政府在财税政策、派出专职政府人员帮助其对接各政府部门等方面的支持；“有市场化盈利能力”指的是华中科技大学工业技术研究院所承接的项目具有市场化盈利能力，并以此获取运营及发展经费，在承担横向项目方面，华中科技大学工业技术研究院可以针对企业的需求提供从技术方案设计，到生产线改造升级，再到整厂项目改造等不同方面的服务；“创新创业与创富相结合”指的是华中科技大学工业技术研究院通过建设以“华科城”为代表的成果转化与创新创业孵化载体，通过融合科技、资本、产业，把创新、创业和创富紧密结合到一起。“三无三有”的模式使华中科技大学工业技术研究院能够突破传统科研组织形式的束缚，将创新链、产业

链和资金链进行有效融合。

华中科技大学工业技术研究院的协同创新模式如图 12-6 所示。在华中科技大学工业技术研究院的协同创新模式中，不同主体有不同的投入和产出关系：政府是直接投入、间接受益，即政府通过推出初期阶段运营资金和财税等优惠政策以帮助华中科技大学工业技术研究院快速发展，作为回报，华中科技大学工业技术研究院通过推动企业发展进而带动东莞地方企业转型升级，从而使得政府间接受益；企业是资金投入、产业回报，即企业通过与华中科技大学工业技术研究院进行项目合作，利用华中科技大学工业技术研究院的孵化平台，帮助企业转型升级、发展壮大；学校是无形投入、无限受益，即华中科技大学支持华中科技大学工业技术研究院的发展，作为回报，华中科技大学工业技术研究院也帮助高校内的科研成果转化，随着华中科技大学工业技术研究院的发展壮大，华中科技大学也在全社会范围内获得了更佳的声誉；团队是技术投入、多元回报，即华中科技大学工业技术研究院不仅鼓励院内科研团队广泛与企业进行项目合作，也鼓励科研团队创业，科研团队可通过技术投入的方式获得资金、股权等多元形式的回报。

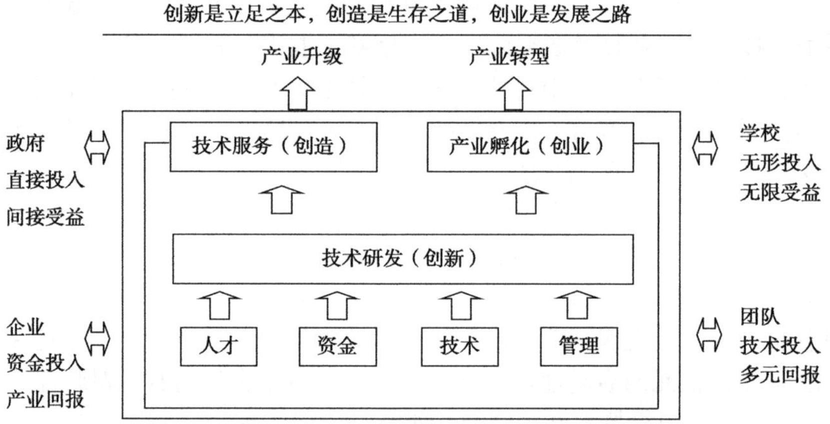

图 12-6　华中科技大学工业技术研究院协同创新模式

资料来源：华中科技大学工业技术研究院现场调研

（三）探索科技、服务、产业和人才的新模式，形成独具特色的创新模式[①]

华中科技大学工业技术研究院从成立至今，在科技创新、技术服务、产业发展以及人才汇聚四个方面不断探索创新，并逐步形成了包括“青苹果”—“红苹

① 根据实地调研成果及被访谈机构提供的资料整理。

果”—“苹果树”的科技创新模式、“近距离”—“零距离”—“负距离”的技术服务模式、“保姆”—“伙伴”—“领航员”的产业发展模式、“近亲”—“远亲”—“远邻”的人才汇聚模式在内的独具特色的四大模式，这些创新模式为华中科技大学工业技术研究院的稳中向好发展奠定了良好的组织基础和制度优势，有效地激发了科研活力并提升了管理效率。

“青苹果”—“红苹果”—“苹果树”的科技创新模式如图 12-7 所示，具体表现为：高校科研成果可以称为“青苹果”，“青苹果”要走出实验室，变成货架上的“红苹果”，需要在这个过程中进行一系列产业孵化。产业孵化后，逐步发展成系列化、多元化的产品，形成“苹果树”，一系列科研成果不断得到转化，就逐步形成一片“苹果林”。以专项成果全自动封装生产线的样机为例，华中科技大学工业技术研究院将这个“青苹果”开发成为“红苹果”，在珠三角地区的企业中投入使用后，又进一步结合广东省发展物联网产业的需求，自主开发了电子标签和超高频读写器等核心产品，形成了全方位研发和产业化体系，从而使单个“红苹果”转变为物联网产业的“苹果树”，形成规模效应。

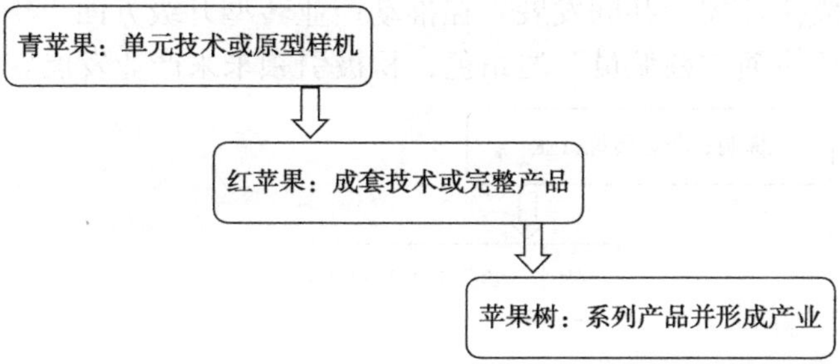

图 12-7　“青苹果”—“红苹果”—“苹果树”的科技创新模式

资料来源：华中科技大学工业技术研究院现场调研

“近距离”—“零距离”—“负距离”的技术服务模式如图 12-8 所示，华中科技大学工业技术研究院将华中科技大学制造学科的 6 大国家级研究平台引入广东，在东莞建立分中心或分室，拉近了学校成果与企业需求的距离。随后华中科技大学和华中科技大学工业技术研究院又派遣了一批科技特派员，长期入驻企业开展端对端的科技服务工作，实现“零距离”服务。此外，华中科技大学工业技术研究院还通过组建产品设计、精密加工、性能检测和物联网应用等技术服务中心，集合设备、技术和人才等方面的优势，为企业提供集中式、全过程高端技术服务，并实现了企业主动联系上门的“负距离”技术服务。

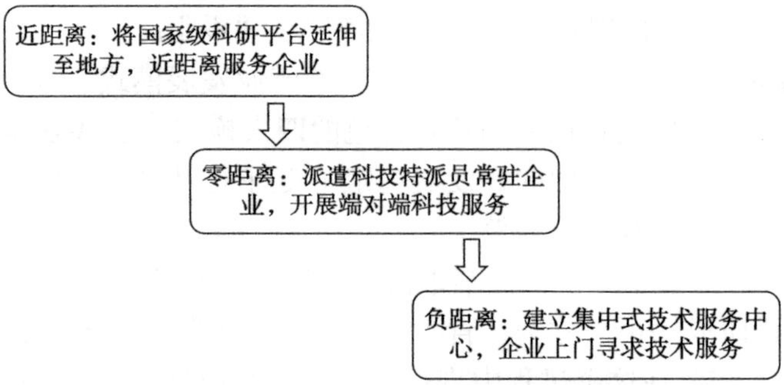

图 12-8　“近距离”—“零距离”—“负距离”的技术服务模式

资料来源：华中科技大学工业技术研究院现场调研

“保姆”—“伙伴”—“领航员”的产业发展模式如图 12-9 所示，在助推传统产业升级上，华中科技大学工业技术研究院就像“保姆”一样，着力为企业做好服务，帮助企业改造设备，提升管理。在发展战略性新兴产业上，华中科技大学工业技术研究院将自身的技术优势与企业的市场开拓能力和生产管理经验结合起来，双方结成伙伴关系共同发展。在推动产业转型升级方面，华中科技大学工业技术研究院还扮演“领航员”的角色，积极引领未来产业发展。

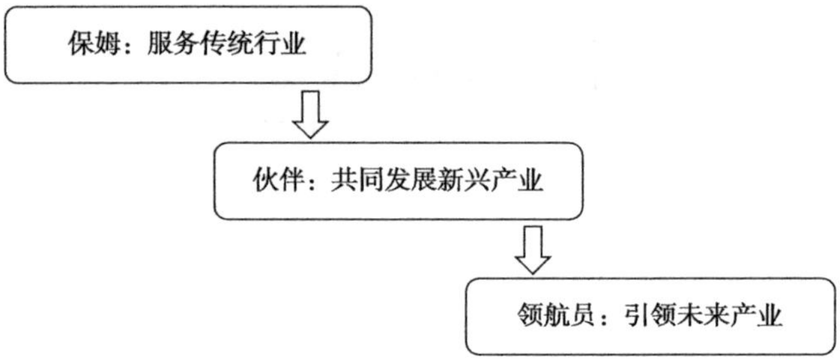

图 12-9　“保姆”—“伙伴”—“领航员”的产业发展模式

资料来源：广东华中科技大学工业技术研究院现场调研

“近亲”—“远亲”—“远邻”的人才汇聚模式如图 12-10 所示。华中科技大学工业技术研究院成立之初的 30 多名员工大多来自华中科技大学，属于“近亲”。作为开放式科技平台，随着规模的不断壮大，华中科技大学工业技术研究院逐渐吸引了中国科技大学、西安交通大学等知名高校的优秀人才，属于“远亲”。在上述人才储备的基础上，华中科技大学工业技术研究院还积极引进“远邻”高端人才，如中国香港地区，以及美国等地的创新团队，共同为地方经济服务。

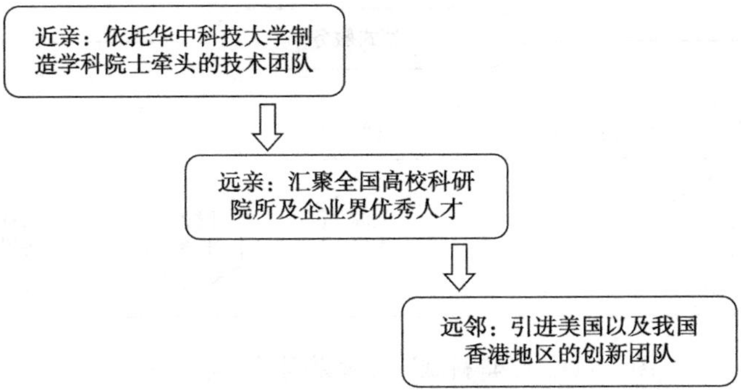

图 12-10　“近亲”—“远亲”—“远邻”的人才汇聚模式

资料来源：广东华中科技大学工业技术研究院现场调研

（四）建设“华科城”品牌系列孵化器与投资体系，完善科技创新孵化体系

“华科城”是华中科技大学工业技术研究院、广东省智能机器人研究院联合社会资本合作共建的成果转化与创新创业孵化载体，有效融合了科技、资本和产业三链，也是华中科技大学工业技术研究院建设科创孵化体系的重要组成部分。松湖华科产业孵化园是东莞首批两家国家级孵化器之一，也是“华科城”打造的第一个孵化器。近年来，华中科技大学工业技术研究院开始全面复制国家级科技企业孵化器运营经验，输出企业孵化方面的成功经验，“华科城”品牌系列孵化器也全面借鉴松湖华科产业孵化园的建设与运营经验，通过整合高校、研究院技术资源，采用“众创空间—孵化器—加速器”全链条孵化模式，为企业提供孵化、高端技术、投融资三大服务，其孵化特色如图 12-11 所示。其中，在孵化服务方面，“华科城”为入驻企业提供包括工商注册、税务、会计、法律、知识产权等咨询服务窗口，并辅导入驻企业申报国家、省、市科技项目以及申请认定国家高新技术企业、双软认定企业等资质。在高端技术服务方面，“华科城”为企业提供了包含产品设计、产品检测、精密测量等在内的集中式高端技术服务，以及开展技术培训，与企业联合开展技术攻关。在投融资服务方面，华科城依托华中科技大学工业技术研究院搭建起全链条投融资服务平台，如东莞市华科松湖投资创业有限公司及孵化基金等投资基金，投资园区高潜力科技型企业，覆盖企业的初创期、成长期、成熟期各个阶段，全方位服务在孵企业的投融资需求。同时，华中科技大学工业技术研究院还通过“三旧改造+混合所有制”助力转型升级，采用“持股孵化+产权分割”的方式来让企业与孵化器共享发展收益。

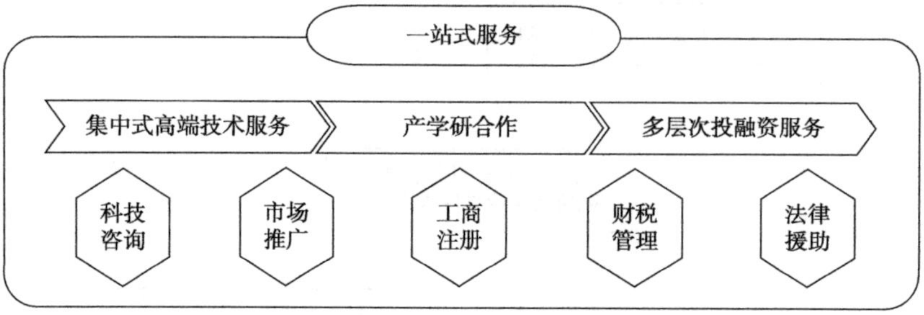

图 12-11　“华科城”品牌系列孵化器孵化特色

资料来源：广东华中科技大学工业技术研究院现场调研

“华科城”与各地政府积极合作，有效拓展了华中科技大学工业技术研究院、广东省智能机器人研究院的公共技术服务平台，全面转移已有建设和运营经验。截至 2017 年 12 月，华中科技大学工业技术研究院已经在松山湖、大岭山、道滘、石碣等地建设了 7 个孵化园区，建成国家级孵化器 2 家、国家级众创空间 3 家、市级孵化器 5 家，孵化企业 370 余家。华中科技大学工业技术研究院已累计孵化 62 家国家高新技术企业及入库培育企业，7 家新三板挂牌企业，3 家上市后备企业。建设至今，“华科城”已经发展成为广东省重要的科技创新创业平台。

在投资体系建设上，华中科技大学工业技术研究院从种子基金、风险投资资金、PE 资金和 Pre-IPO 基金四个层面建立投资体系，建设了国有全资、混合所有制、全民营等不同性质的各类投融资主体。以种子基金为例，华中科技大学工业技术研究院建设了松湖华科种子基金、华科城种子基金，采用股权投资的方式，对符合东莞市产业发展方向、处于种子期和初创期、拥有创新技术和创新商业模式，具有成长潜力的初创企业和孵化企业进行投资。以风险投资资金为例，华中科技大学工业技术研究院通过东莞市华科制造工程研究院有限公司和东莞华科工研高新技术投资有限公司，以参股实体企业、引导设立智能制造产业基金、科技成果转化和持股孵化的形式，对符合东莞产业发展方向、处于初创期和成长期、拥有创新技术与创新商业模式、具有较高成长潜力的科技型企业，以及由智能制造行业或产业经验背景投资人所管理的产业投资基金进行定向支持。以 PE 资金为例，华中科技大学工业技术研究院通过设立华科松湖基金等，对智能制造、新型电子信息，以及新能源、新材料、生物医药、节能环保等战略性新兴产业的高潜力、科技型企业进行支持，并优先支持东莞和松山湖高新区的企业。

（五）采用灵活的项目组织形式，满足企业多样化的需求

在资金来源上，除建院之初获得了东莞市政府 1.2 亿元的启动建设资金外，华中科技大学工业技术研究院没有获得来自政府其他财政性的资金支持。华中科

技大学工业技术研究院主要通过承担横向项目等形式获取运营及发展经费，在承担横向项目方面，华中科技大学工业技术研究院可以针对企业的需求提供从技术方案设计，到生产线改造升级，再到整厂项目改造等不同方面的服务。以承担整厂项目改造为例，华中科技大学工业技术研究院实际上扮演了“总包”的角色，在项目推进时，主要发挥技术研发的优势，同时对接设备供应商，将一些非核心的业务外包出去，提高项目运作的效率。

此外，华中科技大学工业技术研究院的经费主要来源于技术研发平台和公共服务平台两类平台的运作，这两类平台也是华中科技大学工业技术研究院与企业对接后进行合作的核心载体。以技术研发平台为例，科研团队与企业合作的项目可在该平台上进行开发，所得项目经费是科研团队收益的重要来源，同时，华中科技大学工业技术研究院鼓励和支持科研人员和团队利用华中科技大学工业技术研究院的平台资源开展项目、组建公司。具体来看，技术研发平台侧重于制造业的技术研发，以数控装备事业部为例，该平台专门研究数控装备控制的硬件和软件，这些硬件和软件在不同数控装备的制造中都是需要的，类似的平台还有电子制造事业部、信息技术事业部、成型装备事业部。公共服务平台则包括品牌设计服务中心、检测技术服务中心、测量技术服务中心等。截至目前，华中科技大学工业技术研究院已累计为7000多家企业提供了产品设计、产品检测和精密测量等集中式高端技术服务。

三、促进科技与经济深度融合中面临的困难

首先，相关国资管理制度适用不明晰。以华中科技大学工业技术研究院为例，经理事会批准组建的持股孵化平台公司，目前通过成果转化持股孵化了50家科技企业，但由于新型研发机构国有产权登记管理制度适用不明晰，国有资产产权登记手续至今未能完善。

其次，相关国有资产审批程序复杂，审批周期长。以华中科技大学工业技术研究院为例，经理事会批准组建的持股孵化平台公司科技成果转化创办企业的相关国有资产管理，在程序上须报经华中科技大学批准，并经其报教育部批准，这导致审批程序复杂，审批周期长，制约了华中科技大学工业技术研究院在具体项目上的推动工作。

最后，国有股份须转持社保基金，导致科技成果转化实现股权收益的盈利模式无法实现。新型科研机构在无财政供养、无编制的前提下，实行企业化运作，通过科技成果转化持有股权，获取长期股权收益，但由于华中科技大学工业技术

研究院还保持了事业单位的编制，故须依据《办法》①相关规定，即新型研发机构科技成果转化创办企业上市时，新型研发机构所持股权须转持社保基金，使得通过科技成果转化创办企业实现股权收益的盈利模式难以实现，严重挫伤了新型研发机构科技成果转化创办企业的积极性，也严重限制了新型研发机构的发展。

四、启示

华中科技大学工业技术研究院的建设经验为各地促进科技与经济融合带来了以下启示：首先，进一步推动建设新型研发机构，引领产业创新发展。在此过程中，需要与地方重点发展产业紧密结合，并注意完善新型研发机构孵化体系建设，提高其运行效率。其次，改善新型研发机构成果转化（涉及国有资产管理）的制度安排，可考虑制定新型研发机构成果转化创办企业所持国有股转持义务豁免的政策②。

① 《境内证券市场转持部分国有股充实全国社会保障基金实施办法》，http://www.ssf.gov.cn/flfg/tzflfg/201205/t20120529_5275.html[2012-05-29]。

② 具体建议可参考本书第四章第三节“创新体制机制推动新型研发机构进一步发展”。

参考文献

陈莉，李东福. 2009. 日本中小企业创业支持机制研究. 现代日本经济，(6)：47-49.

陈文强. 2018. 杭州高新区（滨江）"创新七式". 安徽科技，(10)：21，22.

董大勇，曹嘉威. 2019.浙江网上技术市场的经验与借鉴——基于在线交易数据的分析. 当代经济，(6)：14-18.

杜兰英，曾祥胜. 2018. 武汉市高新技术产业发展策略思考——基于产业链创新整合的. 当代经济，(5)：13-16.

樊春良. 2018. 特朗普政府一年来的科技政策分析与展望. 科学学与科学技术管理，(2)：3-10.

樊瑞莉. 2013. 我国中小企业的政策困境分析——以日本经验为借鉴. 管理学刊，(2)：54-57.

方飞，张帆，鲍永成，等. 2016. 浙江省级重点企业研究院创建及发展思路探讨. 当代经济，(34)：59-61.

高永懿. 2016. 知识产权服务业高端人才稀缺. 北京观察，(6)：30，31.

龚旭. 2003. 构建经济强国的科技创新体制——日本科技体制改革的政策解析. 中国科技论坛，(6)：32-36.

郭燕青. 1999. 日本经济发展的科技实力. 世界经济，(3)：49-52.

韩侑. 1987. 日本科技政策. 葛化东译. 北京：科学技术文献出版社.

何佩云. 2018. 苏州：反向倒逼的指挥棒. 决策，(2)：62-64.

洪银兴. 2013. 关于创新驱动和协同创新的若干重要概念. 经济理论与经济管理，(5)：5-12.

侯文峰. 2018. 德国职业教育对构建我国现代职业教育"立交桥"的启示. 成人教育，(1)：82-86.

黄灿，许金花. 2014. 日本、德国科技金融结合机制研究. 南方金融，(10)：57-62.

黄茂兴，陈伟雄. 2013. 国内外促进科技成果转化的典型经验及其启示. 东南学术，(6)：138-144.

贾铭. 2002. 以色列小企业成功之道. 管理工程师，(2)：35.

贾兰玉. 2017. 投贷联动——科技创新企业金融支持新模式. 金融理论探索，(3)：63-68.

贾康. 2015. 我国科技金融服务体系研究（上）——建设科技型中小企业金融服务体系的政策优化. 北京：经济科学出版社.

蒋舸. 2013. 德国《雇员发明法》修改对中资在德并购之影响. 知识产权，23（4）：86-91.

今日科技. 2012. 十年探索与跨越——摘编自浙江省科技厅《中国浙江网上技术市场调研情况汇报》.（9）：10-14.

今日科技. 2015. 统一 整合 共享 服务——浙江省科技创新云服务平台云服务平台正式运行.（2）：4，5.

今日科技. 2017. 浙江伍一技术公司：健全服务体系打造全国一流科技成果交易中心.（9）：16.
康凯宁. 2015. 职务科技成果混合所有制探析. 中国高校科技，（8）：69-72.
黎文靖，郑曼妮. 2016. 实质性创新还是策略性创新？——宏观产业政策对微观企业创新的影响. 经济研究，（4）：60-73.
李刚. 2008. 德国雇员发明制度对中国的启示. 经济研究导刊，（19）：173-184.
李纪珍，邓衢文，高旭东，等. 2010. 系统失灵视角下的技术创新服务平台功能设计. 科学学与科学技术管理，（9）：77-83.
李金华. 2019. 国家高新区发展的格局及新工业革命背景下的走向. 南京社会科学，（4）：7-17.
刘建兴. 2011. 在扶持中小企业中发展高科技产业——中小企业发展政策国际比较之以色列经验. 经济研究参考，（37）：75-78.
刘辉. 2001. 以色列的中小企业. 全球科技经济瞭望，（2）：49-51.
李俊江，彭越. 2015. 日本中小企业技术创新模式的演变分析. 现代日本经济，（1）：86-94.
刘俊秋，徐振华. 2017. 科研事业单位在科技创新成果转化中资产管理面临的问题及建议. 中国市场，（18）：69-70.
李立国. 2014. 创新社会治理体制. 中国民政，（1）：14-18.
李强. 2014. 深入实施“四换三名”工程 推动浙江经济转型升级.政策瞭望，（2）：4-6.
李世保，杨亚栩，姜吉道. 2017. 浅析科技成果作价入股及股权奖励模式. 中国高校科技，（3）：71-73.
李善民，许金花，黄灿. 2015. 科技金融：理论、实践与案例——兼论广东科技金融结合的机制与对策. 北京：中国经济出版社.
李善民，梁星韵. 2017. 成都发展科技金融的探索和经验. 科技与金融，（3）：53，54.
李善民，黄灿. 2018. 习近平科技经济结合的思想研究. 学术研究，（6）：1-8.
李薇薇，郑友德. 2017. 欧美商业秘密保护立法新进展及对我国的启示. 法学，（7）：137-152.
李伟. 2018. 浙江科技大市场，加速打通线上和线下. 华东科技，（5）：30.
李小丽，石谦，钮晓鸣. 2013. 开放创新，转化成果——上海产业技术研究院成果转化的思想与实践. 华东科技，（10）：16-19.
李玉玲，曾繁荣，卿燕，等. 2016. 国内产业技术研究院典型发展模式分析. 科技和产业，16（3）：19-23.
连平，周昆平. 2017. 科技金融：驱动国家创新的力量. 北京：中信出版社.
林晓，江汉，刘芳. 2015. 基于国有资产管理视角的高校科技成果转化改革路径分析. 江苏科技信息，（11）：5，6.
林晓. 2018. 高校实施科技成果评估备案制度的思考. 江苏科技信息，（13）：7-9.
刘崇仪. 2001. 试论美国“新经济”发展模式. 财经科学，（2）：41-46.
柳莉. 2014. 以色列“创新经济”及其对我国的启示. 学理论，（31）：99-101.
罗如意，丁海兵，倪芝青，等. 2017. 特色小镇在杭州信息经济中的独特作用研究. 科技通报，33（10）：270-274.
骆严，焦洪涛. 2015. 政府资助科技项目成果转化中国有资产管理制度的障碍及对策. 中国科技论坛，（5）：23-29.
吕政，张克俊. 2006. 国家高新区阶段转换的界面障碍及破解思路. 中国工业经济，（2）：5-12.

马嘉楠，翟海燕，董静. 2018. 财政科技补贴及其类别对企业研发投入影响的实证研究. 财政研究，(2)：77-87.

马丽. 2009. 管窥二十一世纪的创新政策——美国科技与经济政策理事会《二十一世纪创新政策》述评. 全球科技经济瞭望，(2)：27-32.

马瑞映，杨松. 2018. 工业革命时期英国棉纺织产业的体系化创新. 中国社会科学，(8)：183-203，208.

孟祖凯，崔大树. 2018. 企业衍生、协同演化与特色小镇空间组织模式构建——基于杭州互联网小镇的案例分析. 现代城市研究，(4)：73-81.

诺斯 D，托马斯 R. 2009. 西方世界的兴起.厉以平，蔡磊译. 北京：华夏出版社.

潘彩霞，陶爱荣，丁永健. 2016. 德国科研机构管理体制研究及启发. 机电信息，(33)：152，153.

平力群. 2016. 日本科技创新政策形成机制的制度安排. 日本学刊，(5)：106-127.

柒石. 2017. 废弃工厂变身中国"格林尼治". 中国房地产，(11)：24，25.

任志宽，张百尚. 2018. 上海建设"功能型平台"经验及对广东的启示. 科技创业月刊，(11)：113-116.

邵永发，贺广红. 2014. 武汉市科技创新所面临的问题及对策研究. 长江论坛，(5)：57-63.

司云波，鲍敬伟. 2015. 中央企业技术创新体系建设的成功做法和经验. 石油科技论坛，34(5)：36-42.

宋彧，莫宇宏. 2005. 科技与金融结合模式的比较研究. 商业研究，(22)：59-62.

苏启林. 2001. 以色列创业投资发展现状与经验借鉴. 外国经济与管理，23(12)：13-17，47.

苏杭. 2009. 金融危机后日本中小企业政策的新发展及启示. 经济社会体制比较，(6)：41-46.

苏宁. 2016. 美国大都市区创新空间的发展趋势与启示. 城市发展研究，(12)：50-55.

苏晓静. 2018. 上海大都市圈的发展现状与问题研究. 中国建设信息化，(15)：64，65.

隋鑫. 2011. 企业自主创新体系构建策略——基于沈阳的实证分析与对策研究. 北京：中国社会科学出版社.

孙殿义. 2010. 政府在国家科技创新体系中的作用——德国创新体系建设对我国的若干启示. 中国科学院院刊，25(2)：191-194.

孙丽. 2012. 内生增长理论的发展与演变. 现代经济信息，(10)：272.

陶敏阳，徐波. 2019. 1978—2016 年中国经济增长动力与可持续性实证研究——一个扩展的索洛模型. 商学研究，(2)：15-22.

万劲波，谢光锋，林慧，等. 2017. 典型国家科技创新决策与咨询制度比较研究. 中国科学院院刊，(6)：601-611.

王键. 2006. 美国科研体制对中国的启示. 科学文化评论，(6)：87-96.

王建平. 2007. 德国教师教育的特点及启示. 教学与管理，(7)：76-78.

王卫彬，朱传波. 2012. 推进浙江科技金融结合的对策研究. 浙江金融，(5)：44，45.

王桂良，闫帅，楼新明，等. 2014. 浙江省重点企业研究院建设成效与启示. 今日科技，(6)：19-22.

王立军. 2017. 完善科技大市场建设试点 打通成果转化最后一公里. 杭州科技，(1)：19-22.

王顺兵. 2017. 德国科技管理特点及启示. 全球科技经济瞭望，(4)：35-45.

吴建南，郑烨，徐萌萌. 2015. 创新驱动经济发展：美国四个城市的多案例研究. 科学学与科学技术管理，(9)：21-30.

吴卫红，董诚，彭洁，等. 2015. 美国促进科技成果转化的制度体系解析. 科技管理研究，(14)：16-20.

吴寿仁. 2017a. 科技成果转化若干热点问题解析（二）——关于高校、科研院所科技成果转化的几点思考. 科技中国，(7)：35-38.

吴寿仁. 2017b. 科技成果转化热点问题解析（三）——再谈科技成果混合所有制. 科技中国，(8)：30-33.

吴寿仁. 2017c. 科技成果转化若干热点问题解析（四）——科技成果作价投资中的相关问题解析. 科技中国，(9)：8-13.

吴寿仁. 2017d. 科技成果转化若干热点问题解析（五）——科技成果处置及转化方式分析. 科技中国，(10)：30-36.

吴寿仁. 2017e. 高校、科研院所如何落实《上海市促进科技成果转化条例》(上). 华东科技，(7)：42-44.

吴寿仁. 2018a. 科技成果转化若干热点问题解析（十二）——科技成果转化法律法规适用问题解析. 科技中国，248（5)：61-67.

吴寿仁. 2018b. 科技成果转化若干热点问题解析(十四)——科研人员科技成果所有权探析. 科技中国，(7)：28-36.

吴寿仁. 2018c. 科技成果转化若干热点问题解析（十五）——如何选择科技成果转化方式? 科技中国，(8)：48-57.

吴寿仁，吴静以. 2019. 科技成果转化若干热点问题解析（二十一）——以科技成果投资入股相关税收优惠政策解读. 科技中国，(2)：67-75.

伍慧萍. 2015. 从高校与企业的研发合作看德国的知识创新. 比较教育研究，37（8)：47-52.

万劲波，林慧. 2016. 典型国家科技创新决策咨询制度比较研究. 重庆：第十二届中国科技政策与管理学术年会暨研究会理事会.

席茹，沈鸿敏. 2015. 德国双元制与高层次应用技术型人才培养. 世界教育信息，(24)：12-16.

谢地. 2017. 国有资产管理制度的法律调整路径——以新《促进科技成果转化法》的实施为背景. 南京邮电大学学报（社会科学版)，19（4)：40-50.

徐聪. 2016. 韩国与德国创新协同模式比较研究. 韩国研究论丛，(1)：284-296.

徐东. 2010. 风险投资基金组织形式国际比较及我国的选择. 亚太经济，(1)：85-89.

徐淑琴. 2014. 广东省新型研发机构建设发展速写案例篇——东莞华中科技大学制造工程研究院：创新机制力助区域产业转型升级. 广东科技，(23)：30-35.

徐世刚，肖小月. 2000. 日本科技立国战略论析. 日本研究，(3)：16-21.

斯密 A. 1972. 国民财富的性质和原因的研究. 郭大力，王亚南译. 北京：商务印书馆.

佚名. 2016. 贵州：建设全国首个国家大数据工程实验室. 城市规划通讯，(23)：13，14.

杨爱杰. 2004. 美国和日本促进中小企业技术创新政策的比较研究及启示. 科技与管理，6（5)：23-26.

杨正平，王淼，华秀萍. 2017. 科技金融：创新与发展. 北京：北京大学出版社.

袁筱凤. 2018. 德国职业教育体系对我国高职院校培养“工匠精神”的启示. 教育界,(1): 117, 118.
张彬，葛伟. 2016. 美国创新战略的内容、机制与效果及对中国的启示. 经济学家,(12): 78-84.
张国昀. 2015. 德国可再生能源法案(2014年版)新举措及其对中国发展可再生能源的启示. 中外能源，20(7): 28-33.
张杰，郑文平. 2018. 创新追赶战略抑制了中国专利质量么？. 经济研究，53(5): 28-41.
张军. 1994. 道格拉斯·诺斯的经济增长理论述评. 经济学动态,(5): 59-61，64.
张明喜，郭滕达，张俊芳. 2019. 科技金融发展40年：基于演化视角的分析. 中国软科学,(3): 20-33.
张明喜，魏世杰，朱欣乐. 2018. 科技金融：从概念到理论体系构建. 中国软科学,(4): 31-42.
张宁芳. 2018. 科技金融结合的实践与创新. 上海市经济管理干部学院学报,(2): 58-64.
张倩红，刘洪洁. 2017. 国家创新体系：以色列经验及其对中国的启示. 西亚非洲,(3): 28-49.
张士安. 2016. 创新国有资产管理 推进科技成果转化. 中国农业会计,(6): 56-59.
张小玉，李微羽，张振兴，等. 2018. “互联网+”破解中小企业融资难. 金融电子化,(7): 50-52.
张锁柱. 1995. 论日本发展科技的政策与措施. 世界经济,(8): 77-82.
章元，程郁，佘国满. 2018. 政府补贴能否促进高新技术企业的自主创新？——来自中关村的证据. 金融研究，460(10): 123-140.
赵昌文，陈春发，唐英凯. 2009. 科技金融.北京：科学出版社.
中国科学技术协会创新战略研究院. 2016. 日本发布2016科技指标体系. 北京：中国科学技术协会.
《中央科技资源推动区域经济发展的组织方式研究》课题组，刘尚希，韩凤芹. 2012. 科技与经济融合：浙江实践及启示. 地方财政研究,(6): 4-10，17.
曾京，陈辉. 2018. 促进科技成果充分转化要从产权着手. 群言,(10): 10，11.
曾利萍. 2019. 我国科技创新型企业税收优惠政策及问题研究. 纳税，13(3): 8，9.
仲平 .2013. 美国促进公私部门合作推动科技创新的政策与经验. 全球科技经济瞭望，28(6): 12-19.
周文魁，黄斌. 2015. 产业技术研发机构管理模式研究. 经济研究导刊,(4): 48-50.
周家伦. 2001. 德国科研体制与科技队伍的建设. 德国研究，16(1): 51-54.
周小丁，黄群. 2013. 德国高校与企业协同创新模式及其借鉴. 德国研究,(2): 113-122，128.
朱丽. 2016. 从“以色列经济奇迹”看政府在创新驱动中的作用. 当代经济,(36): 8，9.
Belderbos R，Leten B，Suzuki S. 2017. Scientific research，firm heterogeneity. and foreign R&D locations of multinational firms. Journal of Economics & Management Strategy，26(3): 691-711.
Breznitz D. 2007. Industrial R&D as a national policy：horizontal technology policies and industry-state co-evolution in the growth of the Israeli software industry. Research Policy，36(9): 1465-1482.
Czarnitzki D，Spielkamp A. 2003. Business services in Germany：bridges for innovation. The Service Industries Journal，23(2): 1-30.
Eickelpasch A. 2015. Structural differences at the root of east-west gap in research，development，and

innovation in Germany. Diw Economic Bulletin，5（41）：541-552.

Hassink R. 2002. Regional innovation support systems：recent trends in Germany and East Asia. European Planning Studies，10（2）：153-164.

Jamison-Mcclung D，KjelstromJ A. 2017. A cross-disciplinary doctoral emphasis in bioentrepreneurship：acase study of the university of California davis biotechnology program. Technology Transfer and Entrepreneurship，4（2）：99-104.

Koch A，Stahlecker T. 2006. Regional innovation systems and the foundation of knowledge intensive business services. A comparative study in Bremen，Munich，and Stuttgart，Germany. European Planning Studies，14（2）：123-146.

Liu X，Lundin N. 2008. Toward a market-based open system of innovation in China. Meckl R，Mu R，Meng F. Technology and Innovation Management: Theories, Methods and Practices from Germany and China. Wien：Oldenbourg：17-40.

Porter M E. 1990 a . The competitive advantage of nations. Harvard Business Review，68（2）：73-93.

Porter M E. 1990 b . The Competitive Advantage of Nations. New York：Free Press.

Rodríguez-López J，Torres J L. 2012. Technological sources of productivity growth in Germany，Japan，and the United States. Macroeconomic Dynamics，16（1）：133-150.

Rothschild L，Darr A. 2005. Technological incubators and the social construction of innovation networks：an Israeli case study. Technovation，25（1）：59-67.

Tong TW，He W L，He Z L，et al.2014. Patent regime shift and firm innovation：evidence from the second amendment to China’s patent law. Academy of Management Annual Meeting Proceedings，（1）：14174.

Trajtenberg M. 2001. Innovation in Israel 1968-1997：a comparative analysis using patent data. Research Policy，30（3）：363-389.

Willis P，Mckie D. 2011. Outsourcing public relations pedagogy：lessons from innovation，management futures，and stakeholder participation. Public Relations Review，37（5）：466-469.

后　记

本书得到了国家社会科学基金重大项目“促进科技与经济深度融合的体制机制研究”（16ZDA012）资助，特此感谢！感谢出席 2017 年 1 月课题开题报告会的领导和专家学者，专家们的意见高屋建瓴，不仅给课题的开展提供了方向性的指导，也在具体操作方面给予了宝贵意见和建议。

作为课题研究的重要成果，本书的付梓凝聚了所有课题组成员的共同努力。除了定期 20 余次的工作会议外，2017 年 8 月至 2018 年 3 月，课题组先后专门赴科技部以及北京、上海、广东、江苏、浙江、湖北、四川、贵州等 8 个省市进行实地调研，共走访了 109 家政府部门、园区、行业协会及各类企事业单位，累计与 300 余人次进行了座谈，深入了解地方科技与经济融合发展中的经验与问题。在实地调研中，课题组获得了大量一手资料，形成访谈记录约 137 万字，并在此基础上整理出一系列调研报告和政策建议书约 55 万字。在此基础上课题组成员积极开展讨论研究，所形成的学术观点在国内外重要期刊发表，为项目的顺利推进提供理论和学术支撑。在此特别感谢国务院发展研究中心赵昌文教授、中山大学管理学院符正平教授、李广众教授、任荣伟教授作为子课题负责人为推进课题研究所做出的卓越贡献，感谢来自中山大学、科技部、中国人民银行广东省分行、深圳证券交易所等高校或机构的课题组、科研团队成员所做出的贡献（排名不分先后）：沈文京、余鹏翼、陈斌、罗浩、李思敏、郑南磊、付剑锋、李美洲、胥爱欢、李孔岳、王茜、迟嘉昱、何伟刚、陈广汉、王彩萍、史欣向、彭曦、陆剑宝、张光南、许金花、黄灿、贾凡胜、张才文、汪建成、黄志宏、陈勋、梁星韵、王大中、公淑玉、杨继彬、庄明明、赖烽辉、杨若明、张潇允、周珏廷、兰洁、王悦琪、杨莹、简菲等。

本书的初稿执笔具体由以下科研团队成员合作完成：第一章（王大中、彭曦、李善民）、第二章（许金花、王悦琪、杨莹）、第三章（彭曦、李善民）、第四章（李善民、王彩萍、杨继彬）、第五章（梁星韵、黄灿、王彩萍、李善民）、第六章（李善民、王彩萍、兰洁）、第七章（李善民、王大中、赖烽辉）、第八章（曾利萍、庄明明、王彩萍、李善民）、第九章（第一节：李善民、黄灿、公淑玉、杨继彬、梁星韵、兰洁、赖烽辉、张潇允、王悦琪；第二节：李善民、李广众、梁星韵、庄明明、公淑玉、张潇允、王悦琪、杨若明；第三节：李善民、王大中、杨继彬、陈勋；第四节：李善民、王彩萍、黄志宏、杨继彬、兰洁、王悦琪；第五节：李善民、史欣向、彭曦；第六节：李善民、任荣伟、王大中、杨继彬、兰洁、陈勋；第七节：李善民、史欣向、彭曦；第八节：任荣伟、梁星韵、张潇允、杨若明、王悦琪、公淑玉、杨继彬）、第十章（案例 1：兰洁、王彩萍；案例 2：兰洁、王悦琪；案例 3：史欣向、彭曦）、第十一章（案例 1：梁星韵；案例 2：黄志宏）、第十二章（案例 1：黄志宏、王悦琪；案例 2：杨继彬、王悦琪；案例 3：杨继彬、王悦琪；案例 4：杨继彬）。由王彩萍教授负责统稿及修改，由李善民教授进行研究思路指导、文稿最终的修改和审定。

本书的付梓也得益于国内外知名专家学者的大力支持。课题组先后于 2017 年 12 月 9 日在北京举办“促进科技与经济融合：政策与实践”专家咨询会，于 2018 年 11 月 25 日在广州举办“促进科技与经济深度融合”国际学术研讨会。同时，课题组还邀请来自国内外知名学者来校开展讲座。感谢来自科技部、中国科学院、中国社会科学院、清华大学、北京大学、中国人民大学、华中科技大学、《科技日报》、深圳证券交易所、香港大学、澳门大学、台湾“中山大学”、新加坡南洋理工大学等政府主管部门、学术界及业界的专家教授（排名不分先后）：汪寿阳教授、柳卸林教授、郑红亮教授、龚朴教授、田轩教授、常鑫教授、杨万东教授、荆林波研究员、刘常勇教授、林晨教授、肖耿教授、颜至宏教授、房汉廷教授、李心丹教授、张建华教授、陈玉罡教授、陈劲教授、周应恒教授、徐伟宣教授、郭戎教授、韩凤芹教授、丘海雄教授、陈实教授、黄泓人教授、元桥一之教授、肖静华教授、兰鹏先生、刘平女士。

本书主要内容由实践调研报告构成。其中，多篇报告获得了教育部、广东省政府及相关机构的肯定批示和采纳。感谢相关部门对课题组研究成果的重视，这是对课题组围绕中山大学“三大建设”、充分发挥学院学科建设服务国家地区发展战略行动的充分肯定，也给予了所有课题组成员继续努力，服务国家战略需求、服务国家和区域经济社会发展的持续动力。

特别感谢来自实践领域众多政府主管部门人员、企业家、高级管理者的支持，给课题组创造调研机会，无私分享和交流所在部门或机构促进科技与经济融合的宝贵经验，成为课题顺利推进的最有力支持！感谢所有对促进科技与经济融合问题关注、研究或报道过的各界同仁，你们的前期研究为本书的开展提供了丰富的素材和资料参考！同时感谢中山大学及中山大学管理学院对课题开展所给予的一切支持！

国家社会科学基金重大项目的开展是一项重大、系统工程。为了切实履行习近平总书记“把论文写在祖国的大地上，把科技成果应用在实现现代化的伟大事业中”[①]的号召，做实、做优学术研究，服务国家科技经济发展实践，课题研究是2017年至2018年两年来所有课题组成员工作的重心。在课题开展过程中，从课题组成员，到熟识的或新认识的众多专家学者、实务界朋友、老师、同学给予了很大的支持，他们的名字无法一一在此列举，由衷地感谢各位对课题研究所做出的贡献！

2020年初全国人民都在抗击新冠肺炎疫情，尤其是广大医务工作者等奋战在疫情防控一线的工作人员，你们的长期坚持终于使疫情得到缓解，感谢你们带来的平安生活环境！这一期间不能出门，正好在家静心完成本书的定稿，感谢本书各位参与者的通力协作。

最后，感谢亲爱的读者！由于本书研究时限长、涉及层面众多，同时我国在深化改革、促进科技与经济深度融合方面的实践日新月异，一些内容难免无法更新紧跟当前实践，敬请谅解，并希望您能多提宝贵意见，促进我们继续深入研究这个问题！

李善民　王彩萍

2020年3月于康乐园

① 《习近平治国理政“100句话”之：把论文写在祖国的大地上》，http://politics.people.com.cn/n1/2016/0611/c1001-28425302.html。